O HOMEM E O MURO
(Memórias políticas e outras)

Capa: Rubem Nogueira Filho

Nogueira, Rubem
O homem e o muro, memórias políticas e outras/São Paulo: Gumercindo Rocha Dorea F Ind (edições GRD)/1997.

ISBN 85.7085.016-6

1. Brasil/Bahia — Política e governo. 2. Ação Integralista Brasileira: Juracy Magalhães. 3. Plano Cohen. 4. Brasília: Partido de Representação Popular. I. Nogueira, Rubem. II. Título.

RUBEM NOGUEIRA

O HOMEM E O MURO
(Memórias políticas e outras)

Edições GRD
São Paulo
1997

OBRAS DO AUTOR

O Advogado Rui Barbosa. 1.ª edição, Gráfica Olímpica Editora, Rio, 1949. 2.ª edição, GRD Edições, Cidade do Salvador, 1965. 3.ª edição, Editora Cátedra, Rio, 1979. 4.ª edição, Nova Alvorada Edições, Belo Horizonte, 1996.

Pareceres. Imprensa Oficial da Bahia, 1954.

História de Rui Barbosa. 1.ª e 2.ª edições, Livraria Progresso Editora, Bahia, 1954-1957 (esgotado).

Rui Barbosa e a Técnica da Advocacia. Casa de Rui Barbosa, Rio, 1956; e *in* "Rui, Escritos e Discursos Seletos", Ed. José Aguilar Ltda., Rio, 1960, e Ed. Nova Aguilar. Edições Casa de Rui Barbosa, Rio, 1995.

Condição Jurídica das Riquezas Minerais do Subsolo. Livraria Progresso Editora, Bahia, 1960 (esgotado).

Curso de Introdução ao Estudo do Direito. 3.ª edição, Nova Alvorada Edições, Belo Horizonte, 1996.

SUMÁRIO

A Gilka,
com amor e admiração.
E aos nossos filhos e netos,
para que melhor me conheçam.

Em verdade dá certo gosto deitar ao papel coisas que querem sair da cabeça, por via da memória ou da reflexão.

MACHADO DE ASSIS
(*Memorial de Aires*)

A memória é o instante do repouso,
e a saudade o clarão suave que nos ilumina.
Recordar-se, consolar-se.

ALEXANDRE HERCULANO
(*Lendas e Narrativas*, Tomo II, Lisboa, 1884)

Duas palavras

Ainda a uma distância, no tempo, de várias décadas, há quem hoje relembre *o surpreendente fascínio que o Integralismo exerceu em sua geração, particularmente sobre a parte mais intelectualizada**.

Sublinhe-se o pormenor do ínclito testemunho: o Integralismo não deslumbrou ou seduziu pessoas de poucas ou nenhumas letras, nem os ingênuos que se deixam levar por qualquer novidade ou propaganda aliciante. Não. O memorialista eminente e culto timbra em ressaltar que na sua geração o fascínio desse inesquecível movimento de idéias — estrangulado antes de chegar ao poder que ambicionava — alcançou um alvo muito especial: as inteligências mais dotadas de entendimento, os espíritos que se distinguiam pela educação no sentido de aptidão intelectual, do saber em suma. Geração, por conseguinte, que não podia ser ludibriada, e não o foi.

Que exprimirá tal fenômeno senão que o Integralismo tinha conteúdo doutrinário nobre, pensamento próprio e mensagem política valiosa?

Outras gerações, separadas, no espaço, daquela a que pertenceu o escritor aqui referido, também sentiram a fascinação do pensamento renovador do Integralismo, do espírito de brasilidade por ele difundido em todo o território nacional, despertando ignora-

* Roberto Campos, *A Lanterna na Popa — Memórias*, Topbooks, RJ, 1994, p. 843.

das energias cívicas e suscitando generosa confiança nos destinos da Pátria. Desde a sua primeira hora, o Integralismo bateu-se pela formação de uma *opinião nacional*, por um *pensamento próprio na esfera política*, exatamente o que mais nos faltava após a revolução de outubro de 1930. Daí o encanto que a sua mensagem doutrinária exerceu sobre os contemporâneos.

Em grave momento de sua carreira político-parlamentar, o já consagrado jurisconsulto San Tiago Dantas, falando perante a Câmara dos Deputados, disse estas palavras que dispensam comentário: "*Relembro com emoção o tempo em que tive a honra de militar nas hostes da Ação Integralista Brasileira*".

O autor deste livro, por sua vez, esteve entre os da geração beneficiada culturalmente do fenômeno integralista — substancialmente popular, brasileiro e cristão —, numa fase breve mas assinalável de nossa História. Certos capítulos que se seguem lhe revelam o depoimento, que nem por ser modesto importa menos à verdade sobre fatos idos e vividos.

Bahia, janeiro de 1997

Rubem Nogueira

I

A mão e a luva

Sumário : Aluna-mestra — Chamado da vocação — Namoro — A escola — Luís Nogueira — O renovador da cidade — O fiscal do consumo

Aluna-mestra

Luís Osório Rodrigues Nogueira e Áurea Hermínia Ribeiro, meus pais, nascidos ambos em Serrinha, ele a 4 de setembro de 1882, ela a 18 de março de 1881, casaram a 11 de julho de 1903, e chegaram a festejar cinqüenta e seis anos de união, com todos os filhos vivos, em número de onze.

Diplomada aluna-mestra pela Escola Normal da Bahia, em dezembro de 1898, já aos 12 de abril do ano seguinte era nomeada para o lugar de Adjunta da Cadeira Estadual do sexo masculino da Cidade de Serrinha (este pormenor figurava no decreto nomeatório e no ato do secretário do Interior, Justiça e Instrução Pública, Dr. Sátiro de Oliveira Dias, que, de ordem do Conselheiro Governador, lhe mandava passar o título para ser registrado na Secretaria, 'e onde mais tocar'). Vencimento anual: 1:000$000 (um conto de réis), ou mensalmente 83$333 (oitenta e três mil, trezentos e trinta e três réis). Pouco, muito pouco, mesmo para um tempo de moeda valiosa. Como se vê, desde os seus primórdios o regime republicano federativo vem remunerando muito mal o professor primário.

A celeridade de todo esse processo deveu-se, sem dúvida, ao prestígio de seu tio materno e padrinho, Padre Cupertino de Araújo Lima (*Lima,* por ele acrescentado, como ainda era costume, em homenagem a uma de suas grandes admirações). Padre Cupertino era vigário-colado da Freguesia do Catu e ex-deputado provincial ao tempo da Monarquia. Tinha ele uma predileção muito especial por sua sobrinha e afilhada, que fez viver sob sua afetuosa proteção desde os sete anos de idade. Durante cinco anos manteve-a como aluna interna no Colégio da Providência, um dos melhores da época, onde a menina aprendeu não apenas letras, mas também artes (piano e bordado, ambos os quais, com o tempo, teve de abandonar, para consagrar-se ao ensino público). A seguir, matriculou-a na Escola Normal, fazendo-a habitar um pensionato de moças, situado em sobrado fronteiro aos velhos muros do Convento do Desterro, nas proximidades da Escola Normal, instalada esta em edifício que lá está ainda hoje (1994), com a mesma fachada de 1895, quando minha mãe passou a freqüentá-la.

Filha de Maria Hermínia de Araújo Ribeiro e Sinfrônio Cardoso Ribeiro[1], escrivão do Cível, ambos tataranetos de Bernardo da Silva, fundador, em meados do século XVIII, da Fazenda Serrinha, núcleo do futuro arraial, onde seus primeiros descendentes fizeram erguer, em 1780, a Igreja Matriz, foi minha mãe a primeira professora serrinhense a exercer na terra natal o magistério primário.

Estreou como adjunta do Prof. Possidônio Dias Coelho, educador de muito bom nome no seu tempo, e quando ele, no início do século XX, foi promovido para a Capital, a adolescente Áurea assumiu a regência da classe, na qual, pela carência de escolas e a necessidade de tornar flexível o regime de matrículas, havia alunos quase de sua idade.

O meio local, acanhado e pobre, de que se ausentara por dez anos, deve ter-lhe causado alguma decepção. De súbito, via-se separada do seu grupo de amizades, num burgo tristonho. Mas a jovem professora mantinha certos hábitos metropolitanos e, vez por outra, desacompanhada (fato incomum no lugar), ia a compras no pequeno e modesto comércio. Numa dessas ocasiões entrou no estabelecimento comercial (padaria) de um rapaz que instantaneamente a impressionou: alto, compleição atlética, cabelos bem penteados, de terno e gravata. Pediu-lhe duzentos gramas de "paciência", um fino biscoito então muito apreciado. Atendida, estranhou a maneira de o rapaz lhe passar o troco, simplesmente depositando a moeda sobre o balcão, ao invés de dar-lha na mão. "— Que diferença para os caixeirinhos da Capital", resmungou, não tão baixo que ele não ouvisse. Foi precisamente aí que aconteceu a travessura de Cupido, e o namoro nasceu.

---

[1] Havia, na época, e ainda hoje subsiste, mesmo após a vigência do Código Civil Brasileiro, o costume de preponderar o sobrenome paterno no nome dos filhos varões, ficando com os apelidos patronímicos da mãe somente as filhas. Minha mãe era uma Araújo pelo lado materno; no entanto, levou para o casamento só o sobrenome Ribeiro. Os filhos varões ficaram com o Rodrigues, quando o certo é que todos tivessem os apelidos de família de ambos os pais (*Ribeiro* e *Nogueira*).

Chamado da vocação

Se meus pais tivessem tido apenas vida familiar e meras atividades privadas, no exclusivo interesse de cada um individualmente considerado, como sucede com a grande maioria das pessoas, provavelmente eu não sentiria a necessidade, que sinto, de deles tratar, bem que modestamente, em capítulo especial, destas reminiscências.

Mas Áurea Hermínia, nos vinte e sete anos seguintes à sua adolescência (dos 17 aos 44 anos de idade, portanto os melhores tempos da existência de um ser humano), como professora do ensino primário desempenhou um papel de tamanha influência na comunidade e nos destinos de sua terra de nascimento que seria demasiado injusto silenciar sobre isso. Ela foi uma insigne personalidade pública, tal como meu pai, segundo vamos ver.

Nas campanhas eleitorais brasileiras a partir de 1945 lembrou-se freqüentemente o dito americano, segundo o qual "o preço da liberdade é a eterna vigilância".

O educador Anísio Teixeira foi entretanto mais feliz quando proclamou esta outra verdade, da qual parecemos ser muito mais dependentes: "*A instituição que, por excelência, arma o povo para a conquista da igualdade fundamental entre os homens — é a escola*". E completava, pouco mais tarde: "*A solução desse problema é o preço da democracia*".

Tenho para mim que minha mãe teve disso a intuição. Ela estava certa de que a professora primária modela o que de mais precioso o Estado apenas pode ajudar a se formar: *o cidadão livre.* Apesar de sua modéstia, acreditava na força criadora do ensino primário. Daí a divisão do tempo de sua vida entre, de um lado, o marido e os filhos, que foram vindo a breves intervalos (onze lhe sobreviveram), e, de outro, a Escola, a que consagrava pontualmente a metade das horas ativas do dia. Isso, até jubilar-se, ao termo de vinte e sete anos de magistério.

Por apego aos vencimentos? Não, com certeza. Chegou a levar temporadas de vinte meses a fio sem recebê-los. Numa das conferências políticas de sua última vinda à Bahia (dezembro de 1919), aludiu Rui Barbosa a essa absurda impontualidade do Tesouro para com o professorado primário. Apontou cinqüenta e oito professores, com os quais havia então atraso de pagamento *por uma extensão de meses que vai de nove a trinta e nove.*

Não seria, pois, o interesse econômico a movê-la, mas sim a vocação. Só a vocação, essa força interior indomável que sabidamente leva o ser humano a cometer prodigiosas façanhas. O jovem marido, ativo e empreendedor, tudo lhe poderia proporcionar, e proporcionou, para o conforto do dia-a-dia. Cinco anos após o casamento, com uma parte dos lucros de seu negócio, comprou-lhe um dos melhores prédios da antiga praça, dali a pouco transformado no sobrado mais elegante da cidade, provido de quatro salas e oito quartos, varanda, dependências — entre as quais uma privada exclusiva para os alunos —, além de amplo salão e quintal. Pois nesta sua sonhada casa a jovem professora reservou para a Escola, completamente de graça, uma grande sala do pavimento térreo, com duas janelas de frente. Ao longo de mais de vinte anos foi ali que a Escola funcionou, *sem nenhum dispêndio para o Governo,* fato talvez inédito na crônica do ensino público na Bahia.

Namoro

O namoro de Áurea e Luís não foi entretanto nada fácil. As famílias de ambos eram politicamente adversas. A rígida separação dos quadros partidários em que vivia a população vinha do tempo da Monarquia, com alternância periódica do comando político local, conforme "subia" ou "caía" um dos dois únicos partidos políticos nacionais. Uma facção ficava sujeita à influência do antigo chefe conservador, Capitão Zezinho, como foi sempre conhecido o capitão honorário José Joaquim de Araújo, pai de minha avó materna. A outra, durante largos anos de Monarquia, obedeceu politicamente ao Tenente-coronel da Guarda Nacional Miguel Carneiro da Silva Ribeiro, avô de meu pai. Por isso o namoro de ambos sofreu bloqueios que somente foram vencidos pelo bem-querer dos namorados, que entre si trocavam amorosas confidências, através de um sem-número de cartas e bilhetes.[2]

---

[2] Nas minhas últimas férias do curso ginasial, certo dia, em velha arca onde ficava a roupa lavada da casa à espera da engomadeira, encontrei um pequeno pacote preso por um laço de fita de esmaecida cor. Não contive a curiosidade, desatei o laço. Lá estavam os muitos, ou alguns dos muitos bilhetes, de 1900 e 1901, que haviam alimentado a relação amorosa de Luís e Áurea. Li só um ou dois, com remorso de violar aquele segredo lindo. Refiz o pacote e o laço de fita e o entreguei a mamãe. Ela sorriu, acanhada, e voltou a guardar o seu valioso memorial.

A escola

O regime escolar que a jovem professora passou a cumprir lhe tomava quase todo o tempo útil do dia, em dois turnos: um das oito às doze horas; o outro, das 13:30 às 16:30 horas, de segunda a sexta-feira, sem interrupções. E assim foi até o fim. A sala, se bem me lembro — pois ainda tive a sorte de ser por dois anos seu aluno, no período imediatamente anterior ao seu jubilamento (ao tempo era mais comum dizer-se *jubilado* que aposentado) — comportava de 30 a 40 meninos, sentados em confortáveis bancos de ferro com encosto e duplo assento de madeira envernizada, com lugares próprios para o tinteiro, que cada qual levava consigo, caneta e lápis.

Dominando a sala da escola, ficavam a mesa da professora, ornada de uma pequena grade em volta, e o grande quadro negro montado num cavalete. Usava-se a tabuada (que recentemente o ministro da Instrução da França publicamente lamentou não ser lá conhecida nas escolas e por isso, disse ele, os meninos franceses não sabiam absolutamente fazer conta). Era também adotada a *Cartilha Nacional* de João Hilário Ribeiro, sem dúvida grande, benemérito educador, cujo método nos enfiava pela mente, com a maior facilidade, o conhecimento das vogais e das consoantes, das sílabas, dos ditongos, das palavras e finalmente das frases, fazendo-nos ler textos completos em, no máximo, um semestre. A Cartilha e a Tabuada passavam anos a fio numa família, de irmão a irmão. Da mesma forma, a Geografia, a História, a Gramática e os *Livros de Leitura* de Felisberto de Carvalho. Num destes vinha uma história mais ou menos assim: "Conta uma lenda árabe que o Demônio apareceu um dia a um jovem e lhe disse: 'Tu vais morrer; entretanto, posso prolongar-te a existência, se obedeceres a uma destas condições: mata teu pai, espanca tua irmã ou entrega-te ao vício da embriaguez'. Apavorado, o rapaz respondeu: 'Como, matar meu pai, espancar minha irmã?! Seria preciso reconhecer quanto te devo.' 'Então, entrega-te ao vício da embriaguez', gritou o Demônio. E o rapaz, havendo-se embriagado, matou o seu pai e espancou sua irmã". Vinha a seguir a conclusão moral da história, que alertava a todos contra os perigos do vício das bebidas alcoólicas. Havia ainda uma ilustração, figurando o Demônio, com uma grande lança pontiaguda na mão, e, diante dele, em atitude de pavor, o jovem, de braços para o alto, como a pedir socorro. O menino decorou a história.

A professora Áurea tinha cuidados especiais com a caligrafia dos alunos. Todos deviam segurar, na posição certa, a caneta ou o lápis, e copiar as palavras que, mais de uma vez por semana, ela escrevia no quadro negro, com sua bonita letra ligeiramente inclinada para a direita, em impecável linha reta. Duas de tais palavras fiquei então conhecendo e me pareciam lindas: *Constituição* e *Washington*. As cópias levavam nota, por isso todos se esforçavam para apresentá-las da melhor forma possível.

Ainda hoje, não raro, digo a mim mesmo: como é que minha mãe pôde tão harmoniosamente realizar o plano de sua vida, velando pela economia doméstica, amando e apoiando o marido, ajudando-o a prosperar, concebendo e criando onze filhos (sem contar os três que morreram em tenra idade, entre estes o primogênito), e ao mesmo tempo ter sido a professora primária que foi — sempre lembrada carinhosamente por tantos de seus antigos alunos?

Os governos, no Brasil, nunca revelaram consciência da grandeza da escola primária, nem da pessoa responsável pelo seu desempenho. Até hoje continua assim. No entanto, é na boa escola primária que está a chave do bom sucesso de cada qual na vida. Nenhum estudo posterior, creio-o firmemente, poderá supri-la. País nenhum vai para a frente se não assegurar a todas as crianças uma escola primária verdadeiramente boa.

Para a professora Áurea levar até o fim, fielmente, a sua missão insigne, justiça seja feita, muito contribuiu a solidariedade do marido, logo ele, que no seu tempo nem escola primária regular e completa tivera. Muitas vezes nos contava como fora a sua alfabetização sumária: com o pai, no Cartório deste, e com um professor particular. O mais aprendeu por conta própria. Mas sempre soube apreciar a dedicação da mulher aos encargos fatigantes da Escola, que ocupava espaço privilegiado em sua residência. Ele chegava para o almoço um pouco antes do meio dia, pois acordava de madrugada para assumir o comando de sua casa comercial, tomava às 7 horas uma refeição ligeira de café-com-leite e pão ou cuscuz, e gostava de almoçar pontualmente às doze horas. Lainha (o apelido afetuoso que lhe deu por toda a vida) sabia disso, mas cumpria todo o horário escolar do 1.º turno, de maneira que o marido tinha de esperar um pouco, até as doze horas, quando ela suspendia a aula, e os alunos saíam para suas casas. Luís era paciente, jamais obteve uma antecipação de horário, e assim foi até o último dia do ofício exemplar de sua fiel companheira. Guardo, bem vivo, o quadro, a meus olhos incomparável, do respeito total, ilimitado, em nenhum momento jamais diminuído, de meu pai por minha mãe. Os dois viveram harmoniosamente, com o prestígio preponderante dela no âmbito do lar. Essa imagem indelével morrerá comigo, como uma das mais belas coisas que me habituei a ver na casa onde nasci e fui um menino alegre e satisfeito da vida que meus pais me propiciaram.

Em 1925 obteve mamãe a sua jubilação por tempo de serviço, mas a sala por ela destinada à Escola não mais perdeu o antigo título de *Sala da Escola*, que vinha de 1908, ano da aquisição da primitiva casa térrea de Áurea e Luís, duas pessoas simples que ao longo da vida se ajustaram plenamente, como uma luva pode ajustar-se à mão de seu dono.

Luís Nogueira

Tendo muito cedo começado a negociar por conta própria, aos trinta e dois anos de idade já havia meu pai, é claro que com o apoio substancial de minha mãe, conseguido construir um razoável patrimônio de imóveis urbanos e rurais. A casa térrea residencial converteu-se, seis anos após a sua aquisição, no mais bonito sobrado da cidade, para comportar a família em crescimento. Sempre teve muito gosto em dotá-la do maior conforto: mobílias austríacas nas quatro salas principais, grandes lustres de cristal, espelhos, quadros, tapetes, aparelhos de porcelana inglesa e da Companhia das Índias, faqueiro de prata, bonitas figuras de *biscuits*, etc. Quando de sua segunda pintura geral a óleo em 1926, encomendou cenas rurais pitorescas, paisagens e retratos, na barra superior das paredes e nas almofadas internas das janelas, trabalhos estes de primorosa execução que ainda hoje são lembrados por Gilka e nossos filhos.

No começo da Primeira Guerra Mundial, comprou as duas primeiras fazendas no município de Queimadas, onde deu início ao criatório de gado bovino, de ovinos e caprinos, sendo que, destes dois últimos chegou a ter, dez anos mais tarde, o maior rebanho de toda a região. Era um entendido na matéria e amava o semi-árido. Enquanto alguns de seus irmãos migraram para o sul da Bahia, lá tornando-se cacauicultores prósperos, ele preferiu afazendar-se por aqui mesmo, em terras do mandacaru, da favela, do xiquexique. Sempre que as ocupações normais lhe permitiam, passava pequenas temporadas em suas queridas fazendas, que em 1950 somavam onze. Teve vaqueiros da máxima confiança. Todos participavam dos rendimentos do criatório pelo regime de partilha: uma quarta parte de cada unidade nascida e separada; mais o uso da moradia, animais de sela, de terreno para o plantio de lavoura possível de mantimentos e do leite de vaca excedente após a satisfação da bezerrada. Através de um administrador geral — que durante largos anos foi João Rosa, um dos vaqueiros — adiantava-lhes dinheiro para outras necessidades. Na ocasião da partilha fazia-se o encontro de contas, mas nenhum vaqueiro era obrigado a entregar em pagamento reses que lhe coubessem. Se algum tivesse de vendê-las, para liquidar débito, fazia o respectivo preço, que meu pai pagava. Foi sempre esta a prática que pessoalmente mais de uma vez vi observar-se lá. Em regra os vaqueiros logravam formar um pequeno criatório próprio e ao longo de mais de quarenta anos raros deixaram o serviço de meu pai. Muitos deles ficaram seus amigos e compadres, como, por exemplo, Silvério Silva e o irmão José. Este certa feita me surpreendeu encomendando-me um livro: *História de Carlos Magno e dos Doze Pares de França*, que à época (1937) tive muito trabalho para encontrar, mas encontrei e com o maior gosto lhe remeti. O irmão — Silvério — jamais quis relações com a leitura, fosse do que fosse, mas conhecia, como ninguém, tudo da vida rural. Um dia Gilka e eu chegamos de surpresa à fazenda por ele dirigida. Não estava, tinha saído à procura de uma certa vaca, que ele sabia estar na hora de parir. De fato, a um ou dois quilômetros da sede, fomos encontrá-lo: ajudava a nascer o bezerro daquela rês.

❧

A natureza, os animais e os pássaros — eis os elementos do mais desenvolvido gosto e da mais constante admiração de meu pai. Sempre teve, em casa, muitos pássaros cantadores e, no amplo quintal, frangos e galos de briga, instalados em seus gigos. A uns e outros dedicava especiais cuidados. Montava com garbo bons animais de sela, que os teve até o limite da época do automóvel. Para tanto possuía belos arreios de prata, fabricados em Minas do Rio de Contas. Certo dia cavalgava tranqüilamente de uma para outra de suas fazendas, quando, ao abrir o guarda-sol para se proteger da soalheira, o animal, assustado, disparou na direção da caatinga. Sentiu, como nos contou, que estaria perdido em instantes, se lançado naquela traiçoeira vegetação, onde os mais experimentados vaqueiros só entram encourados e em posição horizontal, agarrados ao pescoço da montaria. Foi então que em fração de segundo viu crescer em sua direção um forte galho de umbuzeiro. Nele se agarrou firmemente com as duas mãos, livrando-se rapidamente dos estribos, e ficando por segundos dependurado da árvore, enquanto o animal continuou em desabalada carreira caatinga a dentro. Certamente não teria escapado, não fosse um hábil cavaleiro.

❧

Em dez anos, Luís Nogueira desenvolveu o seu ramo de negócio, fundado quando solteiro. Ao completar-se a primeira década do século, já ocupava edifício próprio, de cinco portas de frente, com ampla área construída para as instalações de sua indústria de panificação, que além de abastecer a população urbana, tinha mercado consumidor nas localidades situadas à margem da estrada de ferro até Juazeiro. Lembro-me dos enormes caixotes que de lá saíam para embarque com esse destino.

Enquanto comerciante (1897 a 1921), dirigia pessoalmente seu estabelecimento. Sempre bem vestido, calça escura de listras e paletó de alpaca, gravata de laço fixo (como agora novamente está em uso) em alvo colarinho engomado de ponta virada, fechado com botão de ouro. Botões e abotoaduras de ouro usava também para fechar a camisa branca no peito e nos punhos, e de ordinário não dispensava uma bengala nem, é claro, o relógio de bolso e chapéu; sapatos preferia os da marca "Fox", de sola fina, e meias de "fios de Escócia".

Em família também costumava estar bem composto. Nunca sem casaco, e assim sentava a uma das cabeceiras da mesa na hora das refeições (mamãe ocupava a outra cabeceira). Era de pouco falar. Jamais o ouvi dizer mal de ninguém. Gostava do silêncio, mas mostrava gosto em ouvir a filha mais velha tocar piano. Tinha particular admiração por advogados — a seu ver pessoas dotadas de muita inteligência. Detestava qualquer espécie de jogo, talvez vindo daí a ojeriza que a princípio nutriu por futebol, então chamado "jogo de bola". Mas quando da 4.ª Copa do Mundo, sofreu com a derrota da seleção brasileira pela do Uruguai (2 a 1, em 1950, no Maracanã), cuja irradiação ouviu conosco, em nosso apartamento da rua Rockfeller.

O renovador da cidade

Em 1915, ao completar trinta e três anos de idade, seu pai, chefe político local, ante as provas que o filho vinha dando de capacidade administrativa quanto ao próprio patrimônio, decidiu indicá-lo para o cargo de Intendente Municipal. Luís Nogueira tentou contornar a situação, pois jamais havia pensado em política, mas teve afinal de ceder, e por decreto de 21 de dezembro do governador José Joaquim Seabra foi nomeado, com mandato de dois anos e exercício a ter começo no dia 1.º de janeiro de 1916.

Nisto que a seguir sucintamente narro não há exagero acaso produzido por sentimento filial. Luís Nogueira foi realmente o mais inspirado administrador que o Município de Serrinha já teve desde o começo de sua existência, sobretudo se considerarmos a época, as modestas condições materiais do meio e os recursos exíguos da municipalidade.

Em 1915, o governador J. J. Seabra, com vistas naturalmente ao fortalecimento do seu poderio pessoal, obtivera uma reforma na estrutura jurídica do Estado, que lhe permitia nomear os Intendentes, quando o certo seria manter a escolha destes por eleição direta, em respeito à autonomia municipal, assim definida na Constituição de 1891: "Art. 68. Os Estados organizar-se-ão de forma que fique assegurada a autonomia dos municípios, em tudo quanto respeite ao seu peculiar interesse".

Ora, nada mais próximo do *peculiar interesse* de um Município do que a livre escolha, pelo voto, dos seus dirigentes. Mas isso só veio a tornar-se uma realidade em todo o Brasil a partir da Constituição de 16 de julho de 1934.

Estava em moda a preocupação dos governantes em geral com a boa aparência de suas cidades principais.

O presidente Rodrigues Alves, por exemplo, simultaneamente com a execução do programa traçado pelo higienista Osvaldo Cruz, no sentido de livrar a Capital da República da febre amarela, da varíola e da peste bubônica, deu o máximo apoio ao urbanista Paulo de Frontin para rasgar no Rio de Janeiro uma grande avenida, mais larga do que a Avenida de Mayo em Buenos Aires. As fotografias da época mostram Rodrigues Alves e membros do seu Ministério presentes ao ato de lançamento da pedra fundamental desse empreendimento tipicamente municipal, não obstante a hora (quatorze horas de um dia de ardente verão carioca). As despesas da que veio a chamar-se Avenida Central — hoje Avenida Rio Branco — foram todas custeadas pelo tesouro da União e não do Distrito Federal, o que bem revela a importância da nova artéria urbana para o governo do País.

Na Bahia, por volta do seu primeiro quatriênio, o governador José Joaquim Seabra — e não o Intendente da Capital do Estado — decidiu executar e financiar também a construção de uma nova artéria que ligasse a Barra ao centro da Cidade Alta. E surgiu a Avenida Sete de Setembro.

Tendo diante de si tais antecedentes, Luís Nogueira, sem prejuízo de alguma atenção dada às necessidades dos distritos, adotou como melhoramento a ser inicialmente executado em seu período administrativo, de apenas dois anos, a renovação da face da cidade, dando-lhe uma praça da melhor qualidade.

O que então havia era um largo desengonçado, troncho, de chão batido. Dois velhos pés de barriguda nele existentes serviam de pouso a tropas carregadas de mercadorias, vindas do alto sertão, a caminho de outros lugares. Não havia calçamento nem iluminação pública. Estava quase tudo por fazer, exceto o Matadouro Municipal e a Cadeia Pública.

O plano do recém-empossado Intendente consistia, principalmente, em restaurar o velho paço municipal, erguido no tempo da Monarquia; alinhar e nivelar toda a área da futura praça, pavimentá-la, arborizá-la por inteiro com oitizeiros; construir um coreto de concreto armado, três jardins, e finalmente dotá-la de um moderno sistema de iluminação alimentada a carbureto.

A dificuldade estaria na escassez de recursos do Município, cujo orçamento para o ano de 1916 não chegava a trinta contos de réis. Mas também em relação ao incremento da receita o Intendente Luís Nogueira tinha algumas idéias a pôr em prática. A cidade não dispunha de nenhum estabelecimento bancário, nem de Caixa Econômica. De fora, lá não entrava ajuda financeira alguma, qualquer que fosse, de órgão público federal ou estadual. Os tributos locais eram em pequeno número e só através de regular fiscalização poderiam render um pouco mais. Porém uma escrupulosa aplicação dos recursos arrecadados haveria de remover embaraços.

O novo Intendente deu começo ao seu plano, contratando para isso os serviços técnicos do urbanista Francisco Wenceslau da Silva, serrinhense que levara anos trabalhando fora em sua especialidade.

Em breve prazo a área da futura praça, uma vez devidamente

nivelada, já se achava definida, em forma retangular. Ia ser uma das maiores do interior do Estado, senão a maior, com 13.500 m^2 (270 metros de comprimento por 50 metros de largura).

O programa de obras obedeceu aos prazos preestabelecidos e, assim, em janeiro de 1918 já estava concluída a sólida pavimentação, feita com pedras comuns, cuidadosamente lavradas. Seria insuportavelmente dispendioso o uso de paralelepípedos vindos de longe. Aliás, não devemos esquecer que ainda hoje restam ruas da Capital baiana pavimentadas com esse tipo de pedra. Até no estrangeiro ele ainda é para isso utilizado.

Em 1944 o escritor uruguaio Lauro Cruz Goyenola foi designado para servir na Legação do seu país na União Soviética. Lá chegando, saiu uma tarde a pé para ver de perto as ruas de Moscou, muitas das quais notou que tinham *pavimento de pedra* (Cfr. seu livro *Rusia por Dentro — Apuntes*, Buenos Aires, 1946, Ediciones Universo, p. 26).

A bem compactada pavimentação serrinhense, seja logo dito, durou até o ano de 1968 — sem apresentar a mínima depressão —, não obstante o pesado tráfego, que suportou, de caminhões e automóveis, enquanto não se fez o trevo na BR-116 que livrou os veículos em trânsito da obrigatória passagem pelo centro da cidade. Em 1968 estava ainda em tão boas condições o calçamento de 1918, que o então prefeito, além de espontaneamente tomar a iniciativa de restabelecer-lhe o antigo nome legalmente posto em 1920 (Praça Luís Nogueira) e arbitrariamente substituído em dezembro de 1930, pôde revesti-la de asfalto, e toda a praça ficou como se desde sempre tivesse sido asfaltada.

Obra, pois, da melhor qualidade, como tudo aliás que meu pai obstinadamente fez em sua terra natal.

Com a pavimentação veio o plantio de dezenas de pés de oitizeiros, em volta da praça, à frente das casas e a uma distância de dez ou quinze metros de um para outro. Pouco tempo depois, bem tratados que foram, todos estavam crescidos, vigorosos e com ampla copa, ornamentando até hoje o belo logradouro e enchendo-o de muita sombra. Para tão feliz resultado concorreu, sem dúvida, o cuidado pessoal do Intendente e sua mulher, que fiscalizavam a rega diária daquelas preciosas e tenras plantas.

Em janeiro de 1918 já estavam prontos os três jardins e o belo coreto, muito diferente do que hoje é, eis que faz poucos anos lhe demoliram, sem quê nem pra quê, a imponente cúpula, de cujo cume se erguia alta e forte haste metálica sustentadora de dois arcos laterais, de cada um dos quais pendia grande globo de iluminação. Em seu lugar, resta uma horrenda e inútil laje de cimento, com sacrifício também dos ornamentos complementares da parte superior das monumentais e bem decoradas colunas de sustentação da abóbada.

Os três jardins — sendo o do meio bem maior que os demais — tinham os canteiros acima do nível do solo, bem desenhados e providos de variadas plantas (roseiras, crotons, etc.). Em volta, largos passeios de cimento e muros de aproximadamente um metro de altura, bem como colunas cilíndricas de aproximadamente três metros a partir do solo, terminadas em cones, por dentro das quais passavam três fios de grosso arame liso. Os dois jardins menores tinham dois grandes portões laterais de ferro e o maior, quatro, apoiados todos em artísticas colunas.

No centro do jardim grande havia um lago circular de uns dois metros de diâmetro e aproximadamente um metro de profundidade. No centro se erguia uma coluna cilíndrica e sobre esta a escultura de um enorme jacaré de boca aberta, montado por um garoto. Da boca do jacaré jorrava água vinda, por gravidade, de um enorme depósito construído no alto da Praça Miguel Carneiro da Silva Ribeiro, avô materno do Intendente. A água desse depósito, por sua vez, derivava do velho Tanque das Abóboras, distante uns duzentos metros, pela força de um grande catavento erguido à sua margem. Do depósito a água era canalizada para um chafariz de três bocas, construído entre o paço municipal e o Quartel ou Cadeia. Esse chafariz fornecia gratuitamente água às pessoas menos favorecidas e alimentava o lago do jardim, de onde saía a água para molhar os canteiros.

Como se percebe desta brevíssima informação, o Intendente Luís Nogueira previu e fez o necessário para o bem-estar da população urbana, sem embargo da escassez crônica de água que a cidade sofreu até 1970, ano da inauguração do serviço de abastecimento gerado pelos poços de Biritingas, doados, a instâncias minhas, pela Diretoria Executiva da Petrobrás à Prefeitura Municipal de Serrinha, em 1962, como adiante narraremos.

Em 1916 foi a vontade firme, a obstinação do Intendente a razão básica de se executarem tais empreendimentos urbanos numa cidade de parcos recursos financeiros e onde inexistia qualquer tipo de perene manancial. Serrinhense só tinha idéia de rio ou de fonte natural de água potável por meio de fotografia.

Energia elétrica seria então impossível, pois não havia nenhuma estação geradora num raio mínimo de duzentos quilômetros. A barragem e a usina de Bananeiras só surgiram mais tarde. Talvez vinte por cento das cidades do interior da Bahia não possuíssem àquela época luz elétrica, incluindo nesse rol as da rica zona cacaueira. Daí a idéia feliz do jovem administrador municipal serrinhense de dotar a nova e bela praça principal da cidade de outro tipo de iluminação, menos dispendioso e de igual qualidade.

Voltou-se para o acetileno, gás, como se sabe, resultante da ação da água sobre o carbureto e produtor de uma luz azul-clara mais nítida que a de uma lâmpada elétrica de cem velas. Esse tipo de iluminação exigiria menos tempo para ficar em condições de funcionar e resolveria o problema, conciliando rapidez de instalação com um bem menor custo de produção.

Em sua casa residencial de dois andares Luís Nogueira já tinha feito essa experiência, com resultado satisfatório, em todos os cômodos. Outros moradores da área urbana, também.

Francisco Wenceslau, o bem sucedido construtor da pavimentação, dos jardins, da arborização, do coreto, da canalização de água para o serviço dos jardins, instalou cinco altos postes metálicos ao longo da praça, cada qual com dois arcos de que pendiam dois globos, além dos três do coreto. Assim, a praça era iluminada por treze lâmpadas ou fortes "bicos" de acetileno.

Para complementar os melhoramentos da praça, o Intendente, por meios suasórios, obteve dos moradores a regularização dos seus passeios, bem como que levantasse platibandas quem não as tinha ainda feito em seus prédios. Por algum tempo, só meia dúzia deles, se muito, não pôde ou não quis atender. A *Compagnie des Chemins de Fer Fédéraux de l'Est Brésilien* possuía na praça dois imóveis, para ocupação de seus inspetores, e que não tinham o complemento das platibandas. O Intendente apelou para a Diretoria da *Chemins de Fer,* e esta sem demora mandou construí-las em ambos os prédios, com a determinação ainda de colocar-lhes nas fachadas o emblema da Companhia (escultura de uma asa saindo de uma roda dentada). Um desses dois prédios lá está tal qual remodelado em 1918 (fica à direita de quem entra na praça, vindo de Feira de Santana, com a frente para a Avenida Pinheiro da Mota). O outro foi demolido e abriu espaço para a atual sede de um banco.

Finalmente, o antigo sobradão do paço municipal remoçou. A fachada ganhou bem desenhada platibanda, ornada de estatuetas de vários tamanhos; no centro foi posto o colorido e majestoso símbolo da República dos Estados Unidos do Brasil, encimado por uma grande escultura de águia com as asas abertas, tudo numa imitação modesta do Palácio do Catete.

❧

A limpeza pública da área urbana mereceu, como não podia deixar de acontecer, especial atenção do Intendente, que para isso adquiriu carroças adequadas nas quais o lixo doméstico era diariamente recolhido. Mantinha-se permanente campanha de remoção de cães de rua e ficou terminantemente vedado, dali em diante, o tráfego de carros de bois pela nova praça — uso antiquado, incompatível com a nova fisionomia da cidade. Contudo, quando os oposicionistas já haviam assumido o governo local, quatro anos depois, um dos seus primeiros caprichos ridículos foi mandar atravessar, de ponta a ponta, a recém-construída pavimentação da praça, cerca de trinta gementes carros de bois carregados de pedras e outros pesados materiais destinados à construção da residência do irmão do novo Intendente. Os moradores, já desabituados a tão retrógrada cena, assistiam-na sem entender o intuito que a teria inspirado. Tanto esse espetáculo já não se harmonizava com a nova face da cidade, que nunca mais os próprios dirigentes da política local voltaram a repeti-lo. O menino, que eu era, assistiu, espantado, à passagem da estranha e lenta caravana, e logo se lembrou do corso de automóveis em Santo Antônio da Mouraria, que tanto o alegrara.

❧

A 27 de janeiro de 1918, para os festejos comemorativos da inauguração dos melhoramentos concluídos, veio da Capital do Estado, em composição ferroviária especial, numeroso grupo de convidados e de autoridades, estas sob a presidência do Senador José Joaquim Seabra. Alagoinhas mandou suas duas filarmônicas: a *Euterpe* e a *Ceciliana,* e da Capital do Estado o governo mandou a famosa banda do 1.º Corpo da Polícia Militar. Além delas, participou do programa festivo a filarmônica local *15 de Novembro.*

Reconduzido por um segundo biênio pelo governador Antônio Moniz, concluiu Luís Nogueira sua administração a 31 de dezembro de 1919.

II

Tempos de menino

"... A minha infância que já não existe presentemente, existe no passado que já não é. Porém a sua imagem quando a evoco e se torna objeto de alguma descrição, vejo-a no tempo presente, porque ainda está na minha memória."

Santo Agostinho, *Confissões*, Livro XI
— O Homem e o Tempo, n.º 18 — 10.ª ed., 1981, Porto.

Sumário: Divertimentos — A viagem — A chegada — Pedrada no carro, trem laçado — A escola — Santo Antônio da Mouraria — Ligeiros quadros do simples viver serrinhense — Enfim, o Ginásio

Divertimentos

A notícia causou a todos surpresa e alegria: parte da família ia viver uma temporada na Bahia, cujo fascínio não se exercia apenas sobre visitantes ou forasteiros, mas sentido era também pela gente interiorana.

No correr dos dias, tudo se esclareceu: papai e mamãe, considerando que os três filhos mais velhos já estavam em idade de instrução secundária, inexistente em Serrinha, decidiram matriculá-los em colégios da Capital do Estado, onde, com essa intenção, haviam acabado de adquirir uma casa. Pouco depois transpirou outra novidade: além de Saint-Clair (14 anos), Renato (13) e Maria de Lourdes (11), iriam também Tonico (8) e Rubem (6).

Tínhamos em Serrinha uma vidinha divertida e casa confortável, de dois pavimentos, muitos quartos e salas, varanda, quintal grande. A todos nós, em verdade, não faltava nada. Numa frondosa mangueira, armávamos balanço e, à sua sombra, fazíamos variados tipos de brincadeiras. Fora do espaço doméstico, amplo e agradável, podíamos nos divertir à vontade na grande e nova praça, recentemente pavimentada. Ali, corríamos picula, montávamos cavalo de pau, etc., sem o mínimo risco, pois que não circulava na cidade nenhum veículo motorizado. Até de noite, à clara iluminação pública a gás acetileno, durante o verão era dado à meninada brincar em grupo nas imediações do coreto da praça, menos de maio a setembro, que o tempo era de muita frieza.

Não havia cinema em nossa pacata cidade. Teatro raramente acontecia. De inapagável lembrança, o teatrinho itinerante de "Seu Argus".

"Seu Argus", pelo sotaque, devia ser estrangeiro, quem sabe espanhol. Era ventríloquo, e percorria as localidades à margem da estrada de ferro, com seus grandes bonecos de pano, o mais engraçado dos quais se chamava "Mosquito". Trajando negra casaca, surgia no palco ao levantar do pano, sentado, com algum dos seus personagens sobre uma das pernas, e aí começava a "conversar" com o boneco. Uma novidade espantosa para a meninada, que acreditava seriamente na voz de "Mosquito" e demais figurantes. "Seu Argus" discutia com seus "artistas" e estes pilheriavam com pessoas da platéia, contavam anedotas picantes e faziam Seu Argus "zangar-se" ou pedir desculpas aos espectadores. Assisti, encantado, a espetáculos desse famoso ventríloquo em duas ou três de suas temporadas serrinhenses. "Seu Argus", a meus olhos, assumia proporções fantásticas.

Fora disso, havia os circos que uma ou duas vezes ao ano apareciam, trazendo alegria para toda a gente da terra, a quem os espetáculos diários eram anunciados, de tarde, pelo palhaço montado de costas num jumento em pelo e seguido de meninos que, aos berros, respondiam às suas perguntas ("Hoje tem espetáculo?" — "Tem sim senhor" — "Hoje tem goiabada?" — "Tem sim senhor", etc., etc.). E eu ficava com vontade de também acompanhar o palhaço pelas ruas da cidade. Os espectadores mandavam suas cadeiras para serem arrumadas nas melhores situações, em volta do picadeiro. Mamãe nos acompanhava, sem esquecer um moringue de água fresca e um copo metálico de abrir e fechar, para acudir à nossa sede, que aparecia, mal nos aboletávamos, de olhos fixos nos trapézios, nas barras de aço e no "camarote" do reduzido grupo musical que acompanhava a execução dos trabalhos dos artistas. No ato final sempre acontecia algo espalhafatosamente divertido, sendo o palhaço corrido do picadeiro por mata-cachorros que o atacavam com tochas acesas pelos fundilhos.

O futebol estava em começo. Os clubes "Guanabara", "Botafogo" e "Amazonas" tinham como jogadores até autoridades, como o promotor público, Dr. Genaro Pedreira. Mas alguns pais de família não simpatizavam com o novo esporte. Uma tarde vi o *golquíper* (era assim que pronunciavam o nome do goleiro) Galliteri (que vinte e tantos anos mais tarde, em campanha de candidato, pela primeira vez, à Assembléia Legislativa, fui reencontrar em Jaguaquara, onde ele era comerciante), vi Galliteri abandonar sua posição e rapidamente vestir calça e paletó, ao lhe dizerem que seu pai estava chegando ao campo. Papai, por igual, não gostava de futebol, também chamado "jogo de bola" e só por isso lhe tinha a aversão que alimentava por toda espécie de jogo. Mesmo assim, os dois filhos mais velhos eram fascinados pela bola de couro.

Havia coisas engraçadas na prática futebolística serrinhense daquela época, além da ojeriza que por ela manifestavam certas pessoas. Um dos craques do "Guanabara", de nome Veríssimo, morava no distrito de Beritingas, vinte quilômetros distante de Serrinha. Pois bem: nos dias de partida, ele chegava montado a cavalo, na hora exata de começar o jogo, vestia calção e camisa do seu clube, ali mesmo no campo, jogava, e logo depois retornava à sua vila.

Outra curiosidade: o noticiário dos jogos pelo "Jornal de Serrinha", semanário fundado, mantido e dirigido por meu tio materno Reginaldo Cardoso Ribeiro. Eis um trecho de uma nota acerca do jogo entre o Serrinhense F. C. e o time do 20.º Batalhão de Caçadores que se achava então acampado na cidade (reparem nos nomes ingleses, com as suas divertidas adaptações prosódicas, como, p. ex., "behind", que vira birrani, "shoot", convertido em "xuta"):

> "A tarde, encantadora e bela, tinha um aspecto florido e, apesar do calor abrasador, desde cedo o campo regurgitava de exmas. famílias, distintas senhorinhas, a banda marcial do 20 de Caçadores e crescido número de pessoas.
>
> Às 4 horas em ponto teve início o grande *match*, cabendo o toss ao Marechal de Ferro, que, em uma linda pegada, defende com heroísmo um forte pelotaço do Victal.
>
> Posta a bola em *birrani*, o *beck* Mario schoota novamente ao campo, a linha do Serrinhense investe contra a defesa do Marechal de Ferro e Antônio, numa linda virada, marca o primeiro goal do dia. Reiniciado o jogo, a linha do Marechal de Ferro ataca o campo Serrinhense. Drummond, bem colocado, *schoota* a *goal*, o *Keeper* defende, e o mesmo player, numa maravilhosa rebatida, marca o 1º *goal* para o seu *team*.
>
> Após o descanso do 1.º *half-time*, inicia o jogo; dada a saída a *toss*, a linha Serrinhense ataca fortemente o campo inimigo, fazendo o *Keeper* do Marechal de Ferro uma heróica defesa quando o *center forward* do Serrinhense rebate e o *Keeper* do Marechal joga a bola em *corner; schootado* o *corner* pelo Veríssimo, Mário aproveita a boa ocasião e de cabeçada vasa pela segunda vez o *goal* do Marechal; posta em campo a bola, tem início a nova fase do jogo; a linha do Marechal ataca o campo inimigo e Victal "dribla" o *half* esquerdo, e o Samuel, *center forward* do Marechal, com uma joelhada de arrebatar, vasa o

goal serrinhense pela segunda vez; dada a saída do regulamento, pela última vez, Carlito, o bravo meio extremo esquerdo, "dribla" a linha de *half*, centra a Zizinho, este passa novamente a Carlito, que, muito bem situado, vasa o terceiro e último *goal* do dia, constituindo assim a vitória do Serrinhense".

O campo de terra batida era o espaço da própria Praça Miguel Carneiro, nome do meu bisavô paterno, de apelido Pai Gueza, por sua vez tetraneto de Bernardo da Silva. Nesse amplo logradouro residia a família do Dr. Paulo Rodrigues Teixeira, Juiz de Direito da Comarca. O "Jornal de Serrinha" mais adiante noticiava que os moradores do local se queixaram da algazarra produzida por torcedores nos dias de futebol, cujo campo, talvez por isso, veio a transferir-se para outro local, não se sabe se a pedido do juiz de direito.

A viagem

Em meados de 1920, papai e mamãe embarcaram conosco num dos trens diurnos da *Compagnie de Chemins de Fer de L'Est Brésilien*, denominação charmosa para uma ferrovia de modesta qualidade. Suas composições faziam a linha Calçada-Juazeiro às segundas, quartas e sextas-feiras e, em sentido contrário, às terças, quintas e sábados. Aos domingos, nenhum trem havia e uma única vez por semana trafegava, em cada sentido, um noturno; as demais composições pernoitavam no caminho (dizia-se: o trem "dorme" em tal lugar). Na época ora referida, o pernoite era em Serrinha, onde a Companhia fez construir um prédio para hotel, a cem metros da Estação Rio Branco (como até 1930 se chamava a estação ferroviária da cidade), deixando-lhe, entretanto, a exploração sob a responsabilidade de pessoa estranha à empresa concessionária da estrada de ferro. Por volta de 1930, os diurnos passaram a pernoitar em Santa Luzia (Santa Luz), até que, a partir, salvo engano, da Segunda Guerra Mundial, cessou esse atrasado sistema de interromper durante a noite o tráfego das composições de passageiros.

A velocidade das locomotivas da linha Calçada-Juazeiro atingia aproximadamente trinta quilômetros horários, de modo que o percurso Calçada-Serrinha ou vice-versa (240 km) se vencia em cerca de nove horas (mais tarde, com as locomotivas movidas a óleo diesel, o percurso chegou a ser feito em menos tempo, mas a quantidade de trens de passageiros nunca aumentou e permaneceu apenas um, em dias alternados, até o melancólico fim da Viação Férrea Federal Leste Brasileiro, sucessora da *Chemins de Fer*. As composições deslocavam muita poeira durante a viagem e por isso era comum o uso de guarda-pó pelos passageiros. Havia um vagão restaurante, mas a maioria dos que embarcavam em Serrinha levava algo para comer na classe.

Como era natural, a notícia de mudança temporária de residência de parte da família foi recebida por nós com alvoroço. Ao tempo, uma simples viagem de poucos dias à Capital do Estado chamava a atenção, exigia providências especiais, sobretudo por parte das moças solteiras e senhoras casadas. Era, enfim, assunto para notícia no jornal da terra. Não raro tomavam-se por empréstimo bolsas, chapéus e mesmo luvas. Afinal, não se podia desembarcar na Bahia, nem lá andar de bonde ou ir às lojas chiques sem tais complementos do trajo feminino. Portanto, imaginava eu, devia ser mesmo uma coisa extraordinária a Cidade da Bahia.

A chegada

Chegamos atrasados, por volta das nove horas da noite, dez pessoas compondo o grupo familiar (cinco filhos; uma tia materna, que levou consigo um afilhado, a qual administraria a nova residência; papai, mamãe e a cozinheira Zózima).

Minha impressão inicial não foi boa. Achei tudo muito escuro, deserto, triste, a estação de Calçada dentro de uma área cercada, com um pequeno jardim de frente. Em meio daquela inesperada escuridão, eis que de repente vejo atravessar o portão de acesso e avançar em nossa direção algo estranho, de enorme tamanho, talvez um bicho, mas com duas fortes luzes na frente e fazendo um ruído esquisito. "Que bicho seria aquele?", pensei comigo mesmo. Mas não indaguei nada, mantive em segredo o susto e a dúvida. Depois fiquei sabendo: era um automóvel, coisa que até então nunca vira.

Saímos da estação para tomar um bonde. Ah! a novidade esplendorosa do bonde, bem iluminado, dirigido por dois homens de farda e boné: um, de pé na parte da frente, manobrando uma manivela, e outro a caminhar de um a outro extremo do veículo por um estribo, segurando-se em varais, com moedas de níquel numa das mãos. Achei uma coisa linda aquela viagenzinha pelas estreitas e escuras ruas da capital. Deixando o bonde, entramos por um prédio através de longo corredor, ao fim do qual chegamos a uma cabine de escassa luz. Era o Elevador Lacerda. Fechada a porta, senti que subíamos vagarosamente, mas de dentro nada se via: estávamos atravessando a montanha, todo o grupo em silêncio, o que me encheu de medo. Na saída houve uma cena inesperada: meu pai nos levou até um sobrado perto da esquina fronteira, entrou numa sala sem iluminação e, ao pé de uma escada, chamou em voz alta e forte duas ou três vezes: "Madame Tubiii! Ô Madame Tubii!". Senti arrepios. Ninguém respondeu. Era a Pensão Avenida, sua conhecida, onde ele pensou que pudéssemos passar aquela noite, mas, diante do silêncio inesperado, voltamos à Praça do Palácio, onde se repetiu para mim a delícia de outra viagem de bonde. Descemos, por fim, em frente ao Ginásio da Bahia e afinal atingimos Santo Antônio da Mouraria. Papai e mamãe à frente do grupo, caminhamos até o n.º 68, um sobradinho de simpática aparência, que aliás lá está até hoje, sem alteração, salvo na limpeza da fachada. Até a maçaneta da porta de entrada, na forma de pequena mão, lá esteve até um ou dois anos passados.

Pedrada no carro, trem laçado

Cedinho, no dia seguinte, curioso de ver logo como era a Bahia, desci, abri uma folha da porta-da-rua e sentei-me à beira do passeio. Em frente, o Quartel General dominando um pequeno largo gramado, onde poderíamos brincar livremente, logo pensei. As casas à esquerda da nossa — observei — eram baixinhas, mas as da direita eram maiores e havia alguns sobrados. Vizinho ao nosso, do lado direito, um sobrado que logo percebi ser novinho, ainda com alguns restos de materiais perto do seu passeio (pedras e areia). Completava, enfim, minhas inocentes observações, quando subitamente notei que vinha do lado do Ginásio da Bahia, na minha direção, o "bicho" da véspera, que me amedrontara na Estação de Calçada. Pela primeira vez eu tinha diante dos olhos um negro carro *Ford*, de paralamas altos, pneus finos e capota alta, o qual se aproximava devagar. Senti o coração bater acelerado. Levantei-me, apanhei ali ao lado uma pedra, e quando vi aquela coisa grande passar rente ao passeio do Quartel General, garbosa e indiferente ao meu espanto, não tive a menor vacilação: e a pedrada partiu certa, atingindo-o na porta da frente. Senti-me vitorioso. Mas o *Ford* estancou e dele saiu um homem que logo veio ter comigo. "Você mora aqui, meu filho?" — indagou, apontando para o sobradinho. Ante meu balançar de cabeça afirmativo, acionou a mãozinha metálica da porta — e eu, ali, parado, a olhar para o homem, como se tivesse praticado um belo ato. Por azar, quem atendeu foi mamãe. Os dois se entenderam por instantes, ao cabo dos quais o dono do *Ford* foi embora e eu ganhei dois bolos de escova. — "Para não fazer mais aquilo" — advertiu mamãe.

Essa bobagem vai tal e qual aqui contada, para atender a minhas filhas e netas, para quem a história da pedrada no carro é um "barato". Nem tanto, posso agora lhes dizer, quando penso no que ontem (27-11-94) vimos na "Sala Walter da Silveira". Enquanto se desenvolvia um estranho filme italiano de duro realismo, intitulado "O Guardião da Montanha", uma voz narrava que certo dia moradores daquelas ásperas regiões montanhosas da Itália viram um trem de ferro e este de tal modo os assombrou que quiseram pegálo a laço. Isso mesmo: tentaram laçar a locomotiva, com vagões e tudo. Que tal, ó meus netos, o confronto entre o tabareuzinho de seis anos de idade diante de um fordeco, e a turma de adultos europeus, setenta anos depois, empenhados em prender numa laçada todo um trem de ferro? Estou ou não vingado?

Entretanto, dentre as coisas para mim completamente novas a que mais me encantou foi o mar, que nem de fotografia eu jamais conhecera. Aquele mundo de água, descortinado do alto do Elevador Lacerda ou do Farol da Barra, foi, de fato, a maior surpresa do menino vindo de uma cidade sujeita à aflição de periódicas estiagens, sem rio ou mesmo um mero córrego, ou uma pequena fonte perene, terra onde chuva valia ouro em pó e água potável era um precioso elemento vital que toda gente economizava, com medo de ficar sem ela de um momento para outro. Eu nem sabia que aquele despropósito de água sequer para o "o gasto" se prestava; o que me enchia os olhos era vê-la tão perto e em tanta quantidade.

A escola

Na escola, localizada duzentos metros adiante, quase não fico. Até lá fui pela mão de mamãe, que estava de chapéu, bolsa de prata e vestido no rigor da moda (bastante comprido). Subimos a escada do sobradão, onde, na parte da frente, lecionava o professor Possidônio Dias Coelho a alunos adiantados e na parte dos fundos dirigia o curso primário uma de suas filhas. Revejo a cena nitidamente.

Venci os degraus a ouvir, proferidas pela voz do velho professor, as seguintes palavras, que em mim se gravaram inapagavelmente: "La bonté du coeur, le lait des brebis, les travaux des campagnes"... Ele fazia um "ditado". Mais tarde, encontrei esse texto numa *Gramática* de Halbout. Os sons tinham ficado em mim.

Mamãe foi primeiro cumprimentar o venerando titular da escola, de que ela fora, 22 anos antes, professora adjunta, em Serrinha, e, ao despedir-se, pensando eu ser a hora de lá ficar como aluno, agarrei-me à sua saia.

No fim daquele ano ganhei uma roupeta nova, de casimira preta e cinto com fivela dourada: era o "luto fechado" pela morte de minha avó paterna, Miquelina. Mas, ao chegar à escola, a meu ver tão luxuosamente vestido, nenhum colega por isso me deu importância. Fiquei decepcionado com o silêncio geral acerca do meu novo trajo. Mas vinguei-me. Horas depois choveu; pedi licença para ir ao "quartinho", e, de volta, deixei-me ficar debaixo de uma goteira. Ao retornar à sala de aula, o sucesso! "Olha o Rubem com a roupa nova ensopada!". Senti-me compensado.

Eu gostava da escola, mas não de um dos exercícios diários: o de "caligrafia vertical", em cadernos retangulares que a Loja Bastos, no Largo do Guadelupe, vendia. Aquelas letras redondas não me agradavam. Eu preferia a maneira de escrever que minha mãe ensinava, com as letras um tanto inclinadas para a direita, e não verticalmente gordas. Todo aluno da professora Áurea tinha boa caligrafia, porque ela era exigentíssima nos exercícios de cópia: escrevia no quadro negro, com uma letra linda, uma ou duas palavras e mandava-nos escrevê-las muitas vezes em folhas de papel pautado, dando nota pela qualidade da cópia.

Vale aqui lembrado, em honra dos professores primários preocupados com a boa letra dos seus alunos, o seguinte: no Parecer sobre a reforma geral do Ensino, por ele relatada em 1882, o Deputado Rui Barbosa determinava que, no programa do primeiro ano ginasial, a disciplina Português abrangesse "análise dos clássicos; ditados; ensaios de composição; recitação; *tendo-se em muito apreço e cuidado a caligrafia*" (textual)[1].

---

[1] Cf. Obras Completas de Rui Barbosa, Vol. IX, Tomo I, 1882. *Reforma do Ensino Secundário e Superior.* Ministério da Educação e Saúde, Rio de Janeiro, 1942, p. 246.

Santo Antônio da Mouraria

Santo Antônio da Mouraria era um sossegado e aprazível logradouro residencial, que a mim, particularmente, deu conforto e alegria.

Os melhores dias da semana, do meu ponto de vista, eram as quintas-feiras, os sábados e os domingos.

Pelas quintas-feiras e aos sábados de tarde, realizavam-se casamentos civis no Fórum, instalado no Convento da Palma, ali pertinho. Em tais atos, ocorria de original aos olhos do menino o corso de automóveis, em marcha vagarosa, comboiando o "landaulet", como se chamava a *limousine* de cor preta, adornada de vasos de flores, cortinas rendadas e até de luzes especiais, dentro da qual, sentada, de véu e grinalda, como uma princesa — a noiva. Em minha cidade a noiva ia andando até a igreja, levada pelo pai ou o padrinho.

Aquele aparato era uma festa para meus olhos, já familiarizados, diga-se de passagem, com os automóveis, e fazia-me recordar certas coisas lá de casa, como, por exemplo, esta: o tratamento mais delicado que papai dava às filhas. "As meninas", dizia, "são as princesas, e os meninos os vassalos". Eu acho que isso se entranhou no meu ser moral, porque não consigo, ainda hoje, desembaraçar-me do pensamento de que a mulher tem ou deve ter uma precedência inviolável.

Aos sábados de tarde havia ainda as retretas da banda de música do 19.º Batalhão de Caçadores, que se apresentava ao público, na parte externa do Quartel General, executando, durante seguidas horas, variadas composições, sobretudo dobrados.

Desde criança, aliás, aprendi a valorizar filarmônicas, talvez por influência de meus pais, admiradores de bandas de música. Em Serrinha havia duas: a *30 de Junho* e a *15 de Novembro*, esta fundada por meu pai. Para os seus músicos ele fez vir, de Londres, fardamento completo, de casimira azul-escuro, e mais duas fardas menores, destinadas aos filhos mais velhos, que as envergavam nos dias de festa, juntamente com os músicos. Anos depois, vim a usá-las eu mesmo, mas nos nossos circos de brincadeira, que organizávamos no quintal do sobrado e de outras casas amigas.

As tocatas semanais da banda do "19" me prendiam a atenção, eram um espetáculo para mim igual ao lento desfilar de automóveis à frente do luxuoso carro da noiva, em dias de casamento.

Os domingos me davam as matinês, principalmente do Cinema Guarani. Oh!, a maravilha do cinema! Foi a coisa que, naquela temporada na Bahia, depois do mar, mais profunda emoção me causou.

A nossa mesada era regulada pela idade. A dos mais novos, "dois mil réis", exata conta de quatro matinês. Um belo dia, a entrada no "Guarani" subiu para seiscentos réis, com a explicação de que os cem réis acrescidos pagavam o *imposto de caridade*, acabado de aparecer. E foi assim que fiquei sabendo o que era *imposto:* uma coisa desagradável, que quase me deixa de fora do "Guarani". Minha tia Sindu completou a quota das matinês.

O cinema me trouxe um universo mágico, a começar pelos desenhos animados de *Mutt & Jeff*, precursores das geniais criações de Walt Disney. Como eram divertidas as ações mudas daqueles exóticos personagens: um, magro e alto; o outro, gordinho e baixo, ambos muito hábeis na prática de variadas diabruras. O menino ficava fascinado o tempo todo pelas histórias que se passavam na tela.

Vi também muitos filmes cujo sentido, naturalmente, mais adivinhava do que entendia, mal iniciado ainda no aprendizado da leitura. De alguns guardei os títulos ("Sedução do Circo", "A Moeda Quebrada", "Desculpe a Poeira", "A Gatuna Relâmpago"), bem como fixei nomes de alguns já célebres artistas, como Eddie Polo, Mary Walcamp, Elmo Lincoln, Wallace Reid.

Ligeiros quadros do simples viver serrinhense

De volta à Serrinha, fui aluno de minha mãe por dois anos, na escola pública estadual que ela regia. Após a sua jubilação, completei o curso primário e preparei-me para o exame de admissão com a professora Astrogilda Paiva Guimarães, recém chegada à cidade, onde fundou a "Escola Ruy Barbosa". Entre os livros por ela adotados, que muito favoreceram o aprendizado do idioma, avultava a *Antologia Nacional*, de Fausto Barreto e Carlos Laet.

Alguns livros escolares de leitura, como os de Erasmo Braga, de certa maneira preenchiam o vazio de publicações próprias para meninos de minha idade, que se verificava em Serrinha, onde não havia loja de venda de livros e revistas infantis. Lá chegava apenas, e sem regularidade, o "Tico-Tico", que líamos avidamente. O "Tico-Tico", visto que inexistia livraria na cidade, lá chegava uma vez ou outra. Contudo, ou talvez por isso, a sua leitura me encantava. Aquele grupo formado pelo louro Chiquinho, o Azeitona e outros meninos, despertava muita curiosidade na imaginação dos seus leitores. Foi, pois, com emoção que ainda há poucos meses li, na "Revista da Academia Brasileira de Letras" (Ano I, fasc. VII, n.º 3, p. 83-98), um trabalho de Arnaldo Niskier, intitulado "Comunicação de Massa e Jornalismo Literário", onde ele cita as seguintes palavras de Alberto Deodato, constantes do livro deste, *Políticos e Outros Bichos*: "Aprendemos a odiar a prepotência lendo o 'Tico-Tico', a nos despir de qualquer preconceito de raça ou cor. A cultuar a mãe preta. A generosidade para com os humildes. A admirar os heróis. A amar a Pátria. A ter virtudes morais e cívicas". Palavras estas expressivas de uma grande verdade.

Um dos jornais da Capital publicava semanalmente uma "Página Infantil", precisamente às quartas-feiras, dia em que o trem de passageiros, que conduzia as malas do Correio, chegava já noite alta. Na manhã seguinte, muitas e muitas vezes, acordava eu cedinho e me deixava ficar sentado à borda do passeio da Agência, esperando a sua abertura para receber, no meio da correspondência lá de casa, o exemplar de "A Tarde" com a sua página de histórias ilustradas, que ali mesmo eu lia. Infelizmente, a certa altura do tempo, o vespertino baiano deixou de publicar a "Página Infantil", o que muito foi sentido, ao menos por mim.

Por essa época, a cidade, apesar de não contar com serviço de energia elétrica, teve o seu primeiro cinema, fundado por um serrinhense que vivera anos fora da terra natal, exercendo uma atividade hoje desconhecida: *viajante vendedor de jóias*. Albino Carneiro Filho, assim se chamava aquela figura simpática de rapaz alegre, inteligente, comunicativo e elegante, que tocava piano e violão, cantava e declamava. Sua presença num salão atraía todas as atenções. Tendo ganho dinheiro como negociante autônomo de peças de ouro e prata, que conduzia na sua maleta tipo 007 através do interior da Bahia, seu Juca, este o seu apelido, decidiu investir parte de seu capital no equipamento do "Cinema Confiança", inaugurado em princípios de 1926.

Guardo uma imagem de certa *fita*, onde apareceu um bonito jovem aristocrata, fardado. Era — dizia a legenda (no cinema mudo sucediam-se rapidamente imagens — legendas — imagens; somente com o cinema falado, anos mais tarde, as imagens passaram a trazer, logo abaixo, as legendas tradutoras dos diálogos): era o *Príncipe Basil Emanuel Alexander Augusto, Cavaleiro do Santo Império e Herdeiro do Trono de Mauraine*, que o menino, já escolarizado, memorizou.

Outro divertimento de minha predileção, nessa fase: o bilhar de três bolas, duas brancas e uma vermelha. Estas eram de genuíno marfim, com uma superfície brilhante e lisa, e o choque delas entre si produzia um som muito especial. Fascinante esporte esse, cuja prática, para ser produtiva, dependia menos da sorte do que da aplicação calma e inteligente do jogador. Não era, assim, propriamente um jogo de azar. Havia na cidade alguns aficionados dele, capazes de fazer vinte, trinta, cinqüenta ou até mais carambolas de uma só tacada. Meu irmão Renato, por exemplo, chegou a completar 605 pontos — a maior tacada de todos os tempos naquela região. O salão de bilhares, bem freqüentado e ponto de reunião de pessoas importantes, era do meu tio materno Reginaldo Cardoso Ribeiro. Particularidade merecedora de registro: um dos seus dois bilhares tinha a melhor marca então conhecida — *Brunswick*; o outro, que o imitava, foi feito em Serrinha por um excepcional marceneiro de apelido Chico Bicudo, em menos de dois meses de trabalho. Ficou absolutamente idêntico ao fabricado no Rio de Janeiro. Vinha de fora apenas a mesa de mármore. Esta e as tabelas de borracha eram revestidas de feltro verde.

"Seu Rege", nome de guerra do prestigioso dono do salão, cobrava por hora o uso dos bilhares, cujo funcionamento durava somente o tempo da luz solar, porque a iluminação pública e particular da cidade tinha voltado a ser de modestos candeeiros a querosene. Com o uso prolongado, as bolas de marfim apresentavam mossas que lhe prejudicavam o rolar sobre a lisa mesa. Tornava-se necessário então mandá-las ao Rio de Janeiro tornear, em casa especializada, por cento e cinqüenta mil réis. Voltavam impecavelmente redondas, lisas e brilhantes, bem que um pouco menores do que antes.

Nos meus momentos de recreação, punha-me lá a acompanhar, fascinado, o movimento das bolas, em jogadas difíceis que exigiam cálculo e muita firmeza em ambas as mãos do jogador: a que movimentava o taco para o toque na bola, e a outra, em que o taco se apoiava, enfiado entre o dedo indicador e o polegar do jogador.

Para satisfazer a vontade de também carambolar, ia eu pela manhã, bem cedo, ajudar o empregado de "Seu Rege" a varrer o salão, em troca da permissão de dar algumas tacadas, sozinho. Um dos mais assíduos freqüentadores do bilhar de "Seu Rege" era um seu primo, deputado estadual, cujas férias parlamentares duravam mais de metade do ano. Também iam lá o Vigário, o Promotor Público, o encarregado do Telégrafo Nacional, o Escrivão Cornélio Paes Cardoso e alguns comerciantes. Certo dia, surgiu no salão um desconhecido, rapaz muito alto, magro, sempre de roupa preta. Refestelava-se a fio comprido num dos bancos do salão e punha-se, calado, a olhar o jogo. Ouvi a revelação de sua identidade: é "Mil e Um". Como, assim, um número ou uma pessoa? Tratava-se do sujeito que havia feito, na Bahia, de uma só tacada, *mil e um pontos*, a maior até ali conhecida. Com essa fama, tinha mesmo de ficar sem parceiro. As partidas comuns dos jogadores locais chegavam, no máximo, a duzentos pontos — que "Mil e Um" fazia de saída —, ao passo que os melhores jogadores da terra consumiam nisso pelo menos partida de uma hora. O salão de bilhar era ainda o local preferido para se falar de política e outros temas. Um dia, a pedido de "Seu Rege", o acadêmico de medicina Lauro de Freitas Mota — por quem eu tinha uma grande admiração — reproduziu, de memória, páginas da *Anatomia Humana*, obra célebre de Testut. "Depois que eu me formar, vou operar o seu nariz", dizia-me Lauro, rapaz bonito, alto, elegante e aluno excepcional da Faculdade do Terreiro de Jesus, turma de 1931. Mas quem veio mesmo a me operar foi o quintanista de Medicina Otacílio Lopes de Sousa, da Clínica do Prof. Eduardo de Morais, no Hospital Santa Isabel, porque Lauro Mota ainda cursava o segundo ano.

Cinco ou seis mil habitantes contava a cidade. Não havia bancos. Um dos principais do comércio local exercia função de "Correspondente" do Banco do Brasil. Não podia desenvolver-se a vida econômica local sem um mínimo de financiamento, de crédito acessível às pessoas mais ativas. Como agentes financeiros, o que lá havia eram três ou quatro *milionários* (vocábulo novo na terra, introduzido pelos filmes americanos do seu primeiro cinema), isto é, meia dúzia de pessoas tidas como ricas por possuírem valores patrimoniais acima de mil contos de réis. De um deles — apelidado João do Inchu, por causa da fazenda onde vivia — dizia-se ter uma fortuna em moedas de prata, enterrada no seu quintal. Ele emprestava dinheiro a juros, sob palavra. Outros também faziam esse tipo de negócio, mas exigindo hipoteca ou nota promissória. Não raro tais capitalistas "davam com a língua nos dentes" a respeito de seus empréstimos, o que não convinha aos mutuários, pessoas muito ciosas de sua vida particular. A falta de banco criava situações constrangedoras aos necessitados de dinheiro a prazo. Foi essa uma época dificílima para a vida econômica de minha cidade, onde por isso mesmo não poucos homens naturalmente dotados de engenho e arte para a atividade mercantil nada puderam construir de forma duradoura, tão só pela escassez do meio circulante. Um dos "milionários" serrinhenses chamava-se Joaquim Pedro da Silva, homem de faces avermelhadas, donde o apelido conquistado de Quinquin Camarão. Seu Quinquin, como o chamávamos, pai de companheiros meus de escola e de brincadeiras, trabalhava muito, percorrendo os quadrantes da cidade, sempre montado no seu cavalo "Tempero " a cuidar do comércio de compra e "exportação" de milho e feijão. Curioso é que por essa época funcionou na cidade uma agência vendedora de automóveis "Chevrolet", com dois carros em exposição. Não havia nenhuma rodovia entre os Municípios da região. A primeira a surgir, quem sabe estimulada por essa iniciativa comercial, ligou Serrinha a Caldas de Cipó a partir de 1929.

O comerciante de nome José Pinheiro Alves, tinha visão profissional, mas pouca saúde. Mesmo assim inovou os moldes do negócio de modas, oferecendo à freguesia uma casa diferente de todas as outras, dotada de vitrines de forma triangular, inteiramente envidraçadas. Foi um sucesso a inauguração daquela novidade, realçada pelo prêmio conferido à compra que excedesse a quantia de quinhentos mil réis, um dinheirão para a época e o lugar. A loja encheu-se no dia, e a jovem professora, a loura, elegante e formosa Eunice Paes Cardoso, ganhou o prêmio da maior compra.

A inovadora idéia de seu Zé Pinheiro, contudo, durou tão pouco quanto a sua fraca saúde, mas penso ter sido ele a mais genuína figura de precursor, numa terra de parcos recursos econômicos e raras iniciativas avançadas.

Havia ainda compradores e "exportadores" de fumo em folha, de couros e peles, de cereais (milho e feijão) e, em menor escala, de ovos de quintal. Além desse comércio bastante sólido, chegamos a ter, bem que por poucos anos, infelizmente, uma indústria que, quinze anos mais tarde, quando emigrei como jovem advogado, fui rever no interior de São Paulo: a de beneficiar algodão. Tivemos isso graças à tenacidade de Izidro Queiroz, um conterrâneo de olhos azuis e sotaque de sulista. Montou, com sede própria, a sua pioneira indústria, para ela gerando energia com um motor alimentado a óleo. De lá saiam enormes e bem enfardados volumes de algodão descaroçado, que a Leste Brasileiro, com o seu bom serviço de transporte de carga, levava para a Capital. Muito brincamos sobre os fardos de algodão de "Seu Izidro", eu e meus companheiros de idade. Quando a saúde desse bravo empresário foi vencida por dolorosa e irreversível crise mental, levaram-no para um sanatório longe de Serrinha; tudo o que era seu acabou, e nunca mais minha terra teve lavoura nem máquina de beneficiar algodão.

Outra curiosidade da pequena cidade — ou talvez da época: a insignificância do número de funcionários públicos. Quantos existiam lá? Se bem me lembro, podiam contar-se pelos dedos das mãos: o juiz, o promotor, três professoras estaduais e um professor, o médico do Posto de Saúde, o coletor e o escrivão das duas Coletorias (a do Estado e a Federal), o agente do Telégrafo Nacional, o agente do Correio e seu estafeta, o carcereiro, meia dúzia de servidores do Município (secretário, tesoureiro e fiscal entre eles) e, por fim, o encarregado do Serviço Meteorológico (há vários anos não mais existente). Consistia este numa aparelhagem meio complicada que a meninada olhava de longe, e não sabia para que era; ficava perto do Matadouro Municipal e o responsável chamava-se José Calixto, pai de amigos meus. Não se falava em aposentado. A primeira pessoa, do meu conhecimento, a apresentar-se como tal, foi a professora Áurea, minha mãe. As pessoas da população serrinhense não eram, assim, pesadas aos cofres públicos, viviam quase todas do trabalho particular, de ofício privado. Modestamente, mas bem dignamente.

Tínhamos uma excelente mão-de-obra profissional. No campo da funilaria, avultavam dois sujeitos insuperáveis, de cujas mãos saíam obras de arte feitas de folhas de Flandres ou de zinco. Em aparelhos metálicos para fins domésticos, Seu Chiquinho e Julinho Carneiro — eis os nomes pelos quais foram sempre conhecidos — executavam tudo, com perfeição. Julinho, além disso, era também um grande conhecedor da Bíblia e o melhor contador de histórias da Carochinha que conheci. Em noites enluaradas, ele se sentava no alto do coreto e nós, meninos, ficávamos sentados no passeio a escutá-lo, embevecidos. Grande Julinho Carneiro!

No ofício da marcenaria, dominava Chico Bicudo, o homem dos bilhares *Brunswick*, que imitava irrepreensivelmente. Seu filho Ernesto, esse chegou ao exagero de construir, sozinho, toda uma tipografia de madeira, inclusive a impressora, na qual por muitos anos imprimiu um pequeno jornal, que ele próprio redigia.

A relojoaria encarnava-se no velho Chico Patrício, a vida toda às voltas com o seu penoso ofício, que para ele não tinha segredos. Outro ramo em que a cidade possuía um elenco de perfeccionistas: o das *rendas de almofada* e do *bordado à mão*, que, apesar de todos os desestímulos decorrentes da industrialização, ainda hoje lá viceja.

Não só marceneiros, relojoeiros, funileiros e rendeiras de boa qualidade possuíamos, mas também mão-de-obra qualificada noutras profissões, embora de humildes pessoas em favor de quem a única propaganda feita era a dos clientes bem servidos.

Pedreiros de muita visão do ofício, como o mestre Pedro e seu discípulo "Meu Duda", ou, mais tarde, o também craque de futebol Zé Ramos, qualquer deles capaz de levantar, sem desenho de arquiteto, prédios elegantes e sólidos, como, entre outros, o sobrado que ao primeiro deles encomendou meu pai em 1914.

Sapateiros, de cujas mãos saiam obras dignas de figurar em vitrines da Capital, e costureiras ou modistas de "mãos-de-fadas". Ao ateliê de uma delas fui mais de uma vez acompanhando mamãe, sua cliente. Chamava-se D. Clotilde, de apelido D. Coló, disputada por senhoras e moças da sociedade. Ela demorava muito para entregar as encomendas, pois não tinha auxiliares, mas o seu trabalho sempre ganhava elogios. Vivia exclusivamente para a sua profissão, numa época em que a ausência de energia elétrica devia tornar o uso de máquinas de costura, quer de mão ou de pedal, um ofício extremamente cansativo.

D. Coló tinha muitos figurinos para orientação das freguesas. Uma noite os folheei, enquanto minha mãe cuidava de sua encomenda, mas me pareceram sem graça aqueles modelos, umas mulheres muito altas e magras.

Minhas roupas eram também feitas por uma costureira, de nome Dudu Paes, a primeira a possuir em Serrinha a máquina da moda, marca "Véritas", no ano em que começaram a vender pelo interior do Estado essa concorrente da marca norte-americana "Singer". Por meu gosto, eu seria cliente de alfaiate, não me sentia bem indo a ateliê de mulher para experimentar calça curta e paletó, mas somente em janeiro de 1928, às vésperas de viajar para a Bahia, a caminho do ginásio, fui mandado a um alfaiate, de apelido Menininho, para fazer as roupas do enxoval exigido pelo Colégio Antônio Vieira, entre as quais uma farda de brim branco e (o que me deu uma instantânea sensação de estar ficando homem) calça comprida. Mas Menininho, imprevidentemente, me costurou roupas justas e eu, no bom regime do internato, engordei ao ponto de quase perder o enxoval.

Por fim, uma referência singela às lavadeiras e engomadeiras serrinhenses. Lavar roupas, em minha terra, era ofício mais complicado que noutras, dada a carência habitual de água. Contudo, as roupas de nossa casa chegavam semanalmente (sempre à noite, quando toda a família estava à mesa, ceando), bem arrumadas sobre um enorme tabuleiro, alvas, cheirosas, irrepreensivelmente passadas a ferro, e as que vinham engomadas pareciam brilhar à luz dos bicos de acetileno da sala. A encarregada desse serviço valioso chamava-se D. Ovídia, mãe de muitos filhos, entre estes os que logo mais seriam os quatro maiores astros do nosso futebol: João Panema, Zé Ramos, Alberto e Nelson. D. Ovídia era mulher de um dos poucos funcionários públicos da cidade, de nome Alexandre, carcereiro da cadeia local.

Certa feita em que deixava a prisão um condenado que lá havia cumprido toda a pena, achando-se o pequeno largo fronteiro cheio de gente curiosa de assistir ao raro acontecimento, vejo chegar à porta da cadeia, pelo braço de Seu Alexandre, o prisioneiro liberado. Naquele exato instante, o carcereiro assumiu aos olhos do menino de oito anos que eu era então, a figura de um ser extraordinário. Nunca mais deixei de encarar seu Alexandre senão de uma forma muito especial. Ele soltava presos.

Por que não lembrar alguns amáveis costumes extintos, como o das *lapinhas* do tempo do Natal e o dos "serenos" de bailes e casamentos? As *lapinhas* ornamentavam a sala principal das residências de famílias fiéis ao culto natalino, durante algumas semanas, antes e depois do Dia do Natal de Cristo, para a visitação de pessoas amigas. Eram obras de arte algumas delas, tanto mais de admirar quanto os seus elaboradores não contavam, para certos efeitos, com o recurso da energia elétrica. Quando chegou o tempo desta, algumas de tais *lapinhas*, ou presépios, como a da família José Nunes, ganharam novos cenários (água corrente, imitando rios e cachoeiras, iluminação colorida, etc.). Desarmavam-se os presépios natalinos logo após as festas dos Reis Magos.

Quanto aos "serenos" de bailes e casamentos, de alguns destes últimos fiz parte, certa feita, até muito imprudentemente, numa fria e úmida noite de maio, absolutamente imprópria para quem sofria de asma, como eu. Havia *primeiro* e *segundo dia* em todo casamento. No "primeiro dia", os nubentes homenageavam as pessoas que por um motivo qualquer não puderam assistir à cerimônia. Os noivos, de volta do ato religioso, já em sua casa ou ainda na dos pais, vinham sentar-se num sofá da sala principal, bem à vista do *sereno*, isto é, das pessoas que, na área imediatamente fronteira, esperavam vê-los. Não proceder assim seria retribuir com uma descortesia a gentileza da assistência cordial. No "segundo dia", havia o jantar para os convidados, após o qual os recém-casados repetiam a cena anterior, porém trajados ambos sem os requintes da solenidade matrimonial. Algumas famílias ainda promoviam o "terceiro dia", no qual o "sereno" era convidado a servir-se da sobra da mesa de doces e salgadinhos.

Usos e costumes, esses, muito definidores do caráter e da cultura do povo, hoje desaparecidos, sem embargo do seu belo conteúdo espiritual.

Não há mais noivado, etapa preparatória do casamento, durante a qual a noiva, quando podia, arrumava o seu enxoval de lotes de linho belga para lençóis, fronhas, toalhas de mesa, guardanapos — às vezes adornados com as iniciais dos noivos —, o que não era recomendável, dada a eventualidade de rompimento do compromisso. O namoro, por sua vez, antes uma fase importante para melhor conhecimento mútuo das pessoas afetivamente ligadas entre si, mudou de sentido, exprime hoje intimidade avançada, muito diferente. E os casamentos de longa duração (dez, vinte ou mais anos) tornaram-se motivo de admirativas exclamações (Tudo isso?!).

Enfim, o Ginásio

Afinal, em fevereiro de 1928 achava-me pronto para o exame de admissão a ser feito no Ginásio da Bahia. Antes de viajar, conheci o governador Francisco Marques de Góes Calmon. Esteve ele em visita de algumas horas à minha cidade, a fim de inaugurar o novo Grupo Escolar por seu governo lá construído.

O negro "Ford" de bigode de S. Exa. ficou parado em frente à residência do deputado estadual, irmão do Intendente. A comitiva do governador tinha umas duas ou três pessoas, entre as quais o Dr. Caio Moura, famoso médico de quem já ouvira falar em minha casa. Ele anotava num caderno as palavras proferidas pelo Dr. Calmon, com sua voz nasalada, em pequeno discurso. Prestei atenção a tudo. Houve fotografias da cena na hora da partida, e numa delas entrei eu, muito compenetradamente vestido numa das roupas do enxoval feito para o internato. Já dentro do carro (prestei atenção à cena), o Governador atendeu a alguma coisa que lhe dizia minha professora, D. Astrogilda, ao entregar-lhe um envelope. Dias depois, era ela nomeada professora estadual do Grupo Escolar recém inaugurado. Encerrou, assim, o Dr. Góes Calmon — com chave de ouro — o seu quadriênio governamental, *colocando no lugar certo a pessoa certa*, gesto raramente praticado pelos nossos governantes. Iria, daí em diante, minha grande mestra começar um novo ciclo de sua vida de educadora modelar, só interrompido vinte e quatro anos mais tarde, quando consegui convencê-la a aceitar o cargo de professora de Português, no Ginásio Estadual de Serrinha, criado por lei de minha iniciativa.

III

Do colégio à faculdade

Sumário: Instantâneos de uma época — Pela volta ao regime constitucional — Cinema falado — Moeda estável — Variadas diversões — Telefones automáticos e rádio — Construções de concreto armado. Ascensores públicos. Aeronaves — Concursos de beleza

Instantâneos de uma época

Uma afortunada década, a de 1928 a 1937. Nela presenciamos grandes mudanças, principalmente políticas, científicas e tecnológicas, que aumentaram consideravelmente o conforto e a alegria de viver e ajudaram, em particular, minha geração a formar opinião sobre homens, idéias e fatos políticos.

Só nos três primeiros biênios, entre 1928 e 1934, houve coisas para nós extraordinárias, tais como: duas revoluções político-militares, o advento do cinema falado, a expansão do rádio, a inauguração do telefone de discagem automática, a visão das primeiras aeronaves de vôo internacional (o *Zeppelin* e o quadrimotor alemão DOX), a expansão das construções de cimento armado (arranha-céus), a eleição de uma Assembléia Nacional Constituinte e os primeiros concursos nacionais de beleza. Um universo de formidáveis novidades.

Os movimentos armados de 1930 e 1932 deram ensejo à revelação do fenômeno político aos adolescentes que então faziam o curso ginasial-seriado (cinco anos) ou começavam a vida acadêmica. De repente, a calmaria política do final dos anos vinte cessava com os comícios da Aliança Liberal, prenunciadores do ocaso da chamada República Velha. No "O Jornal", o acadêmico de Direito Nelson de Souza Carneiro, uma das minhas primeiras e duradouras admirações, respondia por uma "Página Universitária", de orientação oposicionista e de apoio à chapa Getúlio Vargas-João Pessoa à presidência e vice-presidência da República, chapa que seria derrotada nas eleições de 1.º de março de 1930 pela de Júlio Prestes-Vital Soares, sustentada pelo situacionismo federal e dos Estados, exceto o da Paraíba, Minas Gerais e Rio Grande do Sul. Estes apoiaram Getúlio Vargas e João Pessoa, fato causador da deposição do Presidente Washington Luís pelo movimento militar vitorioso após o assassínio do candidato oposicionista João Pessoa ("Presidente da República, que fizeste do Presidente da Paraíba?" — bradava, na Câmara dos Deputados, o aliancista mineiro Pinheiro Chagas, proferindo uma frase que virou então manchete nos grandes jornais antigovernistas do País).

A chamada revolução de 1930 eclodiu simultaneamente no Rio Grande do Sul, no Recife e na Paraíba a 3 de outubro e terminou no dia 24, quando a Junta Militar, formada pelos Ministros da Guerra e da Marinha, intimou o Presidente da República a render-se. Esses e outros episódios da prisão de Washington Luís, de sua saída do Palácio Guanabara, confortado pela companhia do Cardeal D. Sebastião Leme, para uma das fortalezas do Rio de Janeiro, e de seu posterior embarque forçado para o exílio, a bordo do transatlântico inglês *Alcântara*, eu segui interessadamente pela revista *Noite Ilustrada*, suplemento do vespertino carioca "*A Noite*" (por muitos anos guardei vários cadernos de papel almaço, com recortes relativos à deposição de Washington Luís).

Já no dia seguinte ao início da revolução de 3 de outubro em Porto Alegre — assisti ao começo do célebre quebra-bonde, seguido do incêndio de dezenas desses veículos pertencentes à Companhia Linha Circular de Carris da Bahia (CLCCB), concessionária do serviço de transportes urbanos.

Estava na Biblioteca Pública, com meu irmão mais moço Werner, ali pelas oito horas da noite, repassando matérias para os exames que se aproximavam, quando nos surpreendeu grande algazarra, seguida de destruição e queima de bondes na Praça Municipal. Esse fato repetiu-se, naquele mesmo horário, em outros pontos da cidade. Incendiaram a estação de bondes de Roma, com os veículos que lá estavam recolhidos, e destruíram uma bela exposição de aparelhos eletrodomésticos pouco antes inaugurada pela CLCCB, no andar térreo do prédio de acesso ao novo Elevador Lacerda, o que também presenciamos da janela da Biblioteca Pública.

Nos dias que se sucederam, houve prisões de políticos oposicionistas, levantaram-se na Praça da Piedade trincheiras de paralelepípedos nas proximidades da Chefatura de Polícia, o que fazia supor a iminência de luta armada. Os colégios suspenderam suas aulas. Para sair da cidade, como saímos, era necessário tirar salvo conduto na Delegacia Auxiliar. Quando voltamos daquelas férias forçadas de quinze dias, estava vitoriosa a revolução.

A cidade encheu-se então de tropas oriundas do norte do País, via Alagoinhas; militares de lenço vermelho ao pescoço, como que se exibiam a viajar (de graça) nos bondes; pelas ruas havia um misto de festa e confusão. Haveria exames? Ninguém tinha ainda condições de responder. Em meados de novembro, afinal, irrompeu a notícia de estarem aprovados, por decreto do Chefe do Governo Provisório, todos os estudantes brasileiros.

Ia começar — aliás já lavrava desde o primeiro momento da vitória revolucionária — a disputa pela nomeação do "interventor federal" da Bahia.

Politicamente sem força, apesar de ter sido presidente de honra da Aliança Liberal e nomeado logo após o 24 de outubro de 1930 presidente de um Tribunal Especial, incumbido de apreciar casos de corrupção administrativa, José Joaquim Seabra não conseguiu sustentar, por mais de três meses, no cargo, o interventor civil, engenheiro Leopoldo Afrânio Bastos do Amaral. Foi derrotado pelo apetite político do *tenentismo* em alta, e não pôde depois evitar a exoneração do cientista baiano Artur Neiva, interventor por pouco mais de seis meses. Em lugar deste, Getúlio acabou por designar o Tenente Juraci Montenegro Magalhães.

Pela volta ao regime constitucional

A revolução paulista iniciada a 9 de julho de 1932 serviu ao menos para obrigar o ditador Getúlio Vargas a efetivar a convocação da Assembléia Nacional Constituinte, que nos daria a Constituição de 16 de julho de 1934.

O interventor Juraci Magalhães, solidário com o governo federal, ajudou-o militarmente a derrotar São Paulo, mas a preço altíssimo, que indelevelmente lhe marcou o perfil político. De fato, praticou ato inédito na história política da Bahia, qual o de mandar prender e conduzir à Penitenciária do Estado, por algumas horas, numerosos estudantes e alguns professores que haviam transformado o edifício da Faculdade de Medicina do Terreiro de Jesus numa simbólica fortaleza, de onde sustentavam sua adesão ao movimento desencadeado pelo povo paulista em favor da volta do País ao regime da legalidade constitucional. A vitória do interventor foi assim uma vitória de Pirro. Nunca mais se reabilitou plenamente, na Bahia, da pecha de carrasco de estudantes.

Segui pelos jornais, conforme me permitiam as obrigações ginasiais, o desenrolar daquele belo gesto da população paulista, desde os seus antecedentes, a 23 de maio de 1932, na Praça da Sé de São

Paulo, onde foram sacrificados quatro jovens estudantes: Miragaia, Martins, Drausio e Camargo, cujas iniciais — MMDC — ficaram gravadas na bandeira da revolução de 9 de julho. E a solidariedade íntima do adolescente ginasiano ao movimento constitucionalista foi, sem ele o perceber, o seu batismo político.

Cinema falado

Um jovem de hoje não pode fazer idéia da impressão que aos adolescentes de 1930 causou a rápida mudança da cena muda para o cinema falado, assim como da influência que ela exerceu na mentalidade e no comportamento das pessoas em geral.

O cinema mudo já havia alcançado, àquela altura, algum progresso, em comparação com o das primeiras décadas do século.

Entre fins de 1928 e começo de 1929, veio o "cinema sincronizado", em que o fundo musical combinava com o filme e certos sons das cenas já eram escutados pelo espectador. Finalmente, no primeiro semestre de 1930, tivemos o filme *falado*, com projeção contínua (sem mais os fatigantes intervalos), e legendas em português superpostas, ao invés da seqüência cansativa: imagem-legenda-imagem.

De imediato os cinemas passaram a exibir belos filmes musicados.

Astros e estrelas, internacionalmente famosos, da ópera, da opereta ou da canção romântica, principalmente Martha Eggerth, Jan Kiepura, Paul Robeson, Alan Jones, Jeannete Mac Donald, Nelson Eddy, a menina Diana Durbin, Maurice Chevalier, Irene Dune, tornaram-se familiares entre nós, em filmes inesquecíveis, como "Sinfonia Inacabada", "Diva", "Rosemarie", "Oh Marieta", "A Viúva Alegre", " O Conde de Luxemburgo", "Melodias da Broadway", "Magnólia", entre outros. Os sapateados de Shirley Temple, criança de quatro ou cinco anos de idade, fizeram época. Vimos o célebre maestro Leopold Stokowsky reger sua famosa orquestra sinfônica, pianistas do estofo de Arthur Rubinstein, violinistas do nível de Yehudi Menuhin, e os filmes biográficos "Madame Curie", "Louis Pasteur", "Émile Zola", "Scarface", este revivendo as terríveis batalhas urbanas dos *gangsters* americanos contra a proibição da industrialização e venda de bebidas alcoólicas (Lei Seca), nos Estados Unidos, após a Primeira Grande Guerra. O horror da Primeira Guerra Mundial nos foi mostrado em "Nada de Novo na Frente Ocidental" e em "Anjos do Inferno", filme de inauguração do novo "Cinema Jandaia", na Baixa dos Sapateiros.

Apesar de ainda não haver chegado à Bahia o ar condicionado nas salas de projeção e de serem estas providas de cadeiras de duro assento, exceto as do "Guarani", que eram de palhinha, constituía o cinema falado um divertimento realmente agradável e instrutivo. Com duas sessões diárias — uma de tarde e duas à noite — e a renovação de programas, em regra semanal, constituía a diversão preferida da sociedade. Havia outros passatempos, é certo, mas nenhum comparável ao cinema, de ordinário freqüentado por toda a gente uma ou duas vezes por semana.

Moeda estável

Em tema de preços privados, aliás, esse período foi verdadeiramente singular. Durante todo o meu tempo de estudante, os aluguéis de casas residenciais eram os mesmos, anos a fio; de igual forma, os jornais diários, que custavam o mesmo preço: duzentos réis. Também a passagem simples de bonde (algumas linhas mais extensas, como Rio Vermelho, Amaralina, Ribeira, custavam o dobro). Nos ascensores e planos inclinados, cem réis. Com cem réis comprava-se um pãozinho de cinqüenta gramas. Os gêneros alimentícios, nos armazéns e feiras livres, mantinham indefinidamente a mesma tabela de preços. Quando trabalhei no "Diário de Notícias", Altamirando Requião certa vez me encarregou de fazer uma reportagem especial acerca do anunciado aumento do preço da carne verde, um aumento de meros *cem réis* (um tostão) por quilo, fato tão gritante que a matéria da reportagem saiu na primeira página.

Havia uma tal estabilidade do custo de vida, que as pessoas nem se davam conta do fenômeno, não comentavam nada. O dinheiro em circulação, quer de metal ou em cédula, tinha valor constante, a partir da unidade monetária — o *mil réis* — com que se compravam bastantes coisas (quatro ou cinco abacaxis, ou cinco laranjas do Cabula, laranjas de umbigo, como eram então chamadas, grandes e doces, sem caroço, vendidas pelas ruas, diariamente, em caçuás pendentes de cangalhas em lombo de burro; ou mais de uma carteira ou maço dos melhores cigarros; ou ainda uma saborosa taça de sorvete na elegante Confeitaria Chile, por exemplo).

Particularidade notável: circulava ainda moeda *de prata* (no valor nominal de dois mil réis) e a moeda divisionária (de cem, duzentos, quatrocentos e quinhentos réis), feita de liga de níquel, tinha valor intrínseco superior ao seu valor nominal.

Variadas diversões

Aludi a outros divertimentos na cidade, além do cinema, embora fosse este o principal, o de toda a gente, e único a funcionar diariamente o ano inteiro. O futebol era semanal e quase sempre aos domingos de tarde (os jogos noturnos só foram inaugurados em 1929, salvo engano). As regatas, nos Tainheiros (Ribeira de Itapagipe), e também as do Dique do Tororó, realizavam-se em períodos certos do ano e atraíam assistência menos numerosa. Muita gente se contentava em ficar ao longo da amurada ou a bordo de navios da *Bahiana*, alugados para esse fim pelos diversos clubes de regatas (Santa Cruz, Itapagipe, São Salvador, Vitória). Os navios ficavam ancorados ao largo, entre a Ribeira e Plataforma, enquanto durava a regata. Nos intervalos dos páreos, dançava-se, namorava-se, e o preço de cinco mil-réis por pessoa pagava somente a passagem de ida e volta. Não havia consumo de bebidas alcoólicas, e, quando havia, não passava de um discreto chope de barril.

Além disso, durante algum tempo tivemos dois campos de "golfinho" (golfe em pequeno espaço). Praticava-se esse esporte em terreno particular situado na esquina do Campo Grande com o Corredor da Vitória, onde depois funcionou uma Pupileira, e outro no Farol da Barra, onde mais tarde se levantou o Edifício Oceania.

Telefones automáticos e rádio

Outra novidade criadora de mais conforto na vida: os telefones automáticos, inaugurados em 1931. Foi a Bahia uma das primeiras metrópoles brasileiras a atingir tão adiantado estágio das comunicações urbanas, passando de ligações feitas com auxílio da telefonista para o aparelho de discagem automática, com exceção das linhas das estações de Roma e do Rio Vermelho. Em São Paulo, note-se, oito anos depois os telefones não eram automáticos em toda a cidade; ainda se faziam ligações via telefonista, até em aparelhos localizados na Avenida São João, um dos seus mais famosos logradouros, como eu mesmo pude verificar, de passagem por lá em 1939.

A introdução, entretanto, desse melhoramento na Bahia, pelo que sei, não acarretou, de imediato, majoração da respectiva tarifa. O serviço telefônico urbano e interurbano era prestado por uma concessionária, a Companhia de Energia Elétrica da Bahia (CEEB), ligada à Companhia Linha Circular de Carris da Bahia (capitais canadenses).

Também vale lembrado o impulso que recebeu a radiodifusão a partir de 1930. Poucos, pouquíssimos, raros mesmo, eram, então, na Capital, os proprietários de rádio-receptores. A canção popular de então só chegava até nós, do Rio de Janeiro, meses depois de lá aparecer, e sempre em edições impressas para piano e orquestra. Com a difusão do rádio, esse quadro mudou rapidamente.

Quando, dali a pouco, Almirante e Carmem Miranda se apresentaram no "Cine-Teatro Guarani" para cantar seus últimos lançamentos, com entrada a cinco mil-réis, já eram ambos conhecidos através de programas radiofônicos. No começo havia apenas uma estação transmissora, a PRA-4 — Rádio Sociedade da Bahia.

As sessões do Tribunal do Júri, tão do gosto popular na Bahia, passaram a ser irradiadas, transmitindo os discursos de defesa e acusação, as réplicas e tréplicas que não raro chegavam até o amanhecer.

Construções de concreto armado. Ascensores públicos. Aeronaves.

Enquanto surgiam no Rio e em São Paulo os primeiros arranha-céus do País, a Companhia Linha Circular de Carris da Bahia inaugurava aqui o novo Elevador Lacerda, com a sua majestosa coluna externa de mais de cinqüenta metros de altura, ligada, por belo e extenso passadiço de concreto armado, à Praça Municipal. Ainda hoje parece ser esse o mais apreciado cartão-postal da Bahia. O antigo elevador hidráulico, construído pelo engenheiro Francisco Lacerda nos anos 70 do século passado, e melhorado com o advento da eletricidade, tinha só duas cabines. O novo restaurou as antigas e construiu mais dois ascensores externos, todos de muito maior velocidade.

Residindo então no distrito da Sé, transitava quatro vezes ao dia pela Praça Municipal, na ida e volta do Colégio Antônio Vieira, e assim pude acompanhar o desenvolvimento da construção do novo Lacerda, honra da engenharia e do operariado baianos. Sua inauguração ocorreu entre janeiro e fevereiro de 1930.

No ano seguinte, a dita concessionária do serviço de transportes urbanos fez considerável melhoramento no Plano Inclinado Gonçalves — o antigo *Charriot*. Recorde-se que ainda funcionavam regularmente o Elevador do Taboão e o Plano Inclinado do Pilar. Importa isto em reconhecer que havia, na época, um sistema de ligação da Cidade Alta com a Cidade Baixa muito melhor do que o atual.

1931 foi também o ano em que vimos cruzar os céus da Bahia o maior avião até ali conhecido — o DOX, quadrimotor alemão —, e o dirigível *Zeppelin*. A passagem deste, em viagem da Europa para o Rio de Janeiro, causou tal alvoroço que o Colégio Antônio Vieira, informado da hora do sobrevôo da aeronave e abrindo uma exceção rara, suspendeu as aulas naquela manhã, para os seus alunos poderem ver o inédito espetáculo. Meu grupo teve a sorte de ser para isso autorizado a subir ao terraço do novo edifício-sede de "A Tarde". Na hora prevista, o Zeppelin passou baixo sobre a cidade, com pouco ruído, levando na parte inferior do seu cintilante bojo metálico a minúscula cabine de passageiros.

Concursos de beleza

Em 1929 aconteceu o primeiro concurso nacional de beleza feminina. Algum tempo atrás houvera no Sul do País um certame parecido, mas restrito à Capital da República, no qual se escolheu a carioca Zezé Leone, como a mais bela jovem da cidade. A modesta técnica publicitária da época não fez maior divulgação da fotografia da eleita, mas ainda assim chegou até mim, menino de escola primária, a notícia ilustrada desse acontecimento.

Em 1929 o concurso foi de caráter internacional, cada Estado brasileiro elegeu a sua representante, depois todas se reuniram no Rio de Janeiro para a escolha da "Miss Brasil" que, por sua vez, iria, como foi, em seguida, disputar o título de "Miss Universo" em Galveston, Estados Unidos.

Envolvido, como andava, com as muitas matérias de aulas diárias de manhã e de tarde, no Colégio, não tive meio de acompanhar a eleição de "Miss Bahia", mas participava, entre os meus colegas de Externato, dos comentários sobre o acontecimento, para nós sensacional. Quando soube da eleição da bela morena Nair Pedreira de Freitas, já ela estava prestes a embarcar para o Rio de Janeiro, onde a Bahia tinha sempre muita evidência pelo tratamento privilegiado que lhe dava a canção popular brasileira. Contudo, a vencedora foi a "Miss Distrito Federal" — Olga Bergamini de Sá. A grande novidade dessa primeira competição nacional é que houve desfile das candidatas vestindo maiô curto.

No ano seguinte — o de 1930 — além da revolução vitoriosa que proporcionou aos estudantes aprovação, por decreto federal, em todas as matérias do curso ginasial e superior, ocorreu outro fato não menos sensacional. Refiro-me à chegada à Bahia da propaganda de "Toddy". Durante vários dias as paredes das ruas da cidade foram parcialmente ocupadas por cartazes coloridos. Seu teor mudava a breves intervalos, deixando no ar porém uma interrogação que fazia crescer a cada dia a curiosidade geral. "Toddy vem aí! Toddy já embarcou!... e, por fim, "Toddy chegou". Para a seguir inundar a cidade com o anuncio espalhafatoso dos variados produtos da nova indústria chocolateira "Toddy" postos à venda na cidade.

E logo surgiram, em São Pedro e outros pontos, o que hoje diríamos lanchonetes ou estabelecimentos análogos, servidos por mocinhas com os seus uniformes coloridos, onde boa parte da mesada dos colegiais começou a ser consumida em copos de "Toddy" com leite bem fresquinho — nova necessidade que uma propaganda bem dirigida tornava irresistível, tal como hoje acontece com as 'necessidades' criadas pela força incontestável da TV.

IV

A um passo da indisponibilidade

Sumário: Enfim, calouro de Direito — Clóvis Bevilacqua — Rumo ao Sudoeste baiano — Imagens de Areia — Bernadete — Cai a Sé — Inscrição na OAB — Estréia forense — Viagem ao Rio de Janeiro — Repórter — Zoraide — Magos da tribuna — Repórter parlamentar

Enfim, calouro de Direito

Aos dezenove anos vi afinal concretizado o sonho de ingressar na Faculdade de Direito, com uma confortável média no vestibular.

O belo prédio da Faculdade como que ainda recendia a novo, no seu terceiro ano de uso. Morando ali perto, quantas vezes ao passar por ele a caminho das aulas do Vieira não pensei comigo: "Ai, meu Deus, falta tanto tempo para meu ingresso ali..." E de repente já era chegada a tão esperada ocasião. Atingi a Faculdade com algum atraso por motivo de doença, mas foi melhor assim, amadureci intelectualmente um pouco mais, vendo crescer o apetite de me tornar bacharel, de exercer a advocacia imediatamente após a graduação. Nunca senti outro chamado interior, senão para o foro, o direito em pugna.

A Faculdade não era gratuita, mas cobrava uma anuidade acessível à classe média. Por um recibo — o de n.º 2995, que conservo, relativo ao segundo semestre de 1936, o pagamento anual, feito em duas parcelas, importava em 590$000 (quinhentos e noventa mil réis), preço talvez então equivalente ao aluguel mensal de uma boa casa situada em rua do distrito da Barra. O ensino era bom, os professores cumpriam corretamente os seus programas, as instalações da nova sede, construída graças ao esforço do Prof. Bernardino de Sousa, confortáveis, e a Faculdade ainda mantinha um certo número de alunos gratuitos. Era, a esse tempo, uma instituição verdadeiramente modelar. Ela me surpreendeu com um brando regime inicial de apenas duas disciplinas a estudar, e a freqüência obrigatória de duas horas de aulas duas vezes por semana; deixava-me tempo de sobra para o estudo e mais o que antes, no curso ginasial, não podia fazer: ir a matinês, deixar-me consumir em ardente paixão platônica por uma jovem paulistinha, freqüentar algumas amenas tardes da Rua Chile ou acompanhar à noite o desfile de garotas na Praça 13 de maio (Piedade). Oh, o Jardim da Piedade, recentemente construído na gestão do prefeito Pimenta da Cunha, com os seus largos passeios bem pavimentados, seus artísticos canteiros de muitas flores, sua grande fonte luminosa no centro — foi, durante anos, enquanto mantido sem diminuição de sua formosura inicial, o ponto de encontro por excelência de boa parte da juventude masculina e feminina da Bahia. Nos fins de semana tornava-o ainda mais atraente a apreciada Banda Musical do Corpo de Bombeiros, dirigida pelo famoso maestro Claudionor Wanderley. Ela executava as novidades de Ari Barroso e de outros astros da canção popular brasileira. Ali nasceram muitos namoros inesquecíveis e, quem sabe, também casamentos de longa duração.

❧

A cadeira de Introdução à Ciência do Direito, instituída no ano anterior, estava ainda sem titular. O concurso para o seu preenchimento ocorreu precisamente em agosto de 1933, com a vitória do candidato Nestor Duarte Guimarães, e por isso minha turma teve dela mais de um professor. O primeiro, o Dr. Aloísio de Carvalho Filho, agradou plenamente pela qualidade de sua didática: expunha com sobriedade a matéria do ponto, sem dela afastar-se. O Direito que nos transmitia soava como algo indispensável ao quotidiano de toda a gente. Eleito, porém, deputado à Assembléia Nacional Constituinte que promulgaria a Constituição de 16 de julho de 1934, teve de afastar-se para assumir, na Capital da República, o seu papel de constituinte. Homenageamo-lo em aula, tendo sido eu — não sei por quê — designado para saudá-lo em nome de todos os colegas. Disse meu discursozinho, escrito nalgumas poucas laudas, que o homenageado levou consigo, depois de me abraçar, agradecido. Fiz nele algumas críticas ao interventor federal Juraci Magalhães, por sua política intolerante com os estudantes baianos, um de cujos líderes — o acadêmico de Direito Nelson de Sousa Carneiro — fora preso, maltratado e posto fora da Bahia numa terceira classe de navio mercante, em virtude do seu apoio à revolução constitucionalista de São Paulo, cuja memória ainda estava muito viva naqueles dias.

Clóvis Bevilacqua

Certo dia, passou pelo nosso porto Clóvis Bevilacqua, tendo eu sugerido uma visita ao egrégio autor do projeto do Código Civil vigente. Fernando Jatobá, Dermival Costalima e eu ficamos toda uma tarde a bordo do navio em que ele viajava. Acompanhado de sua mulher, Amélia de Freitas Bevilacqua, e uma filha, recebeu-nos com a maior simplicidade e aparente gosto aquele tranqüilo homem, então com 74 anos de idade, de quem Rui Barbosa, ao abrir a sessão solene, no Rio de Janeiro, comemorativa do Centenário de Augusto Teixeira de Freitas, cujo orador oficial era Clovis Bevilacqua, pôde dizer: "Dou a palavra ao maior dos nossos civilistas vivos que vai falar sobre o maior dos nossos civilistas mortos". Uma luminosa síntese da verdade histórica. Conversamos desinibidamente com o venerando jurisconsulto, que ouviu mais do que falou. Sua filha tocou ao piano de bordo algumas composições de sua predileção. E D. Amélia declamou para os jovens visitantes poemas de sua lavra. Uma homenagem inesperada que muito sensibilizou os três calouros da Faculdade de Direito da Bahia.

❧

Nas férias de junho, acho que por sugestão da ABI (Associação Baiana de Imprensa) organizaram-se, na Faculdade de Direito, quatro ou cinco embaixadas compostas de um representante de cada série acadêmica a fim de excursionar pelas várias regiões do Estado, angariando donativos destinados a uma projetada estátua de Rui Barbosa. Fui indicado para representar os calouros na embaixada "João Barbosa" que excursionou pelo Sudoeste. Presidida pelo bacharelando Rômulo Almeida, completavam-na o quartanista Ulisses Brito, o terceiranista Nathan Coutinho e o segundanista Agostinho Pinheiro.

Como, naquele ano de 1933, não me envolvi em atividade política, completarei este capítulo narrando o que me parece digno de evocação não apenas no primeiro mas em todo o meu tempo de estudante de Direito. Depois, em capítulos especiais, tentarei fazer a crônica somente de minha participação na política, de 1934 a 1937.

Cumprindo esse esquema, retomemos a excursão em favor da futura estátua de Rui Barbosa, que felizmente veio a não se erigir. Assim me exprimo porque o próprio Rui nunca foi em vida a favor desse tipo de homenagem, e não me consta que jamais tenha pensado em recebê-la depois de morto.

Rumo ao Sudoeste baiano

Embarcamos logo após as comemorações joaninas e cumprimos um longo itinerário: Nazaré, Santo Antônio de Jesus, Lage, Amargosa, Mutuípe, Areia, Santa Inês, Itaquara, Jaguaquara, Jequié, Poções, Boa Nova e Conquista.

Combinou-se não haver discurso, salvo motivo de força maior, que felizmente não ocorreu. Para aliviar o peditório de dinheiro, faríamos alguma coisa nas diferentes cidades a visitar. Quem soubesse declamar, declamava; quem fosse bom contador de anedotas exerceria seu mister, e assim por diante. Para a declamação estávamos de antemão garantidos, com a presença do poeta Nathan Coutinho, que se revelaria também impressionante declamador. De minha parte, sabendo de cor uns lindos versos de Rui Barbosa, mais de uma vez os disse. Ei-los:

A XXX (sem data)
Feiticeira moreninha,
Casta flor da minha vida,
Quando cismas à tardinha
Nos teus sonhos embebida,
Não sentes a aragem trêmula
Que em teus cabelos se enlaça
E o murmúrio que perpassa
Como uma queixa perdida
Do dia que além se esvai?
Dize — sabes o segredo
Que essa linguagem te diz,
Quando a brisa oscula a medo
As tuas tranças gentis?...
Pois ouve... não fujas não...
Escuta o gemer da brisa:
É minha alma que desliza
Nas asas da viração.

É fácil imaginar a surpresa, aliás natural, dos ouvintes ante a revelação de um Rui poeta, e poeta capaz de se exprimir tão liricamente.

Em Itaquara ficamos conhecendo o Dr. Castelar Sampaio, titular de cargo da Magistratura, poeta, homem de boa conversa. Lá estivemos o tempo necessário de espera obrigatória de outro trem que nos levasse adiante. Atraso incrível observava-se então com as nossas ferrovias — tanto a Estrada de Ferro Nazaré (do Estado), como a Estrada de Ferro Este Brasileiro, da *Compagnie des Chemins de Fer Fédéraux de l'Est Brésilien* (posteriormente, com a nacionalização estabelecida pela Constituição de 1934, denominada *Viação Férrea Federal Leste Brasileiro)*. Suas composições de passageiros trafegavam só em dias alternados, segundo já acentuamos: às segundas, quartas e sextas-feiras, num sentido; às terças, quintas e sábados, no sentido inverso (seis anos mais tarde, chegando à cidade paulista de Rio Preto, senti logo a diferença enorme do grau de progresso daquela região, comparado com o do interior da Bahia: três trens *diários*, ali chegavam de São Paulo, 450 quilômetros distante, e três, também por dia, de lá partiam para São Paulo).

Em nossas conversas sobre assuntos literários com o Dr. Castelar Sampaio, deu-nos ele sobre Coelho Neto o seguinte epigrama:

Se o Coelho sendo Neto
De livros nos inundou,
Que seria de nós outros
Se esse Coelho fosse avô?

Em Areia ficamos dois dias. Da hospedagem da caravana incumbiram-se os Drs. Miguel Nogueira e André Lírio, ambos médicos. Este, acompanhado dos filhos, estudantes em férias, estava na estação ferroviária à nossa espera.

Imagens de Areia

A chegada a Areia trazia-me algumas recordações sentimentais. Minha família tinha lá passado uma temporada de seis meses, de janeiro a julho de 1924, sendo papai Agente Fiscal do Imposto de Consumo na Circunscrição. Considero esse um tempo singularmente memorável, do ponto de vista de minha meninice. Tinha eu dez anos de idade, e fui encontrar naquela cidade coisas novas para os meus olhos de criança natural de uma região de secas periódicas. O rio Jiquiriçá, oh! um rio, límpida e serena água a correr dia e noite por dentro da cidade, instantaneamente me encantou.

Nunca imaginara, antes, que pudesse haver, onde quer que fosse, tanta fartura de água! Como era bom ter à vontade água de beber. Enquanto ali estivéssemos, mamãe não iria recomendar: "Poupem água", "não desperdicem água". Água, em Serrinha, era algo irreal ou de uma carência permanente. A cidade, com cerca de seis mil almas, abastecia-se, quase toda, num único tanque público. Um tanque, meu Deus, parece que milagroso, porquanto embora de tamanho médio, nunca secava, ainda nas estiagens mais prolongadas. Havia outro, é certo, pertencente à Estrada de Ferro e destinado à provisão de suas locomotivas, mas a água era um tanto impura, não inspirava confiança, servia apenas para uso doméstico. A uma distância aproximada de três quilômetros do centro da cidade, o governo federal, ao tempo do Presidente Afonso Pena, tinha construído um açude, cuja água, porém, de tão salobra, só os animais bebiam. O velho "tanque da Estação" era, assim, o único manancial de boa água potável em minha cidade natal.

Lá, em regra, as pessoas não podiam tomar banho diariamente, mesmo naquelas poucas casas que dispunham de tanque de cimento para acumular água de chuva. O comum entre homens e meninos era o banho em dias alternados; nos outros dias, apenas *lavavam os pés* antes de irem para a cama. Em casa, eu e Werner disputávamos o segundo banho morno e de bacia depois de papai tomar o seu. O sabonete e a brilhantina que ele usava, da marca francesa "Roger & Gallet", enchiam o ambiente de agradável fragrância, tornando ainda mais desejável para nós a vez de banhar-nos naquela perfumosa água.

Não é de pasmar que tal acontecesse numa terra de escassas chuvas, e desprovida de rios ou quaisquer outras fontes perenes. E se isso acontecesse nos arredores de Paris, mais precisamente: no castelo residencial do herdeiro presuntivo do trono brasileiro? Pois aconteceu, tal e qual, na suntuosa morada da princesa Isabel de Orleans e Bragança, Condessa de Paris, filha de Dom Pedro, príncipe do Grão-Pará, e neta da princesa Dona Isabel, a Redentora. Em seu livro de memórias, *De Todo o Coração* (Francisco Alves Editora, Rio de Janeiro, 1983, p. 71), conta a princesa que *ela e mais quatro irmãos* tomavam banho *sucessivamente na mesma água fervendo que jogavam numa banheira de zinco colocada num corredor escuro. O primeiro tomava um banho quente e mais limpo e o último um banho morno e mais sujo.* Eis aí como se assemelhavam uma terra do semi-árido nordestino e a mais famosa metrópole européia.

Disputávamos também, logo depois do banho, a perfumada brilhantina "Roger & Gallet" que restava nas mãos enormes de papai, depois que ele a passava em seus cabelos. Papai cuidava bem das próprias unhas, cortando-as de ambas as mãos e depois polindo-as vagarosamente com uma pequena escova almofadada; escovava demoradamente os cabelos e após o banho envolvia-os numa densa camada daquele produto francês, cujo aroma, juntamente com o do sabonete da mesma marca, enchia a atmosfera do quarto de banho e nos deliciava.

Mas voltemos a Areia.

Intenso foi o meu enlevo ao me defrontar com o rio Jiquiriçá, de graciosas voltas e límpidas águas em incessante fluir. Além do rio, a um quilômetro, se muito, além da Areia de Cima, havia uma fonte nativa da mais pura e cristalina água a brotar de uma gruta. O empregado de nossa casa, com um jumento arreado de cangalha e quatro barris, ia diariamente lá apanhar a maravilha líquida. Eu, sob a forte atração daquela abundância inesgotável, acompanhei-o muitas vezes para ver, pela primeira vez e claramente visto, o espetáculo, a meus olhos extraordinário, de água de beber irrompendo cristalina de uma rocha.

A mansa e silenciosa torrente do Jiquiriçá me fascinava. Morávamos na parte alta da cidade, chamada Boa Vista. Lá em baixo, por trás da rua onde ficava minha escola, passava o rio. Depois da aula particular do professor Moura, e antes de voltar para casa, ia eu com Werner e Tonico ao banho no Jiquiriçá — supremo gosto! — num ponto fronteiriço à chácara da família Fontoura. Era cerca de meia hora de felicidade, dentro d'água. Às vezes, em aula, um de nós cometia alguma falta, e o Professor Moura, inflexível, lavrava a sentença terrível: "Só saem às cinco horas". Noutras palavras, naquela tarde não haveria banho no Jiquiriçá, pois mamãe não admitia que, de volta da escola, chegássemos depois das cinco horas.

Outra lembrança inapagável do tempo de Areia: suas frutas abundantes e saborosas, uma das quais eu nunca tinha visto: ingá. Havia também todas as variedades de bananas, principalmente "da terra", enormes, amarelas, que só então conheci. Em Serrinha, a fartura era de manga-rosa, pinhas (gabadas por Afrânio Peixoto no seu *Livro de Horas*) e mangaba. "Comendo uma pinha da Serrinha" — diz Afrânio Peixoto — "compreende-se que Fernando, o católico, chamasse, a essa, a rainha das frutas" (*Livro de Horas*, Livraria Agir Ed., 1947, p. 296).

Em Areia vi o melhor carnaval de minha meninice. Desfilaram, entre Areia de Cima e a rua próxima à Estação da Estrada de Ferro, vinte carros alegóricos, representativos dos Estados da Federação Brasileira. Também lá tomei consciência da efêmera glória do poder político. Contendiam, de um lado, o cônego Galrão; do outro, o coronel João Araújo, Seabristas e Calmonistas, ou vice-versa. Numa noite, em casa de um, comi doce pela festa de sua nomeação e posse como Intendente municipal; se não me engano, menos de um mês depois caía João Araújo e era empossado o representante da corrente contrária, no mesmo posto.

Ainda em Areia, fiz amizade (se é possível falar de amizade entre criança e adulto) com o Dr. André Lírio, médico de nossa família. Dr. André me pôs o apelido de *Caetano*, porque numa partida de futebol eu aplaudi, entusiasmado, um jogador com aquele nome. Na larga e extensa varanda lateral do seu chalé residencial, muitas vezes joguei bola com sua filha Carmem, então uma beleza — rara a meus olhos — de quinze ou dezesseis anos em flor. Quando meus pais voltaram para a Serrinha, escrevi uma carta ao Dr. André Lírio contando a viagem de volta e dizendo da saudade que sentia dele e de Areia. Pois não é que o Dr. André Lírio, cinco anos mais tarde, me reconheceu, em plena rua, na Bahia? Menino, é sabido, muda muito entre dez e quinze anos de idade, mas certo começo de uma tarde do meio do ano de 1929, a caminho do Colégio Antônio Vieira, com meu irmão Werner, defronto-me, à altura da rua de São Bento, com o Dr. André Lírio, acompanhado de dois ou três adolescentes mais ou menos como eu; seriam seus filhos. Reconheci-o de imediato, pois ele era o mesmo senhor baixote, com a mesma fisionomia dos tempos de Areia. Mas eu estava já de calças compridas (ia fazer dezesseis anos três meses adiante), e mudara bastante. Pois o Dr. André Lírio, mal me olhou foi-me dizendo, risonho: "Oh, Caetano! como vai?", e me abraçou alegremente.

Bernadete

De Areia, no entanto, a imagem transcendental que em mim sobrevive é a de Bernadete — um lindo e curto sonho de minha meninice.

Bernadete, meninazinha de oito ou nove anos, de lindos cabelos louros que lhe caíam pelos ombros, e que eu via com olhos de encantamento, era uma presença que me deixava no reino da fantasia total. Formávamos, de vez em quando, um pequeno grupo e brincávamos. Principalmente olhávamos um para o outro, e aquele olhar inocente e terno dava a medida da leveza do ser. Uma tarde, fui sozinho à casa de seu Cazuza, na Areia de Cima (seu Cazuza era o pai de Bernadete) e lhe disse: "Seu Cazuza, papai mandou convidar o senhor e sua família para uma festa lá em casa hoje". Invenção minha, não haveria festa nenhuma. É que no domingo anterior eu não tinha visto Bernadete, e seria essa a forma de vê-la. Lá se foi seu Cazuza, com a família toda. Imaginem o resultado, se puderem. Para mim, porém, foi a glória de ver aquela feiticeira lourinha que me levava para o reino da quimera.

Mas um belo dia, aparece-me Bernadete sem os seus longos e louros cabelos. Cortara-os rente ao lindo pescocinho. Levei um susto, e ao mesmo tempo foi como se algo se tivesse apagado em mim. Pra que fizeste aquilo, ó inefável Bernadete?

Seis ou sete anos mais tarde, em plena época dos primeiros e prestigiosos concursos de beleza, chegou-me a novidade de sua eleição como Miss Areia. Fiquei a imaginar o que não seria então a graça daquela menina-e-moça no esplendor dos seus quinze ou dezesseis anos. Depois disso, nunca mais ouvi falar de Bernadete, inapagável imagem de meus dez anos de idade.

Em Jequié, no Clube de Tênis — raridade, sobretudo no interior, fiquei conhecendo o Promotor Público da Comarca, que em breve ia ser um dos meus mais constantes e fraternos amigos políticos e posteriormente companheiro de escritório profissional, padrinho de meu segundo casamento religioso, figura exemplar de brasileiro e de católico, Renato Rollemberg da Cruz Mesquita.

Em Poções, travamos conhecimento com o Dr. Antônio Caldas Coni, jovem médico clínico na terra, a quem, pela boa fama que o cercava, fomos visitar em seu consultório profissional, onde nos acolheu simpaticamente. Mais adiante, o Dr. Caldas Coni se tornaria também homem de letras e apreciado autor de obra pioneira sobre a famosa *escola médica baiana* que floresceu no século passado.

A Conquista — a partir de 1943 Vitória da Conquista — chegamos numa garoenta e fria tarde de julho, eu trajando terno de linho, o que me fez voltar a sofrer um acesso asmático, mal de que havia anos não padecia — desde o tempo do internato vieirense. Antes, porém, estava prevista a visita a uma fazenda situada nas proximidades da cidade. Inteirado do objetivo dos estudantes, o fazendeiro, cujo nome não guardei, foi ao interior da casa e instantes depois de lá voltou com uma cédula de *quinhentos mil réis*, a de maior valor em circulação no País. Com isso e mais a arrecadação de Conquista, o caixa da caravana subiu para *dez contos de réis*, dinheirão, que daria para comprar uma casa. Na cidade fomos cercados de carinho e simpatia, principalmente pelos bacharéis que nos procuraram no hotel: Sebastião Ramos, Promotor Público; Adriano Bernardes Batista, Delegado Regional, e Dan Lobão, Juiz da Comarca. Em Conquista findou nosso itinerário, com a missão cumprida.

No começo de agosto a importância arrecadada foi entregue à Associação Baiana de Imprensa. Pormenor a registrar: não tivemos, em parte alguma, despesa de hospedagem; a do transporte ferroviário foi generosamente coberta pelo diretor da Estrada de Ferro Nazaré, Engº Walter Bittencourt, que nos deu um *passe coletivo* de ida e volta; a roupa lavada individual, cada um pagou a sua até Jequié, onde nosso dinheirinho particular já estava chegando ao fim e só então ficou assentado que o "Tesoureiro" Ulisses Brito se encarregaria de financiá-la.

Cai a Sé

Setembro de 1933 foi o mês do Primeiro Congresso Eucarístico Nacional, realizado na Bahia, com a anunciada presença, entre outros notáveis, do Padre Leonel Franca e de Tristão de Ataíde. Infelizmente, porém, tendo adoecido, não pude ver nem ouvir nada desse conclave. Pouco tempo depois, começou a demolição da Igreja da Sé, sob cujo arco de ligação com o Palácio Arquiepiscopal muitas vezes transitei a caminho do Vieira. No seu lugar restou um feio largo que serviria apenas para comícios políticos e instalação de circos. Os bondes continuaram a fazer o percurso de sempre: vindos da Rua da Misericórdia, infletiam para a do Liceu, por onde atingiam o Terreiro e daí tomavam a rua Dom Jerônimo. Qual a vantagem da demolição para o sistema viário da Cidade? Somente depois de demolidos os imóveis das Ruas do Colégio e Dom Jerônimo — já no período da ditadura do Estado Novo — é que surgiu a Praça da Sé propriamente dita. A partir daí, os bondes deixaram de passar pela Rua do Liceu, fazendo a volta pela nova praça. Mas será que somente isso compensou a perda daquele monumento nacional?

Havia então o hábito de "subir" e "descer" a Rua Chile, na qual se localizava o melhor comércio de modas da cidade. Na confeitaria Chile, elegante, bem freqüentada, pelas tardes podia-se ouvir o excelente "Jazz Jonas", conjunto musical considerado, no gênero, o melhor da Bahia.

Jonas Silva era "doublé" de músico e fotógrafo profissional. Seu "jazz" chegou a excursionar pelos Estados Unidos, onde, entretanto, segundo versão corrente, não pudera cumprir a temporada prevista, em virtude de oposição do Sindicato americano da classe, tendo assim de contentar-se com exibições avulsas. Posteriormente (1935), esteve em Buenos Aires, onde faleceu repentinamente o seu pianista Machadinho, após o que desfez-se o grupo musical.

Jonas Silva, serrinhense de nascimento, era também, como disse, retratista, com estúdio, durante muitos anos, na Avenida Sete. Ele e T. Dias eram os preferidos para fotografias e quadros de formatura, os quais, não raro, se exibiam nas vitrines das principais lojas de modas. Outro uso da época: doutorandos, bacharelandos, engenheirandos, etc., todos quantos, enfim, se diplomavam a cada ano em nossas Escolas Superiores e na Escola Normal, eram homenageados de forma especial, com a publicação, em jornais, de seus perfis, escritos, de ordinário, por colegas de turma, sob pseudônimo. Nesses perfis dava-se uma breve notícia biográfica do diplomando, com elogiosa referência aos traços predominantes de sua personalidade. Alguns de tais perfis terão ficado possivelmente na memória dos que os leram: o da doutoranda Baby (de sobrenome Alakija), por exemplo, escrito pelo seu colega, o amazonense Valmiki Ramayana de Chevalier, orador da Turma, cuja inteligência se fez famosa. Vaidoso também, como apurei dez anos mais tarde. De fato, quando residi em Rio Preto, São Paulo, lá esteve para fazer conferências pagas Ramayana de Chevalier. Por já conhecê-lo, coube-me o encargo de apresentá-lo ao auditório, e lembro-me de uma das imagens literárias do seu bonito discurso de estréia (tinha ele cabeça, testa e cabeleira que impressionavam, e sua eloquência era bem servida por um perfeito jogo de mãos). No exórdio, ao recordar sua impressão primeira da Paulicéia, ele disse que a *garoa vestia renards no pescoço dos arranha céus.* Após outra palestra, que também havia realmente agradado, conversávamos em grupo num café, quando ele assim reagiu a certa observação de Tavares de Almeida, um advogado pernambucano, espírito deveras brilhante: "Tavares, o seu epitáfio vai ser este: No ano da graça de 1942, ouviu Ramayana de Chevalier". O próprio Tavares de Almeida achou graça naquela inesperada explosão de vaidade.

Inscrição na Ordem dos Advogados

Em 1936, tive a satisfação de inscrever-me na Ordem dos Advogados do Brasil como Solicitador Acadêmico. Minha carteira, que ainda hoje conservo em estado de nova, meses depois me permitiria estrear no foro judicial, de que darei adiante circunstanciada informação.

Estréia forense

Para meu mais profundo e intraduzível contentamento, a primeira causa que defendi foi como advogado de meu pai. Tinha ele contas a ajustar com a Prefeitura de Serrinha, mas o advogado que antes se oferecera para ser seu patrono, veio a dizer-lhe depois que não mais poderia cumprir o espontâneo compromisso, em virtude de pressão exercida pelo prefeito do Município envolvido na questão a ser ajuizada.

O problema era este: Intendente de Serrinha entre 1.º de janeiro de 1916 e 31 de dezembro de 1919, Luís Nogueira fez, para a época, uma revolução urbanística. Na fase final das obras — assunto objeto de um capítulo especial destas memórias —, faltou dinheiro para quitálas. Não havendo bancos na cidade, o Município realizou uma operação financeira com um capitalista local, em favor de quem meu pai emitiu uma nota promissória no valor de 5:000$000 (cinco contos de réis), expressamente como *Intendente Municipal* (até 1930 os chefes do Executivo Municipal, na Bahia, eram denominados *Intendentes*). Esse empréstimo, aprovado pela Câmara de Vereadores, teve igual sorte no Tribunal de Contas.

No curso do ano de 1921, porém, levado por conveniências políticas, o governador José Joaquim Seabra rompeu com o situacionismo serrinhense e disso resultou a assunção da Intendência pelo representante da oposição local. Sob a nova gestão venceu-se a promissória do empréstimo; porém, quando procurado para o seu resgate amigável, o Intendente recusou-se a fazê-lo. Ao invés, todavia, de acionar a municipalidade favorecida, o credor voltou-se contra o emitente do título, movendo-lhe ação executiva cambial. Contestou-a o Dr. Alfredo Amorim, e a sentença de mérito, da lavra do juiz Teodoro Ferreira Coelho, julgou-a improcedente. Mas, na segunda instância, por volta de 1931, veio a ser reformada, e assim meu pai teve afinal de desembolsar cerca de dez contos de réis, para satisfação do principal, juros de mora e custas (naquela época não havia condenação ao pagamento de honorários advocatícios).

Em verdade, o resultado da ação teria sido muito outro se constasse dos autos o recibo dado ao Intendente Luís Nogueira pelo urbanista Francisco Wenceslau da Silva, construtor das obras, a parte final das quais fora paga com o dinheiro da referida operação financeira.

Esse recibo, minuciosamente designativo das medições feitas e do seu preço, evidentemente exonerava de responsabilidade o Intendente do Município. Mas, a partir daí, esse documento fundamental sumira. No prazo de contestação do pedido, meu pai fez o que pôde para localizá-lo. Anos depois, eis que um belo dia o Diretor da Secretaria do Tribunal de Contas, Dr. Abílio Paranhos Montenegro, veio a encontrá-lo, e do seu texto concluiu que seria do maior interesse para o Intendente ali indicado. Guardou-o, e pouco mais tarde, encontrando-se no Tribunal de Contas com Luís Nogueira, passou-o a suas mãos.

Era o que faltava para uma ação regressiva contra a Prefeitura. Estudei, com o máximo cuidado, os autos da ação anterior, e logo a seguir fiz, por minha exclusiva conta, a petição inicial da ação destinada a pleitear a restituição do valor pecuniário injustamente pago por Luís Nogueira. Argumentava eu estar-se diante de um genuíno caso de *enriquecimento ilícito*: a Prefeitura havia incorporado ao seu patrimônio um benefício material às custas de injusto empobrecimento alheio. O recibo assinado pelo construtor das obras fazia prova plena do fato fundamental. Tive de agir prontamente, porque restava pouco tempo para consumar-se a prescrição da ação (cinco anos, a contar do dia em que meu pai teve de satisfazer o *quantum* da execução cambial). O Prefeito, provavelmente instruído, ausentou-se da cidade para evitar a citação pessoal que interromperia o prazo prescritivo, mas fui incontinente no seu encalço com uma precatória. Ao despachá-la, às oito horas da manhã, em sua residência, onde me atendeu sem nenhum reparo, disse-me o Dr. Honorato Maltez, ao devolver-me a precatória e acompanhar-me delicadamente até a porta de saída, estas palavras inesquecíveis: "Meu filho, você começa muito bem, defendendo seu pai. Seja feliz." E fui, graças a Deus.

Horas depois, o Prefeito estava citado regularmente pelo Oficial de Justiça, cuja diligência acompanhei, à distância, e menos de 48 horas mais tarde a precatória voltava à Serrinha e o Escrivão Cornélio Paes a juntava aos autos.

Defendeu a Prefeitura um paraibano recém chegado à Bahia e pelo Governador Juraci Magalhães, seu protetor, diretamente despachado Promotor Público de Serrinha. Tinha ele escritório de advogado (imaginem!) numa ampla sala do próprio edifício da Prefeitura Municipal. Sua contestação, cheia de vocábulos fora de uso, alegava, principalmente, a prescrição, que no caso não existia, a não ser que se contasse erradamente (como ele contou) o *dies a quo*, a saber, o dia em que a ação poderia ter sido proposta.

Com a incorporação ao patrimônio público das obras indevidamente pagas, de seu bolso, pelo próprio Intendente, e não pela Municipalidade beneficiada, incidira o Município em *enriquecimento sem causa*, cuja proibição é um dos princípios basilares de toda ordem jurídica, expresso no *neminem laedere* do Direito Romano Clássico. A prova iniludível do injusto dano causado a Luís Nogueira estava no recibo, felizmente recuperado. Mas a ação reparadora só poderia ingressar em juízo a partir do dia da lesão sofrida, isto é: do efetivo pagamento feito por Luís Nogueira ao credor cambiário. Antes, não. E da data desse pagamento até a da entrada, nos autos, da precatória cumprida, não havia decorrido o prazo de cinco anos. O problema, em suma, era mais de aritmética do que de ciência positiva do Direito.

Contudo, o juiz da Comarca, Dr. Álvaro Clemente de Oliveira, sem o devido exame da suposta prescrição, acolheu-a. Apelei, e ainda pendia de julgamento o meu recurso, quando deixei a Bahia a caminho do interior de São Paulo, onde, em princípio de 1939, instalei escritório de advocacia, juntamente com meu irmão Werner, recém-formado. Substabeleci a procuração, na Segunda Instância, no Prof. Rogério Gordilho de Faria.

No curso do ano de 1940, mamãe telegrafou-me para Rio Preto (ou São José do Rio Preto, como hoje é também conhecida essa civilizada cidade paulista, onde me fixara), com a noticia, muito ao seu modo, do desenlace definitivo desse litígio, com estas palavras finais: "... Notícia sentença Tribunal chegando, foguetes subindo".

Eis a crônica sumária de minha estréia forense. Dela guardo valiosa certidão. Quantos advogados podem assim provar ter começado sua vida judiciária ainda estudante de Direito?

Mais tarde, de passagem pela Bahia, em tempos da Segunda Guerra, causou-me grande pasmo saber que a Prefeitura de Serrinha não havia ainda restituído a meu pai, com juros e custas, o total da importância que ele fora forçado a desembolsar, em 1932, para acudir à execução judicial injusta, de que fora vítima.

Peticionei, com energia, ao Interventor Pinto Aleixo, denunciando-lhe a absurda preterição e pedindo intervenção no Município, para que este, em respeito à coisa julgada, imediatamente resgatasse a dívida que tinha para com Luís Nogueira.

Menos de uma semana depois, o cunhado do antigo Prefeito, que já então fora substituído por outro do mesmo grupo, me procurou. Suplicava a divisão do pagamento em duas ou três prestações, sob o pretexto de dificuldades financeiras do Município. Não cedi, e o pagamento saiu logo, e por inteiro.

Viagem ao Rio de Janeiro

Até o final dos anos 30, conhecer o Rio de Janeiro ainda era sonho de toda gente. Capital da República, centro irradiador da cultura, lá estavam os grandes jornais, as revistas ilustradas, que se distribuíam por todo o País, a Academia Brasileira de Letras, a sede do Supremo Tribunal Federal, a Biblioteca Nacional, a Casa de Rui Barbosa, o Museu Histórico, os palácios presidenciais, o Senado Federal, a Câmara dos Deputados, os melhores cinemas e teatros do País, a mais famosa iluminação pública, etc.

Em outubro de 1936, para lá tomei passagem no transatlântico italiano *Oceania*, que fazia a rota Bahia-Rio em apenas trinta e seis horas (naquela época o porto da Bahia era servido semanalmente por, pelo menos, um navio de cada uma das várias companhias estrangeiras de transporte marítimo de passageiros, além de navios das companhias nacionais de navegação).

Minha viagem não era bem a passeio. Ia com a incumbência de obter de Epitácio Pessoa um parecer jurídico.

Papai era um admirador dos advogados em geral. Considerava-os pessoas dotadas de grande inteligência. Tendo sido nomeado Fiscal do Imposto de Consumo, após concurso público, por Epitácio Pessoa, em 1922, guardava-lhe reconhecimento e admiração. Em 1927, dera-lhe a batizar a filha caçula, Margarida. Quando, muito mais tarde, ocorreu a necessidade de litigar com a Prefeitura de Serrinha, teve a idéia de pedir ao eminente jurisconsulto um parecer sobre o problema jurídico em causa. Daí a minha viagem ao Rio de Janeiro. Epitácio Pessoa havia transitado dias antes pela Bahia, vindo da Europa, e os jornais daqui noticiaram, na ocasião, que ele se esquivara de atender a convite para visitar a cidade, alegando estar gripado.

O *Oceania* era um belo transatlântico de vinte mil toneladas, recentemente lançado, juntamente com o *Netunia*, na linha Gênova-Buenos Aires, com escalas em alguns portos brasileiros. À altura de Cabo Frio, pela manhã, sobrevoou-o o imenso dirigível alemão *Hin-*

denburg, igual ao *Zeppelin*, e que um ano depois se incendiaria em Nova York ao ser amarrado à torre de atracação.

Epitácio Pessoa afavelmente recebeu-me pela manhã em sua casa da Rua Voluntários da Pátria. Quem diria que aquele homem de feições rosadas e olhos azuis era um sertanejo paraibano nascido em Umbuzeiro? Carregava títulos imponentes, e tinha uma cultura universal. Ex-presidente da República, ministro aposentado do Supremo Tribunal Federal, ex-senador da República, jurisconsulto consagrado, juiz da Corte Permanente de Justiça Internacional de Haia, sua figura humana, entretanto, era suave e simpática, deixando mesmo assim tremer de emoção, por alguns instantes, o bisonho Solicitador Acadêmico que lhe falou no parecer para a sua causa de estréia. Justificou-se delicadamente: estava a chegar da Europa, trazendo uma gripe apanhada em Paris (um cachecol de lã envolvia-lhe o pescoço), e ainda sob prescrição médica de não trabalhar, razão pela qual tinha deixado de atender, pouco antes, a uma consulta escrita feita pela Companhia Antártica. Mas me ouviu resumir, numas três ou quatro proposições, a essência do litígio cuja defesa meu pai me confiara. E tranqüilizou-me. O direito que eu sustentava, declarou-me, era bom, seria reconhecido, eu ia ganhar a causa, sem necessidade de acrescentar novos argumentos.

Como aquela cena, meu Deus, está nítida na minha lembrança! Epitácio Pessoa dando a confiança de conversar sobre matéria jurídica com um quartanista da Faculdade de Direito da Bahia. Comoveu-me a sua simplicidade. Mais de uma vez ele mandou de Haia a papai cartões manuscritos, a agradecer isto ou aquilo. Convidado para batizar Margarida, escreveu de lá desculpando-se por se fazer representar por um colega, o Dr. Tomaz Guerreiro de Castro, ilustre causídico baiano, a quem também incumbiu de levar à afilhadinha uma corrente de ouro com medalha do mesmo metal. Teve significativa consideração ao compadre distante. Em 1933, veio à Bahia, para o 1.º Congresso Eucarístico Nacional, sua mulher Mary Sayão Pessoa, que certa tarde visitou, no Hospital Manuel Vitorino, onde estava recém-operado de apendicite, um de meus irmãos, trazendo ainda um presente para a afilhada.

Saí contente da audiência que me acabava de conceder, por aproximadamente trinta minutos, uma das mais egrégias personalidades da República.

Podia agora procurar conhecer o Rio de Janeiro, a cidade que ao tempo maior sedução exercia sobre os brasileiros. Por primeiro, visitei a Casa de Rui Barbosa, percorrendo-a toda, demoradamente e com espírito de minúcia. Em seguida, o Museu Histórico, dirigido pelo acadêmico Gustavo Barroso, que três anos antes eu, calouro de Direito, ouvira discursar na Associação dos Empregados do Comércio da Bahia sobre um assunto capaz de abalar as colunas do templo: *Brasil, Colônia de Rotschild.* Barroso recebeu-me com a maior afabilidade. Conversador admirável, expositor discreto, levou-me a conhecer pormenorizadamente o Museu, os seus troféus, bandeiras, armas, telas, peças de mobiliário, etc., dando-me de cada coisa, com simplicidade e mansidão, eruditas informações que deveras apreciei. Uma tarde sumamente proveitosa e inesquecível proporcionou-me o insigne escritor.

Não podia faltar um passeio geral pelos quadrantes da cidade, incluindo um ou mais subúrbios, de onde, na volta, eu pudesse, como desejava, conhecer a estação da Estrada de Ferro Central do Brasil. Esse passeio, de todo um dia, foi dado por iniciativa de um parente — Aderbal Araújo — que conhecia tudo no Rio de Janeiro. A autêntica jornada findou no alto do Pão de Açúcar, para de lá assistirmos a cidade iluminar-se (o Rio gozava da fama de ser a mais bem iluminada capital brasileira).

Tinha de conhecer também, está claro, o melhor cinema: "Metro Passeio". Sua novidade maior: poltronas estofadas de couro e ar condicionado, ainda não existentes nos cinemas da Bahia. Assiti ao filme "Ciúme", comédia interpretada por Myrna Loy, estrela em ascensão.

Era indispensável também andar a pé pelas ruas, meio prático de se conhecer bem a alma de uma cidade. E eu o fiz, atento a tudo que conhecia apenas de nome: casas comerciais famosas (Torre Eiffel, Loja Çucena, Casa Carvalho); lugares elegantes (Lalé, Cavê, Paschoal, Colombo); o estilo, por assim dizer, da Avenida Rio Branco (grandes postes centrais com braços metálicos de onde pendiam os globos de iluminação) e os táxis estacionados nos intervalos entre os postes (na Bahia ainda não havia carros dotados de taxímetro); por fim, as livrarias importantes e os *sebos* da Rua São José, onde, a bom preço, adquiri os primeiros exemplares de obras jurídicas de Rui Barbosa, editadas em vida dele, genuínas raridades, cuja leitura daí em diante iniciaria (até então eu só lhe conhecia a obra política, isto é, discursos parlamentares, discursos de campanhas eleitorais e algumas orações expressivas das linhas fundamentais do seu ideário, como a proferida aos concluintes do curso do Colégio Anchieta e a de paraninfo dos bacharelandos paulistas de 1920). Os livros jurídicos então comprados alinharam-se entre os que me permitiriam mais adiante escrever *O Advogado Ruy Barbosa*, a *História de Ruy Barbosa* e *Ruy Barbosa e a Técnica da Advocacia*. Tais obras, bem mais tarde, reunidas a muitas outras, igualmente raras, tive o gosto de doar, na Bahia, à Casa de Rui Barbosa, para — quem sabe — alimentar, um dia, a curiosidade de novas gerações de pesquisadores do pensamento, da vida e das lutas desse inolvidável e exemplar brasileiro, a quem a pátria muito deve. Comprei, ainda, na Livraria Francisco Alves, dois livros que me ajudariam a conhecer melhor o meu país: *Estudos Históricos e Políticos (Res nostra...)* e *Formação Histórica do Brasil*, de Pandiá Calógeras, de quem certa feita disse Capistrano de Abreu: "Ninguém pode competir com ele no conhecimento do Brasil".

No feriado de 15 de novembro de 1936, embarquei de volta, à bordo do transatlântico inglês *Almanzorra*, após duas semanas de atividades no Rio de Janeiro. O que nesses dias fiz, como militante político, vai narrado em capítulo à parte.

Repórter

Enquanto acadêmico, experimentei a aventura do jornalismo profissional. Aproximadamente durante apenas três anos, é verdade, mas essa temporada foi para mim de muito proveito, embora me prejudicasse um pouco a freqüência às aulas. Comecei como repórter de matéria policial, que só aceitei para não decepcionar meu tio Zélis Nogueira, que me havia recomendado a Altamirando Requião, exigente dono e diretor do "Diário de Notícias", onde trabalhei nos anos de 34 e 35. Detestava aquilo de amanhecer o dia na Assistência Pública à procura de ocorrências ali registradas. Às vezes, via chegar vítimas de acidentes de trânsito ou de crimes, com lesões graves que me causava mal-estar. Mas, mesmo assim, nunca tomei "furo" e procurava desempenhar meus encargos razoavelmente.

Um dos casos mais sérios do tempo de repórter de assuntos policiais foi o do espancamento do quintanista de medicina Joaquim Câmara, violência atribuída (sem confirmação) a uma ordem pessoal do Interventor Juraci Magalhães e que excitou a opinião pública por algum tempo. O advogado e político Nestor Duarte exibiu ao Tribunal de Justiça a vítima das brutais sevícias. O "Diário de Notícias" apoiava Juraci, e Altamirando logo mais se elegeria Deputado Federal na chapa governista. Por outro lado, comentava-se que durante uma festa dançante a bordo da corveta "Vital de Oliveira" e patrocinada pela Capitania dos Portos, o Interventor Federal tinha sido propositadamente empurrado por aquele estudante. Ocorreu-me a idéia de entrevistar o Capitão dos Portos, de quem ouvi ter acontecido efetivamente a cena da trombada do estudante Câmara em Juraci. Não sei se devido à reportagem do "Diário", mas daí em diante diminuiu o comentário, na cidade, acerca do caso, embora sem se desvanecer a dúvida sobre o mandante da violência.

Também não me agradavam certas obrigações de repórter de polícia. Uma noite assistia, no "Cinema Guarani", a uma peça de teatro lírico *La Bohème*. No intervalo, chegou-me a notícia de que naquele exato momento estava pegando fogo o "Cinema São Jerônimo", perto do Largo da Sé. Tive de sair incontinenti em direção ao lugar do incêndio, a fim de colher dados para a reportagem, que na tarde seguinte o meu jornal estampou. E nunca mais voltei a ver a ópera de Puccini.

A certa altura de 1934, quando aqui se reuniam feministas de todo o País, sob a liderança da deputada federal Bertha Lutz, escrevi, assinei e o "Diário" estampou em sua segunda página, umas considerações críticas, possivelmente superficiais, aos propósitos anunciados do movimento feminista, então na moda. Soube que a doutora Bertha Lutz não gostou do que acabava de divulgar um jornal amigo do governo, e se teria queixado ao Interventor. "O Imparcial", entretanto, matutino de oposição fez uns elogiozinhos que afagaram a vaidade do jovem comentarista, e a "Era Nova", jornal católico, transcreveu o artigo em suas colunas, tendo antes, em cartaz posto na Praça do Palácio, anunciado que iria fazê-lo.

Por essa altura, tive informação de que Oscar Cordeiro andava às voltas com a idéia da existência de petróleo na Bahia. Procurei-o e ele me exibiu amostra do óleo colhido na região suburbana de Lobato, explicando entusiasticamente as razões do seu patriótico convencimento. Redigi uma nota de compreensão e estímulo acerca do tema, e no dia seguinte Oscar Cordeiro apareceu na redação para me agradecer a colaboração espontânea. Esse tipo de jornalismo me agradava muito.

Zoraide

Reportagem de que também me lembro com prazer foi sobre uma menina declamadora, recém chegada à Bahia, filha do jornalista Vítor

Hugo Aranha. Na sua data aniversária, amigos e admiradores, tendo à frente o jornalista Amado Coutinho, editor da revista ilustrada "Única", fizeram-lhe uma homenagem no salão nobre da Associação dos Empregados do Comércio, local onde habitualmente se realizavam festas literárias e reuniões políticas. Zoraide Aranha, chamava-se a declamadora, que naquele dia completava apenas sete anos de idade. Não é possível, pensei. Declamar é sabidamente uma arte de raro encanto, mas difícil, e própria de adultos. Quem recita ou declama interpreta alheio sentimento poético, ato delicadíssimo, que a poucos é dado bem desempenhar, pois até pressupõe um certo amadurecimento de espírito, uma experiência vital, enfim, que não se identifica numa criança de tão poucos anos. No entanto, aquela menininha, depois dos presentes recebidos e das palavras carinhosas de Amado Coutinho, promotor da festa, atendeu ao pedido geral, subiu ao tablado, com a maior naturalidade, e começou a praticar aquilo para que parecia ter vindo ao mundo. Uma cena emocionante. Como dominada pelo gênio da Poesia, com um suave metal de voz, pronúncia límpida e gestos em harmonia com as imagens dos poemas recitados, Zoraide encheu o ambiente da sonoridade de versos de Trilussa, Vicente de Carvalho, Cassiano Ricardo, Manoel Bandeira, Raimundo Correia, Olavo Bilac, durante uns trinta minutos ou mais.

Dois anos depois ouvi a famosa Margarida Lopes de Almeida, mas já me achava como que "vacinado" quanto à perfeição da arte de declamar. Zoraide Aranha há de ter sido, no gênero, o maior fenômeno testemunhado entre nós.

Magos da tribuna

No curso ainda desse ano de 1934, senti, pela primeira vez, o poder de fogo da oratória de Otávio Mangabeira e a eloqüência acadêmica de Pedro Calmon, dois estilos completamente distintos da arte da palavra, a mais bela e a mais difícil de todas as artes, segundo Latino Coelho.

Mangabeira eu conheci no começo de agosto, quando do seu triunfal regresso do primeiro exílio político. Vinha assumir a liderança da Ação Autonomista da Bahia, na luta desta organização política contra as pretensões continuistas do Interventor Juraci Magalhães.

Repórter do "Diário de Notícias", estive, com a multidão, no cais Comendador Ferreira, à sua espera, quando ele desembarcou da lancha que o transportara de um transatlântico inglês, ancorado ao largo, e caiu nos braços do povo. Ia de vento em popa, na Bahia, a campanha para a eleição da Assembléia Constituinte estadual e a escolha indireta, por ela, do governador do Estado. Otávio Mangabeira, ex-chanceler do governo deposto pela Revolução de 1930, era um nome nacional e a figura maior das oposições baianas. A multidão acompanhou-o até o Hotel Sul Americano, onde, em breves palavras, agradeceu a recepção calorosa dos seus conterrâneos, e mais tarde pronunciou o primeiro grande discurso da campanha na Faculdade de Direito, que ouvi com intensa emoção.

Mangabeira discursava com uma incomum sobriedade de gestos, mas a sua frase, não raro extensa, lhe saía medida, nítida, vigorosa, bem construída.

Pedro Calmon, ao contrário, era, na tribuna, uma presença fascinante. Fazia das mãos, do gesto, do olhar, da expressão fisionômica, um perfeito uso, como elementos positivos de sua oratória acadêmica, de que foi, sem dúvida, a maior estrela em seu tempo. Sempre elegantemente trajado, de colete, dirigia-se à tribuna como se fosse para um grande palco, e nela, manejando artisticamente os instrumentos verbais do idioma, que conhecia bem, e raciocinando com agilidade, enunciava orações primorosas na forma e eloqüentes no tom, que o auditório escutava como que encantado.

Vi-o discursar um sem-número de vezes aqui, a partir de uma certa tarde no Liceu de Artes e Ofícios da Bahia, em 1934. Uma noite de 1947, no Instituto Geográfico e Histórico, discorria sobre as "Sete Lâmpadas da Bahia", título da conferência, quando lhe escapou de entre os dedos e caiu pelo lado de dentro da tribuna pequeno papel, onde provavelmente estaria o roteiro do trabalho. Incidente quase imperceptível, até porque o orador se manteve tranqüilo, como se nada houvera acontecido. Mas, de repente e num átimo, abaixou-se, apanhou a nota, ajeitou delicadamente os punhos da camisa, e retomou o curso da oração.

Acerca do processo oratório de Mangabeira, ouvi de um de seus colaboradores mais próximos a seguinte versão: horas antes, em local reservado, dizia, por inteiro, o discurso que iria proferir e, ao mesmo tempo, retinha-o na memória, podendo reproduzi-lo integralmente até vinte dias, depois do que a lembrança de suas palavras se apagava. E o de Pedro Calmon? Tenho para mim que também poderá ter sido igual ou parecido, tão harmonioso e certo era o fluir do seu discurso. Chego mesmo a admitir para mim próprio que fosse Pedro Calmon talvez melhor de escutar que de ler.

Repórter parlamentar

Após a instalação, em abril de 1935, da Assembléia Constituinte e, a seguir, da Assembléia Legislativa, em que aquela se converteu, confiou-me Altamirando Requião a cobertura dos trabalhos parlamentares. Chegava para isso diariamente ao Palácio do Campo Grande às 13:30 h e penso ter dado com regularidade satisfatória execução às minhas tarefas que naquele mesmo ano, durante um mês, ficaram até dobradas, quando o colega Luís de Pinho Pedreira, de "O Imparcial", me pediu para substituí-lo durante suas férias. Certa manhã, o deputado Cordeiro de Miranda foi à redação agradecer ao diretor do jornal a fidelidade do resumo do seu discurso publicado na véspera pelo "Diário". Por causa dos meus fiéis resumos houve até quem me sugerisse pleitear o lugar de Redator de Debates da Assembléia, sugestão que recusei.

Nestor Duarte, na liderança dos oito integrantes da bancada oposicionista, foi o mais brilhante deputado, enquanto freqüentei, como repórter, a Constituinte e a Assembléia Legislativa. Certa feita, ouvi o deputado Alfredo Amorim, líder da bancada majoritária que havia eleito Juraci Magalhães Governador do Estado para o quatriênio 1935-1939, dizer ao deputado Nestor Duarte: "Olha, Nestor, eu vou dar uma saída. Tome conta disso". Os dois se tratavam com intimidade, mas o episódio mostra como Nestor Duarte se impunha. Pessoalmente eu me entendia bem com ele, na bancada. Um dia ofereceu-me um volume da *Revista da Faculdade de Direito*, que ainda conservo, com amistosa dedicatória, e no qual fora publicada a Aula Inaugural dos Cursos Jurídicos de 1934, por ele proferida, como o mais novo catedrático. A este assunto voltarei adiante mais minuciosamente, no capítulo acerca de minhas atividades político-partidárias no período acadêmico.

No final do ano de 1935 resolvi deixar o vespertino de Altamirando Requião, e só em 1937 voltei ao jornalismo, como redator do matutino "O Imparcial", onde o trabalho era basicamente noturno, até de madrugada, coisa ruim para minha saúde (pormenor digno de registro aqui, por sua absoluta incredibilidade à luz da realidade atual: a porta principal da casa da Mouraria, n.º 35, onde morávamos, meu irmão Werner e eu, de noite ficava apenas encostada, à nossa espera: Werner voltava de umas aulas que dava no Liceu Salesiano até as 22 horas mais ou menos; eu, bem mais tarde, de volta do jornal, e só então a porta era por mim fechada a chave).

Conheci nessa fase do jornalismo a importância capital de um *secretário de redação*, homem chave na distribuição da matéria e na feitura diária do "espelho" da primeira página. Em "O Imparcial", enquanto lá servi, esse homem chamava-se Edgar Curvello, cordial com todos, mas enérgico, exigente, um sujeito dotado de alto senso de responsabilidade. O matutino pertencia a um capitalista, que entretanto lá não aparecia, nem influência alguma exercia na orientação do jornal, razão, sem dúvida, do conceito e da popularidade de que então desfrutava "O Imparcial" na Bahia. Do corpo redacional fazia parte, entre outros, Dermival Costalima, colega e amigo desde o Colégio Antônio Vieira.

Desliguei-me espontânea e voluntariamente do "Imparcial" ao aproximar-se a data de minha formatura. Meu plano era, depois de diplomado, exercer em plenitude uma só profissão: a advocacia. Era esta a vocação que eu de há muito sentia.

Dos estragos feitos em minha saúde pelos exageros do trabalho do jornal até além da meia noite, refiz-me em vinte dias de descanso no "Tanquinho", uma das fazendas de papai no semi-árido de Queimadas-Santa Luzia. A meu convite, acompanhou-me um amigo dileto e companheiro de ideal político, Barachísio Lisboa, colega de turma de Werner. Ele não conhecia a caatinga, nunca tinha visto um pé de gravatá, uma cabeça de frade, um xiquexique, um mandacaru florido. Descemos do trem na Estação do Rio do Peixe, ao amanhecer, após doze horas de viagem. As montarias, pedidas com antecedência, ainda não tinham chegado. Decidimos então deixar a bagagem para ser levada mais tarde e tocamos a pé para a fazenda, oito quilômetros adiante, guiados pelo velho Zé Branco, competente fazedor de sólidas cercas de vento e conversador de primeira categoria, que por longo tempo prestou seus bons serviços a papai.

Barachisio gostou de tudo, viu de perto uma cobra cascavel a atravessar a estrada por onde íamos a passeio; tomou banho de tanque; acordava cedinho para beber leite de vaca no curral; comeu carne de bode novo cozida e fígado de carneiro assado com o redém, delícias ignoradas dos habitantes do litoral sul; proseou com vaqueiros, pessoas aparentemente ignorantes, mas que, ao contrário, têm opinião e um bom senso bastante real das coisas. Viu de perto uma faveleira, abundante e traiçoeira árvore, cujos espinhos ficam em volta das próprias folhas, sem serem percebidos a uma pequena distância.

V

Encontros e desencontros

Sumário: Primeira notícia — Difícil política de idéias — O problema do voto — Adversário estrangeiro — Atmosfera cultural da AIB

"Desconfiai dos rótulos, que mentem, meus amigos, e habituai-vos a contrastear a mercadoria com o critério vivo do vosso bom senso."

Rui Barbosa (*in Discurso do Colégio Anchieta*)

"O Integralismo desempenhou, a meu ver, um papel histórico fundamental naquele momento, e penso que com um saldo positivo, representado sobretudo pelo reconhecimento de uma atividade política com embasamento ideológico, ou ao menos programático. Enquanto toda atividade política anterior era mais de clientela ou baseada nas relações pessoais, o Integralismo levantou uma bandeira que é válida até hoje, pois toda atividade política deve envolver a expressão de uma idéia ou de um programa para se legitimar. Mas isso não significa que se deve ficar preso à idéia que, naquele momento, teve um papel histórico".

Miguel Reale (*in* Lourenço Dantas Mota — *A História Vivida*, vol. I, 2.ª ed., p. 329)

Primeira notícia

A três de julho de 1933 a Faculdade de Direito da Bahia recebeu a visita de Plínio Salgado, que deixou consignado no Livro de Visitas breves mas expressivas palavras. Ei-las:

Visitei hoje a Faculdade de Direito da Bahia: levo uma grande impressão de tudo quanto vi neste estabelecimento que honra a cultura de nossa Pátria.

Entre as coisas vistas ali pelo visitante esteve o Centro Acadêmico Rui Barbosa, onde foi recebido de modo cordial e deixou no seu livro de impressões palavras de fé nos destinos da mocidade.

Ainda à noite dessa data leu Plínio na Associação Universitária da Bahia (AUB) uma conferência intitulada *No limiar do Século XX*.

Não tive ciência imediata de nenhum desses fatos, pois eles se deram em período de férias acadêmicas e eu me achava ausente da Capital, em excursão pelo Sudoeste baiano, do que dou notícia noutro capítulo deste livro.

Algum tempo depois li de Plínio Salgado um dos seus maiores estudos político-filosóficos: *A Quarta Humanidade*, que enfeixa a conferência acima referida e em cujo prefácio o autor recorda sua visita à Bahia.

No final de 1933 tomei conhecimento direto do Integralismo por meio da palavra de Gustavo Barroso e Miguel Reale, ambos os quais ouvi no salão da Associação dos Empregados do Comércio e na AUB. Barroso analisou um tema da máxima gravidade: o processo de endividamento externo do Brasil com os banqueiros internacionais, desde o remoto ano de 1824.

Desse tema guardava eu uma lembrança vaga: a do apelo feito à população baiana, em 1931, pelas autoridades revolucionárias, no sentido de ajudar o País a pagar sua dívida externa. Milhares de pessoas acudiram, deixando no palácio Rio Branco jóias de valor. Sendo eu ginasiano beneficiado do decreto que meses antes aprovara todos os estudantes brasileiros, tinha chegado a passar pela minha cabeça a idéia de que o governo pudesse pagar aquela nossa dívida, com a ajuda de contribuições populares.

Ao ouvir, entretanto, a exposição de Gustavo Barroso, subordinada ao tema *Brasil, Colônia de Rotschild*, cheguei à conclusão de que seria impossível ao governo liquidar sua colossal dívida com os banqueiros de Londres e New York pela humilde, bem que generosa, doação de anéis, brincos, pulseiras e outros objetos de ouro. Aquela campanha, pensei eu, teria sido talvez um expediente governamental dissimulador de nossa incapacidade de gerir financeiramente a Nação.

De volta das primeiras férias acadêmicas de fim de ano li o *Manifesto de Outubro*, cuja proposição inicial afirmava: "Deus dirige os destinos dos povos". Impossível exprimir mais brevemente uma concepção antitotalitária de organização política e social. E filiei-me à Ação Integralista Brasileira (AIB).

Aos poucos fui-me afeiçoando aos colegas de turma que já militavam no Integralismo, entre os quais Oldegar Vieira, José Mariani, Reginaldo Santana, José Calasans, Almir Mata Pires, Eudes Briglia, Custódio Sento Sé, João Adonias Aguiar. O horário matutino das aulas, com três intervalos, favorecia a conversa de grupos.

Difícil política de idéias

Entre nós o tema preponderante era a política. Como já tínhamos lido Alberto Torres e Oliveira Viana, rejeitávamos o quadro político-partidário dominante.

Estava-se na etapa inicial de expansão do Integralismo, com a fundação de núcleos, como eram chamados os seus órgãos de atuação prática.

Não admitíamos o liberalismo econômico, fonte de injustiça social. O Estado, segundo nosso modo de ver, em harmonia com os documentos básicos do Integralismo, não podia ficar ausente nem tampouco indiferente ao desenrolar do fato econômico, antes, ao contrário, devia orientar a Economia nacional e "adotar novos processos reguladores da produção e do comércio, de modo que o governo possa evitar desequilíbrios nocivos à estabilidade social", sem sacrifício do direito de propriedade e da harmonia entre as classes, o que seria impossível quer no regime então vigorante, quer no comunista. Também impugnávamos o sistema liberal dos partidos políticos tais como estes se apresentavam, mas propúnhamos a alternativa de uma representação democrática, que seria obtida com a organização dos sindicatos como pessoas jurídicas de direito público e das corporações econômicas e não-econômicas. Noutras palavras: queríamos, em vez de uma democracia meramente política, como era a daquela época, uma democracia resultante do ordenamento político e econômico da nação, ou democracia orgânica.

Além disso, combatíamos as concepções materialistas do marxismo leninista (luta de classes, absolutismo do Estado via *ditadura do proletariado,* revolução mundial, internacionalismo, pedra de toque do movimento comunista) e nos manifestávamos por um estado em tudo sujeito sempre aos *imperativos da harmonia social e dos superiores destinos do homem,* como dispunham as "Diretrizes Integralistas". Em vez do sufrágio universal, preconizava-se a novidade do voto *familiar* na ordem política.

O Partido Comunista Internacional percebeu que na AIB ele encontrava um antagonista muito capaz de atrapalhar-lhe os planos, daí a sua constante preocupação de impopularizá-la, acusando-a de "cópia do fascismo", rótulo perverso, manipulado para confundir a opinião pública, ao dar como certo exatamente o que dependia de demonstração. Em contrapartida fazíamos ao mesmo tempo a sustentação do caráter antibrasileiro do PC e a propaganda do Brasil, da unidade nacional e da nossa personalidade de povo espiritualista e disposto a não ficar sob nenhum jugo estrangeiro, fosse de um déspota ou de um partido. Isso era o que mais irritava os teleguiados da União Soviética.

Na Faculdade e fora dela era difícil identificar os adeptos autênticos do PC, primeiro porque o partido continuava, desde o seu nascimento, na ilegalidade. Segundo, por ser demasiado chocante para o homem comum a idéia nua e crua do marxismo leninismo. Só conheci, nos bancos acadêmicos, dois: Edison Carneiro e Aydano do Couto Ferraz (este, meu colega de turma), que não escondiam sua identidade ideológica. Os demais, dentro ou fora dos limites acadêmicos, dissimulavam-na.

Com o advento da Aliança Nacional Libertadora (ANL) esse fenômeno agravou-se. Na ANL ninguém se apresentava como comunista, nem de público (o que até certo ponto teria sido possível antes da promulgação da Lei de Segurança Nacional) nem em particular. Toda gente que a povoava era ou "democrata" ou "antifascista", precisamente duas coisas que o comunista declarado não pode ser, pois a *ditadura do proletariado,* de duração indefinida, é um dos seus princípios fundamentais, e, quanto ao fascismo, a sua concepção de Estado está tão próxima da de Lenine, que não há como pretendê-la oposta a esta. Os seguidores da doutrina integralista teriam preferido, àquela época, identificar os aliancistas ou não aliancistas que topassem reconhecer-se comunistas, mas isso apenas para que pudéssemos manter com eles um debate ou mesmo um simples diálogo acerca do marxismo-leninista-stalinista.

Enquanto os adeptos de Marx e Lenine, por isto ou aquilo, encobriam sua condição ideológica, e os não comunistas os imitavam na dissimulação, correndo o risco de serem, uns e outros, tidos como pertencentes à mesma corrente de pensamento, os seguidores da AIB timbravam pela publicidade que davam às suas idéias, a começar pelos distintivos usados na lapela do casaco ou na braçadeira da camisa.

Dentro da Faculdade era vedado o funcionamento de qualquer entidade partidária. Por isso e para firmar a própria identidade política e o desejo de conquistar prosélitos, promovemos a fundação do núcleo integralista da Faculdade de Direito, *fora de portas.* Um belo dia, no passeio de uma casa de comércio fronteira a ela, instalamos uma mesa, coberta com o "auri-verde pendão" do Brasil, entoamos o Hino Nacional e demos assim como simbolicamente inaugurado mais um núcleo da AIB na Bahia.

Esse estilo de atuação sempre às claras era o habitual dos seguidores da AIB aqui e em todo o País, mas ao mesmo tempo muito os expunha ao fácil combate dos adversários e não raro a agressões e atentados que ficavam impunes, como os da Praça da Sé e da Avenida Paulista em São Paulo, de Campos no Estado do Rio, e de Maragogipe, na Bahia.

Paralelamente à atividade constante de reuniões de núcleos, comícios e desfiles, o movimento do Sigma, que essencialmente se fundava num sistema de idéias, publicava jornais e revistas e alguns dos seus intelectuais, que eram escritores, como Plínio, Reale, Barroso, Tasso da Silveira, editavam livros de orientação doutrinária para o povo e também para as elites. O Integralismo tinha pensamento e literatura autônomos, como nenhuma outra organização política da época jamais teve. Sua marca espiritual estava delineada nos seus documentos básicos e nas obras doutrinárias de alguns dos seus líderes, podendo assim ser conhecida com facilidade. Contudo, precisava de certas exterioridades e símbolos estimuladores do rendimento da catequese partidária. Um movimento político, sobretudo quando fundado em idéias, como foi o Integralismo, não se expandiria popularmente sem alguns estímulos psicológicos. Temos de considerar a época de escasso hábito de leitura em que apareceu, de indiferença generalizada pela sorte do Brasil. Um hino patriótico tem eficácia, emociona as pessoas em geral, da mesma forma que uma bandeira. Lembro-me da surpresa agradável, do sorriso de agrado, do brilho de olhos com que, numa tarde de maio de 1934, meu amigo Fernando Jatobá, quando conversávamos, ao ouvir-me entoar letra e música do hino "Ergue-te, Mocidade!", da AIB, que começava assim: "Mocidade brasileira/ Não desertes da tua geração/ Eia, avante, gloriosa e altaneira!/ Realiza esta grande Nação!" — "Que coisa linda, seu Rubem. Que é isso?", falou-me aquele meu inesquecível colega de cinco anos de Colégio Vieira e de Faculdade, já então picado pela *esquerda*. Esses versos, seguidos de mais três ou quatro sugestivas estrofes, lembravam-me também o sofrido apelo de Rui Barbosa, três anos antes de sua morte, aos bacharelandos paulistas de 1920: "Eia, senhores! Mocidade viril! Inteligência brasileira! Nobre nação explorada! Brasil de ontem e amanhã! Dai-nos o de hoje, que nos falta!"

Sem o seu tão sonoro hino, sem a sua graciosa bandeira azul e branca, cores componentes do "Auri-verde pendão de minha terra que a brisa do Brasil beija e balança", e sem o símbolo matemático, a letra grega, o Sigma, nome também de uma estrela que figura no

Pavilhão Nacional, provavelmente as idéias do Integralismo não se teriam espraiado tanto, ao ponto de abranger, em menos de cinco anos, todo o território nacional.

O problema do voto

O Integralismo pretendia, é certo, fundar uma estrutura estatal, *sem partidos.* A *representação popular,* entretanto, não sofreria colapso. Ela seria mantida através de outra forma de comunicação entre o povo e o Poder. Essa era a *representação profissional.* Pretendia-se instituir uma democracia orgânica, resultante do funcionamento dos sindicatos como pessoas jurídicas de direito publico interno e das corporações econômicas e não-econômicas (culturais, desportivas e religiosas). De todas essas instituições sairiam os deputados eleitos para as Câmaras econômicas e políticas.

Podia-se ao tempo discordar de tal modelo, mas não tachá-lo de incompatível com a democracia. No final da década de 30 esse tema foi apreciado por um ilustre senador da República e jornalista profissional: o Sr. Costa Rego, em artigo de 28-IV-1937, no "Correio da Manhã", de que era redator-chefe.

Entre outras considerações suas estavam as seguintes:

> *A democracia é uma infinidade de coisas, em seu sentido filosófico e em seu sentido prático. Fundamentalmente, é o regime da delegação dos poderes.*
>
> *Ora, a doutrina integralista pode não aceitar que a delegação ou a representação de poderes promane de certas fontes, em substância, porém, admite-a.*
>
> *Admite-a, é exato, com formas novas e originais, mas nem por isto é menos democrático o pensamento que a inspira, desde que busca sua força no consenso coletivo.*

Aconteceu, por esse tempo, que a AIB tinha escolhido o seu candidato à presidência da República — não por conchavos entre governadores ou chefes políticos — mas mediante *consulta plebiscitária* a toda a coletividade partidária nacional. O senador e jornalista Costa Rego aproveitou o ensejo para emitir juízo também sobre tão notável acontecimento político (acerca do qual os reacionários ou intolerantes tentaram guardar o máximo silêncio).

Essa consulta — disse — não é do sistema das ditaduras, é em sua pureza de intenções e em sua beleza de forma, do sistema democrático. Não há, pois, como separar o Integralismo da Democracia.

O *Manifesto de Outubro* continha também uma declaração de confiança, não na Economia, não no Estado, nem na luta de classe ou na Revolução mundial como causa geradora do progresso, segundo a pregação marxista, mas na personalidade humana, "valor fonte de todos os valores", conforme mais tarde, em sua obra jusfilosófica, afirmaria Miguel Reale.

Nada tinha, pois, de semelhante ao fascismo a essência de sua doutrina, assentada que era no reconhecimento dos direitos naturais do ser humano, em *sua personalidade intangível*. O fascismo (tal como o marxismo-leninismo) despreza o indivíduo humano, pois coloca o Estado como um absoluto, *acima* da personalidade humana (v. de Benito Mussolini, "Doutrina do Fascismo", n.º 10, Vallecchi Editore Firenze, 1935, XIII). Para o Integralismo a liberdade pessoal é um *valor essencial;* a pessoa humana — "um centro de gravidade sentimental"; o homem e a família anteriores ao Estado, de modo que este "deve ser forte para manter o homem íntegro e a sua família, pois a família é que cria as virtudes que consolidam o Estado". Concebia este, portanto, como *um instrumento da Nação*, "subordinado, em tudo, aos imperativos da hierarquia natural das coisas, da harmonia social e do bem comum". Queria um Estado forte para o governo da economia nacional, segundo um programa preestabelecido, sem contudo deixar de ser uma instituição essencialmente jurídico-política".

A suposta identificação do Integralismo com o fascismo resultou principalmente da propaganda marxista-leninista e stalinista. Bem ao contrário, o autor do *Manifesto de Outubro* seria, 30 anos mais tarde, arrolado por Alceu Amoroso Lima (Tristão de Ataíde) entre os raros brasileiros "picados pela mosca azul da política", "mas de uma política com P grande", "como a que arrastou um Rui Barbosa, um Raul Pompéia, um Tavares Bastos, na geração de Nabuco". Na sua própria geração, ao lado dos quatro já citados, Tristão designa apenas "um Adauto Cardoso ou um Caio Prado Junior, um Jackson de Figueiredo ou um Plínio Salgado, um Carlos Lacerda ou um Fernando Ferrari, um Afonso Arinos, pai e filho, ou um San Tiago Dantas" (Cfr. Alceu Amoroso Lima, *Companheiros de Viagem,* José Olympio Editora, Rio, 1971, p. 21).

Tendo à mão abundante material relativo à nova doutrina político-social, os integralistas puderam bem assimilá-la e transmiti-la através do País. Por isso mesmo Alceu Amoroso lima, em pública manifestação, viu no Integralismo uma oportuna pretensão de "restaurar o sentido frouxo de autoridade, dar à Unidade Nacional o posto básico que lhe compete em toda a sociologia política do Brasil, defender as bases morais e jurídicas da família brasileira", todos estes (concluiu) "pontos de um programa excelente". (Cf. *Indicações Políticas*, Rio, 1936, Ed. Civilização Brasileira).

O interior da Bahia foi constantemente percorrido por caravanas propagandísticas da AIB e nas sedes municipais, salvo pouquíssimos casos, teve ela uma boa base de atuação pública. Nos primeiros três anos de sua existência aqui, fixou-se consistentemente e sem turbulência. A Aliança Nacional Libertadora (ANL) chegou a provocá-la, mandando certa noite elementos seus invadir o salão nobre da Associação dos Empregados do Comércio, onde efetuava uma sessão pública especial (entre os perturbadores vi, de revólver em punho, o Dr. Arnaldo Silveira). Mas a invasão não deu o resultado previsto, e a sessão pôde chegar ao seu termo.

A AIB realizou na Capital desfiles comemorativos de datas nacionais e muitas reuniões públicas também na AEC, com liberdade e ordem. Plínio Salgado foi aqui recebido festivamente, entre 10 e 12 de novembro de 1935, proferiu notáveis discursos no Campo da Graça e na Associação dos Empregados do Comércio (AEC), perante multidões pacíficas e ordeiras. Além disso circulou pela cidade, almoçou e jantou em diferentes lugares, inclusive com um grupo de estudantes de várias Escolas Superiores, na casa dos pais de Dan Nunesmaia, um dos primeiros integralistas que a Bahia teve, ocasião em que, quando conversava conosco, lhe pedi autografasse um volume de *Os Sertões* de Euclides da Cunha. Incontinenti escreveu e assinou: "*Aqui se aprende a amar o Brasil*". Quase quarenta anos depois, li declaração semelhante de Alceu Amoroso Lima: "Em *Os Sertões*, livro poderoso, forte, descobri o Brasil". (*In Memórias Improvisadas*, Editora Vozes, 1973, p. 42). Sempre o seu pensamento coincidindo com o dos patriotas.

Nem na chegada de Plínio, nem enquanto esteve na Bahia, nem no seu embarque de volta, em companhia dos aeronautas Ribeiro de Barros e Newton Braga, heróis do vôo transatlântico do hidroavião *Jaú*, em 1927, em momento nenhum a ordem pública sofreu o mínimo abalo. Por iniciativa ou provocação nossa, nunca houve desordem no Brasil.

Adversário estrangeiro

Tanto no seu breve período de vida legal como depois de extinta, a Aliança Nacional Libertadora, longa-mão da Terceira Internacional (*Komintern*), sediada em Moscou, fez contra o Integralismo, o que lhe era mais fácil: espalhar aos quatro ventos que ele era uma "cópia do fascismo", sem demonstrar nada de sua falsa afirmação.

Não obstante ter conseguido atrair simpatizantes do marxismo-leninismo e até não poucos intitulados "democratas" e "antifascistas", a ANL foi sempre e unicamente um instrumento do PCUS (Partido Comunista da União Soviética). Não sou em quem o diz, embora tenha disso fartos elementos probatórios, mas um obstinado prócer comunista, a quem passo a palavra. Depois de referir-se ao sumário programa da ANL, diz ele: "Suas atividades eram orientadas cuidadosamente pelo PCB, assessorado por agentes especiais do *Komintern*, que naquele momento começavam a infiltrar-se no país". (João Falcão, *Giocondo Dias, A Vida de um Revolucionário*, 2.ª edição, Agir, p. 39).

Era, pois, a ANL um órgão vassalo, vassalo confesso, de uma potência estrangeira, visto que o *Komintern*, enquanto existiu, era uma dependência política da URSS. Foi o *Komintern* que, em novembro de 1934, decidiu fazer de Luís Carlos Prestes membro do PCB, e o despachou depois para o Brasil, acompanhado de Olga Benário, agente de sua confiança, a fim de aqui deflagrar uma insurreição comunista, conforme narrado minuciosamente está no livro de Fernando Morais *Olga* — A Vida de Olga Benário Prestes, judia comunista entregue a Hitler pelo Governo Vargas (Editora Alfa-Omega, São Paulo, 1986).

Também o *Komintern* mandou destruir o Integralismo brasileiro, através de ordem expedida à Secção Brasileira do PCUS pelo *bureau* instalado em Paris à Rue de l'Echaude, n. 14, 5.º arr. — figurando como remetente Victor Gruau. A ordem dizia:

> *"Concentrant le feu contre les "chefs" intégralistes et la politique hitlerienne du gouvernment, soulignant que ces "chefs" son des agents des plus reactionnaires de l'imperialisme, il faut partout lutter pour le front democratique national-liberateur, surtout à la base y compris celle de la Action Integraliste"*[1].

O "slogan" da ANL era o mais falacioso que se poderia conceber:

---

[1] Cf. Plínio Salgado, *O Integralismo brasileiro perante a nação*, Lisboa, 1946.

Pão, Terra e Liberdade. Por isso mesmo não logrou sensibilizar o povo brasileiro. O item *liberdade*, na boca de adeptos de Stálin, soava como pilhéria de mau gosto, pois enquanto durou o seu Consulado de quase trinta anos Josef Stálin não passou de um déspota, nada menos que um déspota.

Ainda hoje (22 de junho de 1996) leio no encarte *Cultura* de "A Tarde", sob o título *Os Subterrâneos da Intolerância*, uma entrevista concedida pelo escritor russo-ucraniano Boris Schnaiderman, professor aposentado de língua russa na Universidade de São Paulo e que anuncia para este ano ainda um livro intitulado *Os Escombros e o Mito*, acerca do "realismo socialista".

Um dos vários casos por ele aí narrados sobre o despotismo stalinista é o de Ossip Mandelstam, por Schnaiderman considerado "um dos maiores poetas russos deste século", o que, ainda segundo suas palavras, "significa um dos maiores da poesia moderna". Pois bem: Ossip Mandelstam (disse Schnaiderman, em resposta ao repórter) foi *preso e fuzilado* "por causa de um poema sarcástico sobre Stálin", poema que "ele não chegou a escrever; ele o dizia aos amigos mais chegados". O infeliz poeta cometera o hediondo crime de ver Stálin com compridos bigodões de barata. Bastou isso para lhe tirarem a vida.

Atmosfera cultural da AIB

Mais arejado, tolerante e livre do que o dos seus antagonistas, foi sem favor o ambiente cultural criado pela AIB. O vínculo partidário não embaraçava a atividade intelectual dos seus seguidores, ao contrário, funcionava como um estímulo para a busca de mais amplos horizontes. Na história política brasileira não houve movimento de idéias que no particular o sobrepujasse, nem mesmo talvez o Abolicionismo. Para comprovar-se isso, bastaria arrolar a qualidade dos seus escritores e os livros que editaram em apenas cinco anos de atividade — fenômeno sobre o qual os seus antagonistas muito significativamente silenciam. No lugar destes, temos porém o depoimento de autoridades intelectuais, como, entre outras, Afrânio Coutinho, estranho a quadros políticos partidários.

Em artigo publicado na imprensa baiana no primeiro semestre de 1937, afirmava o ilustre homem de letras:

> *... Não posso deixar de compreender e admirar o carinho que o Integralismo dedica ao problema cultural e o esforço com que empre-*

ende a criação ou o desenvolvimento de estudos sobre os nossos mais diversos problemas. De maneira que hoje, ainda tão cedo para a sua idade, já se pode falar em movimento cultural em relação ao integralismo. Deixando de lado a série de livros publicados, alguns dos quais simples divulgação da doutrina para a massa, quem quiser convencer-se basta prestar um pouco de atenção em nossos meios universitários à fortíssima fermentação cultural que ele despertou entre a nossa mocidade, inquietando-lhe o espírito e aguçando-lhe a curiosidade para estudos sérios, o que há muito não se via no Brasil.

(Artigo transcrito pela revista "Panorama — Coletânea Mensal do Pensamento Novo", editada em São Paulo sob a direção de Miguel Reale, Ano II, 2.ª série, p. 30-41)

A esquerda leninista-stalinista, propagadora do mito do paraíso comunista para dali a indefinidos séculos, com a dominação intermédia da *ditadura do proletariado*, não apresentava a mesma face. Um dos seus principais, Osvaldo Peralva, veio a reconhecer que o regime instaurado na URSS (textualmente), "não sendo nunca arejado pelo sopro dos debates realmente livres, coloca viseiras em seus intelectuais, de tal modo que eles não podem nunca olhar em todas as direções e adquirir uma visão completa das coisas". (Cf. *O Retrato*, Ed. Itatiaia, Belo Horizonte, 1960, p. 34).

Outro depoimento de não pequena valia acerca da atmosfera cultural que o Integralismo favorecia, é o de Abdias Nascimento que, por sinal, conheci de perto (deixamo-nos fotografar, juntos, na Cinelândia, ambos de camisa verde por baixo do casaco, quando de minha primeira viagem à Capital da República).

Éramos então fervorosos combatentes do mesmo ideal político, a que ele se manteve fiel até o fim da existência legal da AIB, motivo por que sofreu arbitrária detenção em começos de 1938. Daí em diante, como muitos outros, Abdias tomou diverso rumo e mais tarde tornou-se uma figura de projeção nacional, ligando seu nome ao advento do Teatro Experimental do Negro e a outras iniciativas opostas a toda espécie de discriminação racial[2].

No livro *Memórias do Exílio*, de autoria coletiva (Editora e Livraria Livramento Ltda., São Paulo, 1976) declara Abdias Nascimento que os temas que "o atraíram para as fileiras integralistas" foram "*as lutas nacionalistas e anti-imperialistas*" — fato este que só causa admiração aos que nunca leram nada da literatura onde se condensava o

---

2 Abdias Nascimento é hoje senador da República.

pensamento do Integralismo, pois este professou desenganadamente a teoria do engrandecimento da nação brasileira, opondo-se a todo imperialismo, quer econômico ou financeiro, quer político ou territorial. Mas prossigamos com o sereno depoimento pessoal de Abdias Nascimento.

"Etapa importante de minha vida" — eis como ele qualifica sua atividade na AIB. "No Integralismo (prossegue) foi onde pela primeira vez comecei a entender a realidade social, econômica e política do país e as implicações internacionais que o envolviam".

Abdias Nascimento e seus companheiros não viviam agarrados, dia e noite, ao "Manifesto Comunista", de Marx, ou às obras de Lenine, nem de ouvidos atentos às "verdades" transmitidas pela Rádio de Moscou (como era normal no comportamento dos adeptos da ditadura soviética, segundo logo mais veremos). Ao contrário, estudavam preferencialmente a sociologia política *brasileira* e procuravam soluções para os problemas e coisas do Brasil em autores *brasileiros.* Assim, pois, se preocupavam com a *realidade brasileira,* em primeiro lugar.

"A juventude integralista" — continua Abdias — "estudava muito e com seriedade. Encontrei e conheci pessoas de primeira qualidade como um San Tiago Dantas, Gerardo Melo Mourão ou Roland Corbisier; assim como um Rômulo Almeida, Lauro Escorel, Jaime de Azevedo Rodrigues, o bravo embaixador brasileiro num país europeu que se demitiu da carreira após o golpe militar de 1964; ou ainda D. Helder Câmara, Ernani da Silva Bruno, Antônio Galloti, Mazzei Guimarães e muitos outros. Conheci bem de perto o chefe integralista Plínio Salgado, de quem em certa época fui amigo".

Mais adiante aconteceu a Segunda Guerra Mundial. Abdias Nascimento e seu Comitê-Democrático Afro-Brasileiro tinham reuniões na sede da União Nacional dos Estudantes. Em certo momento, narra ele, "*passaram a usar meu passado integralista como um slogan de confrontação. Certa vez exigiram uma retratação pública de minha parte*".

Era o método da *coação,* de infundir o *medo,* era o *patrulhamento* avesso à consciência individual, tão do agrado dos agentes do PC na sua conduta habitual, conformada pelo modelo totalitário da URSS.

E como reagiu Abdias Nascimento? Como um homem honrado e de coragem moral.

Dou-lhe a palavra:

> "*Eu me neguei. Não tinha nada a declarar naquela espécie de autocrítica sob coação. Nada havia no meu passado para lamentar ou arrepender. Não me submeteria àquela chantagem.*" (Grifos meus)

Em comentário breve a essas palavras exemplares de Abdias Nascimento, definidoras de sua dignidade pessoal, transcrevo a seguir outras, não menos dignas, do professor Miguel Reale, extraídas da Introdução à edição de 1983, feita sob os auspícios da editora da Universidade Nacional de Brasília, de suas *Obras Políticas* (1.ª fase, 1931-1937), em três tomos. Diz ali o ilustre jurisfilósofo:

*"Estas páginas eu as releio, hoje, com a objetividade de um terceiro, **e não vejo razão para renegá-las,** pois, por mais que muitas idéias, expostas há meio século não correspondam ao meu pensamento atual, **elas compuseram com autêntica sinceridade o meu ser pessoal.** Tenho pena daqueles que, por fraqueza ou cálculo, repudiam com veemência o seu passado integralista ou comunista, como se fosse algo de condenável, pois, no fundo, estão se julgando a si mesmos, sem compreenderem que **cada idade do homem, no contexto das circunstâncias históricas, possui a sua própria razão de ser e de medir."*** (Grifei)

Na década de trinta, o sistema de representação profissional derivado da organização corporativa do Estado foi tido por boa parte da opinião nacional como ajustável à realidade brasileira. Escreve Alceu Amoroso Lima: *"Enquanto existiram, antes de extintas pela Revolução Francesa, as corporações protegiam o trabalhador contra a exploração e contra a miséria"* (cf. o seu *Meditação Sobre o Mundo Moderno*, Rio, 1942, p. 37).

Segundo o *Manifesto de Outubro*, o modelo seguido pela AIB divergia do adotado na Itália, pois se instituía na base da pirâmide, o Município, daí subindo até o ápice dela, através das federações e confederações sindicais. Substancialmente distinto do modelo fascista, que era imposto de cima para baixo.

A alternativa estaria inevitavelmente na manutenção dos partidos regionais existentes, que eram os mesmos das anteriores décadas republicanas, os quais não exprimiam nada, impossibilitando qualquer espécie de *mudança nacional.* Deles afirmou, muitos anos depois, Gilberto Freyre, com a sua autoridade de cientista social: *Os partidos políticos de antes de 1930 eram inteiramente ridículos, artificiais, postiços, nada me diziam*[3].

Os partidos de antes de 1930 só desapareceram com a Constituição de 1946.

---

3 Cf. Lourenço Dantas Mota (coordenador) — *A história vivida* (I), 2.ª edição, *Depoimentos abertos* — O Estado de São Paulo, 1981.

Também minha geração sentiu essa indiferença irremediável pelos falsos órgãos de representação popular que eram os partidos políticos do tempo, sem o mínimo conteúdo ideológico ou programático. Nenhum deles falava coisa alguma às novas gerações.

A partir do fim da Segunda Guerra Mundial, da queda da ditadura do Estado novo e principalmente do advento dos partidos *nacionais* — de que a AIB tinha sido pioneira — esvaziou-se o antigo pensamento corporativista. A lição do tempo e das novas circunstâncias do mundo e do Brasil ajudaram muitos a ver melhor o antes visto em diversa atmosfera cultural. Evoluir ou mudar não é, pois, considerar erro hoje a verdade de ontem, mas ver hoje por distinto ângulo a face do problema do passado. As variações do pensar (conforme lucidamente leciona Ortega y Gasset) temos de representar-nos — não como uma troca da verdade de ontem convertida em erro para hoje, mas sim como uma mudança de orientação do homem que o conduz a ver diante de si *outras verdades distintas das de ontem.* Não são, portanto, as verdades que mudam, senão o homem e, porque ele muda, vai observando a série daquelas verdades, selecionando as de maior afinidade com o seu espírito e tornando-se cego para todas as demais. (Cf. Ortega y Gasset — *Que és Filosofia?* — Revista de Occidente — Madrid — 1988 — p. 20)

Foi o que seu deu com o sistema corporativo, ou corporativismo, palavra que hoje soa mal aos ouvidos do brasileiro comum, tal a soma de abusos praticada pelos tipos em geral de associações, sindicatos, corporações, nos últimos tempos, tanto na Itália mussoliniana como no Brasil da era Vargas.

VI

Prisão do eng.º Araújo Lima e fechamento da AIB na Bahia

Sumário: Lembrete preliminar — Relação Juraci Magalhães & Integralismo — Pomo da discórdia — Utilização desleal do Estado de Sítio — Geraldo Rocha denuncia perseguições — Preso Araújo Lima. Fechada a AIB na Bahia — Conspiração quimérica — A tragédia do Frazão — O Governo muda de tom — Uma carta polêmica — Araújo Lima não acusava o governador gratuitamente — O governador altera fato — Palavras ao vento — Um secreta no meu encalço

Lembrete preliminar

Em face do anteriormente exposto, era muito natural e compreensível que o Integralismo causasse boa impressão às pessoas destituídas de preconceitos, e lograsse um notável crescimento qualitativo e quantitativo em toda a Bahia.

Para dar desse fato histórico uma boa prova, nada melhor do que o depoimento do ex-interventor federal e governador da Bahia, Sr. Juraci Magalhães, constante de suas *Memórias Provisórias*. À página 97 do livro em que as enfeixou, está dito: *O Integralismo realmente teve grande repercussão na Bahia.*

Se S. Exa. tivesse aí ficado, nessas palavras, honraria a verdade histórica, sem nenhum demérito para seu governo. Ao contrário, porém, entendeu de dar a esse fato político-social uma explicação que, por excesso de subjetivismo, não alcança o objetivo pretendido.

Segundo o nosso antigo governador, "o movimento integralista expandiu-se na Bahia de maneira relativamente fácil, porque conseguiu reunir os oposicionistas. Para meus adversários [conclui] o caminho mais fácil era aderir à AIB".

Puro devaneio, nada mais, e de fácil contradita. O estuário para onde, na Bahia, confluíram os inconformados com o governo de Juraci Magalhães — desde os seus primeiros vagidos — foi o autonomismo, chefiado por Seabra, Mangabeira, Simões Filho e o jovem acadêmico Nelson de Souza Carneiro, para mencionar apenas suas figuras estelares.

Durante os quatro anos em que militei na AIB — período de sua maior combatividade no interior e na Capital do Estado — não conheci pessoa alguma que houvesse migrado da *oposição* ao governo baiano para as fileiras do Integralismo, nem tampouco jamais escutei alguém comentar que tal fato político houvesse acontecido — embora nada de extraordinário ou anormal isso significasse.

Pessoas não simpáticas a certos métodos de ação do governo vigente, sim, algumas conheci que vieram para a Ação Integralista Brasileira. Uma delas, o Prof. Prado Valadares.

Certo dia do ano de 1937, no consultório desse insigne catedrático da Faculdade de Medicina da Bahia, onde me achava com o companheiro Tenente Arsênio Alves de Souza para tratar de assunto do nosso comum Partido, ouvi dele as seguintes palavras: "Quem me trouxe para a Ação Integralista Brasileira foi esse jovem do Palácio da Aclamação".

Mas o Prof. Prado Valadares não era um político e sim um cientista e homem de letras.

Dele contava-se então este episódio. Durante o cerco do edifício da Faculdade de Medicina do Terreiro de Jesus por tropa embalada da PM, em agosto de 1932 (acontecimento anômalo a que documentadamente me refiro neste livro), compareceu ao Palácio da Aclamação para manifestar, perante o interventor Juraci Magalhães, solidariedade aos colegas e estudantes sitiados.

Ouvi isso de muitas pessoas, inclusive colegas do Colégio Antônio Vieira, um dos quais o filho mais velho do Prof. Prado Valadares, José Antônio, quintanista ginasial como eu e um querido amigo.

Ouvi também que ao eminente professor o Sr. Juraci Magalhães assim respondeu: "Se o Sr. está solidário com os rebeldes, pegue um fuzil e vá ajudá-los" — ao que o Prof. Prado Valadares retrucou: "Excelência, as únicas armas que sei manejar são a pena e a palavra". E retirou-se.

Ao menos de meu conhecimento, esse episódio nunca foi contestado e por isto o aceito como verídico. Quem sabe se não terá sido sob a sua lembrança que aquele grande mestre de várias gerações falou a mim e ao Tenente Arsênio o que acabo de contar?

No seu segundo livro de memórias, *O Último Tenente*, o Sr. Juraci Magalhães, referindo-se à expansão da AIB na Bahia, a atribui, no Município de Jequié, ao fato de ali existir "uma grande colônia de italianos, simpatizantes de Mussolini e, por transferência ideológica, admiradores de Plínio Salgado".

Também aí a fantasia do memorialista sobressai. Mais italianos do que Jequié tinha a cidade vizinha de Jaguaquara e no entanto lá o Integralismo cresceu menos, bem menos. Pouco distante e na mesma região, vinha Santa Inês, onde, ao que me consta, não havia residentes de origem italiana e, contudo, em janeiro de 1936, lá a AIB elegeu o Prefeito Municipal.

Donde facilmente se deduz ter sido outra a causa geradora da expansão do Integralismo.

Nos municípios das demais regiões do Estado, aonde nunca chegou a escassa imigração italiana recebida pela Bahia, tais como Ilhéus, Itabuna, Canavieiras, Belmonte, Tucano, Serrinha, Ribeira do Pombal, Santo Amaro, Feira de Santana, Lençóis, etc., etc., o fenômeno da "grande repercussão" da AIB foi idêntico, o que importa no reconhecimento da inexatidão do diagnóstico do Sr. Juraci Magalhães.

Relação Juraci Magalhães & Integralismo

Há entretanto uma referência posterior e algo contraditória do Sr. Juraci Magalhães, em suas *Memórias,* segundo a qual ele teria sempre dado tenaz combate ao Integralismo. Chega mesmo a dizer ter sido o governador que mais combateu esse movimento ideológico. Aí está porém apenas uma parte da verdade, não esta por inteiro. E a verdade incompleta causa prejuízo.

Quando me dei conta do meu envolvimento político na Faculdade de Direito, começava o ano letivo de 1934, nunca me constou que o interventor federal da Bahia sequer fizesse restrições ao funcionamento da AIB, órgão de atuação política do Integralismo.

Dos meus colegas de classe, quinze já pertenciam à AIB, isto é, um pouco mais de 14% da turma de 75 segundanistas, um ótimo percentual, parece-me.

Com todos eles, dos quais apenas quatro oriundos do Colégio Antônio Vieira, sem tardança me identifiquei. O tema dominante das nossas conversas fora das aulas era a política em geral, incluindo evidentemente a de menor interesse para nós: a da Bahia. Claro que se, naquele ano ou ño anterior, o Integralismo viesse sofrendo combate do governo estadual, eu, pelo menos, teria um pouco de curiosidade de indagar aos meus veteranos companheiros o motivo desse combate, pois já então conhecia das idéias básicas da AIB o suficiente para saber que elas, por isso mesmo que se preocupavam com o plano nacional e o internacional, nenhum dano fariam ao Governo da Bahia. Nunca porém me ocorreu indagar aos meus colegas algo a esse respeito. Demais, se tal combate estivesse então acontecendo, penso que nem seria necessário lhes perguntar nada: eles mesmos haveriam de comentar comigo a ocorrência de tal combate. Também jamais deles ouvi a mínima alusão a atitudes hostis do governo do Sr. Juraci Magalhães ao Integralismo. Conclusão natural a tirar: o Interventor da Bahia, àquela época, não se incomodava com a AIB.

Digo mais. Escutei um sem número de vezes, entre companheiros do curso jurídico, dizer que o Sr. Juraci Magalhães nutria simpatia pelo Integralismo. E acreditei. Por que não acreditar? Afinal, àquela altura da vida brasileira, pessoas superiormente qualificadas — intelectual, moral e politicamente — já alimentavam tais simpatias. Era o caso, entre outros, do higienista Belisário Pena e da irmã do Poeta da Liberdade, Adelaide de Castro Alves Guimarães, ambos os quais passaram, pouco depois, da etapa de simpatizantes para a de militantes da AIB, enquanto esta e eles viveram. Tenho aqui, a meu lado, as fotografias de um e outra, vestindo ambos a camisa-verde do Sigma. Na Bahia mesmo, insignes personalidades como os Profs. Drs. Prado Valadares, Herbert Parentes Fortes, Edístio Pondé, Alexandre Leal Costa, José Santos Pereira, entre outras, pertenceram à AIB enquanto ela existiu. Por que motivo o Sr. Juraci Magalhães não poderia alimentar simpatias por uma doutrina tão identificada com a das Igrejas Cristãs, com a tradição brasileira e com a democracia? Acolhi, sem o menor esforço, como um fato naturalíssimo, que S. Exa., como eu, tivesse o Integralismo na melhor conta.

Passaram os tempos. Grandes mudanças se operaram no Universo, no Brasil, nas pessoas. Somente os cabeças-duras ou os pobres de espírito nada mudaram. Surgiram na literatura brasileira boas autobiografias, um excelente gênero literário, que muitas vezes nos ajudam a fazer juízos de valor acerca de pessoas que nem sempre foram ou são como o leitor imagina. Autobiografias contendo, não raro, revelações inesperadas, que liberam o leitor de procurar prova de fato ou fatos nela narrados. O próprio autor ao contar a sua vida, faz dos seus fatos pessoais a prova que dificilmente, ou nunca, o leitor fizesse. É o caso da história da vida do Sr. Juraci Magalhães por ele mesmo duas vezes relatada a jornalistas coordenadores dos diálogos, e editada, com intervalo de 14 anos entre uma vez e outra, sob os títulos de *Minhas Memórias Provisórias* e *O último Tenente*.

Pela sua primeira autobiografia o Sr. Juraci Magalhães foi — quem o diria — não simples simpatizante do Integralismo, mas dele admirador tão fervoroso que chegou a pensar na imediata observância das suas idéias político-sócio-econômicas em todo o País. Acaso exagero? Não, não só não exagero como posso agora reproduzir-lhe a própria e cristalina declaração que sabidamente é a melhor prova.

De fato, a 1.º de junho de 1933, escrevendo a Getúlio Vargas uma carta de acentuado caráter político, na qual lhe relatava o bom sucesso obtido na eleição para a Assembléia Nacional Constituinte, fez esta significativa declaração:

> *Sabe Vossa Excelência que, pessoalmente, minha orientação doutrinária é pela adoção do Integralismo no Brasil.* (ob. cit., p. 243)

Uma de duas: ou o interventor federal da Bahia estava aí fazendo algum misterioso jogo que nenhum de nós, leitores de hoje, teria como desvendar, nem o próprio Getúlio, seu mestre político, o descobriria na época (hipótese de dificílima aceitação, dado o sexto sentido político de Vargas); ou o Sr. Juraci Magalhães estava sendo sincero com Vargas e consigo próprio. Nesta segunda hipótese, o então jovem interventor baiano conhecia a verdade do Integralismo, tinha lido seu documento fundamental e talvez alguma obra dos seus doutrinadores. Estaria, pois, a par de como ele queria organizar o Estado Nacional. E mais: a transcrição revela que o Sr. Juraci Magalhães pensou em pôr em prática o pensamento político e social do Integralismo.

Onde então se teria verificado o seu combate ao Integralismo antes de 1.º de setembro de 1936? Na capital não foi, sou testemunha ocular disso. Os núcleos da AIB, que antes de 1936 existiam, funcionavam regularmente, com as suas reuniões públicas e noturnas todas as semanas. Em muitos deles, Ladeira de São Bento, Barra Avenida, Federação, Nazaré, Santo Antônio, Cidade Nova (Quintas), Calçada, por exemplo, estive presente e discursei inúmeras vezes, sem jamais verificar o mínimo incidente policial. Numa comemoração do Sete de Setembro, em 1934, falei no Campo Grande, sobre a capota de um automóvel. Em novembro de 1935, a AIB realizou aqui um Congresso Provincial, ao qual compareceram mais de mil membros do Partido, oriundos de vários municípios e regiões da Bahia. Plínio Salgado nele fez um discurso monumental perante enorme assistência que superlotava o salão nobre da Associação dos Empregados do Comércio. No Campo da Graça, à luz do dia, voltou ele a falar não só a correligionários mas a uma multidão de pessoas interessadas em conhecê-lo pessoalmente e ouvir-lhe a palavra de patriota e de pensador. Tudo isso sem nenhuma alteração da ordem interna ou externa.

Por outro lado, no interior da Bahia a AIB expandia-se sem bulha nem matinada. No período ora considerado, percorri vários dos seus núcleos municipais (Catu, Pojuca, Serrinha, Bonfim, Juazeiro, Tucano, Ribeira do Pombal, Araci), discursando publicamente, e em nenhum deles me defrontei com a resistência alegado hoje pelo Sr. Juraci Magalhães. E note-se que em todos esses lugares do interior abundavam juracisistas "de truz".

Onde então terá o ilustre governante da Bahia, antes de setembro de 1936, exercido o seu agora decantado anti-Integralismo?

Só mesmo ele poderia desvendar o mistério. E como S. Exa. felizmente está vivo, quando escrevo estas reminiscências, tomara que ainda venha a fazê-lo. Se o fizer, peço respeitosamente que revele também este outro segredo: quem teria passado a suas honradas mãos o original manuscrito da *carta confidencial* que o engenheiro Joaquim Araújo Lima, chefe então da AIB, endereçou, por portador, ao seu conterrâneo e amigo, Dr. Belmiro Valverde, conhecido fundador da Policlínica do Rio de Janeiro?

Mas voltemos aos tempos da Faculdade de Direito.

Deixemos para mais adiante o comentário desse insofismável testemunho. Por agora limito-me a incorporá-lo aos demais fatores explicativos do desenvolvimento pacífico e ordeiro da AIB no Estado da Bahia, pois isso faz parte do honroso passado do movimento político a que livremente dei os melhores tempos de minha mocidade.

Enquanto desempenhou suas atividades normais a AIB nunca se preocupou com a política baiana, pois a sua direção provincial compunha-se de gente nova, sem vínculos com a oposição nem com o situacionismo. Por sua vez, a massa de adeptos da doutrina do *Manifesto de Outubro* muito menos se incomodava com as autoridades político-administrativas ou com as disputas partidárias provinciais. Os problemas *nacionais*, eles sim, mereciam a atenção e o estudo dos adeptos do Integralismo. Estes, em tempo algum alimentaram a idéia de fazer oposição a governo, de qualquer nível. Por isso mesmo não encontravam dificuldade para levar o seu pensamento político-social ao conhecimento público, com o respeito dos governantes estaduais e municipais. Ao menos até o final de agosto de 1936 nenhuma hostilidade sofreu a AIB em todo o Estado da Bahia.

Posso dar disso o seguinte testemunho sumamente significativo.

No final do primeiro semestre de 1935, eu e José Bonifácio de

Abreu Mariani, colega de classe acadêmica e companheiro de agremiação política, viajamos a Tucano para ali fundar o núcleo municipal da AIB. Na referida cidade, aonde íamos pela primeira vez, não conhecíamos ninguém, mas, como era de esperar de sua boa gente, tivemos acolhida simpática e sem maior trabalho conseguimos permissão para discursar da sacada de um pequeno sobrado. Na hora anunciada, diante de um auditório de aproximadamente cinqüenta pessoas, Mariani e eu demos o nosso recado sobre a identidade da AIB e alguns dos seus propósitos político-sociais, recebendo ao terminar razoáveis palmas. Entre os espectadores se destacavam dois, por serem os únicos confortavelmente sentados em cadeiras de braços e espaldar alto. Eram ambos nada menos que os prestigiosos chefes políticos do Município, Dr. Teotônio Martins, senador estadual na década de 20, e o coronel José Bastos.

A cena que acima fica breve e simplesmente narrada jamais teria ocorrido se ao tempo o Integralismo viesse fazendo oposição ao Capitão Juraci Magalhães, de quem aqueles dois donos políticos de Tucano eram sabidamente leais correligionários.

Com idêntica tranqüilidade participei, ainda no correr de 1935, da fundação de núcleos da AIB em Catu, Pojuca, Queimadas e Senhor do Bonfim (do de Serrinha incumbiu-se o estudante de engenharia Olímpio Balduino da Costa Vargas, que era bom orador e bravo companheiro).

Mas, sendo assim, como se explica que o ilustre Governador Juraci Magalhães viesse décadas mais tarde ufanar-se de ter sido "o governador que mais aguerridamente lutou contra os integralistas"? (Cf. *Minhas Memórias Provisórias*, cit., p. 97).

Exagerou? Faltou à verdade? Nem uma coisa nem outra, apenas não disse a verdade toda, talvez por um motivo único, absolutamente alheio à natureza própria da AIB. Qual? É o que vamos agora examinar.

Pomo da discórdia

A AIB, não sei se feliz ou infelizmente, não chegou ao poder, que era seu objetivo precípuo alcançar, democrática e legalmente. Fez entretanto, em apenas cinco anos de exercício da atividade política, mais do que outra qualquer organização político-partidária de que nos dá notícia a história brasileira. Como disse um dos seus severos críticos, "foi o movimento de idéias mais criativo da década de 30, desmentindo a assertiva de Osvaldo Aranha de que era então o Brasil um deserto de homens e idéias".

Mas, por isso mesmo que, aspirando ao poder, devia usar as práticas para tal fim lícitas e necessárias, se envolveu no inevitável: *o alistamento eleitoral*. É certo que o fez discretamente, sem a mínima publicidade, mas a sério, com empenho. Como a grande maioria de seus adeptos compunha-se de gente moça, estreante em política, não se apercebeu a AIB de estar a mexer na *menina dos olhos* dos senhores da política baiana: o eleitorado. E eis senão quando, em janeiro de 1936, ao realizarem-se as eleições municipais, em plena atmosfera do estado de sítio decretado em virtude da intentona comunista de 25 a 27 de novembro, no Rio de Janeiro, Recife e Natal, a AIB elegeu, em dezenas de municípios, vereadores e até alguns prefeitos. Mesmo na Capital, território político então inacessível a postulantes sem tradição, saiu vereador pela AIB o Dr. João Alves dos Santos, professor da Escola Comercial e diretor da Bolsa de Mercadorias. Em Serrinha elegeu três edis e o seu candidato a prefeito obteve cerca de vinte por cento dos votos apurados, uma vitória insofismável, reveladora da aceitação das idéias do Integralismo pela sociedade. Em Santa Inês elegeu o prefeito e em geral, nos Municípios onde funcionava, sua legenda conseguiu votação confortadora.

Isso era um sucesso com que provavelmente não contavam os chefes políticos locais, e que os terá desapontado seriamente. Sobretudo perceberam que aquela nova força política alcançaria condições, em vindouros pleitos, de lhes fazer surpresa maior, e, quem sabe, tornar-se eleitoralmente majoritária no âmbito municipal.

Com uma certa tendência para supervalorizar o seu poderio político-eleitoral (algumas de suas cartas a Vargas revelam isso claramente), ante tal fato pode-se admitir não houvesse o governador reagido esportivamente. O seu perfil político parece que não estava ainda bem delineado. Quando do movimento estudantil de 11 de agosto de 1932, comunicou secamente a Getúlio: "Reacionários aqui acordo alguns oficiais região insuflaram estudantes ocupando Faculdade Medicina pt Cercada escola onde estudantes cortaram fios telégrafo estamos efetuando prisões pt Contam apenas alguns fuzis dinamite pt *Dei prazo entregarem-se findo qual atacarei* pt Nada há que recear". O governante estava todo aí nesse estilo de indisfarçável arrogância e triunfalismo. O político sagaz, maneiroso e simpático, despontaria mais adiante, sem que entretanto a AIB o tivesse alcançado.

Na Bahia, seus aliados principais foram os coronéis que quase todos lhe mereceram confiança e por isso ele lhes entregou o poder local, segundo o afirma em suas *Memórias Provisórias*, deste jeito: "Em minha vida política, apeguei-me aos coronéis que me pareciam os mais adequados e repudiei os que não mereciam a minha confiança. Escoimados estes últimos, que eram poucos, entreguei aos primeiros a responsabilidade da liderança política local" (p. 83).

E os coronéis, enciumados com a sombra que lhes fazia o prestígio crescente do Integralismo, podem ter levado o Chefe do Executivo baiano a abrir luta contra os legionários do Sigma, por sua ousadia em se lhes contrapor *eleitoralmente*.

Parece-me a mais benigna compreensão da mudança repentina do Sr. Juraci Magalhães. Só uma forte pressão, sobre ele, por parte dos coronéis afligidos pelo inesperado surto do eleitorado da AIB, poderia explicar que se convertesse, de uma hora para outra, em perseguidor da AIB o mesmo governante que pouco antes afirmara a Getúlio Vargas que *"a sua orientação doutrinária era pela adoção do integralismo no Brasil"*.

Utilização desleal do Estado de Sítio

O governador da Bahia, influenciado talvez pelos coronéis em pânico, cometeu o erro de encarar a AIB, a partir dos resultados das eleições de janeiro de 1936, como uma oposição cujo progresso deveria impedir. Chegou mesmo a dizê-lo pessoalmente ao eng.º Joaquim Araújo Lima, dirigente estadual da AIB, mas talvez haja ficado surpreso ao ouvir a tranqüila resposta do seu também jovem interlocutor, de que, não obstante a ameaça, seguiria como até ali, a disputar a adesão dos baianos. Também foi somente após esse diálogo que o estado de sítio começou a servir, na Bahia, de instrumento de perseguição política.

A propósito desse emprego incorreto da suspensão de garantias constitucionais, devo recordar que reagi civilizadamente, elaborando, nas férias acadêmicas de São João, uma petição de mandado de segurança com o fim de obter o reconhecimento do direito da AIB de continuar funcionando no Município de Serrinha. Assinou-a o jornalista Braulio Franco, na condição de dirigente local do partido impetrante. O mandado de segurança era uma novidade da Constituição de 1934 e acabava de ser disciplinado em lei de janeiro daquele ano de 1936. Não tinha eu dúvida de que o juiz da Comarca se daria por incompetente, em virtude da suspensão da garantia do direito de reunião. Mas o problema, segundo meu argumento, não era bem esse, pois não estava em causa a comum faculdade de duas ou mais pessoas particulares se reunirem, mas sim *do direito de um Partido Político, registrado no Tribunal Superior Eleitoral, poder cumprir seus fins próprios, continuando a reunir-se em sua sede* e nela exercendo *suas atividades específicas,* tal como acontecia então na própria Capital da República.

Contudo e não obstante elogiosas referências feitas ao impetrante, a sentença invocou o estado de sítio para justificar sua *incompetência.* A repercussão do mandado de segurança em todo o município entretanto foi favorável à AIB, aumentou-lhe o prestígio, valeu enfim por uma indireta vitória política.

Geraldo Rocha denuncia perseguições

No início do segundo semestre de 1936 começaram a pipocar pelo interior do Estado atos de violência contra a AIB.

Os resultados surpreendentes das eleições de janeiro produziam as suas previsíveis conseqüências.

No jornal carioca "A Nota", de 3 de junho de 1936 (peço atenção para as datas a seguir referidas), o empresário Geraldo Rocha por esses atos responsabilizava o Capitão Juraci Magalhães. A 12 do citado mês aquele seu jornal estampava o seguinte telegrama:

> *"Dr. Geraldo Rocha — Redação de A NOTA — Rio de Janeiro — Li artigo ilustre patrício sempre generoso de referência ao meu governo. O único combate que exerço contra o Integralismo é através a minha palavra falado ou escrita.* ***As alegadas perseguições são fantasiosas.*** *Basta dizer-lhe que não existe em todo o território do Estado um integralista preso. Cordiais saudações — Juraci Magalhães".* (Grifei).

Sem embargo de tão enfática contradita, a verdade não era bem assim, como atestam os fatos a seguir sumariamente relatados.

Cinco dias após o telegrama do Governador a Geraldo Rocha, o matutino baiano "O Imparcial" publicava o seguinte telegrama, procedente da cidade de Juazeiro:

> *"Juazeiro, 17 (O Imparcial). O delegado de polícia desta cidade ordenou sem motivo justificativo o fechamento do núcleo integralista*

local, proibindo o uso da camisa-verde e de distintivos do partido."

Ainda no mês de junho de 1936, dia 28, o semanário "O Serrinhense", editado na cidade que lhe deu o nome, estampou longa reportagem, encimada pelos seguintes títulos:

> *"Mais violência contra o sigma. A polícia de TUCANO, armada de fuzil, invadiu a sede do núcleo integralista local. Quem são os responsáveis por tão incríveis arbitrariedades?"*

O texto narrava a cena verificada na semana anterior, quando

> *"A polícia invadiu, armada de fuzil, a sede do núcleo local, desde janeiro transformada em residência familiar, obrigando alguns integralistas que ali ouviam rádio, a retirarem da sala as bandeiras nacional e do sigma, o retrato do Sr. Plínio Salgado e tudo mais que denunciasse a existência da Ação Integralista".*

Estaria o jornal exagerando? Não, não estava. Nessa mesma sua edição saía, em página interna, artigo assinado por Demóstenes Martins, Coletor Federal e dirigente da AIB em Tucano, intitulado *"Ao povo de minha terra — Tucano"*, cujas palavras iniciais a seguir transcrevo:

> *Os tucanenses assistiram na noite de 20 do corrente, a um espetáculo inédito, talvez o primeiro que se leva a efeito nesta terra, tradicionalmente ordeira: — a invasão pela força armada de uma residência familiar, onde se encontravam reunidas algumas pessoas — homens, senhoras e crianças ouvindo músicas e notícias do "broadcasting" nacional — só porque nessa residência existiam duas bandeiras — nacional e do Sigma — um pequeno quadro com o retrato do Sr. Plínio Salgado e uma toalha de brim verde estendida sobre uma mesa.*

Explica a seguir o articulista que desde janeiro de 1936 a casa invadida não era mais a sede do partido. Este deixara de ali funcionar a partir da decretação do estado de sítio, *"por iniciativa espontânea do próprio Demóstenes Martins,* passando de então em diante a ser residência de uma família." (Grifos da transcrição).

Todavia — narra ainda Demóstenes — "a invasão foi consumada sem nenhuma forma legal, tanto assim que, inesperadamente, abruptamente, quando se encontrava com outros companheiros e companheiras, em torno da maravilhosa caixa por onde passa o mundo[1], vi diante de mim uma escolta do destacamento local, armada de fuzil, cujo comandante assim falou: 'O Sr. delegado ordena que sejam retirados desta casa bandeiras, quadros, panos verdes, tudo enfim que represente a existência da Ação Integralista Brasileira'".

Mais: o delegado de polícia de Tucano (conta-o Demóstenes) chegou ao ridículo de proibir também o uso de camisas-de-meia de cor verde, as quais, segundo declarou, poderiam parecer "um acinte à autoridade"...

Por fim, ainda no seu artigo assinado, Demóstenes dizia que o vizinho município de Pombal (mais tarde Ribeira do Pombal) nessa mesma ocasião *"já estava em pé de guerra"* e ele, Demóstenes Martins, "se esforçava, também, para não ver sua terra transformada num teatro, em cujo palco se desenrolassem cenas inéditas para nós tucanenses".

Portanto, quem fantasiava não era Geraldo Rocha, e sim o governador da Bahia.

Sendo, como eram, os delegados de polícia dos municípios autoridades sujeitas ao Chefe do poder Executivo Estadual, que os nomeava e demitia, embora, em ambos os casos, o fizesse em regra a pedido dos prefeitos, evidentemente haveria de imputar-se ao governador a responsabilidade política final pelos atos também políticos daqueles agentes públicos. Nenhum delegado de polícia ousaria executar medida grave, como, por exemplo, proibir o funcionamento de um partido político legalmente constituído e em dia com todos os seus deveres ante a Justiça Eleitoral, se não estivesse amparado no seu chefe local e este, por sua vez, não contasse com o apoio pleno do Governador do Estado. A política interiorana obedecia a esse estilo, e ainda hoje obedece.

Daqui a pouco veremos como o governo estadual, ele mesmo, cometeria atos arbitrários na própria Cidade do Salvador. Esse exemplo governamental infeliz gerou funestas conseqüências no interior, pois em Maragogipe, 48 horas depois, o fechamento policial da sede do partido integralista causaria, como veremos, a morte de um jovem trabalhador desarmado.

---

[1] Demóstenes Martins refere-se ao aparelho de rádio *Philips*, pouco antes ali instalado pelo vendedor Waldemar de Araújo Freitas, negociante em Serrinha, conforme também narra o autor do artigo. Radio, como se sabe, ainda era novidade no nordeste baiano ao começar o ano de 1936. Waldemar Freitas, hoje vivendo no Rio de Janeiro com a família, era o único distribuidor, na região, dos aparelhos referidos.

Preso Araújo Lima.
Fechada a AIB na Bahia

Afinal, na madrugada de 2 de setembro de 1936, a polícia estadual prendeu em sua residência o dirigente provincial integralista, engenheiro Joaquim Araújo Lima, e invadiu a sede central da AIB, situada na Ladeira de São Bento, n.º 6, 1.º andar. Eis o que sobre essa violência informou o vespertino "Diário de Notícias", jornal que apoiava o situacionismo baiano: "O núcleo central da Ação Integralista sito à Ladeira de São Bento, foi *cercado e invadido, pelas autoridades,* a 1 hora e 15 minutos de hoje". (Grifei) Mas houve também depredações, e não apenas cerco e invasão. Em seguida a polícia removeu a grande placa externa da sede do partido e selou a sua porta de entrada, levando a chave. Ato idêntico praticou nas sedes partidárias dos bairros de Liberdade, Itapagipe, Calçada, Santo Antônio, Nazaré, Garcia, Rio Vermelho e Barra-Avenida.

Ainda na referida madrugada foram também levados presos de suas casas os oficiais da PM Major João Correia Galvão e Ulisses Pereira, o quintanista de Medicina Walter Aguiar, o comerciante Aloísio Meireles, o funcionário graduado do Banco do Brasil José Esteves Leitão da Silva e os soldados da PM Dermeval Mercês de Sousa, Edward Barros e Rodolfo Freitas Passos, conforme noticiário do órgão situacionista acima referido.

A expectativa acerca de como o governo explicaria a sua façanha crescia hora a hora, até porque era atingida uma organização política registrada na Justiça Eleitoral e que atuava ordeiramente, nos limites estritos das leis vigentes, em todo o País.

Qual não foi a surpresa de quantos se preocupavam com o assunto, quando, cerca de dezesseis horas, o jornal "A Tarde", de 2 de setembro, estampou declarações atribuídas ao Chefe de Polícia, segundo as quais (textualmente) "boatos espalhados nesta Capital" (notem bem: *boatos*) "diziam que os adeptos deste Partido" (referia-se à Ação Integralista Brasileira) "pretendiam levar a efeito um movimento subversivo que estalaria provavelmente no dia 7 ou no dia 15 de setembro". Nunca se soube a razão de ter o Chefe de Polícia escolhido tais datas para a sua imaginária conspiração.

As levianas declarações oficiais vinham seguidas de fotografias do eng.º Joaquim Araújo Lima e da sede principal da AIB. Informava por fim a nota jornalística que se haviam efetuado prisões de integralistas em vários municípios do Estado, sem indicar, porém, quais municípios estariam em causa, nem tampouco a mínima identificação dos detidos.

Ficava, assim, patente que, movido por invencionices, balelas ou zunzunzuns (boatos), que nem sequer ao conhecimento dos freqüentadores da Rua Chile chegaram, o governo baiano trancafiava cidadãos sem ordem judicial nem flagrante ou culpa formada, e depredava bens particulares de uma sociedade civil regularmente constituída. E isso era anunciado publicamente pela própria autoridade presumivelmente responsável pela segurança das pessoas e dos seus bens.

O governador Juraci Magalhães, em carta de 25 de agosto de 1936 a Getúlio Vargas, lhe fazia estas confidências bem pouco democráticas: "Não sou fetichista de regimens. (...) Prefiro, como menos mal dos regimens, a democracia organizada, sem o velho romantismo anacrônico, por permitir uma sedimentação de idéias mais consentânea com os nossos interesses, de evitar maiores choques perniciosos à vida nacional. *Podemos chegar até ao estado totalitário*". (Grifei — (cf. *Minhas Memórias Provisórias*, cit., — p. 275). Mas, no parágrafo anterior, depois de rasgados elogios a Getúlio ("sua sagacidade política, que lhe dá um quase conhecimento antecipado de fatos que se devam desenrolar") e o chama de *o meu chefe*, cuja palavra aguarda *para segui-la*, confidencia-lhe, um tanto enigmaticamente:

> ... *Circunstâncias eventuais me puseram em condições de documentar o propósito integralista da posse* ***violenta*** *do governo, para isso acelerando-se os trabalhos conspiratórios. Não fora a situação íntima que atravesso, esperando ver-me, a qualquer hora, pai pela segunda vez e, certo, iria, pessoalmente, e com a devida reserva, expor-lhe a situação e* ***pedir suas instruções***". (O primeiro grifo é do missivista, o seguinte é meu).

Que "circunstâncias eventuais", isto é, casuais, inesperadas, teriam sido essas, que o Sr. Juraci Magalhães não teve o ânimo de esclarecer ao seu reconhecido *chefe,* sem embargo do propósito que elas a seu ver revelavam?

Já veremos a razão genuína da linguagem contida no trecho acima transcrito da carta de 25 de agosto do governador da Bahia (não esquecer esse dia 25 de agosto de 1936). Não faço conjecturas, mas restabeleço, baseado em fatos, a crônica sumária de um período muito importante da Bahia. Vamos por partes.

Conspiração quimérica

A conspiração resulta necessariamente do concurso de uns que outros aceitam e de todos que abraçam a mesma deliberação.
Rui Barbosa

A bravata policial do Capitão João Facó repercutiu desfavoravelmente ao governo. Como admitir que atrás de um *boato* partisse a autoridade governamental com tamanho ímpeto contra cidadãos civis e militares sem mancha, e contra bens móveis de um partido nacional legalmente constituído?

Além das gratuitas declarações do Chefe de Polícia, ninguém sabia coisa alguma sobre o episódio por ele alardeado. Primo e amigo da confiança pessoal de Araújo Lima, nunca ouvi dele uma palavra acerca de tal conspiração. Nem eu nem nenhum dos meus companheiros mais devotados à expansão da AIB.

Na Assembléia Legislativa, onde o governo contava com maioria folgada, a façanha policial do Sr. Facó ressoou negativamente. Segundo registro do jornal "A Tarde", o deputado Rafael Jambeiro, da bancada autonomista (oposição), dissera, na tribuna, que "devia, como deputado, profligar violências e absurdos praticados pelas autoridades. Declara que foram praticadas depredações, o que não admitia, contra um partido registrado. Protestava contra tais violências e assim esperando que o fizesse toda a Assembléia".

Segundo ainda o citado jornal, o deputado Jambeiro tivera o apoio de seus colegas Junqueira Aires (autonomista), Antônio Balbino (idem) e Nestor Duarte (líder autonomista). "O deputado Nestor Duarte disse que, se houve violência, era injustificável". Aliomar Baleeiro (do PSD governista), embora achando que, com base na Lei de Segurança e no estado de sítio, o governo poderia tomar tais providências, concluiu com estas palavras: "Se entretanto a Polícia quebrara placas e depredara coisas do Integralismo, cometera um excesso reprovável e inútil".

Nenhum deputado aludiu sequer à suposta conspiração anunciada pelo governo. Nem podia, está claro, pois a AIB atuava abertamente, usando sua liberdade política de forma plenamente lícita, à luz do dia. E conspiração era ato contra o qual Plínio Salgado tinha escrito, pouco antes, alguns dos seus melhores artigos em "A OFENSIVA", órgão carioca da AIB.

A tragédia do Frazão

A bem dizer, o ambiente da Assembléia Legislativa da Bahia, desde os seus primeiros meses como Assembléia constituinte, foi bastante compreensivo em relação à AIB, e ficou ainda melhor depois da tragédia do Beco do Frazão (noite de 2 de maio de 1935), quando chuvas torrenciais puseram abaixo vários prédios antigos do Frazão e fizeram correr avalanches de terras das encostas, soterrando um grande número de pessoas (moradores ou não, comerciantes e bombeiros). Uma das mais choradas vítimas foi o Tenente Claudionor Wanderlei, regente da banda de música do Corpo de Bombeiros, a mais popular da cidade. Os integralistas, solidários desde a primeira hora com os que socorriam as vítimas, prestaram-lhes grandes serviços, dia e noite, não raro muitos deles arriscando também a vida. A imprensa, sem discrepância, ressaltou a valiosa colaboração dos rapazes e moças da AIB até serem encerrados os trabalhos de salvamento e sepultados os corpos resgatados. A Assembléia estadual, pela voz de vários de seus membros, elogiou o esforço espontâneo dos integralistas e foi aprovado nesse sentido um voto de louvor.

O deputado Rafael Jambeiro, em sessão do dia 6 de maio, estranhou que a Polícia tivesse ficado indiferente aos trabalhos de remoção de escombros e de socorro em geral — segundo registro feito pelo jornal "A Tarde". Apoiando Jambeiro, falaram os deputados Nestor Duarte, Pinto de Aguiar, Augusto Públio e Dantas Junior.

Os funerais das vítimas da tragédia do Frazão abalaram a cidade. A Banda do 1.º Corpo de Polícia, presente, antecedia centenas de integralistas uniformizados em homenagem à Bahia enlutada. Os ataúdes estavam cobertos com bandeiras brasileiras, e sobre o do maestro Wanderley sobressaíam palmas de flores naturais. Fechavam o préstito turmas de jovens integralistas, tudo conforme nota de "A Tarde".

O Governo muda de tom

No dia 3 de setembro de 1936 o governo do Estado fez publicar no vespertino "Diário de Notícias" o seguinte "comunicado":

"De posse de elementos comprobatórios das atividades subversi-

vas dos integralistas na Bahia, o governo do estado resolveu fechar todos os núcleos propagadores dessa doutrina, agindo severamente contra os que tentaram fazer resistência à ação saneadora das autoridades policiais, na defesa da ordem e do regime".

Como esteve mal assessorado o governador da Bahia na elaboração desse "comunicado", acerca de cujo conteúdo o menos que se pode dizer é isto: contraditório, inconseqüente!

Primeiro, pela palavra do Secretário da Segurança Pública, o governo afirmou textualmente ao vespertino "A Tarde" ter fechado a sede central da AIB e efetuado prisões, porque

"boatos espalhados nesta Capital diziam que os adeptos deste partido pretendiam levar a efeito um movimento subversivo que estalaria provavelmente no dia 7 ou no dia 15 de setembro".

Vinte e quatro horas depois, já não eram *boatos*, mas "elementos comprobatórios" o que havia inspirado sua façanha policial.

É o caso de indagar a benefício da verdade histórica: qual das duas autoridades superiores estava aí alterando o fato em proveito de planos do governo?

Demais, que pessoas teriam sido essas — segundo o "Comunicado", *"que tentaram fazer resistência à ação saneadora das autoridades policiais?"* E qual a forma assumida por essa estranha "tentativa de resistência" de pessoas detidas quando em suas casas dormiam?

O governo do Estado jamais o revelou, silenciando sobre uma vaga "tentativa de resistência", que, se verdadeira, até poderia emprestar alguma plausibilidade à fantasiosa "conspiração integralista", tão do seu agrado.

De que forma se poderia encarar, na época, tudo isso, a não ser como uma armação para confundir a opinião pública? Foi assim que realmente a AIB encarou a conspiração alardeada pelo governo, mas com a qual os jornais independentes ("A Tarde" e "O Imparcial") nem se ocuparam.

Tanto mais razoável é tal indagação quanto é certo que em suas *Memórias Provisórias* o Sr. Juraci Magalhães nem de longe ou vagamente trata (como seria de esperar) do fechamento da AIB e da prisão de seu chefe na Bahia, seguida da de outros companheiros seus, civis e militares[2]. A este episódio, no entanto, conferiu a máxima

[2] Suas memórias agora (1996) publicadas sob o título de *O último tenente*, nenhuma alusão

importância política, levando-o ao conhecimento da Câmara dos Deputados por intermédio do líder de sua bancada e comunicando-o a todos os governadores estaduais, através de uma carta-circular, na qual, aliás, acrescentava uma informação, com licença da palavra, inverídica, segundo adiante refiro.

Se naquela conjuntura houvesse na Bahia segurança pessoal e liberdade, não haja a menor dúvida de que os estudantes integralistas teriam ido ao Largo da Sé para contestar o chefe do governo. No debate oral das nossas idéias, desde que civilizadamente, não temíamos enfrentar auditório algum.

Que "documentos comprobatórios" possuiria o governo baiano acerca (segundo ele) de "atividades subversivas dos integralistas"? Se existiam, por que os não exibiu à imprensa?

Logo mais, ver-se-ia que o governo estadual estava blefando.

Dois dias após a publicação da contraditória nota oficial, o governador recebeu em palácio a reportagem do "Diário de Notícias", mas ainda aí somente para lhe contar já ter em mãos "o fio do plano sinistro dos subversivos da ordem" (textual), prometendo então "exibir na hora oportuna *as provas*" (agora já usava o plural). E que "hora oportuna" seria essa?

Enquanto ela não surgia o governo atacava no varejo.

A 4 de setembro o "Diário de Notícias" narrava o assasínio, em Maragogipe, do jovem Fernando Andrade (20 anos), filho de um operário da fábrica de charutos *Suerdieck*. Segundo versão de testemunhas do homicídio — transmitida pelo citado jornal — a vítima impugnava verbalmente, com outros companheiros, o fechamento da sede de seu partido pelo delegado, tenente Joaquim de Carvalho, à frente de praças embaladas do destacamento local, quando estes dispararam contra o grupo de integralistas, atingindo mortalmente o moço Fernando e ferindo, mais ou menos, dez pessoas (palavras do próprio "Diário de Notícias").

Enquanto tais acontecimentos se verificavam, o governo ainda mantinha o mistério em torno *das provas*, que dizia ter, acerca de um suposto plano de tomada *violenta* (segundo ele) do poder. Os dias se escoavam entretanto sem que tais "provas" fossem exibidas. Dava na vista o intuito do governo de ganhar tempo e obter dividendos eleitorais, com o mistério criado, pois lá pelo sul do País, já estava

---

fazem à fantasiosa conspiração de 1936. Como interpretar tal silêncio do ilustre memorialista senão como sinal de, tantos anos passados, não mais lhe convir voltar a uma estranha "conspiração" anunciada com data certa para explodir?

em começo de ebulição o processo da sucessão presidencial prevista para 3 de janeiro de 1938.

Uma carta polêmica

Afinal, no dia 12 de setembro a montanha paria o rato. Estampavam o "Diário de Notícias" e o "Estado da Bahia" o que ambos diziam ser a "*prova*" (não mais *as provas* plurais prometidas) da façanha atribuída à AIB. *Tratava-se de uma carta que não havia chegado às mãos de seu destinatário,* portanto, fraudulentamente interceptada, e cujo conteúdo indevidamente devassado era em seguida difundido pelo governo estadual. Qual o seu conteúdo? Vamos ver.

De 23 para 24 de agosto de 1936, "ouvindo as badaladas da meia noite no vizinho mosteiro de São Bento", assim começava a epístola *confidencial* (note-se: *confidencial,* isto é, reservada, secreta) que Joaquim Araújo Lima, responsável pela AIB na Bahia, escrevera ao amigo, coestaduano (nascidos em municípios limítrofes) e companheiro Dr. Belmiro Valverde, médico de nomeada na Capital da República, onde fundara e dirigia conhecidíssima e importante Policlínica.

A carta — dizia o remetente — era feita *para aproveitar o portador* (naturalmente, pessoa de sua confiança, mas cuja identidade não ficou conhecida). Quem terá cometido a indignidade de desviá-la?

Deve ter sido interceptada por algum conhecido do emissário, tamanha a rapidez de sua entrega ao Governador, porque concluída na madrugada de 24 de agosto, *horas depois* já estava de posse dela o Sr. Juraci Magalhães.

Tem havido casos análogos por esse Brasil afora. No seu *Diário,* com a data de 21 de abril de 1936 (bem próximo do caso baiano), Getúlio Vargas alude a certas "malandrices do Flores" (o governador gaúcho Flores da Cunha), tais como manobras para afastar o diretor regional dos Correios, porque este (vejam só) "não mais permite a intervenção dele nos assuntos internos da administração, *nem a violação de correspondência que costuma fazer*". (Grifei).

Nesse mesmo ano de 1936 e cinco meses adiante, o Governador Juraci Magalhães beneficiava-se de ato semelhante, com a agravante de abrir e divulgar a missiva interceptada. Até hoje resta o mistério: como terá acontecido tão insidiosa manobra? Agora, graças à revelação de Getúlio, vejo que a violação de correspondência era usual no seu tempo entre homens politicamente poderosos.

No dia 27 de setembro de 1936, novo registro de Vargas no seu

Diário: uma carta que lhe havia enviado o mano caçula Benjamim "não me foi entregue". Até aí, menos mal. Acrescenta, porém, Getúlio: "*Parece que a gente do Flores a apreendeu*".

E essa? Não poderíamos também, com relação à carta de Araújo Lima a Belmiro Valverde, imaginar que *a gente de Juraci a confiscou?* Temos aliás o direito de a tal respeito formular conjecturas, porque o governador da Bahia nunca esclareceu como conseguiu impedir a entrega dessa carta ao seu destinatário. Ele mesmo o diz, em comunicação epistolar a Getúlio Vargas, datada de 25 (*vinte e cinco)* de agosto de 1936, *verbis:* "Meu eminente amigo Presidente Getúlio Vargas: Era propósito meu abster-me de interferir em assuntos de ordem pública, que ultrapassem as fronteiras do estado que governo (...) Ocorre, porém, que circunstâncias eventuais me puseram em condições de documentar o propósito integralista da posse *violenta* do governo, para isso acelerando-se os trabalhos conspiratórios. Não fora a situação íntima que atravesso, esperando ver-me, a qualquer hora, pai pela segunda vez e, certo iria, pessoalmente, e com a devida reserva, expor-lhe a situação e pedir suas instruções". E mais nada escreveu sobre o estranho episódio. (Cf. *Minhas Memórias Provisórias*, cit., p. 275, 2.º parágrafo — o grifo único é do missivista).

Poucas horas depois de entregue ao portador, que deveria levá-la ao Dr. Belmiro Valverde, no Rio de Janeiro, o governador Juraci Magalhães já estava de posse da carta confidencial manuscrita e assinada por Araújo Lima. Só o *fac-símile* dela é que se tornou conhecido dos jornais situacionistas e de pessoas ligadas ao Governador. Graças a esse *fac-símile* pôde ser feita a análise criteriosa da carta a que adiante me reporto.

Que *circunstâncias eventuais* teriam sido essas, acima referidas pelo governador Juraci Magalhães, que lhe possibilitaram apossar-se de letras alheias? Quem terá sido o agente desse ato vergonhoso?

Uma de duas: ou o *portador da carta,* traindo a confiança do remetente, logo após recebê-la para levá-la ao destinatário, entregou-a ao governador, direta ou indiretamente; ou então alguém do governo, conhecendo o emissário da carta, a subtraiu dele, para levá-la ao governador do Estado. Qualquer das hipóteses, desculpe-me o Sr. Juraci Magalhães (vivo, quando escrevo estas notas) poderá deixá-lo desconfortavelmente perante a História.

Não vejo outra alternativa para explicar o fato de o governador ter em mãos uma carta sobrescritada a outrem, *poucas horas depois de sua entrega ao mensageiro* incumbido de conduzi-la ao destinatário, circunstância que a meu ver agrava o ilícito cometido.

Seja como for, há no caso uma evidência de *fraude,* pela qual um dia alguém será moralmente responsabilizado, se já não foi castigado pelo remorso, "um caçador de feras", na definição de conhecido poeta lusitano, autor dos versos de "A Caridade e a Justiça".

A crônica política baiana não me depara, até aqui, precedente igual, e tão reprovável que nem ao seu chefe e amigo Vargas o Sr. Juraci Magalhães quis explicar.

E como reagiu Vargas? No dia 14 de setembro (quando já teria recebido a tantas vezes mencionada carta de 25 de agosto do Sr. Juraci), registra Getúlio: "A atitude de Juraci contra o Integralismo na Bahia está sendo interpretada como ato de benevolência, senão de cumplicidade, com o comunismo. Penso ao contrário, que ele está agindo sinceramente, *mas que foi iludido por manobras comunistas".* (Grifei, Getúlio Vargas, *Diário,* Volume I, 1930-1936, Siciliano/FGV Editora, 1995).

Ao que parece, o presidente da República não conferiu maior importância à comunicação recebida de seu antigo pupilo político. Não deu crédito a interpretações de terceiros. Mas tirou conclusões por própria conta.

Entre 6 e 8 de setembro, quando provavelmente já teria recebido a carta do governador baiano, registra no seu *Diário* apenas o seguinte: "Incidente na Bahia contra os integralistas e repercussão na Câmara, onde se pretende apresentar um projeto dissolvendo-os".

E não mudou de atitude posteriormente, apesar da insistência do governador Juraci Magalhães em tê-lo de seu lado para perseguir o Integralismo em todo o território nacional. O eng.º Araújo Lima já não estava preso e *incomunicável,* em janeiro de 1937, quando o Sr. Juraci Magalhães foi recebido pelo chefe do governo federal e abordou o tema. Getúlio fez no *Diário* de 16 de fevereiro de 1937 o seguinte registro:

> *"Após os despachos e audiências normais, que foram demoradas, recebi o Juraci, queixoso, amargurado, com alegações diversas. Uma das queixas,* ***quase obsessão, é o integralismo. Não contente de persegui-lo na Bahia, com todas as vantagens do estado de guerra, quer que eu faça o mesmo em todo o Brasil".*** (Getúlio Vargas, *Diário,* cit., vol. II, p. 22. Grifei.)

Como se vê, Geraldo Rocha tinha razão. Mas voltemos à carta interceptada e aos seus desdobramentos.

Em 1936, diga-se de passagem, à vista do sistema jurídico vigente, podia-se reputar implicitamente com ele conflitante uma prova obtida de forma ilícita.

Hoje, por expresso texto da Constituição de 1988 (art. 5.º, inciso LXI) *"são inadmissíveis, no processo, as provas obtidas por meios ilícitos"*.

Se a Constituição é a voz do povo, como sinceramente acredito que seja, — eis aí o povo a clamar a imprestabilidade jurídica do que o governador Juraci Magalhães houve por bem classificar como "documento" do propósito integralista da posse *violenta* do governo". (Grifo seu).

Araújo Lima não acusava o governador gratuitamente

Mas esse "propósito" devia estar somente na imaginação do governador da Bahia, pois a carta interceptada não cuidava de conspiração alguma. Continha, sim, uma série de informações dadas, em confiança, por pessoa responsável e preocupada com a situação específica da Bahia ante a expansão comunista. Poucos meses antes houvera no Rio, em Recife e Natal uma sangrenta intentona chefiada por Luís Carlos Prestes. Continha a carta trechos que muito podem ter irritado o governador Juraci. Eis um: "Escusado é dizer que os comunistas gozam de complacência governamental e até de estímulo para novos empreendimentos. Entretanto, sei perfeitamente que o comunismo que nos pode dar trabalho aqui é o comunismo oficial, governamental. Assim, sinto a nossa luta será contra o Governador Juraci Magalhães e sua gente".

Experiente conspirador (ele, sim) de 1930, o governador Juraci Magalhães interpretou essas palavras de Araújo Lima como "conspiração contra o regime". Naturalmente ele, governador, personificaria o regime (apesar daquele "Podemos chegar ao estado totalitário", contido na confidência epistolar de 25.8.36 a Getúlio)...

Araújo Lima, na época, elaborava o plano do loteamento da Pituba, enorme área de propriedade do Sr. Joventino Pereira da Silva. Era pessoa de inatacável probidade, não um maledicente, tanto assim que, preso *incomunicável* durante quase cinco meses na Bahia, nenhum fato desabonador de sua honra pessoal foi apurado pela polícia.

Que o governador contemporizava, era condescendente com comunistas, entre 1936 e 1937, não só Joaquim Araújo Lima o disse, mas o próprio Sr. Juraci Magalhães. em suas *Memórias Provisórias*, recordando a fase de mais intensa atividade da Aliança Nacional Libertadora (sabidamente controlada pelo PC), o governador Juraci Magalhães reconhece não só ter dado "certa liberdade aos comunistas", mas também haver "telegrafado aos prefeitos do São Francisco", pedindo-lhes que recebessem bem o então líder estudantil Carlos Lacerda e demais companheiros de excursão, os quais percorriam a região em campanha supostamente pró candidatura José Américo, mas na realidade a serviço disfarçado de outros objetivos político-ideológicos.

Por amor à História, perante a qual todos temos o compromisso inviolável da verdade, vamos acrescentar um dado à interpretação do episódio da agressividade do governador Juraci Magalhães para com a Ação Integralista Brasileira nos idos de 1936 e 1937.

Talvez tenha ele sido levado a esse comportamento em atenção a possíveis apelos de amigos seus, chefes políticos de municípios onde o Integralismo crescia acima das suas previsões, aumentando o eleitorado alistado e, por último, nas eleições de janeiro de 1936, elegendo prefeitos e vereadores. Tudo indicava que no pleito marcado para 3 de janeiro de 1938 estaria a AIB em condições políticas de fazer uma grande surpresa ao situacionismo baiano, pois além de Partido muito bem organizado em todo o Estado, os seus componentes eram em grande maioria gente moça, de muita convicção e forte apetite para a atuação política.

Como vimos, o governador da Bahia recomendou a prefeitos da região do São Francisco os propagandistas da candidatura José Américo, a quem deviam "receber bem" e dar "toda liberdade". Tratava-se de um grupo jovem liderado por Carlos Lacerda, então militante do Partido Comunista, que, por estar na clandestinidade, não podia manifestar-se senão mascarado (Lacerda viajava incógnito).

No entanto, o próprio Carlos Lacerda veio mais tarde a contar que a sua caravana tinha como "pretexto" a propaganda da candidatura José Américo e combater a de Armando de Sales como reacionária. "Mas, na realidade, o que a gente fazia era uma campanha anti-integralista e, evidente, muito ligeiramente comunista", conclui. (Cf. Carlos Lacerda — *Depoimento* — Ed. Nova Fronteira, 1977, p. 37).

Isso coincidia com os intuitos políticos do governador baiano: dar liberdade aos ativistas do PC e da ANL, ambos clandestinos, e bater duro nos adeptos do Integralismo, com o que afagava a vaidade dos chefes políticos locais que o apoiavam.

Não se trata de devaneio meu. Se, por uma lado, chego a tal conclusão baseado em palavras alheias — entre estas algumas do próprio governador da Bahia —, por outro, tenho a meu favor elemento colhido em obra muito recente de um *brazilianist*, John W. F. Dulles. No seu livro *Carlos Lacerda — A Vida de Um Lutador,* 1.º volume, 1914-1960, Ed. Nova Fronteira, Rio, 1992 (p. 54), revela que ao viajar em 1937 pelo interior da Bahia

> "Carlos achou o movimento integralista *surpreendentemente forte na Bahia,* talvez porque constituísse *a única oposição aos coronéis do sertão, de cujo apoio,* Carlos descobriu, *o governador Juraci Magalhães dependia*". (Grifou-se.)

Detenhamo-nos um instante no trecho acima transcrito, que ilumina muita coisa. A primeira é que em 1936-1937, na Bahia, o Integralismo estava *surpreendentemente forte* (apesar de tudo).

Verdade. Raríssimo o Município onde ele não tinha um núcleo a funcionar ininterrupta e publicamente, com reuniões semanais de debates doutrinários, a portas abertas, muitos mantendo ainda escola gratuita de alfabetização, e todos empenhados em alistar o maior número possível de eleitores, para disputar a esperada sucessão presidencial de 1938.

Essa atividade cívica, absolutamente inédita na vida político-partidária do nosso interior, desagradava seriamente aos chefes locais (coronéis ou não, pois havia prefeitos doutores, com mentalidade de coronéis). Não podiam eles entender por que estudantes, empregados do comércio, rurícolas, modestos servidores públicos, rapazes e moças da sociedade, todos se deixavam fascinar por um sistema de idéias, por uma doutrina. Dessa novidade tinham ciúmes os chefes locais. Eles não entendiam que idéias pudessem libertar pessoas de sua autoridade, que até pouco antes era absoluta, indiscutível. E guardavam lá os seus ressentimentos dos "transviados".

Não era porém uma oposição o que o Integralismo fazia ao cacique municipal, mas uma libertação das pessoas, um divórcio espiritual de sua influência anacrônica, que uma visão nova da vida pública ensejava às jovens gerações. Isso os coronéis não compreendiam e os irritava.

John Foster Dulles observou serem os integralistas os únicos a se lhes oporem e, mais, diz haver Carlos Lacerda descoberto que "*Juraci Magalhães dependia do apoio dos coronéis*". Claro que dependia. O coronel é que conhecia a arte de multiplicar e até "inventar" eleitores. O eleitorado de "cabresto", composto de eleitores cujo título o coronel mantinha consigo até a hora da eleição, era o seu grande patrimônio.

Essa observação do *brazilianist* explica o desembaraço com que a AIB, de uma hora para outra, passou a ser brutalmente hostilizada, no âmbito municipal, pelos fiéis servos dos coronéis, a saber: as autoridades que o governador a pedido deles nomeava (delegados de polícia leigos, delegados escolares, coletores e escrivães de coletorias estaduais, fiscais de rendas, etc.).

Os coronéis passaram a não suportar a concorrência político-eleitoral da AIB, mas a única forma por eles conhecida de combater o movimento de idéias com que se defrontavam era a perseguição policial, administrativa e fiscal. Esta dependia do governador e o governador, por sua vez, dependia dos coronéis (descoberta de Carlos Lacerda, em 1937, segundo revelação do citado escritor norte-americano, estudioso das coisas do Brasil).

Não explicará também esse antifranciscano toma-lá-dá-cá o próprio fechamento da AIB em todo o Estado da Bahia, pela aparente vontade do seu governador? Ou teria ocorrido uma consonância perfeita entre a vontade do governador e a dos mandachuvas locais?

O governador altera fato

Ainda a propósito da interceptação da correspondência particular de Araújo Lima, registro aqui outro pormenor relevante. Em carta-circular a todos os demais governadores, acompanhada de cópia da epístola de Araújo Lima, o governador baiano afirmava fato novo, qual o de ter sido a carta (interceptada) redigida "*em resposta a outra vinda por emissário e determinando o apressamento conspiratório para a irrupção do movimento armado*" (textual). O governador Juraci Magalhães fez tal afirmação baseado em quê? Com certeza, em nada, seja-me permitido logo afirmá-lo.

Araújo Lima não disse que escrevia a Belmiro Valverde *em resposta.* Se não o disse, mas o governador categoricamente o comunicou aos seus colegas de todo o Brasil, então por que nunca exibiu, a quem quer que fosse, essa "outra" (carta) *vinda por emissário*?

Dizia ainda o governador aos seus colegas que a "outra carta vinda por emissário *determinava o apressamento conspiratório para a irrupção do movimento armado*".

Mas isso, se verdadeiro, seria um maravilhoso achado a estabelecer nada menos que o elo faltante e indispensável para autorizar a investigação da existência de outros participantes da suposta conjura.

Sim, porque conspiração tem de ser obra de muitos, e não de apenas duas pessoas, como bem o sabia o experimentado conspirador militar de 1930.

Rui Barbosa também certa feita foi avoadamente acusado de conspirador. O sogro do presidente Hermes da Fonseca — senador Barão de Tefé — chegou mesmo a imputar-lhe a qualidade de Chefe da conspiração causadora do Estado de Sítio de 5 de março de 1911. Mas não disse quais eram os demais membros da presumida conspiração. Daí veio a necessidade que Rui Barbosa sentiu de dar o conceito político-jurídico dessa figura. *A conspiração* — disse no Senado — *resulta necessariamente do concurso das vontades de uns que outros aceitam e de todos que abraçam a mesma deliberação.*

Ora, no caso em exame, *nem dois* sequer chegaram a comunicar-se entre si, visto que a carta *confidencial* enviada por um, residente na Bahia, a outro, que morava no Rio de Janeiro, foi horas mais tarde, desviada de seu destino e entregue a uma terceira pessoa, o governador da Bahia, antagonista do remetente.

O governador Juraci Magalhães teria tido em mãos a prova material de um acerto entre Araújo Lima e Belmiro Valverde, isto é, a carta de um e a resposta do outro? Nesse caso, por que privou a Bahia de conhecê-la? Por que nem a fez juntar aos autos do inquérito policial instaurado contra Araújo Lima? A resposta só pode ser uma: essa "outra" carta nunca existiu. Ou então ela deve ser exibida, ao menos para satisfação da História, e não mais de Araújo Lima e seus honrados companheiros envolvidos nesse episódio, pois quase todos, senão todos eles estão mortos.

Ainda outra informação sobre a carta interceptada. Em 1936 o quintanista de Medicina João de Sousa Pitangueira, moço querido e de bom nome nos círculos universitários de sua época, fez da cópia facsimilar divulgada pela imprensa situacionista um estudo precioso, de que possuo um exemplar oferecido pelo autor, muitos anos depois. Como o *fac-símile* da dita carta, depois de copiado, o governador Juraci mandou publicar no mesmo dia 12 de setembro de 1936 em dois dos três jornais que o apoiavam ("Estado da Bahia" e "Diário de Notícias"), o acadêmico João Pitangueira comparou os dois textos publicados, apurando haver entre o do "Estado da Bahia" e o do "Diário de Notícias" *cerca de trinta pontos de divergência,* entre os quais dois revestidos de gravidade, "pois *mudam profundamente* o sentido das frases". Num deles se lê no "Diário": "a nossa situação *não* é das piores. ..", ao passo que no "Estado" se lê: "a nossa situação é absolutamente das piores". Adiante, onde o "Diário" diz: "... acompanhando a marcha dos comunistas, e *se* eles determinarem o momento do golpe...", o "Estado" consigna: "... e *sem* eles determinarem o momento do golpe". A diferença de sentido entre as duas frases é evidente.

Justamente porque a cópia do *fac-símile* publicado no "Estado da Bahia" continha *erros fundamentais*, o quintanista de Medicina João Pitangueira deixou-o de lado e fez o estudo do texto estampado no "Diário de Notícias", por estar, "salvo poucos senões, de acordo com o texto do original".

Seria interessante saber hoje qual dos dois textos foi o enviado pelo governador Juraci Magalhães aos governadores dos outros estados, atenta a gravidade das divergências apontadas.

Palavras ao vento

Por essas e outras, nenhuma repercussão teve, fora daqui, a infundada denúncia do governador da Bahia.

O que se queria — sem o dizer — era pretexto para interromper brusca e estrondosamente a marcha ascensional da AIB no território baiano e talvez passar adiante a imagem de um governo-líder da campanha contra o Integralismo (nas anunciadas eleições que não houve, isso daria um vistoso "slogan").

A divulgação da missiva de Araújo Lima teve, ao contrário, ressonância favorável ao seu signatário.

Quando o deputado Clemente Mariani, líder da maioria pessedista da Bahia na Câmara Federal, em sessão de 13 de setembro de 1936, a leu ao plenário, ouviu o seguinte aparte do seu colega pelo Rio Grande do Sul, deputado Adalberto Corrêa: "*A carta do Sr. Araújo Lima é um documento honroso para quem a escreveu*".

Também defenderam a AIB e o autor da carta os deputados Osvaldo Lima (PE) e Jeovah Mota (CE), conforme telegramas publicados pelo "Diário de Notícias", órgão insuspeito, uma vez que apoiava o governo estadual.

A imprensa carioca, por seu lado, parece não se haver ocupado do episódio; do contrário os jornais daqui, que sustentavam o situacionismo baiano, teriam a isso aludido.

O concurso dos fatos e circunstâncias que deixo sumariados a bem da verdade, em defesa da memória do eng.º Joaquim Araújo Lima e seus companheiros de prisão arbitrária, bem como da honra do movimento político a que pertenci, leva-me a admitir que a "conspiração integralista" de 1936, na Bahia, pode ter sido uma idéia fixa enfiada na própria cabeça dos seus imaginosos descobridores. E a reação espalhafatosa do governo baiano logo mais ficaria anulada, como veremos adiante.

Contudo, em mim ela ricocheteou. O fato a seguir relembrado mostra como andava perdido o situacionismo baiano da época.

Um secreta no meu encalço

Entre fins de outubro e 15 de novembro de 1936 estive no Rio de Janeiro, em viagem particular, cujos melhores momentos resumi anteriormente.

Aproveitando a oportunidade, como era natural, entrei em contato com integralistas cariocas que conhecia de nome e de trabalhos escritos; visitei Plínio Salgado em seu gabinete da rua Sachet e em sua residência de Botafogo; conheci o Câmara, companheiro muito especial que merecera, em 1935, artigo assinado de Plínio Salgado n'"A Ofensiva" semanal, intitulado *Câmara,* no qual seu perfil humano continha tantas virtudes raras que eu cheguei a imaginar se tratasse apenas de uma figura-símbolo, paradigmática. Mas não: o humilde companheiro Câmara existia mesmo e me abraçou muito efusivamente, quando fomos apresentados. Ouvi uma bela conferência de Gustavo Barroso acerca da *Influência dos Cursos Jurídicos de Olinda e São Paulo na Vida Brasileira.* Participei, como secretário provincial da AIB na Bahia, de reunião de dirigentes nacionais do partido. Fui convidado a falar, e falei, em concorridíssimas sessões públicas dos núcleos da Tijuca, de Catumbi, de Engenho Novo, de Andaraí, da Ilha do Governador (levado até lá por Rômulo Almeida), cercado, por toda parte, de carinhosa simpatia, toda gente a querer informações sobre Araújo Lima e a prisão incomunicável em que estava, havia mais de dois meses, sem flagrante e sem nota de culpa.

❧

Na residência de Plínio comuniquei-lhe que um grupo de companheiros estava planejando, na Bahia, viajar ao Peru para fazer o lançamento do *Manifesto de Outubro* nos Andes. De longe, simpatizávamos com o líder peruano Haya de La Torre e queríamos chegar até lá.

A idéia de tão difícil quão romântica excursão realmente nasceu entre nós, mas não foi adiante, em conseqüência de grave doença que inesperadamente acometeu um componente-chave do grupo e seu maior animador: Nicanor Carvalho. Nicanor sofreu uma hemoptise instantes depois de defender no Tribunal de Justiça da Bahia um *habeas-corpus* para certo companheiro vítima de arbitrariedade policial. Nunca mais pôde exercer o seu magistério (ensinava, em diferentes colégios, mais de dez horas por dia para viver) nem reassumir as tribunas da AIB, onde a sua eloqüência e o seu poder de convencimento deixaram uma indelével lembrança. Foi Nicanor Carvalho quem, em nosso nome — e por insistência minha, que estava sentado ao seu lado — improvisando no seu bom francês, saudou Jacques Maritain no Instituto Geográfico e Histórico da Bahia.

O fato acima teve a seguinte origem. Estávamos na Semana da Asa de outubro de 1936, cujas comemorações assistíamos no Gabinete Português de Leitura, quando nos vieram convocar para, com urgência, darmos número a uma sessão do IGHB, ali perto, que ia começar e estava vazia. Nela o filósofo francês Jacques Maritain, de passagem pela Bahia, em viagem marítima para Buenos Aires, leria, como leu, uma conferência intitulada *Humanismo Integral.* Para lá fomos imediatamente: Adonias Filho, José Mariani, Oldegar Vieira, Werner Nogueira, João Aguiar, Justo Calasans, Barachisio Lisboa, Orlando Monteiro, José Espinheira, eu e outros. Ao terminar Maritain a leitura de seu trabalho, insisti com Nicanor para falar, e ele saudou o filósofo em nome dos integralistas da Bahia. Dizendo-se surpreso e sensibilizado, Maritain agradeceu, e depois ficou entre nós por alguns minutos, antes de voltar para bordo. Nesse momento ele alertou-nos: não esquecêssemos que o homem de idéias deve ter "o espírito duro e o coração doce", como dele ouvi em seu belo idioma.

❧

Fechemos o parêntesis sobre Nicanor Carvalho e nossa frustrada excursão aos Andes.

Regressei do Rio de Janeiro no dia 15 de novembro a bordo do *Almanzorra.* Quarenta e oito horas de viagem, durante as quais — sem sequer desconfiar — fui vigiado por um agente secreto da polícia civil da Bahia. Minhas conversas eram com um grupo de estudantes de teologia, dum Colégio Evangélico do Recife. Mas havia sempre um terceiro indivíduo por perto que às vezes procurava intrometer-se em nosso grupo, trazendo à baila o nome do governador Juraci Magalhães ou de outro auxiliar de seu governo, sem que eu entretanto o acompanhasse em tais alusões. Quando porém o navio transpôs a barra e apreciávamos o original casario da Cidade Alta, ele aproximou-se e perguntou-me, apontando para um certo ponto do bairro de Santo Antônio: "Sabe o que fica ali?" A indagação era vaga, respondi negativamente, e ele acrescentou: "A Casa de Detenção". Fiz-me de desentendido, mas tive aí a certeza de que o indivíduo era um policial. O sujeito — viria eu logo mais a sabê-lo — chamava-se *Rubens*.

Mal o *Almanzorra* atracou fui abordado por outros indivíduos acabados de entrar a bordo. O tal Rubens estava por perto. Com eles tive de ir ao camarote, donde fizeram vir minha bagagem para o portaló, onde, em presença de estupefactos passageiros e tripulantes, a abriram e remexeram tudo. Uma cena ridícula. Em seguida me conduziram de carro para um sobrado quase fronteiro à Secretaria de Polícia, onde funcionava uma delegacia. Ali se achava preso o eng.º Joaquim Araújo Lima, fazia mais de dois meses. Eram mais ou menos 20 horas. Não me falaram sequer em refeição, não me apontaram cama para dormir.

Passei a noite sobre uma mesa, numa varanda, quase a céu aberto. Na manhã seguinte conduziram-me num carro-transporte de policiais ao gabinete do Delegado Auxiliar, Capitão Hanequim Dantas, situado nas Mercês, num sobrado que posteriormente foi sede do Instituto Mauá. O titular recebeu-me de cara fechada, sem casaco, revólver na cinta. Na sua sala estavam dois oficiais da PM, também ostensivamente armados, de pé, perto da escrivaninha do delegado auxiliar. E começou o interrogatório. Em resumo: o Capitão Hanequim queria saber onde ficava, no Rio de Janeiro, *o arsenal da Ação Integralista Brasileira* (textual). Indagou-me isto com voz enérgica, encarando-me com aparente indignação. Neguei, está claro. Hanequim irritou-se: "Você não me engana. Eu sou mau; eu lhe tiro o couro !". Mantive a resposta negativa.

Eis aí a razão da minha suspeita de estar, naquela época, o governo estadual com a idéia fixa de uma conspiração da AIB.

Desviei-me das *forcas caudinas* em que aquela autoridade tentou enredar-me, mesmo porque não havia resposta possível para a sua destemperada curiosidade. Nessa altura, fez ele entrar o secreta do *Almanzorra*, interpelou-o sobre o meu comportamento a bordo, o tal Rubens informou que eu "não atacara nem ao Capitão Hanequim nem ao Governador Juraci". Ao deixar o gabinete de seu superior e ao passar por mim, o policial ainda me disse baixinho: "Me desculpe, eu estava cumprindo o meu dever". Hanequim quis ainda saber que cargo eu exercia. Respondi: "Sou estudante de Direito". Aconteceu o inesperado. O Capitão Hanequim — que aliás 25 anos depois seria meu colega na Câmara dos Deputados — mudou completamente a maneira de tratar-me. "Como é que você, um estudante de Direito, combate Juraci !?" E mandou que me libertassem, com bagagem e tudo. O vespertino "O Estado da Bahia", inconformado, ainda instigou o governo a voltar a prender-me, para me fazer revelar onde ficava o "arsenal da AIB", mas não aconteceu mais nada e assim pude, já aprovado nas matérias do quarto ano, ir gozar minhas últimas férias acadêmicas de verão.

VII

A AIB acredita nas regras do jogo democrático

Sumário: Criador tentado pela criatura — Onde se identifica uma contradição — Princípio do fim de um governo — Comício no Largo da Sé — Homenagem a Gustavo Barroso — Excursões pelo interior — Em Santo Amaro — Reginaldo Cardoso Ribeiro

Criador tentado pela criatura

Na primeira fase de sua administração, como interventor federal,o Tenente e depois Capitão Juraci Magalhães era um delegado de Getúlio Vargas na Bahia. Mas esse seu *status* de subordinação imediata cessou em agosto de 1935, quando a Assembléia Constituinte baiana o elegeu governador do Estado para o quatriênio de 1935 a 1939.

Uma vez governador eleito, como era natural, o Sr. Juraci Magalhães fez por onde crescer politicamente no âmbito estadual.

Como governador, entretanto, por influência talvez de sua formação militar, continuou a dar a Getúlio Vargas tratamento de *chefe*. Sua correspondência com o já também indiretamente eleito presidente Getúlio Vargas prova o que digo (Cf. Juraci Magalhães — *Minhas Memórias Provisórias*, p. 267, 276), quando sobejamente sabido é que, em política também, o vocábulo *Chefe* cabe a individualidades que comandam, dirigem, dão ordens ou se impõem naturalmente aos seus seguidores. S. Exa. não considerava, portanto, devidamente a condição constitucional autônoma do Estado da Bahia.

Em carta posterior à vitória do governo federal sobre a Intentona Comunista de 27 de novembro de 1935, assim falava a Getúlio Vargas: "... Depois dos lamentáveis acontecimentos em que, graças à serena energia e à firme decisão de sua bravura pessoal, a Nação brasileira sobrevive à onda de anarquia que tentou garroteá-la, é a primeira vez que escrevo a Vossa Excelência. Daí renovar-lhe a expressão do *meu entusiasmo por sentir-me chefiado* por quem tem realmente méritos para orientar e dirigir homens livres e conscientes, identificados com Vossa Excelência", etc... (Grifei.)

A 8 de fevereiro de 1936, a propósito de um certo acordo político entre correligionários do governador gaúcho, critica o "açodamento" com que se procura cuidar do problema da sucessão de Getúlio na Presidência da República. Era um afago às notórias pretensões continuistas de Vargas.

Insatisfeito com a barretada, antecipou-se a garantir a Getúlio um apoio não correspondente ao sentimento médio dos baianos, ao afirmar-lhe: "Vossa Excelência contará, *indiscutivelmente*, com *o apoio da Bahia. Será um modesto 'pião' que Vossa Excelência*, com o patriotismo e a inteligência habituais, *movimentará*", etc., reduzindo assim a *autonomia política estadual* a um simples brinquedo movido por outrem à distância. (Grifei.)[1]

Não obstante ter figurado entre os apoiadores do movimento revolucionário vitorioso em outubro de 1930, cuja motivação inicial básica foi, sabidamente, a intransigência do presidente da República em controlar pessoalmente a escolha e a eleição do candidato à sua própria sucessão, — o governador Juraci Magalhães achava que Getúlio Vargas devia repetir a façanha antidemocrática de Washington Luís, quanto à escolha do candidato para sucedê-lo em janeiro de 1938. Nessa carta de 8.2.1936, tão cheia de gabos à sagacidade política de Vargas, dizia ainda:

> "*Penso*, e assim também julgarão todos os que realmente querem o bem do Brasil, *que Vossa Excelência deveria ser o árbitro da oportunidade de ser posto o problema em equação e o encaminhador natural das demarches*, em cuja sua palavra (*sic*) *seria o rumo da solução a adotar-se*". (Grifei.)

Dessa forma punha de lado, como algo imprestável, uma das idéias-forças da chamada *Revolução de 30*. Washington Luís, porém, foi deposto e exilado exatamente porque pretendeu ser a autoridade de sua sucessão. Note-se ainda o exagero do governador da Bahia ao afirmar que, tal como *ele pensava* sobre esse problema, "*assim também julgarão todos os que realmente querem o bem do Brasil*".

Não era tanto assim. Otávio Mangabeira, Nestor Duarte, Simões Filho, João Mendes da Costa Filho, Aliomar Baleeiro — para designar apenas alguns dos mais atuantes políticos baianos daquela época —, tinham opinião diversa, e no entanto *queriam o bem do Brasil*. Fora da Bahia, milhares e milhares de outros patriotas não admitiam tam-

[1] Cf. Juraci Magalhães, *Minhas memórias provisórias*, p. 272-3.

bém que o governante em exercício decidisse soberanamente sobre a escolha de seu sucessor, por ser isso manifestação de exacerbado autoritarismo.

Plínio Salgado, por exemplo, como adiante mostrarei, saiu democraticamente candidato à sucessão frustra de Vargas, *mediante escolha plebiscitária realizada pela coletividade do seu partido, em todos os Estados do Brasil.*

Demais, percebe-se que o governador da Bahia, ainda na sobredita carta de 8 de fevereiro de 1936, incidia numa pequena contradição. De fato, após manifestar-se, como vimos na transcrição supra, tão convicto da necessidade de ser Getúlio o juiz da definição do seu sucessor, mais abaixo desvela o próprio jogo. Ele, governador, é que se presumia em condições de guiar Getúlio no caminho certo, segundo suas palavras o revelam. Num impulso inicial de superestimação da própria obra administrativa, como que dá o perfil do candidato possível, quando diz:

> *"Para lhe falar com a necessária e costumeira sinceridade, devo dizer-lhe que a consagração política de minha obra de governo seria vossa Excelência encaminhar sua sucessão para um nome de político baiano que também fosse nacional".*

Nada modesta a idéia de pretender que o astucioso, o insondável Getúlio aceitasse o papel de mero indicador de um político baiano para ocupar a presidência da República em 1938.

Também não soava lá muito democraticamente isso de sobrepor a opinião de Vargas à dos partidos teoricamente responsáveis pela designação de candidaturas a postos eletivos. Ao contrário, manobras de natureza tal fortaleciam os planos getulianos e perturbavam o processo normal da campanha da sucessão presidencial.

Onde se identifica uma contradição

O governador Juraci Magalhães gaba-se de nunca haver titubeado "em firmar posição contrária a qualquer interrupção do jogo democrático" (*Memórias Provisórias*, cit., p. 106). Indago: incitar Getúlio Vargas — nem sequer ainda na metade do seu mandato — a assumir o papel de *árbitro da oportunidade de ser posto em equação o problema sucessório* (carta de 8.2.1936), não seria *interromper o jogo democrático?*

Se a política da sucessão presidencial devia caber aos partidos como intermediários entre a sociedade civil e os poderes constitucionalmente instituídos, em nome de que princípio entregar ao presidente da República o destino do processo de escolha de candidatos? Mas não é só. Narra o Sr. Juraci Magalhães que em junho de 1936 Agamenon Magalhães, dizendo falar em nome de Getúlio Vargas, convidou-o para o golpe parlamentar da prorrogação do mandato do Presidente. E que respondeu o governador Juraci ao getulista Agamenon? Que repudiava aquele projeto ilícito de "interrupção do jogo democrático"? Não. Limitou-se a ponderar-lhe que um "assunto daquela natureza só poderia ser conversado diretamente com o presidente". (*Memórias*, cit., p. 106.) Isso é "firmar posição contrária" ou virtualmente anuir?

Adiante o Sr. Juraci Magalhães refere ter abordado depois, com o próprio Getúlio Vargas, o grave tema, afirmando-lhe então ser contra a prorrogação anunciada por Agamenon. Muito bem. Mas aí entra um novo diálogo seu, algo contraditório, com o ardiloso Vargas. Diz este: "Juraci, essa é uma idéia que eu só poderia aceitar com o consenso de meus amigos. Se você veta, ela está afastada". Retruca o Sr. Juraci: "Não, presidente, não veto; sou contra; mas tenho de fazer uma operação de apendicite, e não custa dizer que não fiquei bom. Renuncio ao governo, e o senhor me substitui por uma pessoa que se identifique com o seu pensamento político".

Vargas não seria o competente político que foi, se aceitasse tão estranha sugestão, porquanto uma vez eleito indiretamente pela Constituinte baiana de 1935 era evidente que, renunciando ao cargo, a sucessão do governador seria necessariamente regulada por norma *constitucional* do Estado.

O episódio, como quer que seja interpretado, aponta o governador Juraci Magalhães declarando-se disposto a um enorme sacrifício, para viabilizar o golpe da prorrogação do mandato presidencial — o que importaria em *interromper o jogo democrático da sucessão.*

Ainda a propósito do auto-elogio de nunca ter "firmado posição contrária ao jogo democrático", sabe-se hoje que o governador da Bahia — um ano após o fato acima rememorado — tentou levar o presidente da República a fazer ao Integralismo uma repressão de âmbito nacional. É o que a 16 de fevereiro de 1937 consigna Getúlio Vargas em seu *Diário*, assim:

> *Após os despachos e audiências normais, que foram demoradas, recebi o Juraci, queixoso, amargurado, com alegações diversas, uma*

das quais, quase obsessão, é o integralismo. Não contente de persegui-lo na Bahia, com todas as vantagens do estado de guerra, quer que eu faça o mesmo em todo o Brasil.

Ora, a AIB, como partido nacional, aceitara as regras do jogo democrático, em relação ao pleito eleitoral previsto para 3 de janeiro de 1938. Antecipando-se a todos os demais partidos, tinha apresentado um *Manifesto Programa,* anunciando nele *o lançamento de uma candidatura integralista às próximas eleições para a Presidência da República* (textual).

Essa candidatura veio de fato a ser escolhida por meio de um *plebiscito nacional,* em maio de 1937.

Perseguir nacionalmente a AIB, partido de existência legal, estruturado em todo o território brasileiro, não significaria porém uma violenta "interrupção do jogo democrático"?

Getúlio Vargas preferiu manobrar a seu jeito, usando, com sagacidade, constância e sutileza, os poderes sabidamente imensos que o regime presidencialista brasileiro sempre colocou à disposição do Chefe do Poder Executivo. Naquele mesmo ano de 1937 ele obteria apoio decisivo — o do Ministro da Guerra — para a consumação do seu plano de *candidato de si mesmo à sucessão de si próprio,* na pitoresca definição de Otávio Mangabeira. Esse apoio da força real, associado ao monstruoso embuste do "Plano Cohen", manipulado pelo espírito sinuoso do Chefe do Estado-Maior do Exército, General Góis Monteiro, é que lhe permitiu criar o Estado Novo.

Vamos a uma das várias evidências desse fato. Conta o então general Eurico Dutra que no dia 16 de setembro de 1937, quando regressava ao Palácio Guanabara, acompanhando o Presidente, de volta de certa cerimônia, "este lhe comunica que tinha alguma coisa a dizer-lhe". Essa "coisa" foi pelo próprio general Dutra narrada no seu *diário* de 18 de setembro, nos seguintes termos:

Introduzido ao seu Gabinete passou ele a tratar, logo, da situação política do momento. Declarou que ia falar a mim abertamente sobre o seu pensamento, o que pela primeira vez o fazia. Começou se referindo ao malogro da tentativa de Valadares no sentido de uma revisão da Constituição que permitisse uma prorrogação do mandato presidencial. (...) Disse-me que a candidatura José Américo entrou em franca decomposição, sendo assim quase certa a vitória de Armando de Salles. À vista disso, e depois de uma longa argumentação a favor de uma reforma geral da Constituição, julga que devemos reagir con-

tra a situação que se desenha, ***promovendo uma revolução de cima para baixo, isto é, desencadeada pelo próprio Governo.*** *Informou-me que Minas está nesse ponto de vista e pronta para colaborar com ele (Getúlio). Em seguida declarou que o movimento poderia começar pelo Rio Grande.*

Depois de expor suas idéias, interpelou-me se estava disposto a colaborar consigo e que só faria a revolução se contasse com a minha colaboração.

Respondi-lhe que comigo podia contar, mas pelo Exército nada eu podia assegurar. Combinamos mandar chamar o General Daltro para com ele assentar as coisas no sul. (Grifei.)

(Cf. Brasil Século Vinte — Marechal Eurico Gaspar Dutra, *O Dever da Verdade*, Nova Fronteira, Rio, 1983, pp. 228/229).

Eis aí como Vargas cativou, com o fim de atingir seus objetivos, o irrestrito apoio pessoal do chefe do Exército, o que tanto lhe bastava para ter a certeza de contar com o próprio Exército, obediente sempre a seu ministro, como efetivamente aconteceu no instante considerado propício pelo ardiloso presidente da República.

Princípio do fim de um governo

No primeiro semestre de 1937, o governador Juraci Magalhães sofreu duas derrotas de repercussão nacional e que muito concorreram para lhe solapar a força política.

A primeira verificou-se em fins de janeiro, quando o corpo jurídico da AIB, no Rio de Janeiro, obteve uma ordem de *habeas corpus* que importava na imediata transferência para a capital da República do engenheiro Araújo Lima e demais integralistas com ele presos quando do fechamento dos núcleos da AIB na Bahia, cerca de cinco meses antes.

Desmoronava assim o possível plano político de mantê-los aqui a mofar na prisão, por tempo indefinido, enquanto se enfunavam as velas da sucessão presidencial, em que o governador do Estado talvez imaginasse figurar como grande-eleitor.

Mais ainda. Pouco depois de transferidos, o órgão de cúpula da Justiça Militar restituiu à liberdade os prisioneiros integralistas. Foi um triunfo da verdade, que colocava mal o situacionismo baiano.

A outra derrota do governador Juraci Magalhães, naquela circunstância, consistiu na reabertura dos núcleos da AIB e na conseqüente recuperação de sua completa liberdade de agir, por decisão do Tribunal Superior Eleitoral, em junho de 1937. Logo a seguir, a candidatura presidencial de Plínio Salgado ganhava as ruas, sem embargo do silêncio intencional da maioria dos jornais sobre ela.

Enganavam-se, por desinformação ou má-fé, os que propalavam ter surgido "inesperadamente" a candidatura de Plínio Salgado. Nada mais falso. Ao contrário, ela resultou, não de conchavos nem muito menos da vontade deliberativa de minorias privilegiadas, ou de grupos poderosos, mas de uma consulta direta à coletividade partidária, através de um *plebiscito,* realizado no dia 23 de maio de 1937, em todos os seus núcleos municipais existentes no Brasil. Poderíamos, dali em diante, recomendá-la ostensivamente, às escâncaras, segundo o nosso estilo, e iríamos fazê-lo, como efetivamente o fizemos, até que fomos surpreendidos pelo golpe de 10 de novembro.

Ao produzir, décadas mais tarde, suas memórias definitivas (*O Último Tenente*, Ed. Record, 1996, 2.ª ed., Rio, p. 180), o Sr. Juraci Magalhães reconhece: *Plínio Salgado, com o apoio da Ação Integralista, parecia um candidato importante no seu setor.*

Comício no Largo da Sé

> *Jogar pedra e ovo não é democracia, é esculhambação. Nossa única via para a maturidade política é a solidificação e acato de suas instituições.*
>
> João Ubaldo Ribeiro
> *Espantos Dominicais* — crônica de 28. 5.1995

Uma vez recuperada a liberdade de atuação política, a AIB, em fins de junho, marcou dia e hora para um comício no Largo da Sé. Estava no exercício de um direito político.

Qual não foi o nosso pasmo ao lermos, nos jornais matutinos, um aviso do Chefe de Polícia, prevenindo a população de possível risco de vida para quem se aproximasse daquele local do centro da cidade na hora do esperado comício. Que façanha extraordinária do capitão Facó ! E que contraditório alarma. Ao invés de cumprir o dever de garantir a ordem pública, a máxima autoridade policial do Estado assumia o encargo de atemorizar toda gente e até virtualmente justificar, por antecipação, ou talvez açular, agressões por parte de adversários da AIB. Dantes, nunca tínhamos visto na Bahia tão estranha ocorrência. A nota do Sr. João Facó — auxiliar da notória confiança do governador — atingiu parte do seu objetivo. Intranqüilizou a população em geral e conseqüentemente concorreu para diminuir o público que esperávamos no Largo da Sé. O irmão mais velho de meu pai, homem não político, alertado pelo aviso oficial, compareceu para me dar garantia pessoal, o que muito me comoveu. Ficou junto de mim o tempo todo.

Na hora marcada, chegamos ao Largo da Sé — um grupo formado principalmente de estudantes e mais alguns companheiros de várias profissões, entre estes os Professores Herbert Parentes Fortes e Alexandre Leal Costa, duas personalidades insignes e queridas de todos nós. Aos poucos, foram chegando outras pessoas.

Mal nos encaminhávamos para o centro da ainda pequena praça, estrondeou o barulho de portas de ferro das casas comerciais da área, que se fechavam (segundo resultado da nota alarmante do Secretário de Segurança Pública).

Não havia um só policial ali por perto. Reunidos no meio do Largo — éramos uns duzentos ou pouco mais — íamos dar começo ao comício, usando, para isso, uma tribuna improvisada. Ao assomar o primeiro orador, sobre ele lançaram pedradas. As pedras surgiam de invisíveis pontos, talvez de janelas de certos sobrados. O orador, imperturbável, falou como se estivesse ante uma multidão, e as pedradas cessaram. Vi, de relance, entre os agressores, um velho amigo, colega desde os tempos do Vieira e de classe na Faculdade, tomando parte naquela triste cena. Quando chegou a minha vez de falar, atiraram-me grãos de milho, de que me aproveitei para formular uma imagem literária acerca do poder proliferante dos cereais lançados em solo fértil.

Quando demos por findo aquele ato, que celebrava a nossa *rentrée* na atividade política baiana, após dez meses de proibições impostas pelo governo do Estado, saímos todos a passo lento, pela Rua da Misericórdia, cantando o Hino Nacional, até a Ladeira de São Bento n.º 6, sede central reaberta da AIB, onde nos dispersamos, contentes do resultado obtido.

Homenagem a Gustavo Barroso

Uma ou duas semanas mais tarde, realizamos calorosa manifestação pública a Gustavo Barroso, quando de sua passagem pela Bahia. O jornal "A Tarde" de 13 de julho de 1937 publicou, em sua segunda página, a seguinte nota, precedida de dois títulos:

"Passou para o Norte o Sr. Gustavo Barroso — Uma manifestação integralista no caes" (títulos). — "Viajando no "Itanagé", que amanheceu hoje em nosso porto, passou pela Bahia o Dr. Gustavo Barroso, membro da Academia Brasileira de Letras e Secretário de Educação Física e Cívica da Ação Integralista Brasileira.

Em ligeira palestra com a nossa reportagem, o Sr. Gustavo Barroso declinou o fim de sua viagem ao Ceará e demais estados no norte que é o de intensificar o movimento pró-Integralismo e fazer propaganda da candidatura Plínio Salgado à futura presidência da República.

No 4.° armazém, onde atracou o "Itanagé", grande número de integralistas aguardavam o Sr. Gustavo Barroso, a quem pretendiam festejar durante a estada neste porto".

Correta a breve nota do então vespertino baiano. Éramos, seguramente, uns quinhentos companheiros, entre rapazes e moças, naquela manhã, a aguardar o desembarque de Gustavo Barroso. Ele desceu do navio, de camisa verde, casaco no braço, e, tendo dispensado transporte, assim rumou conosco, a pé, até São Pedro, onde ficava a residência do Dr. Vítor Hugo Aranha, sucessor de Araújo Lima na chefia baiana da AIB.

É fácil imaginar o entusiasmo com que prestamos aquela homenagem ao nosso insigne companheiro, diretor do Museu Histórico Nacional, Acadêmico notável pela sua cultura literária, escritor consagrado de muitos livros. Ele ia à nossa frente, feliz de ver a vibração espontânea de uma juventude que tinha tomado posição nítida na política brasileira.

Nesse dia aconteceu que, pela primeira vez, vi uma jovem que muito me impressionou. Dali a pouco teríamos de receber Barroso na sede de um dos nossos departamentos, na Rua Guedes de Brito. Lá estava ela, de pé, cercada de possíveis admiradores. Fiz-lhe chegar uma cadeira para descansar. Foi só.

Encarregado então de saudar Barroso, abreviei a tarefa, pois havia natural ansiedade de ouvi-lo. Alto, forte, com "sua estampa de belo homem e de escritor poderoso e tipicamente nacional" e a "sua palavra fluente, cheia, combativa", conforme dele disse Tristão de Ataíde, fez Barroso um breve e bonito discurso, sem esquecer de dizer que tinha "despido o fardão da Academia Brasileira de Letras para envergar a Camisa Verde do Sigma".

Muitos assistentes, dado o pequeno espaço da sala onde o homenageado foi recebido, tiveram de ficar do lado de fora, fechando praticamente a rua. Os motorneiros dos bondes, momentaneamente impedidos de passar, acionavam fortemente as sinetas dos veículos, a pedir a desobstrução dos trilhos. Alertado pelo ruído, Barroso veio então à janela do modesto prédio e, dirigindo-se a todos, disse: "Companheiros, nós estamos hoje aqui interrompendo o trânsito de uma cidade. Amanhã interromperemos o trânsito de uma Civilização!" A vibração popular despertada por essa imagem do grande orador ecoou em toda a área da Sé.

Do almoço oferecido pelo Dr. Vítor Hugo Aranha participei e então ouvi que todos os convidados para aquela refeição o estavam também para o jantar, em casa de um correligionário, alguém cujo nome me era desconhecido: Antônio Ferreira da Silva, mas a quem dali em diante fiquei afetuosamente vinculado até sua morte em 1965.

À tarde, Barroso falou no Departamento Feminino da AIB, na Piedade. Cansado, e tendo ainda de trabalhar à noite no "Imparcial", resolvi ir para casa. Ao escurecer, apareceu Oldegar Vieira a chamar-me para o jantar. Resisti. Mas, ante a sua insistência, tive de segui-lo. Era no Parque de Nazaré, n.º 14, a casa do anfitrião, cuja ampla parte térrea estava toda iluminada. Fomos os primeiros a chegar e quem nos recebeu — ora vejam só as coincidências da vida — foi aquela elegante jovem que tanto me havia impressionado pela manhã. À mesa éramos, se bem me lembro, Gustavo Barroso, Vítor Hugo Aranha, Herbert Parentes Fortes, Alexandre Leal Costa, João Alves dos Santos, Renato Mesquita, José Santos Pereira, Edístio Pondé, Euvaldo Caldas, José Espinheira, o dono da casa, Oldegar e eu. A filha do Sr. Ferreira movimentava-se a supervisionar o serviço, mas parece que me concedendo atenção especial, vindo mais de uma vez perguntar-me algo. Depois do jantar, passamos a outra sala, para o café. E aí Gustavo Barroso me perguntou: "Aquilo é namoro, não é?" Apenas sorri. Não o era, *ainda*. Momento lindo de minha simples biografia. Mas Barroso acertou. Com aquela jovem eu me casaria em julho de 1942.

Às onze horas da noite, levamos de volta o nosso preclaro visitante ao "Itanagé". De lá, rumei para as minhas obrigações no "Imparcial", bravo matutino em que servi ao longo do ano de 1937, sucedendo, a seu pedido, a Floriano Mendonça, que ia para Cruz das Almas terminar o curso de Agronomia.

Sem demora, assentamos voltar a Tucano, onde pudemos ver que aquela atmosfera quase lírica de dois anos atrás, quando da implantação da AIB, não existia mais. Éramos lá agora politicamente majoritários (as próximas eleições iriam mostrá-lo), o que aumentava os perigosos ciúmes dos seus antigos chefes políticos e dos de outros municípios onde havíamos crescido, em vez de minguar, com as perseguições do governo estadual.

Fui com Waldir Almeida, quintanista de Medicina, rapaz alegre, comunicativo, corajoso, num Ford V8 novinho, oferecido por companheiro, também estudante.

Tivemos calorosa acolhida em Tucano. À sessão da noite compareceu numeroso público, mas, em certo momento, atiraram de longe, não se soube quem, uma pedra para dentro do salão. Entretanto, continuamos os trabalhos, imperturbavelmente. Cessado o ofício cívico, inteiramo-nos dos boatos. Boato é assim mesmo, a gente considera indigno de crédito, mas fica de sobreaviso. Um dos tais dizia: "O Ford V8 dos integralistas não sairá da cidade como entrou", a saber, com a bandeirinha azul e branca a tremular presa a uma antena. De manhã cedo, antes da partida, decidi, precavidamente, procurar o Dr. Teotônio Martins, que estava acamado, mas mesmo assim teve a gentileza de me receber. Disse-lhe, mais ou menos, isto: "Dr. Teotônio, estamos aqui em missão política, mas de paz, não de briga. Vi, há pouco, em frente ao quartel do destacamento, soldados portando fuzis, pertinho da rua por onde temos de passar a caminho da rodovia." A seguir, dei-lhe a versão intimidatória que circulava pela cidade, e pedi suas providências, porque — acentuei — "o nosso carro vai de fato sair com a flâmula do Sigma". O Dr. Teotônio, está claro, disse não acreditar no boato, mas ficou ciente dele, se é que já o não conhecia, e do nosso propósito.

O Ford V8 estava à porta da casa onde houvera a reunião apedrejada. Dali se descortinava o quadro dos policiais armados. Despedimo-nos; o companheiro tucanense Antônio Ferreira Sobrinho fez questão de nos acompanhar até a saída, de pé, apoiado sobre o estribo do veículo. E então aconteceu o que não estava previsto pelos da terra: antes da partida do carro, acionamos-lhe a buzina, que ecoou pelo largo, demos neste uma volta completa e a seguir rumamos na direção dos soldados que estavam sob uma árvore, a dois metros ou pouco mais da estreita rua que tínhamos de atravessar para atingir a rodovia. E não aconteceu nada.

Em Santo Amaro

O 16 de julho de 1937 encontrou-me em Santo Amaro, em companhia de Barachisio Lisboa. Fizemos, de noite, um comício no centro da bela praça local, festejando também o terceiro aniversário da Constituição de 1934 que então ocorria. Pernoitamos em casa da família do nosso companheiro Dr. Eduardo Cerqueira Bião, uma simpática e antiga residência próxima à belíssima Igreja de Nossa Senhora da Purificação.

Além dessa igreja, Santo Amaro tinha coisas de um pitoresco sem igual, como um bondinho puxado por uma parelha de burros e que trafegava pela mais comprida rua da cidade até perto do ponto de embarque e desembarque dos passageiros da Companhia de Navegação Bahiana, prestando assim inestimável serviço à população. Era um veículo verdadeiramente folclórico, talvez o único ainda existente no Brasil, reminiscência dos tempos luxuriantes da imperial cidade de Santo Amaro da Purificação. Havia também um trenzinho quase disneiano, da *Estrada de Ferro Bom Jardim*. Esta ferrovia de bitola estreita e pequeno percurso parece que se destinava mais ao transporte de cana para as usinas de açúcar, mas mantinha também uma composição de minúsculos vagões de passageiros, atrelada à sua pequenina locomotiva, tipo *Maria Fumaça*. Nela viajamos uns poucos quilômetros. Os bondinhos a burro e a cinematográfica ferrovia de Bom Jardim como que antecipavam as maravilhas da Disneylândia de hoje.

Reginaldo Cardoso Ribeiro

Para Barachisio, tudo aquilo foi uma surpresa, mas eu já sabia da existência de tais preciosidades históricas, pois uma parte do ramo materno de minha família fixou-se em Santo Amaro, no começo do século.

Lá começara a tentar a sorte meu tio Reginaldo Cardoso Ribeiro, irmão de mamãe. Por volta de 1908, foi ele vítima de uma infecção gonocócica que lhe tirou para sempre, e completamente, a visão, aos dezoito anos de idade. Mas não pensem que *seu Rege* (era este o seu apelido) ficou de bengalinha branca por aí. Ao contrário, voltando para a terra natal, partiu resolutamente a conquistar seu lugar ao sol, mesmo carregando uma total cegueira. E entre outras façanhas cometidas ao longo dos 76 anos que bravamente viveu, foi nada menos do que — vejam só — *o fundador da imprensa em sua cidade*. Criou sozinho e manteve dois jornais, em diferentes épocas: o "Jornal de Serrinha", de 1917 a 1920, e "O Serrinhense" (1924-1933). Ele próprio cuidava da redação das matérias, ditando quase tudo a auxiliares espontâneos (enquanto aluno da escola particular da professora Astrogilda Paiva Guimarães, muitas vezes lhe servi eu nesse mister). No seu viver simples, sempre alegre, interessado pelas coisas do mundo, otimista, penso ter sido esse meu tio, a quem presto aqui apagada mas comovida homenagem, um ser humano genuinamente excepcional, pelas belas coisas que construiu graças à sua forte luz interior.

O deputado Rubem Nogueira, no ato de assinatura da Constituição baiana de 02 de agosto de 1947.

No Palácio da Aclamação (agosto de 1947), o Governador recebe a representação da Assembléia Legislativa que lhe ntregou um exemplar da nova Constituição do Estado. À sua esquerda: deputado Antonio Balbino, Oliveira Brito, Rubem Nogueira e Inácio Souza. À direita, deputados Jaime Aires, Nelson Sampaio, Basílio Catalá, Francisco Fernandes e Aziz Maron. De pé, da esquerda para a direita: deputados Jorge Calmon, Reinaldo Moreira, Natham Coutinho, Oscar Teixeira, Gorgonio Araujo, Eduardo Mamede, Cícero Dantas, Pinto de Carvalho, José Mariani, Bião de Cerqueira, Carlos Dantas, José Guimarães e Augusto Publio.

No dia de entrega dos prêmios conferidos aos livros "O Advogado Rui Barbosa" e "História de Rui Barbosa" — o casal Otavio Mangabeira, tendo à sua esquerda o desembargador Sales Muniz e o dr. Raimundo Brito, presidente e membro, respectivamente, da Comissão Julgadora; Rubem Nogueira e seu filho Claudio, e o dr. Renato Bião, Secretário do Governo. À esquerda, Gilka Nogueira e Maria Luisa Nogueira Pedreira, mulher e irmã do premiado (1950).

No Pálacio da Aclamação o Autor agradece os prêmios por seus dois livros sobre Rui Barbosa, no ato entregues pel Governador Otávio Mangabeira, que está entre dois membros da Comissão Julgadora — dr. Raimundo Brito e desembargadc Sales Muniz.

Representantes do Partido de Representação Popular visitam o então candidato ao governo do Estado, eng. Lauro Farani Pedreira de Freitas (1950). À sua esquerda o deputado Eubem Nogueira e Nelson Ribeiro (de Jequié); à direita, o dr. Renato Mesquita, Consultor Jurídico do PRP, e Horiosvaldo Santos (de Serrinha).

Em campanha eleitoral pelo interior do Estado, o Autor e sua mulher, após um comício, em Água Fria (1966)

Em Conquista, 1933 — Os integrantes da caravana acadêmica que viajou pelo Sudoeste baiano. Da esquerda para a direita: Rubem Nogueira, Agostinho Pinheiro, dr. Adriano Bernardes Batista (Delegado Regional), Nathan Coutinho, dr. Dan Moreira Lobão (Juiz de Direito e uma de suas filhinhas), Rômulo Almeida, Ulisses Brito e Sebastião Ramos (Promotor Público)

No Centro de Convenções do Ministério dos Negócios Estrangeiros, em Paris (1979) — durante os trabalhos das representações brasileira e francesa. À direita o Autor, tendo a seu lado o Conselheiro Dilermando Cruz e a doutora Mirtô Fraga. Em frente, M. Jean-Dominique Paolini e demais membros da delegação francesa.

No dia em que assumiu o cargo de Procurador-Geral da Justiça do Estado da Bahia, o Autor ao lado de Gilka, sua mulher.

Grupo de Trabalho no Congresso Interamericano do Ministério Público (São Paulo, 1954).
No centro da primeira fila o representante da Argentina, Miguel Herrera Figueiroa, está com a palavra. À sua esquerda o Autor.

Lisboa, 1968 — na solenidade do V Centenário de Pedro Alvares Cabral, Palácio de Queluz, o Acadêmico Josué Montelo, o deputado Rubem Nogueira, o Acadêmico Pedro Calmon e o Prof. Américo Lacombe

O Autor cercado por seus sete filhos (a contar da esquerda: Claudio, Paula, Gilka Maria, Maria Rosário, Maria Clara, Maria Patrícia e Rubem Junior), na noite em que tomou posse da cadeira nº 35 da Academia de Letras da Bahia (1985).

VIII

A malograda sucessão presidencial de 1938 e o Integralismo

Sumário: A AIB firme na luta sucessória — Pontos básicos do Manifesto-Programa — Escolha plebiscitária do candidato da AIB — Getúlio vitorioso na trama — O golpe

A AIB firme na luta sucessória

Acontecimento da história política brasileira nem sempre fielmente contado é o da campanha eleitoral de 1937.

Até mesmo historiadores profissionais, quando dele tratam, fazem referência apenas às candidaturas de Armando de Sales Oliveira e José Américo de Almeida, sem mencionar a de Plínio Salgado, a não ser para afirmar uma inverdade: que ela surgiu "inesperadamente" ou só teria servido para agravar o processo sucessório. Nada mais falso.

Quanto a pretender-se ter sido Plínio candidato "inesperado" ou "complicador" da frustrada sucessão, soava como genuína patranha manipulada no subsolo da má fé, do sectarismo ou da desinformação, esta última fruto natural do fato sabido de que, em época de eleições, não se lê nada ou se lê só o que a cada interessado convém. O resto inventa-se ou se passa adiante irresponsavelmente, fiado na credulidade das multidões.

O que verdadeiramente aconteceu foi o contrário do que se espalhou então a tal respeito.

Para não perder tempo com figuras menores, limitemo-nos ao Sr. José Maria Belo que na sua *História da República* (1889-1945), (Companhia Editora Nacional, S. Paulo, 1956) incorre no vício dessa omissão, tanto mais censurável quanto o historiador comete o dislate de mencionar uma candidatura que não houve, nem podia legalmente existir: a de Luís Carlos Prestes. É incrível, mas infelizmente está dito no citado livro:

> *"Duas candidaturas acabaram articulando-se: a do Sr. José Américo de Almeida, animada pelas preferências oficiais, e a do Sr. Armando Sales de Oliveira, governador de São Paulo, congregan-*

do a maior parte dos elementos da oposição ao Sr. Getúlio Vargas".

E a seguir:

> *"Os comunistas apresentavam também a do seu chefe, Sr. Luís Carlos Prestes".*

Ora, um historiador do nível do Sr. José Maria Belo não podia desconhecer que em 1937 Luís Carlos Prestes estava *preso e incomunicável* na Capital da República, — situação aliás em que foi mantido durante nove anos (de março de 1936 a março de 1945), nem muito menos ignorar que o Partido Comunista, criado aqui na ilegalidade em 1922, continuava clandestino em 1937. Logo, não poderia absolutamente ter apresentado candidato às eleições gerais marcadas para 3 de janeiro de 1938.

Não esquecer que, diante de tais fatos públicos e notórios, assim procedia um escritor profissional, presumivelmente sujeito ao dever da verdade, em virtude de trabalhar com a História. Imagine-se o que não foram capazes de fazer, com esse mesmo assunto, pessoas habitualmente pouco, nada ou mal informadas das coisas políticas, ou aqueloutras, que por espírito de prevenção, de seita ou por ignorância do objeto em causa, estão sempre inclinadas a falar mal do Integralismo (é tão fácil falar mal de alguém ou de alguma coisa; basta uma pitada de má-fé ou uma boa carga de ignorância).

A Ação Integralista Brasileira antecipou-se a qualquer outro partido político quanto ao necessário para a sucessão presidencial e a eleição que deveria haver a 03 de janeiro de 1938. Que coisa imprescindível era essa? Evidentemente um *programa de governo.* A AIB elaborou o seu, antes de ter candidato à presidência da República, fato inédito no Brasil. Refiro-me ao *Manifesto-Programa*, documento importante do qual pode ser dito que teve seu texto ampla *divulgação muito antes de começar a campanha eleitoral,* pois data de janeiro de 1936. Que eu saiba, nenhum outro partido político envolvido no problema da sucessão de Getulio Vargas produziu em tempo algum nada que se lhe assemelhasse.

Pontos básicos do Manifesto-Programa

A 27 de janeiro de 1936, vejam bem — *dois anos antes* da data prevista para o pleito de 1938 —, em *reunião pública,* realizada na sua sede da Rua Sachet, no Rio de Janeiro, a Ação Integralista Brasileira promulgou o *Manifesto-Programa*, com que pretendia participar das futuras eleições gerais. Afirmava inicialmente esse documento:

> *"... Lançamos à Nação os lineamentos gerais de um programa de governo,* ***pelo qual nos bateremos desde já, como Partido político de âmbito nacional*** *(aliás, o único existente no país), comparecendo a todas as eleições municipais, estaduais e federais* ***e preparando-nos para o lançamento de uma candidatura integralista às próximas eleições para a Presidência da República****".* (Grifos meus.)

O Integralismo, como visto acima, desde cedo tornou público e notório o seu propósito de disputar a eleição presidencial *com candidato próprio.*

O exórdio desse Manifesto, pela significação de seu conteúdo político e doutrinário, merece ser aqui transcrito. Ei-lo:

> *"I — O Integralismo é um movimento que objetiva a felicidade do Povo Brasileiro, dentro da justiça social, dos princípios verdadeiramente democráticos, garantida a intangibilidade dos grupos naturais e assegurada, de maneira definitiva, a grandeza da Pátria que deverá ser elevada ao seu máximo esplendor.*
>
> *"Considerando que justas e irremovíveis são as aspirações do bem estar de cada um; que o Homem, até mesmo para cumprir com seus deveres espirituais, necessita de uma base econômica individual e familiar, sendo-lhe lícito, no próprio cumprimento desses deveres, e de acordo com a sua vocação, temperamento e legítimos desejos, usufruir dos bens oriundos do crescente progresso técnico, aumento e prosperidade da produção nacional; e, verificando que só um fundamento espiritual indestrutível dá ao Estado a consciência do dever e o livre arbítrio, e que somente orientado por essa consciência, o Estado adquire capacidade revolucionária no sentido de interferir no ritmo social e nas atividades econômicas, todas as vezes que se tornar necessário, para restaurar equilíbrios, impedindo que haja exploradores e "explorados"; nós, integralistas, reafirmamos o que já foi estabelecido em publicação oficial anterior, isto é, 'o primado do espiritual sobre o nacional, do nacional sobre o individual'."*

Ao expor o Programa Partidário o *Manifesto* de 1936 anunciava os seguintes compromissos básicos da AIB no plano da organização do Estado: 1) A criação do *Ministério da Economia,* — que só passados quase trinta anos viríamos a ter; 2) A organização de um sistema bancário nacional com um *Banco Central* emissor e uma rede de filiais, a fim de facilitar crédito a todos os produtores grandes e pequenos, em todos os municípios brasileiros, e controlar o meio circulante (Banco Central que somente 28 anos depois teríamos); 3) A revisão dos contratos de empréstimos públicos e dívidas do Estado, nacionais e internacionais; 4) A organização de um sistema de cooperativas de produção, de crédito e de consumo, como complemento dos órgãos sindicais e corporativos; 5) A *nacionalização das minas e quedas d'água, da indústria siderúrgica e da extração do petróleo, da hulha e de outros combustíveis;* 6) A transformação do Ministério da Viação em *Ministério das Comunicações,* abrangendo ferrovias, rodovias, correios e telégrafos, navegação fluvial, de cabotagem e transoceânica; 7) A organização, num único bloco, da navegação comercial; 8) O estabelecimento de um *plano nacional* ferroviário e rodoviário; 9) *A unificação do aparelho de arrecadação de impostos,* que deverá ter um só órgão em cada município, de maneira a facilitar o contribuinte e estabelecer a sua distribuição; suprimir os impostos interestaduais e nacionalizar as tarifas alfandegárias; 10) A *criação do Ministério da Aeronáutica;* 11) A nacionalização das Brigadas Estaduais, que passariam a constituir uma organização homogênea; 12) A *criação do Ministério da Segurança Pública;* 13) O fortalecimento do Poder Judiciário, com a reorganização do aparelho judiciário; atualização de toda a legislação nacional, no sentido de *garantir o predomínio do social sobre o individual,* mantida a unificação do direito substantivo e adjetivo, *dando caráter eminentemente nacional à organização judiciária e a seus órgãos auxiliares,* e assegurando a máxima autonomia ao Poder Judiciário; 14) A criação de uma *Magistratura Especial para o Trabalho* para dirimir as questões surgidas no âmbito da produção, quando não surtisse efeito a obra conciliadora dos órgãos sindicais e cooperativos.

No campo do Sindicalismo e da Justiça Social, o *Programa Partidário* fixava os seguintes pontos: transformação dos sindicatos em órgãos de *direito público,* um para cada ofício, profissão e indústria, com representatividade de toda a categoria, inclusive os não sindicalizados; subordinação dos contratos de trabalho às normas estabelecidas pelas *convenções coletivas de trabalho;* garantir ao trabalhador uma retribuição proporcional à sua contribuição pessoal, *ao lucro auferido pela empresa,* às necessidades da empresa e da economia e às condições indispensáveis ao seu aperfeiçoamento material e espiritual; facilitar ao trabalhador do campo e das cidades a *aquisição da propriedade familiar*, generalizando o *bem de família* pela criação de públicas entidades de *cooperativismo de construção*.

No setor da cultura, a criação do *Ministério das Belas Artes* e de um *Teatro Oficial*. E por aí prosseguia, minudenciando reformas nos demais setores do governo.

O capítulo da "Colaboração da Imprensa com o Estado" é dos mais analíticos, por ser a Imprensa "orientadora da opinião pública, formadora de uma consciência nacional, esclarecedora dos órgãos do governo acerca das questões concretas com as quais ela está em contato permanente". Assim sendo, o governo integralista "assegurará a liberdade à imprensa". Dizia o *Manifesto-Programa*: "Para que um jornal possa ter uma opinião livre, precisa estar a salvo de 'amigo' cujas injunções nem sempre consultam os anseios de liberdade que vibram dentro de uma redação". Adiante: "*O Integralismo condena toda espécie de censura diretamente exercida pelo Governo. (...) Dando auto-direção à Imprensa*, definindo-lhe as responsabilidades perante a Pátria, facultando-lhe poderes de defesa material e moral, confiando-lhe uma missão no estado, *elevando e dignificando o jornalista, cuja profissão será criada com todas as garantias*, o Integralismo realizará uma verdadeira revolução nesse importante setor social".

O *Manifesto-Programa* teve larga difusão, em avulsos, por todo o território nacional e foi divulgado imediatamente pelo diário carioca "A Ofensiva". A revista de cultura *Panorama*, editada em São Paulo e na qual colaboravam escritores de nomeada e estudantes universitários, estampou-o na íntegra no seu n.º 2 do ano 1, fevereiro de 1936, p. 75-86. E a imprensa brasileira em geral deu dele pelo menos uma notícia.

Escolha plebiscitária do candidato da AIB

Por sua vez, existe também prova inequívoca de que a AIB nem tardou nem muito menos agiu "subitamente" quanto à definição do seu candidato, ao contrário, ela valorizou de tal maneira essa definição ao ponto de realizar um *plebiscito* nacional dentro do Partido, para concretizá-la. Haveria mais democrática forma de designação de um candidato?

Em discurso de 30 de maio de 1937 — data do encerramento da consulta plebiscitária, Plínio declarou haver pensado a princípio em consultar os vereadores, prefeitos e deputados eleitos pela AIB, mas, refletindo melhor, concluiu que eles não tinham recebido mandato para isso. "Na verdade, esses vereadores e prefeitos integralistas, na órbita de seus Municípios, em razão dos cargos que ocupavam, poderiam exercer a pressão de seus pontos de vista pessoais sobre os companheiros que deles discordassem" — e por isto abandonou a idéia de um conclave composto de tais elementos, da mesma maneira como pôs de lado a de ouvir, para tal fim, os vários órgãos hierárquicos da AIB.

"Foi assim que, depois de longas meditações, adotei a forma plebiscitária. É a consulta a todos os integralistas do Brasil. Cada camisa-verde sentiu-se ontem e hoje dignificado naquilo que constituiu a base fundamental da nossa doutrina de Estado: *a intangibilidade da pessoa humana e do livre arbítrio de cada um*", disse Plínio na oração com que fez o elogio do plebiscito. Antes da peroração ressaltou:

> *Temos todo o interesse em que as eleições se realizem. Pomos todo o empenho em que a ordem seja respeitada no país. Queremos a paz necessária às lutas eleitorais. Não nos animam quaisquer intuitos de violência. Não estamos ligados a quem quer que seja fora das nossas fileiras. Respeitaremos as autoridades constituídas, como queremos que elas respeitem os nossos légitimos direitos. Sustentamos os nossos direitos dentro da lei e perante a Justiça. Desse caminho não nos apartaremos.*
>
> *A bandeira que desfraldamos é a Bandeira do Brasil.*

Assim nasceu o candidato da AIB à Presidência da República, *oito meses antes da data das eleições.* A parcela do povo brasileiro componente da Ação Integralista Brasileira é que o escolheu, livre e conscientemente, dando-lhe 846.354 votos. (Miguel Reale, então com 26 anos de idade, ficou no 3º lugar entre os votados). Em sua última referência expressa *"à palavra das urnas, em 3 de janeiro de 1938"* — alertou Plínio:

> *A voz dos humildes, o grito dos esquecidos, o clamor dos que foram contrariados nas suas aspirações mais justas, os anseios dos que pensam e sofrem pelo Brasil, as inquietações das famílias diante do fantasma bolchevista, as queixas dos que foram embaídos pelas hipocrisias dos governantes injustos, a aflição dos que temem o esfacelamento da Grande Pátria,* ***tudo isso falará com a maior das surpresas políticas — na apuração das eleições presidenciais.***

Ou se dará isso, ou não terá havido liberdade, sepultada terá sido a democracia, vilipendiadas as leis, rasgada a Carta Constitucional, ridicularizado o Povo Brasileiro. (Ver: *Obras Completas de Plínio Salgado*, vol. 9, p. 181-200.)

Getúlio vitorioso na trama

Nenhum outro candidato terá sido mais direto e claro em apontar a solução eleitoral, e não a do golpe de Estado, que entretanto já estava em silenciosa mas adiantada gestação político-militar, como os fatos dali a pouco revelaram.

Getúlio Vargas, no começo do segundo semestre de 1937, já tinha um sigiloso esquema anti-sucessório solidíssimo, cuja base seria a intervenção federal no Rio Grande do Sul, com a deposição de Flores da Cunha. No seu *Diário* de 18 de setembro de 1937, o general Eurico Dutra conta que, dois dias antes, no gabinete presidencial do Palácio Guanabara, Getúlio Vargas "*interpelou-me se estava disposto a colaborar consigo e que só faria a revolução se contasse com a minha colaboração. Respondi-lhe que comigo podia contar, mas pelo Exército nada eu podia assegurar*"[1].

Já era muito, senão tudo, contar com o apoio do Ministro da Guerra. O resto viria, gradativamente, com a sua cumplicidade, a do Chefe do Estado-Maior do Exército e de vários governadores. As forças provavelmente imbatíveis desse esquema oficial nem de longe queriam a sucessão de Vargas. Getúlio matreiramente acenava com ela, simulava pretender passar o governo ao seu sucessor; no dia 7 de setembro de 1937 chegou a afirmar ser aquela a última vez em que falava à Nação como chefe do Estado. Mas o que realmente quis sempre foi *suceder a si mesmo*, permanecendo no poder por indefinido tempo. Sigilosamente manobrou para isso durante todo o ano de 1937, usando aliados fortes, prestigiosos e dissimulados, como o general Eurico Dutra, o governador Benedito Valadares e o general Góis Monteiro, entre outros de nível semelhante, todos eles detentores de autoridade e poder decisório. Nessa atividade invisível a olho nu e em que Vargas demonstrou ser extremamente hábil, o que ele queria era a continuidade do poder pessoal, incontrastável. E o conseguiu. No seu *Diário* de 26 de agosto, o general Dutra revela

---

[1] Cf. Marechal Eurico Gaspar Dutra: *O dever da verdade*. Edição organizada por Mauro Renault Leite e Novelli Junior, Ed. Nova Fronteira, 1983, p. 228-9.

esse propósito definitivo de Getúlio, que chegou a declarar-lhe que se o Exército viesse a recusar-se a cumprir totalmente ou em parte sua ordem para intervir no Rio Grande do Sul "no sentido de dar cumprimento à decisão do Governo Federal", ele, Getúlio, *renunciaria ao governo.*

(...) "*Seja como for*" — continua o general Dutra — "*acompanharei o Dr. Getúlio,* embora não esteja de acordo com a intervenção no Rio Grande, por não ver que haja motivo para tal". (Cf. Marechal Eurico Gaspar Dutra, *O Dever da Verdade,* cit., p. 222).

E a intervenção federal se executou no Rio Grande do Sul, Flores da Cunha teve de abandonar rapidamente o governo para não ser deposto e preso, e refugiou-se no Uruguai. Daí em diante ninguém mais deteria o avanço continuista de Getúlio Vargas. Ele contava com a força militar, via Ministro da Guerra.

O golpe

Um desfile de cinqüenta mil integralistas no Rio de Janeiro, a 1.º de novembro de 1937, seguido de discurso de Plínio Salgado à noite, pelo rádio, deu-nos a impressão de que naquele momento a Ação Integralista Brasileira devia estar muito apoiada pelo Exército e a Marinha. Mas fomos efetivamente massacrados, e de surpresa.

Conta Plínio Salgado que tomou conhecimento do golpe de 10 de novembro na manhã desse dia, quando os edifícios da Câmara e do Senado já tinham tropas a cercá-los. E, na Bahia, somente de tarde se espalhou a surpreendente notícia. Nenhum de nós imaginara sequer tão drástica solução para a crise nacional. Não achávamos que a resolvesse uma simples mudança de presidente da República, mas queríamos as eleições, preparamo-nos para elas e tínhamos como fato certo que elegeríamos, aqui e noutros Estados, uma boa representação parlamentar. Jamais passou em nossas mentes o pensamento de instaurar no Brasil um regime ditatorial. Nosso sistema de idéias tinha proposta concreta de organização democrática do Estado.

Desconhecíamos, naquela circunstância, o que estaria ocorrendo com a nossa agremiação política no Rio de Janeiro. Acho que lá todos foram, da mesma forma, apanhados de surpresa pela ação vigorosa e rápida de Vargas. Já vinha este de longo tempo tramando tortuosamente — como de sua índole — no sentido de não lhe escapar o poder das mãos. Juraci Magalhães não podia ignorá-lo, desde o almoço festivo de inauguração do novo prédio do Instituto de Cacau, presente Getúlio. Sentado a seu lado, dele próprio ouviu o que a médio prazo pretendia fazer. Superestimando talvez a sua força eleitoral, o governador deixou o tempo correr, embalado pela adulação das esquerdas. Caímos na mesma ocasião, com diferença de poucos dias. Mas enquanto o ex-governador embarcava para o Rio de Janeiro, e lá retomava tranqüilamente a carreira militar interrompida, nós permanecemos por alguns meses na expectativa angustiada de algum acontecimento novo que nos livrasse daquela sufocante situação. Quando ainda desconhecíamos a extensão do golpe, demos ao Interventor Antônio Fernandes Dantas apoio moral (fui um dos oradores a saudá-lo, da sacada do Palácio Rio Branco, ante a multidão que lotava a Praça Municipal, inclusive dezenas de marinheiros de um cruzador da Marinha de Guerra então fundeado no porto da Bahia).

Mas o que queríamos era outra coisa. Nossa esperança era a sobrevivência da AIB, a sua continuidade para a realização dos grandes ideais do *Manifesto de Outubro* e do *Manifesto-Programa*.

Foi a Ação Integralista Brasileira o único Partido a elaborar e oferecer à consideração do povo um vasto programa para o governo do Brasil, se vencesse a eleição prevista para 1938.

Desinformada quanto aos rumos que o nosso movimento tomaria dali para a frente, a AIB ainda acudiu ao convite das novas autoridades estaduais para os festejos do Dia da Bandeira, e organizou um desfile da Praça da Sé ao Campo Grande, para o qual vieram delegações dos mais distantes pontos do interior. Foi como que o seu canto do cisne.

No final de novembro esteve aqui, em missão especial, um dos mais conhecidos membros da direção nacional do Partido, o Professor Francisco Clementino de San Tiago Dantas. Reuniu-se com a direção estadual da AIB para inteirá-la da realidade política nacional. Éramos uns quinze. Serenamente, com o seu falar límpido, de palavras escandidas e frases compassadas, desenhou-nos San Tiago Dantas um quadro acabrunhador da situação do Brasil e dos embaraços da AIB, em particular. Só então nos apercebemos dos planos reais de Vargas. E dali a uma semana todos os partidos políticos foram declarados extintos.

Estavam também presentes dois oficiais superiores do Exército e a certa altura um deles, o Major Bina Machado, nos trouxe um pouco de alento ao dizer, textualmente: "Quem eu sei com quem o

Exército está, é com a Ação Integralista Brasileira". Mas como funcionaria tal solidariedade, não o disse.

Getúlio tinha favorável assessoramento jurídico através de Francisco Campos, autor da Carta outorgada a 10 de novembro e por intermédio de quem Plínio Salgado viera a saber da existência de "*instruções do Komintern*" apreendidas pelo Estado Maior do Exército (V. Hélio Silva, *A Ameaça Vermelha*, p. 162-3). No dia 3 de dezembro de 1937 foi expedido o Decreto de fechamento de todos os partidos políticos. Imediatamente após, a polícia interditou as nossas sedes e proibiu qualquer tipo de atividade política.

No consenso de muitos, ou tomávamos uma atitude imediata ou o tempo tornaria imodificável a nova ordem instituída.

Mas reagir como, se não tínhamos nenhuma experiência de atividade fora da lei, nem elementos materiais adequados para uma ação eficaz? Como diria mais tarde o professor Miguel Reale, a Ação Integralista Brasileira tinha-se preparado para tudo, menos para a tomada violenta do poder.

Com o passar dos dias fomos verificando que nada aconteceria sem o apoio do Exército e da Marinha, onde era considerado grande o número de nossos companheiros. Por fim, convenci-me da inviabilidade de qualquer reação, quando tomei conhecimento do texto da carta enviada por Plínio Salgado a Getúlio Vargas em 28 de janeiro de 1938. Nela Plínio narrava os contatos tidos com Getúlio e Francisco Campos, a pedido de ambos, antes de 10 de novembro de 1937 (fato que ignorávamos), bem como sua reiterada opinião contrária ao projeto de Constituição por aqueles elaborado e submetido a seu juízo, expediente com que fingiam pretender instaurar uma nova ordem jurídica. Nessa carta está contada também a conversa de Getúlio com Plínio pouco depois da implantação do Estado Novo. O texto dela é que me convenceu de ter a AIB perdido, *desde muito antes, a oportunidade de frustrar o plano ditatorial de Vargas*.

Inteirado — nesses encontros — do intuito de Getúlio de dar um golpe de Estado tão só para a instauração do seu poder pessoal sob um simulacro de regime constitucional, o que tudo seria incompatível com a continuidade da existência da AIB, achei naquela ocasião (não hoje, insisto em dizê-lo, mas logo depois da leitura dessa carta) que se Plínio tivesse imediatamente denunciado à Nação o plano de Vargas e conclamado o Exército, a Marinha e o povo a impedir aquela tentativa de mergulhar o Brasil na escuridão de um regime discricionário, teria talvez mudado o curso de nossa história política. Oldegar Vieira sabe disso. Certa noite, circulando no Jardim da Piedade, eu lhe transmiti essa minha forma de encarar a crise naquele momento. E ele concordou comigo.

Mesmo assim, até março, ainda participei dos entendimentos, na Bahia, para uma reação contra o vitorioso golpe de Estado. Oldegar também queria a luta. Viajamos para isso ao interior do Estado. Mas as articulações eram adiadas no Rio de Janeiro, sem que soubéssemos o motivo.

"E tudo despencou como um castelo de cartas. O sonho iria converter-se em pesadelo" (Miguel Reale). Decidi então, uma vez por todas, dar começo ao ciclo profissional de minha vida. Para isso escolhi a cidade de São Jorge dos Ilhéus.

Antes, porém, quero abordar um tema ligado ao fim do período de vida acadêmica, abrangente da luta política pela abortada sucessão de Getúlio Vargas: o chamado "Plano Cohen".

IX

"Plano Cohen": criação de Góis Monteiro

Sumário: Preliminares — Montagem da farsa — O general Góis Monteiro desmente o Governo — Antecedente básico — Inconfidência do general Álvaro Mariante — Manipulação do "Plano Cohen" — Góis Monteiro condecorado pelo governo nazista — Depoimento de Juraci Magalhães

Preliminares

Do turvo episódio político-militar, conhecido pelo cognome de "Plano Cohen", diz o historiador Hélio Silva que foi "*uma das mais monstruosas farsas da História, armada como um dragão de papel, para atemorizar o Congresso e o povo brasileiro, arrancando-lhe a decretação do 'estado de guerra' e propiciando a implantação do Estado Novo no Brasil*". Esta síntese do falso "Plano" está perfeita e contém a verdade inteira.

Contudo, importa saber quem o manipulou. A má-fé de muitos e o desconhecimento da maioria sobre a realidade desse funesto acontecimento respondem pela injusta vinculação dele ao Integralismo, na pessoa de um dos seus antigos militantes, o capitão Olímpio Mourão Filho, quando, ao contrário, foi um embuste, nada mais, arquitetado e posto em prática pelo general Pedro Aurélio de Góis Monteiro.

A sua autoria é um fato que só ficou comprovado, dezoito anos mais tarde, perante o *Conselho de Justificação do Exército*, requerido a 26.XII.1956 ao ministro da Guerra Henrique Batista Dufles Teixeira Lott pelo próprio Olímpio Mourão Filho, quando já Coronel. E isto por dois motivos, a saber: 1.º) A pedido da mulher do próprio Olímpio Mourão Filho, segundo depoimento deste. Achava ela — e neste sentido manifestou-lhe os seus pressentimentos — que, se o marido abrisse a boca sobre esse assunto, seria impiedosamente esmagado pela máquina do todo-poderoso general Góis Monteiro. E Mourão, bem casado, cheio de amor pela mulher, para não a contrariar, nada fez enquanto ela viveu. 2.º) Tendo enviuvado, Mourão imediatamente começou a fazer a classificação das inúmeras entrevistas dadas aos jornais, em 1945, por Góis Monteiro acerca do sinistro "Plano Cohen", a fim de preparar sua defesa pessoal. A essa altura foi despertado pelo livro *O General Góis depõe*, no qual seu nome aparece afinal, e pela primeira vez, como sendo o do oficial integralista responsável pelo suposto "Plano". Este último fato levou o já então coronel Olímpio Mourão Filho a requerer Conselho de Guerra em dezembro de 1956, para se justificar. Ia desvendar-se ali a verdade sobre a autoria do famigerado "Plano".

Caso escabroso, que na própria área militar ficou plenamente clarificado, mas apesar disso infelizmente ainda hoje é referido como da responsabilidade de Olímpio Mourão Filho.

Ao dito *Conselho de Justificação*, composto de um general e dois coronéis, apresentou o justificante defesa escrita e irrefutável prova testemunhal. Além disto, foram tomados os depoimentos do próprio general Góis Monteiro e do seu cúmplice na tramóia, o senador e também general Aguinaldo Caiado de Castro.

Pelo voto concordante de seus três juízes o Conselho considerou *plenamente justificado o coronel Olímpio Mourão Filho, absolveu-o e arquivou o processo.* (Cf. Hélio Silva, *A Ameaça Vermelha — O Plano Cohen*, Porto Alegre, 1980; general Olímpio Mourão Filho, *Memórias — A Verdade de um Revolucionário*, Porto Alegre, 1978; Hélio Silva, 1937 — *Todos os Golpes se Parecem*, Civilização Brasileira, Rio, 1970).

Montagem da farsa

Tendo-me inteirado, faz poucos anos, das fontes autênticas de informação acerca da verdade relativa a esse fato de tão maléfica influência na evolução política brasileira, quero aqui deixar o seu resumo como parte indispensável deste livro, na esperança de que os que me lerem possam formar ou mudar o juízo porventura um dia feito sobre o citado episódio e a personalidade do honrado militar, vítima de sua grosseira deturpação.

Tenho muito presente em minha lembrança a surpresa, digo melhor, o espanto que senti na noite em que escutei pelo rádio a leitura do *comunicado oficial* do governo da República, dando conta ao povo brasileiro da *apreensão, pelo Estado Maior do Exército,* de um documento alarmante, segundo o qual teria *o Partido Comunista Russo* preparado um plano de *assalto violento ao poder em nosso País.* A esse sinistro aviso seguiu-se a leitura das supostas instruções do PC soviético para a subversão da ordem pública brasileira.

Foi isso no dia 30 de setembro de 1937, às 20 horas, ao começar o programa diário da "Hora do Brasil". A nota do Governo, lida pausadamente, dizia o seguinte:

> "O general Francisco José Pinto, *Chefe da Casa Militar da Presidência da República,* comunicou ontem ao Departamento de Propaganda que seria entregue hoje, quinta-feira, a fim de ser divulgado pela Hora do Brasil o texto das *instruções do Komintern para a ação dos seus agentes em nosso país. Essa documentação foi apreendida pelo Estado-Maior do Exército.* A divulgação dessas instruções porá o país a par do *tenebroso plano organizado pelos dirigentes do Partido Comunista Russo,* no qual estão previstos desde depredações e incêndios, até os desrespeitos à honra e aos sentimentos mais íntimos da mulher brasileira". (Grifos meus.)

Para entender bem o papel desempenhado nessa infeliz intrujice pelo general Góis Monteiro, é necessário não perder de vista o conteúdo do comunicado supra da Casa Militar da Presidência da República. Nele se prestam as seguintes informações:

> 1.ª) — *O Estado-Maior do Exército* tinha *apreendido* o texto das instruções do Komintern para a ação dos seus agentes no Brasil;
>
> 2.ª) — Tais instruções continham *tenebroso plano organizado pelo Partido Comunista Russo.*
>
> 3.ª) — *O Chefe da Casa Militar da Presidência da República,* general Francisco José Pinto, *entregou* ao Departamento de Propaganda o *documento apreendido pelo Estado-Maior do Exército,* para ser divulgado naquela noite pela Hora do Brasil.

O Comunicado é de clareza solar. Respeitando-lhe o texto, torna-se impossível tirar dele qualquer conclusão contrária à individualidade do capitão Olímpio Mourão Filho.

É fato histórico ter Getúlio Vargas, com fundamento exclusivo no texto desse comunicado, obtido do Congresso Nacional, nas seguintes *vinte e quatro horas,* autorização legal para decretar, como decretou, o *estado de guerra,* por noventa dias, em todo o território nacional.

Também pertence à História que as supostas instruções do *Komintern* mencionadas no Comunicado oficial jamais foram apresentadas ao Congresso Nacional. Este deliberou com base exclusivamente no próprio texto do Comunicado. E mais: foi na vigência do regime de exceção celeremente instaurado no País que aconteceu a implantação da ditadura do Estado Novo, com a conseqüente extinção de todos os órgãos do Poder Legislativo (federais, estaduais e municipais) e dos Partidos Políticos legalmente constituídos.

Enquanto durou o regime getuliano, absoluto silêncio envolveu esse espantoso assunto. Sobre tal silêncio, nunca violado, rolaram quase oito anos de Estado Novo.

O general Góis Monteiro desmente o governo

Em março de 1945, quando já estava nitidamente definido o desfecho da Segunda Guerra Mundial e o apodrecido Estado Novo não mais intimidava a ninguém, nem muito menos lhe restava defensor algum, antes pelo contrário, dava sinais manifestos de desmoronamento iminente, estava na hora de a tripulação abandonar o navio em perigo. Foi então que o principal artífice da ditadura de 37 na área militar — o general Góis Monteiro, começou a conceder entrevistas à imprensa, a torto e a direito, como era do seu feitio. Numa delas teve o desplante de inventar uma versão nova dos fatos argüidos na nota governamental de 30 de setembro de 1937, *contraditando-a em todos os seus itens.* Eis em resumo o que disse o general, sem justificar nem comprovar nada:

> 1) — O Estado-Maior do Exército não apreendeu coisa alguma, documento nenhum;
>
> 2) — a publicação da nota do Chefe da Casa Militar da Presidência da República a 30 de setembro de 1937 se fez sem a sua indispensável autorização;
>
> 3) — o "plano de ação comunista lhe fora *entregue* por "um oficial do Exército ligado à Ação Integralista Brasileira".

Ficava assim posta de mentirosa a Casa Militar da Presidência da República, por um dos mais notórios aproveitadores do golpe de 10 de novembro de 1937, oito anos depois de ter o famigerado "documento Cohen" produzido quase todos os seus maléficos resultados.

Quase todos, sim, porque faltava um: a implacável perseguição do general Góis Monteiro ao capitão Olímpio Mourão Filho, que levou vinte e seis anos para atingir o generalato, e agora veremos por quê.

Na sua mentirosa fala aos jornais de março de 1945, acima sintetizada, Góis Monteiro *não deu o nome* do oficial do exército que lhe teria de mão beijada "entregue" o "plano de ação comunista".

O Estado Novo vinha a olhos vistos caindo aos pedaços. Getúlio tinha marcado eleições para dezembro de 1945, mas, sigilosamente, através de emissários, confabulava com Luís Carlos Prestes, então encarcerado, para organizar uma nova fórmula de manter-se no poder. O general Dutra tinha assumido a condição de candidato à sucessão presidencial e assim, não havendo mais ninguém interessado em contestar Góis Monteiro, sua versão falsa dos acontecimentos de 1937, que desmentia toda a cúpula militar e civil responsável pela implantação do Estado Novo, se espalhou facilmente.

Aí então o general Góis Monteiro como que se sentiu estimulado a aperfeiçoar a sua sórdida patranha, e, noutra entrevista, com ares de quem pretendia "esclarecer" algo relevante, acrescentou que, um ano depois de lhe *entregar em mãos* o "documento Cohen", o capitão integralista (cuja identidade novamente omitiu) se lhe rojara *aos pés, em lágrimas,* pedindo *perdão* por lhe haver entregue "um documento falso".

Parece irreal tenha podido alguém chegar a mentir com tamanho caradurismo. Mas o general Góis Monteiro chegou. Vejamos como.

Antecedente básico

Um fato histórico que ficou comprovado perante a Justiça Militar atesta que, se não fosse a interferência direta e pessoal do general Pedro Aurélio de Góis Monteiro, jamais teria acontecido o episódio do suposto "Plano Cohen" no Brasil.

De permeio, ocorreu outro fato de conhecimento necessário, relatado pela primeira vez ao tribunal castrense pelo já coronel Olímpio Mourão Filho, o qual esclarece tudo. É o seguinte.

Entre os dias 20 e 22 de agosto de 1937, Plínio Salgado incumbiu seu companheiro de partido, capitão Olímpio Mourão Filho, da elaboração de um estudo acerca de métodos revolucionários, a fim de, com esse material, alertar o pessoal do movimento do Sigma, que a seu ver vivia, naquele período, entretido apenas com a campanha da sucessão presidencial, relaxando o combate ao Comunismo. Plínio achava Mourão um erudito verdadeiro sobre as táticas de ação comunista, e assim apto a orientar seguramente os companheiros. Seu trabalho seria o capítulo II do "Boletim de Informação", órgão partidário de circulação interna.

Mourão Filho elaborou em duas vias o estudo pedido, cujo texto o leitor desta sintética narrativa encontrará transcrito no livro de Hélio Silva, *A Ameaça Vermelha — O Plano Cohen*, cit., pp. 270-284.

Antecipo esta informação, porque se poderá verificar que no trabalho teórico encomendado a Mourão Filho *não há nenhuma referência ao Komintern nem tampouco ao Partido Comunista, quer do Brasil quer da URSS.* Este pormenor é de suma relevância, pois desmascara Góis Monteiro, de plano.

Com surpresa entretanto do autor do trabalho, ao entregá-lo, passados poucos dias, ele ouviu de Plínio: "Mourão, isto não serve. Você vai refundir tudo. O melhor mesmo é fazer outro, com estilo e formato diferentes. Em primeiro lugar, o Capítulo I contém explicações sobre o funcionamento do serviço e não pode ser distribuído às Chefias de Província. Não convém, do mesmo modo, distribuir-lhes somente o Capítulo II. Quanto a este, é demasiado prolixo e, na minha opinião, muito fantasioso. Esta técnica de greve moderna, por exemplo, é inaceitável".

Mourão interveio para dizer que aquela parte do trabalho, sobre greve, a seu juízo interessantíssima, ele traduzira de uma publicação castelhana. Plínio o interrompeu com um gesto e completou seu pensamento: "É fantasia, e isto é nocivo. Nossos homens vão esgrimir contra moinhos de vento e, ao cabo, deixarão de ver realmente o que podem os comunistas fazer. Além disso, o formato de uma espécie de Plano de Ação pode, caindo em mãos alheias, servir de exploração contra nós. Que significa esse 'ass. Cohen'?" (que premonição de Plínio!).

Mourão explicou: por brincadeira tinha posto no fim do rascunho do Capítulo II o nome de *Bela Kun*, comunista húngaro a que no Capítulo I se referira, mas depois, lembrando-se de um dos seus companheiros chamado *Bela Cohen*, riscou o sobrenome *Kun* e adiante escreveu *Cohen*. Mas ao fazer isso o traço pegou o nome *Bela* e o datilógrafo ao passar a limpo o projetado trabalho supôs inteiramente riscado o nome *Bela Kun*, e deixou o nome *Cohen*. Daí apareceu o "Plano *Cohen*". Palavra "Plano" — lembre-se — acrescentada pelo aproveitador do trabalho teórico de Mourão, que já saberemos quem foi.

Plínio devolveu a Mourão a cópia do trabalho feito para seu exame, nela apondo, antes de sua assinatura, as palavras *Não aprovado.* Não esquecer: Plínio rejeitou o estudo pedido a Mourão.

Mourão informa ter a seguir arquivado na sede da AIB a cópia do trabalho com o "não aprovado" de Plínio, retendo a outra em seu poder. e como não gostou da crítica de Plínio ao que fizera, não voltou a escrever novo estudo do mesmo tema. Deu por encerrado o episódio.

Inconfidência do general Álvaro Mariante

Passados poucos dias, o General Álvaro Mariante, vizinho de quarteirão de Mourão Filho, seu padrinho de casamento, amigo e ex-Comandante, militar por quem tinha grande veneração, telefonou-lhe chamando-o para conversar. Alegava estar sozinho e ter necessidade de um diálogo. Mourão atendeu imediatamente, e Mariante ao recebê-lo logo lhe disse estar muito admirado de andarem os integralistas a cuidar só da campanha eleitoral, deixando à vontade a ação comunista. Mourão ficou surpreso com a coincidência da observação inicial de Mariante com a de Plínio, mas retrucou não ser bem assim e para lhe dar uma prova aludiu ao estudo que fizera por solicitação de Plínio. Dito isto, voltou a casa, apanhou a cópia do estudo, que retivera consigo, para mostrar ao velho amigo e chefe militar, a quem respeitava como um pai. Mariante fez questão de ouvir a leitura de todo o longo texto. Ao cabo disse a Mourão: "É preciso que você dê cópia disso ao Góis. Você é oficial do Estado-Maior, ele é seu chefe e você lhe deve dar uma cópia", ao que Mourão retrucou: "Não vejo como, general; trata-se de assunto exclusivamente do interesse do Partido e o general Góis, embora seja meu chefe, nada tem com o Integralismo. Não há nenhuma razão que me conduza a isto. Nem mesmo a de confiança e amizade, pois, como o senhor não ignora, o general não esconde sua profunda antipatia por mim".

Diante de tais afirmações Mariante mudou de assunto. Mourão enrolou as folhas datilografadas de sua cópia e, por já ser tarde da noite, resolveu retirar-se. Ao despedir-se do general, este lhe disse: "Mourão, deixe-me ler isto mais uma vez", ao que Mourão anuiu, mas observando: "General, não deixe ninguém ver isto. É assunto secreto de meu serviço na Ação Integralista". "E assim dizendo", conclui, "estendi-lhe sem grande entusiasmo o rolo de papéis que empunhava".

A partir entretanto desse exato momento Mourão confessa ter desconfiado de seu padrinho de casamento, razão por que, um ou dois dias depois, voltou a ele para pedir a devolução da cópia emprestada, a qual, em casa, queimou folha por folha. Mas no seu íntimo restou a certeza de que, naquele intervalo de 24 ou 48 horas, Mariante, agindo com deslealdade, passara a cópia de seu trabalho às mãos do general Góis Monteiro, seu vizinho de apartamento, morador de um andar acima, no mesmo edifício, e Góis Monteiro mandara reproduzi-la. Foi o que realmente acontecera.

Manipulação do "Plano Cohen"

Precisamente aí começa o torvo episódio muito mais tarde caluniosamente imputado ao capitão Olímpio Mourão Filho.

De fato, em meados de setembro de 1937, conta Mourão ter-lhe dito um colega de corporação que Góis Monteiro havia declarado estar de posse de "um terrível plano de ação comunista" (textual). E eis que na noite de 30 do referido mês de setembro a Nação foi sacudida pelo amedrontador comunicado da Casa Militar da Presidência da República, transcrito no começo deste capítulo.

Mas como a isso se seguiu imediatamente o estado-de-guerra, com a instauração posterior da ditadura "constitucional" do Estado Novo, ninguém falou mais no assunto. Góis Monteiro deve ter ficado com prestígio ainda maior nos altos escalões do governo, como Chefe do Estado-Maior que *apreendeu* o "documento" Cohen, sem o qual, pelo menos naquela ocasião, Getúlio Vargas não teria dado o golpe de Estado que deu.

Conclusão natural a ser tirada: o general Góis Monteiro introduziu na cópia do estudo teórico de Mourão Filho tudo que lhe pareceu necessário para transformá-la num *tenebroso plano de ação do Partido Comunista Russo.* E, para autenticar sua façanha, apresentou-o ao Chefe da Casa Militar da Presidência da República como *apreendido pelo Estado-Maior do Exército.*

Oito anos depois, em 1945, ao voltar da campanha da Itália, Mourão decidiu perguntar ao general Mariante se ele realmente dera a Góes Monteiro a cópia do seu trabalho. Mariante — narra Mourão — *"olhou-me friamente. E não me respondeu"* (*A Ameaça Vermelha,* cit., p.156). Dessa cópia, acrescenta, "apoderou-se o general Góis Monteiro, devido ao deslize do general Mariante, e após alterá-la fez dela uso criminoso. Nada mais é verdade, afora isso, no caso"— afirmou Mourão Filho em sua defesa perante o Conselho de Justificação do Exército, em 1956.

Góis Monteiro ardilosamente convertera o estudo teórico de Mourão Filho em "instruções do *Komintern* para a ação dos seus agentes em nosso país", "em tenebroso plano organizado pelos dirigentes do Partido Comunista russo", em "documentação apreendida pelo Estado-Maior do Exército" — consoante rezava o Comunicado oficial do dia 30 de setembro de 1937.

Só uma alta patente do Exército, Chefe do seu Estado-Maior, militar politicante e tido como eminência parda do governo, teria credibilidade para induzir Exército, Marinha, Governo e Congresso Nacional a aceitar como verdadeiro o "documento" divulgado pela Casa-Militar da Presidência da República.

Por que Góis Monteiro não revelou em outubro de 1937 sua versão posterior ao fato? Por que não disse, em outubro de 1937, que fora enganado por Mourão? Se ele tivesse dito então o que assoalhou a partir de março de 1945, não teria o Congresso Nacional concedido o estado de guerra, nem por conseguinte sofreríamos a ditadura getuliana, de 10 de novembro de 1937 até 29 de outubro de 1945.

E por que Góis Monteiro silenciou? Porque evidentemente tinha de silenciar.

Em História não se admitem palpites. Mas conclusões fundadas são aceitáveis. Peço licença para dar a que me parece mais coerente com os fatos ocorridos.

Góis Monteiro calou porque *tinha de calar*, visto que surgira de suas mãos o texto diferente do elaborado por Mourão Filho, como fórmula condicionadora do Estado Novo. Ao ajeitá-lo a seu novo fim, transformando-o em "Documento Cohen", talvez imaginasse traumatizar a Nação e tornar-se ele próprio o herdeiro do golpe. Mas Getúlio antecipou-se-lhe e levou a melhor, prosseguindo como César. E Góis Monteiro continuou apenas o que era: um constante beneficiário do poder.

Foi preciso apodrecer a era getuliana, para Góis Monteiro ter a audácia de dar versão nova à tramóia por ele sozinho armada em setembro de 1937, como Chefe do Estado-Maior do Exército. Mas aí já era tarde para esse militar faminto de mando político realizar um velho e sempre irrealizado sonho de ser ditador ou Presidente da República.

Mesmo assim, só em 1955, em livro ditado a Lourival Coutinho — *O General Góis Depõe* —, declinou o nome de Mourão Filho como tendo sido o oficial que em 1937 lhe teria entregue o suposto "Plano Cohen". E aí saiu-se com uma terceira versão do caso. Eis como ele a elaborou:

> *"Certo dia o atual Senador Caiado de Castro, que era oficial do*

Estado-Maior do Exército, ao entrar em sua seção viu um colega, o capitão Olímpio Mourão Filho, datilografando, com cautela, cópias de um documento. Desconfiado, chegou-se para perto de seu camarada e pôde ler parte do referido documento, o bastante para ver que se tratava de um plano terrorista".

Tudo mentira, como logo mais ficaria evidenciado. Foi então que Olímpio Mourão Filho, já viúvo, decidiu levar o caso à justiça castrense.

No julgamento ante o Conselho de Justificação, o justificante demonstrou copiosa e irrefutavelmente a falsidade da última intrujice de Góis Monteiro, e principalmente a contradição entre o depoimento dele e o de Caiado de Castro. O coronel Hugo Silva, na audiência final do Conselho de Justificação, disse ao general Góis: "General, o Mourão sempre afirmou que emprestou o documento ao general Mariante para que ele lesse 2.ª vez e que o Mariante devolveu o documento 48 horas depois...", — ao que instantaneamente "Góis atalhou com vivacidade: *'Não. 24 horas depois. Há engano'*, o que revelava estar ele por dentro da velhacaria. "Aí o Danton" (general Danton Garrastasu Teixeira, presidente do Conselho de Justificação) atalhou: *"General, o Sr. não se recusará a depor de novo, em face desta sua declaração que inocenta o Mourão, prova de que o documento não deu entrada no E.M. pela mão dele e de que foi o general Mariante que introduziu o documento no E.M. por seu intermédio"*. Conclui Mourão:

> *"Deu-se o milagre. O Góis resolveu* desdizer *tudo e em vista disto o Danton deu o Conselho por terminado.* Eu estava absolvido!" (General Olímpio Mourão Filho, *Memórias*, cit., p. 69).

Olímpio Mourão Filho obtinha assim a revelação da verdade plena, pela melhor das provas: *a confissão livre e espontânea do próprio culpado, diante da autoridade competente.*

Nunca portanto existira "Plano Cohen" nenhum e sim uma patranha do general Góis Monteiro, que se aproveitou maliciosamente de um mero estudo *não aprovado* pela pessoa que o solicitara, uma exposição teórica — nada mais — de como *seria* um processo revolucionário comunista. Depois de apoderar-se fraudulentamente da cópia desse estudo, transformou-o em "instruções do *Komintern*", em "tenebroso plano organizado pelos dirigentes do Partido Comunista Russo", e — o mais grave —, apresentou-o ao Governo como "apreendido pelo Estado-Maior do Exército". De mentira igual a esta jamais se viu outro exemplo na História do Brasil.

Só após esse desenlace, o coronel Olímpio Mourão Filho deixou de ser perseguido dentro do próprio Exército. E pôde, por mérito próprio, completar a sua carreira militar, até ali freada injustamente, chegando ao posto máximo — *General de Exército — por ato do Congresso Nacional*, a 30 de abril de 1964, e ainda a Ministro e Presidente do Superior Tribunal Militar.

No seu *Diário*, Mourão Filho declara afinal que foi *traído* pelo general Álvaro Mariante, pois este calou até morrer a verdade de ter sido o responsável pela entrega da cópia do seu trabalho ao general Góis Monteiro. Do espírito tortuoso do general Góis Monteiro nasceu o falso "Plano Cohen", que, como se viu, nunca foi nem Cohen, nem Plano.

Góis Monteiro condecorado pelo governo nazista

Agora, o reverso da moeda...

No dia 25 de abril de 1940 — quando a Alemanha e a União Soviética estavam unidas pelo *Pacto de Não Agressão* e o *Protocolo Secreto* assinados festivamente em Moscou a 23 de agosto de 1939 como "avant première" da Segunda Guerra Mundial —, houve uma extraordinária solenidade no salão de honra do Ministério da Guerra (Rio de Janeiro), na qual o general Pedro Aurélio de Góis Monteiro recebeu a *Grã-Cruz de Primeira Classe da Ordem do Mérito da Águia Alemã*.

A condecoração lhe foi entregue pelo embaixador da Alemanha nacional-socialista, Sr. Kurt Pruefer, em presença de vários oficiais generais e autoridades civis do Estado Novo.

Agradecendo a honraria vinda diretamente de Adolf Hitler, o general Góis Monteiro disse algumas palavras, entre as quais as seguintes:

> *"Estas Ordens, meus Senhores Generais, representam a mais alta distinção concedida raramente e só por serviços de grande projeção"*[1].

Quais serviços terão sido esses? Como e quando os terá prestado

---

[1] Cf. Hélio Silva — *A ameaça vermelha*, cit., p. 265. Mourão Filho conta que estava presente à cena e ouviu o agradecimento do condecorado.

o general Góis Monteiro, para merecer tamanha homenagem do governo alemão?

Eis o homem que inventou o "Plano Cohen" e tanto mal fez contra um honrado militar e patriota brasileiro, que felizmente ainda pôde ser em vida desagravado de forma verdadeiramente consagradora.

Agora sabe-se que muito antes de inventar o "Plano Cohen" já o general Pedro Aurélio de Góis Monteiro vivia com a idéia de um "plano comunista" na cabeça. No seu *Diário* de 15 de outubro de 1936, quando começava silenciosamente a manobrar na direção do golpe de Estado que desfecharia treze meses depois, Getúlio Vargas consigna o seguinte registro: "Dia 15 — (. ..) "À noite, fui visitar o general Góis. Encontrei-o apreensivo com a propaganda comunista *e com um certo plano militar* dirigido por lo que está dirigindo o ministro da Guerra que age influenciado por ele". (*sic*)

Como acima mostrei, o trabalho teórico de Mourão Filho foi elaborado em fins de agosto de 1937 — dez meses *depois* da cena narrada por Getúlio Vargas. Temos aí mais um dado positivo a mostrar como a natureza moral do general Góis Monteiro o levava a imaginar coisas escabrosas que pudessem satisfazer sua megalomania política. *Cesteiro que faz um cesto faz um cento* — avisa a sabedoria popular. O *cesteiro de outubro de mil novecentos e trinta e seis* foi o mesmo de *setembro do ano seguinte...*

A justiça pode tardar, mas chega, e "antes tarde do que nunca".

Depoimento de Juraci Magalhães

Antes de dar por findo este capítulo cumpre-me corrigir uma parte do depoimento mais próximo da realidade que encontrei acerca desse escabroso caso: o do Sr. Juraci Magalhães. Em *O Último Tenente* — Editora Record — Rio, 1996, 2.ª edição — p. 192 — diz o memorialista:

> "O plano era dividido em duas partes. Na primeira traçava hipótese sobre como seria um golpe dessa natureza no Brasil. E na segunda estabelecia como contra-atacar e vencer uma possível ação revolucionária. *Eram teorias e estratégias, nada mais.* No entanto, *alguém de má-fé copiou a primeira parte do documento, acrescentou-lhe a assinatura do comunista húngaro Bela Khun* (que depois seria transformado em Cohen) e levou-a ao chefe

> do Estado-Maior, general Góis Monteiro. *Estava feita a intriga.* A partir daí desencadeou-se uma tempestade sobre essa descoberta. A Casa Militar da Presidência da República divulgou uma nota falando do terrível plano apreendido pelo Exército. (. ..) E assim *baseado nessa farsa"*, etc. (Grifos meus.)

O depoimento *supra*, parcialmente correto, revela que o seu autor não terá dito toda a verdade, porque não leu a defesa escrita, produzida pelo então coronel Olímpio Mourão Filho perante o Conselho de Guerra e a decisão absolutória por este proferida.

Em todo o caso, afirma o fato capital, a saber: o suposto "Plano Cohen" *eram teorias e estratégias, nada mais,* e foi *alguém de má-fé* que adulterou *a cópia da primeira parte do documento,* com o que *estava feita a intriga.*

Mesmo quando ainda ignorava a crônica verdadeira do fato ora referido, jamais tive a mínima dúvida da conduta ilibada do companheiro nele envolvido. Por isso sensibilizou-me o sereno depoimento do Sr. Juraci Magalhães. A inexatidão parcial em que ele incide consiste em dizer que "alguém de má-fé copiou a primeira parte do documento (...) e *levou-a ao chefe do Estado-Maior general Góis Monteiro"*. A verdade é outra.

A evidência aponta o próprio general Góis Monteiro como o agente ativo da *má-fé* e da *intriga.* Outra pessoa não terá adulterado a cópia por ele recebida do general Mariante, conforme ficou provado ante o Conselho de Justificação do Exército.

X

O frustrado assalto ao Palácio Guanabara

O Integralismo se preparou para tudo, menos para a conquista violenta do poder.

Miguel Reale

Sumário: Afastando a escamoteação — O Departamento de Imprensa e Propaganda (DIP) criou a tentativa de morte de Vargas — Repercussão em Ilhéus

Afastando a escamoteação

Episódio também deformado pela ditadura de 1937 a 1945 e pela confusa campanha de seu dispendioso aparelho de propaganda dirigida, com o só intuito de confundir a opinião pública, foi o fracassado assalto ao Palácio Guanabara na noite de 10 para 11 de maio de 1938.

Houve o cerco da residência oficial do chefe do governo, mas não o propalado plano de assassinar o ditador. Pormenor relevante, que por dezenas de anos foi subtraído ao conhecimento popular: o Ministro da Guerra, avisado telefonicamente por Vargas, mandou incontinenti tropa do Exército e da Polícia Militar em seu socorro, e, em conseqüência da rapidez com que este se efetuou, *só houve mortes entre os que cercaram o palácio, mas não de qualquer dos seus defensores.* Caso estranho e talvez único na história, de cerco fatal apenas para os sitiantes, sem nenhuma vítima dentre os sitiados.

Demais, não somente pessoas ligadas à extinta AIB tentaram bloquear o Palácio Guanabara, espécie de Bastilha do regime implantado em novembro de 1937, para restabelecer a supremacia da Constituição de 1934. De outras vertentes políticas e militares surgiram inúmeros inconformados com o desmoronamento das instituições democráticas, os quais decidiram formar ombro a ombro com integrantes da também atraiçoada AIB, na luta comum pela deposição de Getúlio Vargas.

Infelizmente, como às vezes sucede em cometimentos de tal gênero, o seu desenlace não se deu em harmonia com o pensamento principal da cúpula dos conjurados.

Houve inesperada precipitação do movimento e uma falange de bravos patriotas sob o comando do Tenente Severo Fournier — não filiado ao Integralismo — chegou a envolver, por algum tempo, quase toda a área da situação do Palácio Guanabara, confinando dentro deste, inteiramente batidos, Getúlio Vargas e sua família, que nada absolutamente sofreram.

Mas o plano antes meticulosamente assentado não estava previsto para aquele dia e o seu chefe deveria ser o General Castro Júnior, da ativa do Exército, conforme chegou ao conhecimento de Getúlio Vargas. De fato, no seu *Diário* de 9 de maio de 1938 consigna ele o seguinte:

> *"Despachei com os ministros da Justiça e Educação. Durante o despacho com o primeiro, recebi também o chefe de Polícia, que chamei para tratar de outros assuntos e* que me revelou que o General Castro Júnior estava em franca atividade conspiratória, havendo convocado uma reunião de oficiais comandantes de corpos desta Capital, em casa de Stanley Gomes". (Grifos da transcrição.)

Temos aí prova concludente e confirmatória do que sete anos adiante, em abril de 1945, em entrevista aos "Diários Associados", diria o professor Miguel Reale, como veremos daqui a pouco.

O *Diário* de Vargas de 10 de maio ratifica também que os sitiantes do Guanabara nenhum tiro dispararam contra o Palácio. Houve muitos disparos, *mas não dirigidos para a residência governamental.* E mesmo as rajadas de metralhadora — que Getúlio diz ter ouvido — fica-se sem saber se eram do Exército e da Polícia contra os sitiantes ou destes em direção à residência oficial. Veja-se o texto do *Diário* de 10 (dez) de maio:

> *"(...) À noite após o despacho do expediente fui deitar-me. Não havia ainda adormecido, quando sobressaltou-me cerrada fuzilaria e descargas de metralhadora. Era o ataque ao palácio, feito de surpresa. (...) A guarda do palácio aderiu e foi dominada. O palácio, entregue à defesa precaríssima de alguns investigadores de polícia, do oficial de serviço e das pessoas da família. Travou-se o tiroteio, que às vezes se tornava cerrado".*

Eis aí: o dono da cena palaciana é quem fala, e em momento nenhum diz ter sido o edifício do Guanabara atingido ao menos por uma bala.

Entretanto, houve vítimas fatais, porém somente entre os que cercavam o Palácio. Como, assim?

Aqui é consentida a conjectura fundada nos elementos ou circunstâncias conhecidos. Enquanto os sitiantes se limitaram a cercar o Guanabara na possível ou provável expectativa de algum reforço — foram envolvidos por tropas do Exército e da Polícia, que os metralharam (metralha escutada por Vargas, como está no seu *Diário*, mas que em momento nenhum atingiu o interior do palácio). É o que se deduz do *Diário*, no parágrafo seguinte ao acima transcrito, onde Vargas registra:

> "*(. ..) Comuniquei-me pelo telefone*" (note-se a facilidade dos sitiantes: nem o telefone interno desativaram) "*com as autoridades, bem como as outras pessoas da casa* (ficaram) *em comunicação permanente com o exterior*" (conseqüência da precipitação do movimento). "*Atendiam alternadamente o Sarmanho, o comandante Isaac e a Alzira. O ministro da Guerra veio até o portão, mas não pôde penetrar no palácio, porque o espaço entre este e o portão era varrido pelas metralhadoras. As forças do Exército e a polícia cercaram os arredores, mas não podiam penetrar. Esta situação manteve-se até a madrugada, quando as forças legais penetraram no palácio e os rebeldes se renderam*".

Diante de tais palavras, como pôr em dúvida que foram os sitiantes os metralhados? Se o metralhamento tivesse partido dos sitiantes o alvo teria sido necessariamente o palácio, onde as tropas do Exército e da Polícia não teriam entrado, se contra elas o fogo das metralhas tivesse sido dirigido.

O depoimento de Vargas vem consolidar a versão dos fatos relativa ao cerco do Palácio Guanabara, em maio de 1938, que em abril de 1945 viria a ser dada, como já disse, por Miguel Reale. Na sua entrevista ao repórter dos "Diários Associados", foi dito que a conspiração abortada contra a ditadura do Estado Novo era interpartidária, presentes líderes liberais, civis e militares, entre os quais Otávio Mangabeira, bem como líderes da AIB, todos sob a chefia do general Castro Júnior. Este seria o chefe do governo interino, se vitorioso o movimento conspiratório, conforme o próprio general Castro Júnior declarou à imprensa brasileira, ao confirmar a entrevista do professor Miguel Reale.

A antecipação do assalto ao Guanabara, sem a devida ciência das várias correntes político-partidárias envolvidas na conspiração, determinou o fracasso da ação programada. Certo é que não só o Presidente Vargas e as pessoas de sua família não sofreram sequer ferimentos leves, mas também que não fazia parte do plano de ação antecipado o sacrifício de nenhuma vida. O objetivo do movimento era um só: depor o ditador e extinguir a ditadura.

O Departamento de Imprensa e Propaganda (DIP) criou a tentativa de morte de Vargas

Durante o longo período getuliano predominou, todavia, diferente explicação desse fato. Para o povo, por muitos anos, a notícia que prevaleceu foi esta: os integralistas tentaram matar Getúlio Vargas. Ao próprio ditador tal versão era a que mais convinha e a de mais fácil disseminação.

Só ao desmoronar do Estado Novo, em 1945, veio à tona a verdade. O movimento pró-derrubada da ditadura não resultara de um plano dos integralistas, mas de ampla conspiração da qual foram partes várias correntes políticas. Chefiaria o governo interino, que resultasse do triunfo do movimento conspiratório, o General Castro Júnior.

O General Cordeiro de Farias, depoente insuspeito, porque amigo e auxiliar de Getúlio, que o fizera interventor federal no Rio Grande do Sul às vésperas da implantação do Estado Novo, deixa claros dois pontos. 1.º) o Palácio não chegou a ser invadido; e 2.º) o pretendido assalto não tinha por finalidade matar ninguém.

"Não entendo" — diz o general — "a missão de Fournier. Ele era um homem extraordinariamente valente e se não invadiu o Guanabara é porque, certamente, tinha instruções para não fazê-lo isolado de outras unidades. Ou então aguardava reforços para desferir um golpe definitivo".

A essa altura os repórteres (que redigiram as declarações do general) lhe indagaram: "Os integralistas não estariam, eles também, divididos?" — ao que o ilustre militar respondeu: "*Pode ser. Estou certo, no entanto, que se Fournier tivesse como missão matar ou prender o presidente ele teria conseguido. Era capaz de executar uma missão desta natureza.*"[1] (Grifos meus.)

❧

Por sua vez o historiador Hélio Silva, no livro *A Ameaça Vermelha — O Plano Cohen*, aqui citado, diz o seguinte (nota 55), em relação

[1] Cf. *Meio Século de Combate, Diálogo com Cordeiro de Farias*, Aspasia Camargo e Walder de Góes, Edit. Nova Fronteira, Rio de Janeiro, 1981, p. 266.

ao caso era recordado: "Esse episódio fez parte de uma tentativa fracassada de golpe contra Getúlio Vargas, *articulado por oposicionistas de diversas tendências*". Em tão breves palavras, aquele historiador dá a versão verdadeira do fato que todavia só meses antes da deposição de Vargas veio a ser desvendada, graças à entrevista do professor Miguel Reale aos "Diários Associados".

Segundo narrou então o ilustre jusfilósofo paulista, entre fevereiro e maio de 1938 houve *entendimentos entre Plínio Salgado e o Sr. Otávio Mangabeira, o coronel Euclides Figueiredo, os generais Castro Júnior, Guedes da Fontoura e outros sobre a necessidade de restabelecer a vigência da Constituição de 1934, com a formação de uma junta militar governamental provisória incumbida de presidir às eleições.*

Tais declarações foram confirmadas pelo General Castro Júnior, vinte e quatro horas depois, ao representante dos "Diários Associados", nos seguintes termos:

> "É substancialmente verdadeira a afirmativa do Sr. Miguel Reale, de que *o objetivo do movimento de maio seria a volta ao regime constitucional, sob a direção de uma Junta Militar, que seria,* por desistência de camaradas certamente mais indicados, *por mim presidida. (. ..) Tratava-se de um movimento nacional extreme de intuitos partidários,* em que se aproveitava o concurso do Integralismo, à época ferozmente perseguido, como de outras correntes de opinião, para levar a Nação ao campo neutro da Democracia, onde todos se poderiam entender, conforme nossas tradições seculares. *O que deu aspecto integralista ao "putsch" de maio foi a precipitação da ala exaltada daquela corrente, no Rio, na suposição, provavelmente, de que já contava com forças suficientes para expulsar do Catete o intruso que ainda hoje ali se encontra.* A Ação foi tão inopinada que nem os integralistas de São Paulo e de outras circunscrições tiveram tempo de se manifestar." [2]

Nos antecedentes do 11 de maio de 1938, quero dizer, nas articulações que o precederam, feitas na Bahia, sob instruções vindas do Rio, para um movimento destinado a pôr abaixo a ditadura implantada a 10 de novembro de 1937, cheguei a tomar parte, com algu-

---

[2] Cf. Lourenço Dantas Mota, *A História Vivida* (I), 2.ª ed., "O Estado de São Paulo", p. 333-4; Miguel Reale, *Memórias*, Volume I, *Destinos Cruzados*, 1986, Editora Saraiva, p. 125-9.

mas viagens ao interior do Estado, uma delas com Oldegar Vieira. Como, porém, não aconteceu em março o que esperávamos, e a partir daí nada mais chegou a meu conhecimento relativamente ao que ocorria no Rio de Janeiro, resolvi considerar encerrada minha participação, e partir para Ilhéus a fim de encetar a vida profissional.

Repercussão em Ilhéus

A notícia da tentativa falha de deposição do ditador Vargas de 10 para 11 de maio de 1938, surpreendeu-me em Itabuna, aonde acabara de chegar a serviço do escritório de advocacia de que fazia parte. Alto-falantes transmitiam informações dadas pelo Departamento de Imprensa e Propaganda. Toda a responsabilidade pelo fracassado golpe era imputada exclusivamente aos perseguidos integralistas.

Horas mais tarde, já de volta a Ilhéus, soube das prisões ali efetuadas. Entre estas a do Dr. Gustavo Fonseca, de quem o prefeito Mário Pessoa era pessoalmente desafeto gratuito, segundo mais de uma vez ouvi de pessoas idôneas, dada a circunstância de ser o jovem Dr. Gustavo Fonseca médico especialista de nomeada em otorrinolaringologia (especialidade idêntica à do prefeito, antigo político local).

Mantiveram o Dr. Gustavo Fonseca detido no quartel do Batalhão da Polícia Militar por cinqüenta dias, *incomunicável.* Contou-me ele próprio, após o relaxamento de sua arbitrária detenção, o seguinte episódio que reproduzo resumidamente. Cerca das quatro horas da madrugada do dia 11 de maio o delegado de polícia e outras autoridades locais acordaram-no em sua residência, para, na qualidade de chefe da extinta AIB em Ilhéus, assumir imediatamente o governo municipal, pois as rádios acabavam de noticiar a vitória de um movimento militar no Rio de Janeiro, com a conseqüente deposição de Getúlio Vargas. Gustavo Fonseca, porém, declarou ignorar o fato narrado pelos visitantes e recusou-se categoricamente a atender ao estranho convite. Menos de duas horas mais tarde aquele mesmo grupo voltava à sua residência, mas para de lá levá-lo preso. É que acabavam de ouvir a irradiação do fracassado assalto ao Palácio Guanabara. Fato semelhante ocorreu em mais de um Município de São Paulo, segundo narra o professor Miguel Reale em suas citadas *Memórias*.

Nas detenções de novembro daquele mesmo ano de 1938, em Ilhéus, ainda o Dr. Gustavo Fonseca foi privado de sua liberdade física mais tempo do que todos os demais. E em dezembro, pela terceira vez, o prefeito fê-lo prender após a cerimônia de um sepultamento a que ambos estivemos presentes. Vi então meia dúzia de praças do destacamento local, portando fuzis, cercar o Dr. Gustavo à saída do cemitério e conduzi-lo à delegacia policial, onde em vão tentamos entrar, solidários com aquele nosso distinto e intrépido companheiro. Foi quando assisti à seguinte cena: Renato Leite da Silveira, indignado com aquela violência, destemidamente aproximou-se da residência do prefeito, e em alta voz, que toda a gente na rua ouviu, desafiou-o a "vir prendê-lo a ele, Renato Leite". Mas ninguém da casa do desafiado sequer apareceu. E nada fizeram contra o desafiante.

Em verdade todos esses sucessos revelavam a lealdade com que desde sempre procederam os adeptos do Integralismo. Nunca se prepararam para assumir um dia, pela força, o governo da Nação. Ao contrário, a idéia de lá chegarem só pelo processo legal das eleições, em tempo algum foi posta de lado. Depois da consumação do golpe ditatorial de 10 de novembro de 1937, quando pela primeira vez foram compelidos a conspirar, para a restauração do sistema constitucional de 1934, ainda aí, não o fizeram sozinhos, mas na companhia de individualidades representativas de outras correntes de opinião pública, como, entre outros, Otávio Mangabeira, que por isso mesmo também foi preso e exilado.

A tentativa malograda da tomada do Palácio Guanabara para prender Getúlio Vargas e a seguir os seus principais sustentadores, foi uma ação precipitada, como declarou o general Castro Júnior, e que apanhou desprevenidos os principais articuladores do movimento civil e militar de maior envergadura, destinado a depor Getúlio e restabelecer a situação constitucional anterior ao golpe de Estado de novembro de 1937.

Mas essa mesma precipitação tanto não foi pura obra dos integralistas que à sua frente, comandando-a, esteve o Tenente Severo Fournier, pessoa estranha e até adversa ao Integralismo.

Tais pormenores, entretanto, por causa da censura reinante no regime ditatorial do chamado Estado Novo, só vieram ao conhecimento geral poucos meses antes de Vargas ser deposto, quando o general Castro Júnior, na já transcrita entrevista aos "Diários Associados", confirmou a verdadeira versão dos fatos de maio de 1938, dada pela primeira vez ao povo brasileiro pelo professor Miguel Reale.

Não se ajusta, a meu ver, aos intuitos destas simples memórias focalizar outros aspectos desse caso. Quis apenas ressaltar os dois que me parecem os mais relevantes: 1) que os sitiantes do Palácio Guanabara não objetivavam matar Getúlio Vargas, mas tão só prendê-lo e destituí-lo do poder, para restaurar a vigência da Constituição de 16 de julho de 1934; 2) que o plano geral de pôr abaixo a ditadura de 10 de novembro de 1937 e restabelecer o regime democrático anterior, reuniu para a sua execução (que o 11 de maio antecipou) políticos de várias correntes de opinião, entre os quais muitos adeptos do Integralismo, que, como reconheceu o general Castro Júnior, vinha sendo então "*ferozmente perseguido*" e por esta razão seus adeptos foram aliciados pelos conspiradores de várias correntes políticas.

XI

O pacto Stálin-Hitler e algumas de suas conseqüências na Bahia

Sumário: O pacto maldito — O pacto secreto — A avestruz esconde a cabeça — Atuação soviética no Brasil — Surge a verdade — Paga o justo pelo pecador — Bloqueio da verdade — Com a palavra a toleima — Ódio velho não cansa — Reverso da medalha

Antes da invasão da Rússia, todos os simpatizantes de Moscou estavam ao lado de Berlim.

Afonso Arinos de Mello Franco, *A Alma do Tempo*, Rio, 1961, p. 379.

O pacto maldito

Em 1939 a ditadura do Estado Novo navegava em mar de rosas. Ficou tudo tranqüilo, para a tranqüila e solitária governação de Vargas, atulhada de beneficiários.

De repente, explodiu a maior bomba do século: a Alemanha nazista e a União Soviética celebraram uma aliança político-militar, cujos instrumentos formais foram lavrados e assinados a 23 de agosto de 1939, em Moscou. Na presença de um sorridente Josef Stálin, conforme fotografias publicadas na imprensa, assinaram um *Pacto de Não-Agressão,* composto de oito cláusulas e, em separado, um pacto secreto, de apenas dois itens, intitulado: *Delimitação das Zonas de Influência no Leste da Europa.*

O *Pacto de Não-Agressão* ficou logo conhecido, pelo alto, mas a convenção secreta, não. Por muitos anos o mundo civilizado ignorou-lhe a existência. Ela entregava à URSS o domínio territorial de parte da Polônia e das até ali repúblicas livres e independentes do Báltico (Lituânia, Letônia e Estônia). O *Pacto de Não-Agressão,* por seu turno, dizia eliminar, por dez anos, o risco de todo tipo de violência entre a Alemanha nazista e a Rússia Soviética. O art. 1.º dispunha: *As duas partes contratantes se comprometem a abster-se entre si de todo ato de violência, de toda ação agressiva e de toda agressão, tanto isoladamente quanto em ligação com outras potências.*

No art. 2.º estipulava: *Caso uma das partes contratantes seja objeto de ato de guerra por parte de outras potências, a outra parte não sustentará, sob nenhuma forma, essa terceira potência.* Noutras palavras: uma perfeita garantia de defesa recíproca contra quem quer que fosse.

Era o de que Adolf Hitler precisava para deflagrar a Segunda Guerra. E de fato iniciou-a uma semana depois pela invasão-relâmpago e conseqüente destruição da livre e independente Polônia, em cinco semanas.

Daí em diante e *até vinte e dois meses mais tarde*, a saber, 22 de junho de 1941, Alemanha e União Soviética se tornaram aliadas. Hitler e Stálin trocaram telegramas com protestos de admiração e amizade, cada qual mais satisfeito com a mútua solidariedade que a ambos assegurava sucessivas conquistas territoriais. De tudo isso dá minuciosas e fundadas informações o livro de Joel Silveira, escrito em colaboração com Geneton Moraes Neto: *Hitler-Stálin — O Pacto maldito — Tudo Sobre o Acordo que Estremeceu o Mundo e suas Repercussões na Esquerda Brasileira* (Ed. Record, São Paulo, 1989), sobre o qual a célebre máquina publicitária dos estalinistas lançou o mais completo silêncio, dele fazendo talvez um dos menos lidos livros editados no Brasil ultimamente.

O pacto secreto

Quanto ao *Protocolo Secreto*, ficou inteiramente desconhecido até 1946, quando a notícia de sua existência circulou no Tribunal de Nurembergue, ao ensejo do julgamento dos criminosos de guerra. Mas já era tarde para incluir entre os réus os senhores da própria União Soviética, signatária desse ajuste monstruoso no qual URSS e Alemanha, em proveito de suas ditaduras expansionistas, conduziram a Segunda Guerra Mundial nos primeiros vinte e dois meses de sua duração.

No protocolo secreto assinado pelos representantes da URSS e da Alemanha nazista logo após a assinatura do Tratado de Não-Agressão, a cláusula 2.ª (final) dispunha:

> *O protocolo secreto anexo ao tratado, assinado em 23 de agosto de 1939, fica modificado no Ponto I. De tal maneira que o território do Estado lituano se inclui na esfera dos interesses da URSS, enquanto que, por outro lado, a* voivodia [província] *de Lublin e uma parte da* voivodia *de Varsóvia se incluem na esfera dos interesses da Alemanha.*

Vê-se assim, claramente visto, o imperialismo expansionista das duas potências totalitárias que se uniram 1.º) para se proteger reciprocamente e 2.º) para abocanhar parte do território polonês e abrir caminho para a URSS anexar, como anexou, a Lituânia, a Estônia e a Letônia.

No entanto os "papagaios vermelhos" do PC internacional passaram a repetir a lenga-lenga soviética posterior a 22 de junho de 1941 (data da invasão germânica da União Soviética), de que a URSS assinara o Pacto de 23 de agosto de 1939 para ter tempo de se preparar contra a Alemanha... Quando em verdade o Pacto Secreto prova que o que ela queria era avançar em territórios limítrofes, independentes e livres, tal como a Alemanha o queria em relação à Polônia e outros países, para satisfação de sua alegada necessidade de espaço vital (*Lebensraum*).

Para espancar toda e qualquer dúvida dos seus subordinados de dentro e de fora da URSS acerca da legitimidade do apoio dos comunistas à Alemanha, como aliada da Rússia, ninguém menos do que Josef Stálin, no dia 30 de novembro de 1939 (terceiro mês da Segunda Guerra Mundial), publicou no jornal moscovita *Pravda* a seguinte declaração:

> *Não foi a Alemanha que atacou a França e a Inglaterra, e sim a França e a Inglaterra que atacaram a Alemanha, tornando-se responsáveis pela guerra atual.*
>
> (Reproduzida por Susan Labin, no livro *A Rússia de Stálin*, Liv. Ed. Agir, Rio, 1948, p. 56).

Preocupado com a sua imagem de parceiro da Alemanha nazista, o ditador soviético assim caluniava as duas potências democráticas que haviam assumido os riscos daquele conflito.

A avestruz esconde a cabeça

Enquanto durou o Pacto de Não-Agressão, "era proibido, na União Soviética, dizer-se ou escrever-se fosse o que fosse contra os alemães", informa o livro de Joel Silveira, acrescentando: "O último volume das Memórias de Ilya Ehrenburg é a tal respeito bastante revelador. Nem sequer a palavra *fascismo* devia ser objeto de críticas". A lua-de-mel germano-soviética converteu a guerra deflagrada pelo III Reich Alemão em "guerra justa" e a dos ingleses e franceses contra a Alemanha, em "guerra imperialista". Tudo, como se vê, o Comunismo Internacional apresentava pelo avesso.

Inquestionável, porém, que: 1.º) a União Soviética, e só ela, ajudou efetivamente a Alemanha de Hitler a deflagrar a Segunda Guerra Mundial; 2.º) funcionou uma aliança real entre as duas potências no período de 23 de agosto de 1939 (data da celebração dos dois pactos preparatórios da guerra) a 22 de junho de 1941 (quando se deu a invasão da Rússia pelas forças militares germânicas); 3.º) durante esses vinte e dois meses, nazistas e estalinistas se tratavam como amigos e iguais, se elogiavam e se ajudavam mutuamente em armas e alimentos.

Esta ajuda durou até quando os carros de assalto nazistas já tinham invadido o território soviético.

Uma testemunha de tal fato, o ex-comunista Victor Kravchenko, no livro *Escolhi a Liberdade — A Vida Privada e Pública de um Funcionário Soviético*, lançado no Brasil pela Editora "A Noite" em 1947, tradução de Maria Helena Amoroso Lima Senise, narra que até o dia 22 de junho de 1941 (data da invasão da Rússia pelos alemães, não esquecer) não houvera nenhuma alteração no teor da propaganda bélica oficial comunonazista. E registra mais o seguinte:

> *Apenas alguns dias antes daquela manhã fatídica, no Departamento de Importação de Máquinas do Comissariado do Comércio Exterior,* eu conferenciara com representantes alemães sobre detalhes técnicos do fornecimento de determinados maquinismos alemães à União Soviética.
>
> *Ainda a 20 de junho,* dois dias antes da invasão, *eu tivera ocasião de falar em um comício político de operários e funcionários da usina sobre a 'guerra imperialista'. Minha peroração seguiu os moldes prescritos.* A Alemanha, repetia eu, ansiava pela paz, a despeito de suas grandiosas vitórias, mas os imperialistas ingleses, instigados pelos financistas americanos, insistiam em prolongar a guerra. (Ob. cit., Capítulo 22, p. 369, grifamos).

Atuação soviética no Brasil

No Brasil, a guerra anglo-francesa passou imediatamente a ser tachada de Imperialista pelo PC internacional clandestino. Mesmo na ilegalidade atuavam os comunistas com eficiência, controlando órgãos estudantis e sindicatos, infiltrados nos jornais e até editando uma revista literária subordinada à sua orientação ideológica. A revista *Seiva*, na Bahia, era "dirigida pelo Partido", cuja linha política divulgava, — como textualmente declara o seu fundador, João Falcão (Cf. *O Partido Comunista que eu conheci*, p. 48).

O PC tinha aqui experiência de atividade subterrânea desde a sua fundação em 1922. Digo mais: os comunistas atuaram com mais eficiência na clandestinidade do que no período posterior de sua existência política legal. Vamos às provas, fornecidas por eles próprios, isto é, vamos fazer com os adeptos da URSS o que eles nunca fizeram com os do Integralismo.

Um dos seus mais dedicados servidores, depois de dizer que "*o trabalho conspirativo e ilegal do PC tinha por princípio básico ninguém saber além do necessário às suas tarefas*" (noutras palavras: o tarefeiro do PC ignorava o que este realmente fazia), mostra como os agentes de Stálin, mesmo de 1938 em diante, na Bahia, estavam bem organizados e podiam agir com desembaraço e eficácia.

"A politização do estudante baiano era notória", "ele ocupava uma posição de destaque em todo o país". Isto não acontecia por acaso: "*Era o resultado da ação do Partido Comunista*" (João Falcão, ob. cit.).

De pleno acordo. A ditadura do Estado Novo foi ambiente muito propício ao fortalecimento do Partido Comunista Internacional, cujos agentes, usando variados artifícios, influíam fortemente na opinião pública, como se infere desse depoimento.

Segundo ainda o autor dele, havia "no Ginásio Carneiro Ribeiro um dos melhores núcleos do Partido entre os estudantes do curso secundário. (...) Com eles organizamos a célula do primeiro ano. A primeira reunião para sua estruturação foi realizada lá mesmo. (...) Devia haver o máximo de iniciativa e criatividade. (...) *Onde existe uma célula, ali estava o partido*". (...) "A Associação Universitária da Bahia (AUB), com forte tradição, era o órgão central dos estudantes. *Nela o Partido concentrava a sua força* e nela atuavam, até, dois comunistas, muitos outros estudantes das diversas faculdades, democratas e antifascistas". (...) "Em dezembro de 1939 as células estudantis não eram muitas, mas os quadros eram bons *e atuavam com eficiência.* Além da minha, na Faculdade de Direito, (...) havia células na Faculdade de Medicina, de Engenharia, de Agronomia, de Electro-Mecânica, de Ciências Econômicas, no Ginásio da Bahia e no Ginásio Carneiro Ribeiro. (...) O Ginásio da Bahia tinha uma célula muito atuante". (João Falcão, livro citado, pp. 39 e segs.) Como se vê, um envolvimento perfeito da Bahia jovem pelos sectários do estalinismo totalitário.

Para uma Capital de aproximadamente quinhentos mil habitantes, como era então a nossa, percebe-se por aí que ao tempo da ditadura getuliana o PC estava muito bem estruturado, funcionava à larga, apto a exercer invencível domínio na massa estudantil, principalmente se considerarmos este pormenor salientado pelo próprio autor do livro a que me venho reportando: "*Na verdade, a grande maioria dos estudantes não se interessava por questões políticas e ideológicas. A apatia era geral*" (p. 76, grifos meus).

Que formidável material humano, esse — de jovens indiferentes às coisas da política, de maiorias apáticas ante os sistemas de idéias — para neles o PC cravar, como cravou, a semente de seus princípios materialistas e até uma irrefletida e generalizada obediência a um ditador estrangeiro (Stálin), a fazer-lhes que aceitassem uma notícia total e propositadamente adulterada acerca da posição do Integralismo em face da Segunda Guerra Mundial! Como foi fácil a fraude operar sobre tais espíritos em disponibilidade! Começava a erguer-se, entre a verdade e a mentira, uma muralha de escalada dificílima senão mesmo impossível. De um lado a verdade, do outro a mentira perversamente manipulada e metodicamente repetida.

Para o que adiante veremos, não esquecer, além disso, a subserviência dos estalinistas brasileiros ao PCUS (Partido Comunista da União Soviética). Não tinham eles autonomia de pensamento, não raciocinavam por conta própria, mas, ao contrário, em plena conformidade com o que o PCUS, diretamente ou através de seu cavalo de Tróia em cada país (o PC), pensava por eles e para eles. Parece até que invento coisas. Mas não, a exatidão do que acima digo colho em livros de comunistas acima de qualquer suspeita, entre os quais o já citado de João Falcão, onde aliás, seja logo dito de passagem, o autor revela ignorar, do Integralismo, até o nome de seu instrumento político-partidário — a *Ação Integralista Brasileira*, que para ele era "Ação Integralista do Brasil" (p. 27) ou "*Associação* Integralista *do Brasil*" (p. 43). Também é infiel em relação a fatos históricos, como aquele, totalmente fantasioso, de ter Plínio Salgado retirado sua candidatura (sem dizer a quê) "em favor do apoio ao candidato Armando Sales de Oliveira " (sem também explicar a quê, nem quando). Ora, Plínio, em 1937, foi candidato à presidência da República, como também o foram o Dr. Armando de Sales Oliveira pela UDB (União Democrática Brasileira) e José Américo de Almeida pelos vários PSDs estaduais, pois na época só havia um Partido Político *nacional* registrado: a Ação Integralista Brasileira. *Plínio Salgado não retirou em tempo algum sua candidatura*, a única, aliás, escolhida *mediante plebiscito*, realizado no dia 23 de maio de 1937. O regulamento desse plebiscito, por sinal, sujeitava à penalidade de *expulsão do partido* o integralista que censurasse um companheiro por ter votado noutro nome que não o de Plínio Salgado (foram votados vários, entre os quais o jovem Miguel Reale, terceiro colocado).

Todas as candidaturas à presidência da República, em 1937, deixaram de existir ao mesmo tempo em 10 de novembro, por obra e graça do golpe de Estado que entronizou por oito anos o ditador Getúlio Vargas, incansável "*candidato de si mesmo à sucessão de si próprio*", na bem humorada legenda que dele nos legou Otávio Mangabeira.

Mas voltemos à submissão dos estalinistas em geral diante do PCUS. Vamos às provas emanadas deles mesmos: "*... a Rádio de Moscou era a voz da verdade, a informação correta e indiscutível*", declara João Falcão. Terminado o programa, "após o hino da Internacional Comunista", a Rádio moscovita pronunciava "*as palavras mágicas e consagradoras do espírito revolucionário da época*". O Partido Bolchevique — esclarece — "*servia de modelo para os comunistas de todo o mundo*". João Falcão (ele próprio o diz) só depositava "muito forte confiança "no Partido Comunista e em Stálin". Contudo, dizia-se "democrata" e até se dava o luxo de acoimar os integralistas de "fascistas". É a eterna história: o pior cego é aquele que não quer ver. Como, ser "democrata" e ao mesmo tempo servo de uma ditadura — a suposta *ditadura do proletariado*? (Digo *suposta*, porque para grande parte da opinião mundial ela era uma ditadura SOBRE o proletariado).

A URSS assinou com a Alemanha nazista dois pactos que estarreceram o mundo, e em regozijo dos quais Stálin ergueu brinde a Hitler, conforme fotografia estampada nos jornais da época, revelando assim a semelhança entre o seu regime e o nazista. Mas, vinte e dois meses mais tarde, quebrou-se a aliança que grandes benefícios mútuos produziu para as duas potências totalitárias pactuantes. E, aí, Stálin passou a inventar que aquilo fora só "um recuo estratégico". Incontinenti, os comunistas de todo o mundo passaram a clamar por isso "a voz da verdade". Falsa verdade destinada a apagar a memória de um crime contra a Humanidade.

Antigo "comunista proeminente", convertido ao Catolicismo, Louis Francis Budenz revelou que a opinião prevalecente entre a maioria dos seus camaradas *era de que a colaboração com Hitler seria duradoura e culminaria na implantação do comunismo na Europa.* (Ver de Louis Budenz, *Esta é minha história*, Editora A Noite, trad. de Maria Helena Amoroso Lima Senise, p. 147).

Por sua vez, Osvaldo Peralva, premiado com a inexcedível honraria (segundo ele) de ser mandado cursar em Moscou uma "Escola da Revolução" — o que lhe *"banhou a alma de felicidade"* — relata: *"O PCB se entregou de pés e mãos ao PCUS"* (Partido Comunista da União Soviética). (...) "Pude verificar, não só como auxiliar da direção do PCB no Brasil, como na Escola, em Moscou, e depois no Bureau de informações, em Bucareste, *a que grau de subordinação tinham chegado as relações do PCB com o PCUS.* Antes de partirmos para a Escola, *recebemos instruções terminantes de dar todas as informações pedidas pelos soviéticos sobre tudo e sobre todos"* (*O Retrato*, Editora Itatiaia, 1960, Cap. 1 a 3). Traduzido em vulgar, que era isso senão genuíno quintacolunismo em tempo de paz?

Nessa "Escola da Revolução" — dou ainda a palavra a Osvaldo Peralva — *"a fidelidade ante a URSS e o PCUS era considerada a pedra de toque do internacionalismo proletário"*. "Nosso partido não tem segredos para o PCUS", revela ele ter escutado de Diógenes Arruda (p. 48), seu superior na engrenagem do *Aparelho* do Partido. Esse célebre "Aparelho" do PC era, segundo Osvaldo Peralva, "uma das máquinas mais eficientes que os homens inventaram para *despersonalizar os próprios homens"* (*O Retrato*, p. 18), transformando-os em autômatos. *Autômatos* metidos a orientadores da opinião pública em seu país de origem.

Haveria várias outras transcrições a fazer sobre a escravizadora disciplina vinculatória de todos os PCs à antiga União Soviética, mas bastam essas, para mostrar o absurdo inominável da acusação de "quintacoluna" e "nazifascista" feita, gratuita mas interminavelmente, aos integralistas, na Bahia, durante a Segunda Guerra, por membros desse partido confessadamente submisso e alienado a uma potência estrangeira totalitária.

Mas ainda sobre o servilismo mantido outrora pelo PCB em relação ao PCUS, é necessário lembrar que ele se completava com a bajulação ou mesmo o endeusamento a Stálin, o "homem de aço" que desde 1924, com a morte de Lenine, vinha conquistando o domínio absoluto da URSS, e nos célebres expurgos de 1937 e 1938 liqüidou sumariamente todos os seus opositores, supostos ou não, matando-os.

Vamos às provas, tanto mais dignas de crédito quanto é certo, volto a acentuar, que colhidas em livros de comunistas vivos ou mortos, e de ex-comunistas. Ao evocá-las não faço injúria a ninguém, mas tão só exerço legítima defesa própria, de terceiros e da honradez do passado do partido político a que fui vinculado.

Nunca prestei vassalagem de qualquer espécie a nenhum chefe político estrangeiro, nem jamais vi, ou ouvi, dentro da AIB, exaltar-se Hitler ou Mussolini, nem disso tive notícia, quanto mais incensar qualquer deles e servi-los. Em tempo: nenhum Partido estrangeiro deu jamais ordens, instruções, avisos ou pareceres sobre qualquer matéria à Ação Integralista Brasileira, a seus dirigentes ou ao mais humilde de seus adeptos. Em nosso grêmio político, aliás, isso seria impensável, constituiria uma injúria absolutamente insuportável, além de incompatível, essencialmente incompatível, com o espírito de brasilidade, de patriotismo sadio, que a AIB só fez fortalecer no coração de cada brasileiro nela inscrito. Formalmente éramos chefiados por Plínio Salgado. Mas ele mesmo um dia, publicamente, afirmou, dirigindo-se, por escrito, aos seus liderados: *O Chefe não é uma pessoa, é uma Idéia.* Realmente, éramos um movimento de idéias, acreditávamos numa doutrina espiritualista, nacionalista e democrática. Ela é que nos guiava. Para vê-la triunfar pelos meios lícitos é que lutávamos.

A bandeira azul e branca da AIB foi criação nossa. Tinha ela duas das cores da bandeira brasileira. Os dois hinos, que cantávamos em horas adequadas, foram ambos letra e música de companheiros (se não me engano, um de autoria do próprio Plínio Salgado), belíssimos hinos inspirados em coisas de nossa Pátria, enaltecedores dela, de sua gente, de sua natureza e de sua história. Nosso emblema — uma letra do alfabeto grego e símbolo matemático — o *Sigma,* denominação também de uma estrela que figura na bandeira do Brasil, exprimia uma idéia-força do Integralismo, pois este pretendia somar todos os brasileiros: estudantes, professores, operários, soldados, intelectuais, marinheiros, comerciantes, industriais, agricultores, homens, mulheres, velhos e moços, e, em Matemática, *Sigma* quer dizer a soma dos infinitamente pequenos. Por isso é que se adotou esse emblema, e não por espírito de imitação, como pretendem os que falam do que ignoram.

Vejamos agora o PC. Seu hino era o mesmo do PCUS e, conseqüentemente, de todos os PCs do mundo, a saber: o hino de uma entidade estranha: a Internacional Comunista. Sua bandeira, mera reprodução da bandeira da União Soviética: na cor vermelha, na estrela e no símbolo (a foice e o martelo).

Havia uma diferença *essencial,* portanto, entre o Integralismo, genuinamente brasileiro, espiritualista, cristão, e o Comunismo — cuja natureza se funda no *materialismo dialético e histórico* e é, por natureza, *internacional*. "O movimento comunista é internacional" — escreve Lenine[1].

Note-se mais outro fato relevante: além de ter sido sempre o PC uma organização obediente às ordens emanadas do PCUS (como depõem os seus adeptos), os comunistas brasileiros, por incrível que pareça, declaravam *amor* (isto mesmo: amor) ao senhor absoluto de todas as Rússias, Josef Stálin, um tirano que imolou, sem processo legal, sem julgamento, milhões de compatriotas, segundo proclamação feita, após sua morte, no Vigésimo Congresso do PCUS pelo seu sucessor Nikita Kruschev.

O dia em que Stálin morreu foi, no Brasil, conforme depoimento de seguidores seus, "um dia de amargura e dor", houve um abundante derramamento de lágrimas, um sentimento de "profundo abalo" e tristeza para os comunistas brasileiros, o que aliás só se ficou sabendo algum tempo depois, graças às revelações de Osvaldo Peralva e outros estalinistas ou em livros de memórias de ex-admiradores de Josef Stálin. Alguns até tentaram em vão alcançar-lhe os funerais, como se se tratasse de um dignitário brasileiro ou de um governante democrata merecedor de tamanho esforço. Mesmo muitos anos após a morte do ditador e quando já os seus *crimes* contra o povo russo haviam sido denunciados no XX Congresso do PCUS, em 1956, houve quem desse, em livro, o seguinte testemunho:

> "*O relatório apresentado por Nikita Kruchev, no XX Congresso da União Soviética*[2], *explodiu como uma bomba*. Nosso pai, o que zelava pelo nosso destino a iluminar nossa estrada, o que pensava por nossas cabeças, o magnânimo, o magnífico Stálin, nos havia enganado a todos" (Atenção: os grifos são do próprio texto transcrito, não meus)[3].

Evidentemente e, está claro, sem desconsideração pessoal a ninguém, muito menos à inteligente autora de tais expressões, cujos livros de memórias, desde o primeiro, tenho lido e apreciado, a transcrição *supra* dispensa exercícios hermenêuticos, porquanto diz concretamente o que a festejada memorialista quis exprimir. Assim, ficamos sabendo que houve brasileiros para quem, naquele tempo,

---

[1] Cf. o seu livro *A doença infantil do Esquerdismo no Comunismo*, p. 123.

[2] Aí há evidente lapso, pois o XX Congresso foi do *Partido Comunista da União Soviética* e não da "União Soviética".

[3] Zélia Gattai, *Chão de Meninos*, Editora Record, 1992, p. 74.

Josef Stálin, o ditador que por trinta anos imperou na União Soviética com mão de ferro, fora *um pai;* brasileiros que *não pensavam pela própria cabeça* e sim pela de Stálin; brasileiros, cujo *destino* era cuidado, protegido, *não pela Providência Divina ou pelas leis do Brasil,* mas por Stálin, e cuja *estrada,* ainda por este, o *magnânimo,* o *magnífico,* era *iluminada.*

João Falcão, por sua vez, confessa que, além de admirar, *amava* Stálin, "como todo bom comunista", acrescenta. Para ele o velho ditador era "na verdade, um *ídolo*". Quando em 1957 foi à União Soviética, já desaparecido o objeto de seu *amor* e de sua *idolatria,* fez "uma emocionante exaltação à sua memória", atingindo as raias da (com licença do vocábulo) adulação, com estas palavras que aliás, diga-se de passagem, não exprimem de forma nenhuma a verdade histórica sobre Stálin: "Qualquer que seja o cidadão, mesmo que habite o mais recôndito canto do mundo, deve a liberdade de que goza à sua bravura e ao seu gênio" (Ob. cit., p. 421). O despropósito da tirada foi tamanho que não agradou sequer aos conterrâneos de Stálin que o ouviam (reconhece-o o próprio memorialista). Um russo, ex-comunista, no particular, desmente o Sr. João Falcão. Vejamo-lo.

Victor Kravchenko antes de habilidosamente safar-se da União Soviética, em 1943 ou 1944, ainda participou da resistência russa aos avanços alemães. "Os esforços de produção, o heroísmo e o espírito de sacrifício russos ocupam inegavelmente o posto de honra no cômputo dos fatores que contribuíram para a nossa vitória", diz ele em *Escolhi a Liberdade.* Exalta "a luta memorável que fez de Stalingrado um nome a ser para sempre equiparado aos de Maratona e Waterloo, na história da humanidade". E acrescenta este período que mostra, para dizer o menos, a desinformação de João Falcão sobre o assunto: "No cerne de toda nacionalidade há um elemento constante, eterno, e irredutível: foi este elemento que tornou possível Stalingrado, a despeito de uma carnificina e de vicissitudes como não há memória. *Karl Marx e Stálin foram completamente estranhos ao acontecimento*" (Ob. cit., p. 420, grifos meus). Quem salvou a Rússia — está aí dito com outras palavras — foi o patriotismo dos russos, seu amor à Rússia. Não Stálin, nem tampouco o comunismo.

Outro romancista, por sinal famoso, que leio há mais de cinqüenta anos, e sob alguns aspectos muito aprecio, tranqüilamente escreveu um dia:

> "*Considero-me militante devotado, leal, fiel, intransigente, consi-*

dero a União Soviética a pátria de todos os oprimidos e vejo em Stálin o pai dos povos e de cada um de nós". (...) "... *sustenta-me o ânimo o fato de ser Prêmio Internacional Stálin, recompensa maior à* fidelidade incondicional"[4].

Diante de tão calorosa exaltação a um país que não é o seu e a um governante estrangeiro, elevado à condição de *pai* "de cada um de nós", merecedor de "fidelidade incondicional", peço licença apenas para indagar: em nome de que direito ou princípio moral, nos anos de 1942, 1943 e 1944, comunistas confessos ou encapuzados saíram pelas ruas, principalmente na Bahia, ou pelas colunas de seus jornais a ceifar impunemente a honra, o patriotismo, a liberdade pessoal dos seus adversários integralistas — impossibilitados então do exercício de qualquer defesa eficaz — açulando contra eles multidões enfurecidas e imputando-lhes façanhas ignóbeis, delitos fantasiosos, traições imaginárias?

Surge a verdade

O chefe do Estado-Maior da Armada Brasileira ao tempo da Segunda Guerra Mundial, Comandante Gerson de Macedo Soares, pertencera aos quadros da AIB, bem como centenas de oficiais e marinheiros de nossa Marinha de Guerra.

Foi isso dito publicamente por Plínio Salgado num dos seus primeiros discursos após regressar do exílio, pronunciado a 27 de outubro de 1946 no Teatro Municipal do Rio de Janeiro. Ao referir-se à *batalha do Atlântico*, na Segunda Guerra Mundial recém-finda, fez aquela afirmação e enunciou os nomes de vários companheiros seus, do tempo da AIB, tripulantes dos navios *Cabedelo, Araraquara, Aníbal Benévolo, Arará* e *Baependi*, afundados por torpedos de submarinos alemães.

Aludindo "à obra vil da calúnia", assim falou à multidão que superlotava o recinto do Municipal carioca:

> "*Chamaram-nos, aos meus companheiros e a mim, daquilo mesmo que era o maior labéu das próprias consciências dos caluniadores: chamaram-nos de traidores da Pátria! Entretanto, durante a guerra, vou dizer-vos e ao Povo Brasileiro, ainda que sucintamente, o que fizemos.*

---

[4] Jorge Amado, *Navegação de Cabotagem*, Record, 1992, p. 242-3.

"Disseram que os meus companheiros, aqui no Brasil, deram sinais ao inimigo para que afundassem navios da nossa frota mercante. Quero, agora que há liberdade, há microfones e difusoras à disposição da nossa palavra, contar ao Povo Brasileiro que a defesa do Atlântico estava entregue quase inteiramente a integralistas!

"O chefe do Estado-Maior desta brava Armada brasileira, comandante Gerson de Macedo Soares, oficial a quem Roosevelt apertou a mão, era ao tempo da Ação Integralista Brasileira, o coordenador dos seus companheiros de mar em nosso movimento e continua a professar nossas idéias.

"Oitenta por cento de oficiais e marinheiros da Marinha de Guerra tinham feito profissão de fé da nossa doutrina e tinham sido fichados no Integralismo, como atestam os nossos arquivos na parte salva das garras policiais da Ditadura; eram nossos irmãos em fé nacionalista e espiritualista e inscritos em nossas fileiras, numerosíssimos marujos da nossa Marinha Mercante.

"Como seria possível aos integralistas apontar barcos mercantes ao estrangeiro inimigo, quando lá dentro levavam a Bandeira Nacional companheiros nossos? Muitos escaparam com vida, mas perdemos outros.

"Lembro, de maneira particular, o comandante do navio 'Cabedelo', nosso companheiro Pedro Veloso, abatido pelos inimigos. Lembro o comandante João Soares da Silva, do navio 'Baependi', integralista morto na defesa da soberania do Brasil. Lembro-vos o comissário Sandoc de Oliveira, integralista, e um médico, meu queridíssimo amigo, articulador dos integralistas na Marinha Mercante, Dr. Carlos de Azambuja, também sepultado nas águas do Atlântico, ambos do 'Araraquara'. Lembro-vos os humildes taifeiros integralistas, Francisco Xavier Dias e Irineu Pereira da Silva, do mesmo navio. Lembro-vos, do navio 'Aníbal Benévolo', o imediato Manuel Duarte Cardoso Filho. Esse companheiro, no momento de partir para a defesa da Pátria, deixou uma contribuição de Cr$ 100,00 para os nossos companheiros presos e exilados. Lembro-vos, do navio 'Arará', o comissário Durval Batista dos Santos. Lembro-vos Moacir Rodrigues, também desaparecido no 'Baependi'. Lembro-vos muitos outros nossos companheiros cuja enumeração gastaria longo tempo das poucas horas que temos para uma transmissão deste discurso para todo o Brasil"[5].

---

5 Cf. em *Obras Completas de Plínio Salgado,* vol. 10, p. 265-312, Editora das Américas, São Paulo, 1955, o inteiro teor dessa oração histórica, que em tempo algum, até hoje, sofreu a mínima contestação.

À nossa frente os comunistas ergueram então um muro impossível de escalar: o muro da difamação, da calúnia incomprovada e nua, e dos rótulos falsos, das etiquetas venenosas, principalmente a partir da invasão da Rússia pela Alemanha. Rússia e Alemanha, precisamente as duas potências totalitárias, parceiras no pacto mais monstruoso da História, pacto responsável pela Segunda Guerra Mundial, pelos bombardeios aéreos e a destruição de Varsóvia e de Londres; pela anexação da Lituânia, da Letônia, da Estônia ao território soviético; pela subjugação da Noruega e da Finlândia; pela ocupação nazista da França e de quase toda a Europa, pela morte enfim de um sem número de seres humanos que nada lhes deviam.

Os integralistas brasileiros pagaram caro por essa aliança repelente. Foram eles, no Brasil, as suas maiores senão únicas vítimas.

Se em 1939 os comunistas se alarmaram com o "Pacto Maldito", não menor foi a indignação dos nazistas. Dois dias após a assinatura daquele contrato abominável, na manhã de 25 de agosto de 1939 — narra Joachim Fest —, "partidários de Hitler, indignados, foram jogar por cima da grade da Casa Marrom, em Munique, braçadeiras com a cruz gamada" (*Hitler* — trad. de Analúcia F. Ribeiro e outros, Ed. Nova Fronteira, 2ª ed., Rio, 1976, p. 706). Os antigos integralistas não tinham nada que ver com isso. Mas quando cerca de dois anos depois a Alemanha invadiu a Rússia, os seguidores incondicionais de Stálin vingaram-se da própria frustração, vingaram-se como que de si mesmos, do crime que a 23 de agosto de 1939 seus chefes tinham cometido, e o fizeram atirando-se furiosamente contra os integralistas. (É sempre assim. O lobo da fábula acha que o carneiro, colocado muito mais abaixo na correnteza, é que lhe turvou a água do rio.) Daí em diante passaram a acusá-los do que eles próprios, os comunistas, é que efetivamente tinham sido durante os 22 meses de vigência do Pacto Maldito, a saber: *linha auxiliar da Alemanha nazista*. E como exerciam enorme influência em jornais, rádios, colégios, faculdades, sindicatos, associações, clubes, etc. e eram técnicos na arte de confundir os espíritos incautos, de inverter a verdadeira face dos fatos, de mentir e de caluniar, tiveram até a requintada desfaçatez de imputar aos seus indefesos adversários ações de quintacolunismo, quando eles é que durante os 22 meses de funcionamento do Pacto Maldito é que, aplaudindo-o, aceitando-o e justificando-o, tinham sido a quintacoluna do nazi-sovietismo.

Os integralistas, com a sua antiga organização destroçada pela ditadura em vigor, evidentemente para vencerem tamanha hostilidade, desigual e cruel, dependiam de liberdade garantida e do respeito ao direito de defesa, mas isso em momento algum lhes foi reconhecido.

Aqueles "canais da difamação" que o Partido Comunista internacional manejava com apurada e gélida maldade mesmo contra os seus próprios membros, quando era necessário ou conveniente destruí-los, segundo narra Osvaldo Peralva em *O Retrato* (p. 18 e outras), foram dirigidos, na Bahia especialmente, contra os antigos adeptos da AIB em geral, sem exceções, genericamente, e contra alguns, em particular o grande mestre Herbert Parentes Fortes, por exemplo. Estabeleceu-se o domínio irracional e avassalador dos *slogans*, das meias verdades, dos rótulos e da gritaria.

Bloqueio da verdade

O fato histórico certo, contudo, é que o Integralismo, pela sua doutrina política, por seus princípios básicos, inscritos no *Manifesto de Outubro* e nas *Diretrizes Integralistas*, podia considerar-se o inverso do totalitarismo ou da ditadura, por conseguinte: o oposto do nazismo, do fascismo, do leninismo. Outro fato inequívoco: os seus antigos seguidores nunca se manifestaram a favor da guerra germano-soviética, deflagrada inicialmente contra a Polônia e depois contra os aliados franco-britânicos, sob o pálio do Pacto Ribbentrop-Molotov de 23 de agosto de 1939, nem tampouco alteraram sua conduta quando findou a aliança Hitler-Stálin, em conseqüência da invasão da Rússia pelos nazistas. Pelo contrário.

No quinto dia da Segunda Guerra Mundial, estando exilado em Lisboa, Plínio Salgado enviou a todos os seus companheiros uma mensagem de alerta acerca da guerra. Apesar das dificuldades decorrentes do regime ditatorial imperante no Brasil, esse documento foi bastante difundido entre aqueles a quem se destinava (eu mesmo, já em São Paulo, o li), e deixava bem claros os seguintes pontos nele consignados:

1. *"Estávamos com o Brasil fosse qual fosse o seu destino";*
2. *"Nossa neutralidade era completa, principalmente porque os Estados Unidos continuavam neutros";*

3. "Nossa neutralidade era ativa, em relação aos serviços que a Pátria reclamasse";

4) "Nenhuma atitude ou partido por qualquer dos beligerantes poderia ser tomada, por não sabermos qual seria a atitude do nosso Governo e além do mais os Estados Unidos, com quem o Brasil tinha compromissos que devíamos honrar, ainda estavam neutros".

A íntegra desse documento que, até onde chegou o meu conhecimento dos fatos daquele período, foi observado pelos integralistas, é a seguinte:

"Setembro, 5 — Lisboa (...).

Convém tornar clara nossa atitude conflito mundial: estamos com o Brasil, seja qual for seu destino. Absoluta frieza totalitários relação integralistas e procedimento faccioso seus governos demonstrado tantas vezes favor Presidente Vargas contra nós e ainda agora, são motivos suficientes nossa completa neutralidade principalmente tendo-se em vista Tio Sam ainda neutral. Nossa neutralidade não deve ser passiva mas ativa relação serviços nossa Pátria reclamar seus filhos qualquer emergência, sem sairmos linhas discretas, atenta incerteza atitude governo brasileiro conflito mundial... Aviso companheiros não tomarem atitude ou partido qualquer beligerante, pois não sabemos qual será atitude futura nosso Governo e além do mais os Estados Unidos com quais Brasil tem compromissos devemos honrar, ainda estão neutros". (assinado) — *P*[6].

Contra essa correta linha de conduta dos seguidores do Integralismo nunca os agentes do PCUS ou do PCB, sua agência no Brasil, produziram a mínima prova de nada. Por outro lado, é inquestionável que a Segunda Guerra Mundial só foi deflagrada depois do apoio dado à Alemanha pela União Soviética, através do Pacto de Não-Agressão e do Protocolo Secreto que as duas potências imperialistas assinaram oito dias antes da invasão da Polônia. Pelo Pacto, *os comunistas, em todo o mundo, se tornavam aliados ativos de Hitler*. Sobre isso é muito esclarecedor o depoimento de um grande ex-líder comunista americano, Louis Francis Budenz, mais tarde (1946) convertido ao Catolicismo, quando escreveu o livro *This is my Story*,

---

6 Enviado por um passageiro do navio "Siqueira Campos" que saiu de Lisboa naqueles dias. Cf. Plínio Salgado, *O Integralismo Brasileiro Perante a Nação*, Oficina Gráfica Ltda., Lisboa, 1946, p. 125.

traduzido no Brasil e editado pela Editora A Noite, em 1948, já referido anteriormente. A certa altura diz ele, a propósito das obrigações que o Pacto nazi-soviético gerava:

> *"A nova aliança política exigia de nós, todos os atos de sabotagem de que fôssemos capazes em favor de Hitler e contra o auxílio à Grã-Bretanha. "*(p. 142).

Pergunto: isso era, ou não, quintacolunismo confesso?

O PC devia "reorientar-se", segundo as ordens de Moscou, informa Budenz, *"mudar radicalmente de orientação, para ajudar a derrota franco-britânica. Na Inglaterra* — prossegue Budenz — *o Secretário Geral do Partido Comunista, Harry Pollitt, tendo-se mostrado demasiado lento nesse esforço de 'reorientação'*, foi sumariamente demitido do seu posto por Stálin" (p. 144).

Se assim foi na Inglaterra, no mínimo ocorreu a mesma "reorientação" no Brasil. Os estalinistas brasileiros, obedientes incondicionais às ordens oriundas do Kremlin, manifestavam-se contra a guerra dos Aliados, a qual eles chamavam de imperialista. Sobre isto é também muito esclarecedor o livro de Joel Silveira e Geneton Moraes Neto, *Hitler-Stálin — O Pacto Maldito*, citado.

Embora estivesse encarcerado na ocasião, Prestes, mesmo assim, exercia influência carismática junto aos comunistas brasileiros (haja vista sua biografia ultra-apologética em 1941 escrita por Jorge Amado), e era homem de confiança dos soviéticos, ante quem, como diz Osvaldo Peralva, guardava *"subserviência política e intelectual, abdicando mesmo da faculdade de pensar com a própria cabeça para se transformar num títere de burocratas opacos como os de Moscou"* (*O Retrato*, cit., p. 277).

Prestes ordenaria portanto tudo quanto fosse útil, naquela época, à União Soviética, e a esta o que então convinha era cumprir o Pacto de 23 de agosto de 1939 contra os Aliados franco-britânicos.

Na Bahia, o PC logo fez ver aos comunistas que a situação (isto é, a guerra) só podia ser "avaliada" *à luz da realidade soviética e da teoria marxista-leninista*, segundo depõe João Falcão, e não conforme os superiores interesses do Brasil nem muito menos das democracias com quem tínhamos compromissos. Ante a invasão brutal da Polônia pela Alemanha nazista e também pela própria União Soviética, os comunistas baianos estavam solidários com as ações devastadoras dos exércitos da Alemanha nazista, parceira da União Soviética, e por quê? Vejam só: porque, diz o superinformado João Falcão no seu citado livro,

> *"A guerra* [dos ingleses e franceses contra a Alemanha de Hitler] *era imperialista e tinha por objeto uma nova partilha do mundo entre as potências capitalistas vitoriosas."* (p. 66).

É o caso de indagar: quem é que se comportava aí como pró nazista: João Falcão ou aqueles a quem ele, e sem apoio em coisa nenhuma, tachava de fascistas e nazistas?

Na citação supra colhe-se ainda a indicação manifesta do falso juízo enunciado pelo autor dessa exacerbada fantasia, quando acusa de "imperialista" a guerra declarada à Alemanha pela Inglaterra e a França, pois que precisamente na época referida por João Falcão (1939-1940) a União Soviética havia ocupado violentamente parte do território polonês, invadido a Finlândia e anexado pela força as Repúblicas independentes do Báltico. A União Soviética, portanto, tal como a Alemanha, é que fazia guerra *imperialista*, a saber: expansionista.

Um membro da Câmara de Comércio dos Estados Unidos que a convite visitou a Rússia quase no fim da Segunda Guerra Mundial, teve ocasião de verificar lá que (textualmente) *"quando a União Soviética reivindicava um território, nenhuma notícia de Moscou pode mencionar o fato de ter o mesmo pertencido a outra nação"*. E completa: *"Isso refere-se não apenas ao Istmo de Carélia, mas também aos estados bálticos. Tais regiões fazem parte agora da União Soviética e nenhum cabograma de Moscou pode insinuar que foram outrora Repúblicas independentes"* (William L. Wite, *Report on the Russians*, editado no Brasil em maio de 1945 sob o título de *Impressões sobre os Russos*, trad. de Ennio Guazzelli e Aydano Arruda, Ed. Cupolo Ltda., São Paulo, p. 119-20).

Seria isso, por acaso, "avaliar" o Pacto de Não-Agressão "à luz da realidade soviética e da teoria marxista-leninista"?

Repete também o livro de João Falcão a impostura difundida pelo PCB de que o tratado celebrado entre a Alemanha e a União Soviética aos 23 de agosto de 1939 "foi um recuo estratégico a fim de dar tempo à União Soviética de preparar-se para a sua defesa" (p. 66).

Grosseira falsidade. Foi graças a esse Pacto e ao Protocolo Secreto a ele anexado em setembro de 1939 que, como já dito, a União Soviética subjugou os três países livres do Báltico, incorporando-os compulsoriamente ao território da URSS. E mais: anexou ao território russo, pela força, uma parte do território da Polônia subjugada por Hitler e Stálin.

Além disso, ex-líderes comunistas desiludidos, que conseguiram, antes do fim da Segunda Guerra, a extraordinária façanha de livrar-se da ditadura soviética e refugiar-se no estrangeiro, afirmam o contrário da versão provavelmente manipulada pelo *Komintern* e repetida no livro do Sr. João Falcão.

Um deles, Victor Kravchenko, quando já a salvo nos Estados Unidos, escreveu *Escolhi a Liberdade*, em cujas quatrocentas e noventa e oito páginas narra toda a sua vida e a vida da URSS, de que ele participara como militante do PCUS desde a sua juventude.

De lá Kravchenko saiu como enviado do seu governo para celebrar negócios com países capitalistas, e achando-se fora da URSS obteve asilo político nos Estados Unidos em plena guerra.

Eis como Victor Kravchenko desmente a balela de haver a União Soviética assinado com a Alemanha de Hitler um tratado de não-agressão "estrategicamente", a fim de "preparar-se para a sua defesa", como pretendem os "papagaios vermelhos":

> *"De todos os mitos fabricados pela máquina da propaganda comunista, porém, o mais aviltante, porque o mais falso, é o mito de que Stálin se aproveitou dos vinte e dois meses de trégua concedidos pelo acordo firmado com os Nazistas para preparar-se contra eles. É uma mentira, é um insulto aos milhões de russos que sofreram e pagaram com a vida precisamente por esse desperdício de tempo.* A guerra, quando veio, encontrou-nos completamente desprevenidos, a ponto de não contarmos nem mesmo com planos capazes de proteger o povo e as valiosas indústrias de guerra situadas precisamente no caminho do invasor. (...) *Menos de uma semana após o desencadeamento, Moscou, a cidade mais bem suprida do país, estava sem pão.* Filas intermináveis estendiam-se ocupando quarteirões inteiros, à espera de rações mínimas de pão, de querosene e outros artigos essenciais. *A capital da União Soviética não dispunha nem mesmo de abrigos antiaéreos adequados.* Nem uma das mais importantes fábricas de material bélico da Rússia ocidental e setentrional foi evacuada, ou preparada para isso, antes de ter início o morticínio. Segundo a teoria do Kremlin, o nosso apresto destinava-se exclusivamente à guerra ofensiva, motivo por que deixáramos de evacuar em tempo oportuno imensas áreas que se transformaram imediatamente em campos de batalha. Milhões de toneladas de matéria prima e material bélico, trigo, combus-

tível, e, acima de tudo, dezenas de milhões de homens permaneceram nos setores ocidentais mais vulneráveis, onde caíram sem demora em mãos dos invasores. (...) *Durante o período do pacto, Stálin ajudou Hitler a subjugar a Europa, fornecendo-lhe, segundo os termos de seu acordo econômico, metais, petróleo, trigo, carne, manteiga e todos os demais artigos especificados".*

E após outras informações acerca do que se passou na Rússia durante o contubérnio Hitler-Stálin, assim conclui o n.º 3 do Capítulo 22 do citado livro:

> *"Repito aqui: o poderoso álibi para o pacto com os nazistas — o pretexto de ganhar tempo — é uma invenção sórdida, a mais vil e a mais desprezível das ficções de propaganda".*

O escritor húngaro Arthur Koestler, num dos seus lúcidos ensaios político-sociais de 1942 a 1944, reunidos no livro *O Iogue e o Comissário*, traduzido por Sérgio Milliet e publicado em 1947 pelo Instituto Progresso Editorial, assim se refere à conduta da URSS para com a Alemanha de Hitler, enquanto durou o pacto de 23 de agosto de 1939:

> *"O governo soviético observou com benevolente neutralidade a conquista de virtualmente toda a Europa pelos nazistas. Oficialmente, ridicularizava-se a idéia de uma guerra ideológica. Não abriu a segunda frente quando a França foi invadida e os aliados estavam à beira da derrota. Só lutou quando diretamente atacada, numa guerra de sobrevivência nacional, sob o estandarte nacionalista"* (p. 272).

Quem usa, cuida, diz o provérbio. A propósito, por exemplo, do chavão criado outrora pelo Partido Comunista, sobretudo a partir de junho de 1941, de serem os integralistas pró-fascismo e nazismo, o fato acontecido foi exatamente o inverso. Os seguidores do PCB é que, por atitudes ou palavras, se revelaram capazes de colaborar com o fascismo ou o nazismo, e efetivamente colaboraram durante 22 meses, como temos visto até aqui. Há, no entanto, um pouco mais a aduzir. E para isso vou fazer prova com o depoimento direto de antigos líderes comunistas.

Gostaria de que alguém pudesse fazer a mesma coisa com algum antigo militante integralista.

Osvaldo Peralva, incondicional adepto de Stálin, conforme ele próprio deixa ver em *O Retrato*, declara aí que "queria participar da luta contra o nazismo *em defesa dos povos soviéticos*". O Brasil, portanto, estava fora de suas cogitações. Inflamava-o, em 1942, o desejo de *ajudar a URSS*, na qual ele via "um símbolo de libertação do homem da opressão e da miséria", etc. (p. 9). Jamais um integralista falou assim, em relação a qualquer país totalitário. Nem nunca diria tal, pois para ele o Brasil estava acima de qualquer outra nação, ainda a mais poderosa. Nós, ao contrário, tínhamos orgulho nacional, apesar das críticas que fazíamos, às claras, ao regime político que nos atrasava.

Mas aquilo, que o próprio Osvaldo Peralva denomina os *canais de difamação* do PC, inverteu a verdade das coisas e engendrou o *slogan*, que aos seus adversários infligiu as maiores amarguras, a saber: o de sua suposta identificação com o nazifascismo, imputando-lhes conduta de quintacolunas, sinalizadores de submarinos inimigos, e outras ignóbeis caraminholas. E assim os estalinistas conseguiram, em 1942, pela força bruta, afastar do Ginásio da Bahia, onde anos antes ingressara pelo sistema de mérito, a personalidade invulgar do Professor Herbert Parentes Fortes.

Armaram contra aquele mestre admirado por várias gerações um simulacro de inquérito. A coação porém sob a qual este foi manipulado chegou ao ponto de o Consultor Jurídico da Secretaria de Educaçao, que deveria opinar sobre a regularidade daquele iníquo processo (o Prof. Jaime Junqueira Aires), declinar da função alegando amizade íntima com o indiciado.

Estava eu então na Bahia por alguns dias e soube do caso. Diligenciei ter acesso a esse processo administrativo e, surpreso, nele vi aquela declaração. Pois então, pensei, não é o amigo verdadeiro da vítima o mais indicado para em seu benefício dizer onde acaba a lei e entra a arbitrariedade? Por essas e outras é que desde estudante eu admirava o espírito independente de Nestor Duarte. Nessa mesma época protagonizou ele a seguinte cena (que não vi, mas me foi narrada por pessoa idônea, que a ela estava presente[7]). Na Faculdade de Direito, no segundo semestre de 1942, cada vez mais crescia e alteava entre os alunos a onda de intolerância gratuita contra o Dr. Herbert Parentes Fortes. Certa manhã, quando Nestor Duarte chegava à Faculdade para dar sua aula, alguns estudantes foram a ele dizer que tinham acabado de pôr para fora do Ginásio da Bahia o Professor Herbert Parentes Fortes. Incontinen-

[7] O advogado Raymundo Paraná Ferreira me reproduziu as palavras de Nestor Duarte. Ele, que era então quartanista de Direito, ouviu-as diretamente do Professor.

ti, o bravo e digno professor Nestor Duarte subiu alguns degraus da escadaria do átrio, voltou-se para os estudantes e disse-lhes em voz alta: "Vocês praticaram o maior crime contra a democracia que é o desrespeito à liberdade de cátedra. Sejam quais forem as idéias do Professor Herbert Parentes Fortes, ele é um homem culto e um homem de bem!"

Para mim essa breve sentença proferida pelo impoluto Nestor Duarte bastou para reduzir a nada as acusações caluniosas feitas então ao Professor Herbert Parentes Fortes, e desmoralizar a violência contra ele praticada.

Quinze anos depois, quando já decorridos quatro da morte prematura do grande Herbert no Rio de Janeiro, para onde, em fins de 1942, fora compelido a mudar-se com a família, pois não tinha mais como viver na terra de adoção que ele muito amava, conversava sobre coisas idas e vividas, em hora calma no Plenário da Assembléia Legislativa, com um colega amigo, quando ele me surpreendeu com esta revelação: "Seu Rubem, o grande remorso de minha vida é o que fiz com Herbert Fortes" (o matutino baiano "O Imparcial", por ele dirigido entre 1942 e 1944, inflamara a injusta campanha contra Herbert Parentes Fortes).

Por tudo isso, já não me admira que o preconceito, o sectarismo, a intolerância, a maldade e até a ignorância dos fatos ainda hoje não raro reeditem certas falsidades do passado sobre a natureza ideológica do Integralismo.

Com a palavra a toleima

Há pouco tempo, Paula, minha filha caçula, mostrou-me recorte de um jornal baiano de 12.12.1993, em que certo professor da UFBA dava "macetes de memorização" (título do pretensioso aranzel) para o Vestibular. Há de tudo nessa lenga-lenga, desde o erro gramatical de palmatória até a baixaria. Vamos a alguns exemplos de suas supostas "definições":

> "1. *Mercantilismo* — Mais prática econômica do que teoria, na qual o estado absoluto *intervia* na economia, etc.
>
> 2. *Totalitarismo* — Tudo para o estado, nada para o indivíduo. No período entre guerras, burguesias falidas da Itália, Alemanha, Portugal, Espanha, implantaram esta forma de governo para sustentar o Capitalismo. [E a União Soviética, professor?]

3. Dutra foi o presidente do Plano Salte *que não saltou.*

4. Castelo Branco *"armou o circo para o pau cantar"*. "Costa e Silva *baixou o sarrafo."*

É uma pessoa como essa, de tão lamentável nível cultural, que, como não podia deixar de ser, do alto de seus tamancos, assim definiu o Integralismo: "Doutrina fascista e totalitária de Plínio Salgado". É no que dá, quando o sapateiro passa além do sapato. *Ne sutor ultra crepidam.*

Ódio velho não cansa

Contudo, cinqüenta anos passados sobre essa página triste da história política baiana, assim fala o autor de *O Partido Comunista que eu conheci* ao recordar a notícia do afundamento do navio brasileiro "Paraíba" por submarinos alemães:

> *"Nesse mesmo dia (...) os extremamente ativos estudantes do Ginásio da Bahia, que reunia a maior população estudantil do Estado e era um colégio público, denunciaram ao povo e às autoridades o professor integralista, renitente e impertinente pregador fascista, Herbert Parentes Fortes. Após realizarem um comício no qual os diversos oradores apontaram-no como quintacoluna, percorreram as ruas centrais da cidade, carregando legendas e dísticos antifascistas, sendo muito aplaudidos pela população. Esta manifestação teve repercussão nacional e o seu principal articulador foi Mário Alves."*[8]

Raramente o espírito de seita atinge tão elevado grau de maldade, desculpe-me que o diga o Sr. João Falcão, pessoa de amável trato, contra quem nada tenho, como ocorre em relação a muitos outros adeptos do leninismo-estalinista, com os quais venho convivendo cordialmente.

Referindo-se ao Prof. Herbert Fortes como "renitente e impertinente pregador fascista", que "os diversos oradores apontaram como quintacoluna" e "denunciaram ao povo e às autoridades", e sendo o vocábulo quintacoluna, à época, sinônimo de "traidor da Pátria", o autor do livro em foco pretende, sem dúvida, reeditar a infâmia de ter estado o Prof. Herbert a serviço da Alemanha e da Itália, parceiras na Segunda

---

[8] Livro citado, p. 198. Mário Alves foi líder do PC na Bahia, lembro eu, que o conheci.

Guerra Mundial. Que injustiça monumental! Para desfazê-la, porém, ao invés de meu apagado argumento, peço licença para dar a palavra ao preclaro líder católico e consagrado homem de letras Alceu Amoroso Lima, que reconheceu em Herbert Parentes Fortes "*uma inteligência luminosa, pronta, ardente, original*". Do professor pobre, "admirável professor sem dúvida", disse isto, que glorifica um mestre: "*Dava a cada aula um calor de apostolado e fazia discípulos entusiastas de toda uma geração baiana. Sua vida foi um drama permanente, uma agitação contínua que ele enfrentava com uma extraordinária fortaleza de alma, assente numa fé inquebrantável. Quando, muito jovem ainda, foi condenado à amputação da mão direita*[9]*, só pediu uma coisa: que antes da amputação pudesse escrever, com a mão que ia perder, um poema a Nossa Senhora. E assim o fez, num gesto de legenda dourada, que hoje o acompanha às moradas eternas. Foi assim Herbert Fortes, um modelo vivo de apostolado religioso e intelectual. Seu catolicismo era militante e ardente, animando toda sua vida doméstica, social e cultural.*" Enfim, era "*um admirável* exemplo de beleza e moral, de vida iluminada". (Alceu Amoroso Lima, *Companheiros de Viagem*, Liv. José Olympio Editora, Rio, 1971, p. 74/75)

Sobre a memória de uma personalidade desse estofo é que o PCB, "embaixador da União Soviética no Brasil", como dele disse um dos seus antigos expoentes, despeja o seu rancor gratuito.

Quanto a mim, e em respeito a quantos sabem que nunca ocultei minha condição de membro ativo da Ação Integralista Brasileira enquanto ela existiu como partido político nacional, não vou defender o inolvidável Herbert Parentes Fortes daquilo que ele nunca foi, nem tampouco repelir essa baboseira de "Integralismo — cópia do Fascismo", na qual insistem os que se comprazem em, por má-fé ou por ignorância, denegri-lo. Prefiro antes mostrar, como mostrei, que quem esteve do lado de uma potência estrangeira enquanto durou o Pacto Maldito, foram os filiados ao Partido Comunista; eles, portanto, é que, em certa fase da Segunda Guerra, podiam ser tachados, presumivelmente, de quintacolunas.

Reverso da medalha

Os acusadores do Integralismo se cingem a imputações sem prova alguma e mesmo quando o acusam de ser "cópia do fascismo"

[9] O Dr. Herbert Fortes teve de amputar todo o braço direito, mas em pouco tempo aprendeu a escrever com a mão esquerda, e com ela cumprir o plano de sua vida exemplar.

nenhuma demonstração disso fazem, apesar de aquele movimento de idéias ter legado ao País dezenas de livros reveladores de seus propósitos e de seus princípios políticos, sociais e econômicos.

Com essa mesma ausência de critério revelada para acusar o adversário, os defensores da União Soviética e de Stálin elogiam seus ídolos.

Stálin — para eles — é (textual) "mestre, guia e pai, o maior cientista do mundo de hoje, o maior estadista, o maior general, aquilo que de melhor a humanidade produziu".

No entanto, o desmentido de tão ridícula gabolice foi feito pelo segundo sucessor do próprio Stálin, Nikita Kruschev. Surpreendendo, em 1956, os participantes do XX Congresso do PCUS, declarou-lhes que Stálin fora um *criminoso*, o déspota a quem milhões de russos deviam o sacrifício de suas vidas, sem defesa nem julgamento, por simples *suspeita*.

Para encerrar essas breves considerações feitas em legítima defesa do passado de um honrado movimento político e de seus não menos honrados componentes, lembro que já na década de 30 apontávamos o estalinismo despótico como *fascismo vermelho*.

Pois bem: quando, faz pouco tempo, a URSS começou a desmoronar por si mesma, isto é, sem guerra externa, sem nenhuma espécie de coação vinda de fora de suas fronteiras, mas tão só pela vontade de seu povo, jornais paulistanos de 19 de julho de 1990 estampavam fotografias de multidões de manifestantes pelas ruas de Moscou a conduzir cartazes com a inscrição: *Abaixo o fascismo vermelho!*

A justiça tardou, mas veio.

XII

Vida nova

Sumário: Na terra do cacau — Tempos de São Paulo — Um pólo regional — Visita à Bahia — Casamento — Encerra-se o ciclo paulista — Intervalo carioca

Na terra do cacau

O "Comandante Alcídio", navio de porte médio do Loide Brasileiro, lançou sua âncora ao amanhecer do dia, em frente às pedras de São Jorge dos Ilhéus, à espera da maré cheia para lhe transpor a perigosa barra e encostar no cais do porto da cidade.

Ao desembarcar e atingir-lhe a bela e extensa avenida beira-mar, naquela ensolarada manhã de fim de verão, um grupo musical tresnoitado do Carnaval tocava e entoava uma graciosa canção, cujos primeiros versos tomei como bom augúrio de minha chegada, e não mais os esqueci: *Eu nasci em Pernambuco/terra de sol e calor/onde o amor nasce do frevo/e do frevo nasce o amor.*

Identifiquei-me imediatamente com a cidade, simpatia à primeira vista, e nela dei-me bem durante um ano, ao termo do qual partiria para uma nova e frutuosa experiência, a do interior paulista.

Ilhéus, pude senti-lo em pouco tempo, era a melhor cidade da Bahia, depois da Capital, e a única diretamente ligada ao sul e ao norte do Brasil, bem como à Cidade do Salvador, por via aérea. A Condor e a Panair favoreciam-na com dois vôos semanais, cada uma, de hidroaviões que desciam nas águas do rio Cachoeira, no Pontal. Também somente nela havia um ginásio público (municipal), construído e inaugurado na administração Eusínio Lavigne. A própria Capital, do mesmo modo, possuía apenas o velho Ginásio da Bahia, acrescido de mais dois novos pavilhões, construídos pelo governo Góes Calmon.

O "Diário da Tarde" e o "Ilhéus Jornal", ambos vespertinos, mantinham em bom nível a imprensa local, e a Prefeitura editava um "Diário Oficial". A vida bancária, bem desenvolvida, com três bancos e uma agência da Caixa Econômica Federal, muito influía para o desenvolvimento local. No cais do antigo porto, atracavam cargueiros suecos de grande porte, navios do Loide Brasileiro e alguns dos *Itas* menores, além dos da Companhia de Navegação Baiana e de dois barcos a motor de empresa particular, fabricados em estaleiros europeus. O transporte terrestre intermunicipal, a cargo dos ônibus da Companhia Viação Sul-Baiano e da Estrada de Ferro Ilhéus-Conquista (inglesa), dinamizava a economia regional. Ilhéus liderava então o Sul da Bahia.

Num dos teatros locais podiam-se apreciar temporadas de companhias de comédias do Rio de Janeiro, o que ocorreu mais de uma vez enquanto lá residi.

A Comarca, onde funcionava uma subseção da OAB, era servida por três juízes e dois promotores públicos. As audiências faziam-se no salão maior do andar térreo da sede da Prefeitura Municipal. Cerca de vinte advogados atuavam no foro, inclusive alguns que tinham escritório em Itabuna.

Meu plano não era fixar-me lá, mas, depois de melhorar a experiência iniciada em 1936 como Solicitador Acadêmico, transferir-me para o Sul do Brasil. Fui recebido no escritório do Dr. Salvador Araújo, meu tio-avô materno, em cuja casa, a seu convite, fiquei morando. Era ele um dos dois ou três advogados de maior nomeada no foro regional. Como éramos, ambos, dados a acordar cedinho, toda manhã, antes da saída para o escritório, conversávamos sobre temas jurídicos, e por minha causa, como um dia me disse, voltou a comprar novos livros de Direito.

Nossa convivência, de que me recordo com saudade, foi sempre de muita compreensão e confiança. Aluno laureado pela Faculdade de Direito da Bahia em 1911, o Dr. Salvador Araújo advogava bem e guardava um monte de "bilhetes de audiência" (cada um dos quais representava uma ação proposta, pois segundo o regime processual anterior ao CPC de 1939, o advogado do autor tinha de acusar, em audiência, mediante tais "bilhetes", cada citação inicial produzida). Os advogados sentavam-se em poltronas de espaldar alto, postas sobre um estrado e em semicírculos diante do juiz, que por sua vez ficava também sentado numa poltrona de igual tipo, sobre estrado, no mesmo plano. Se não me engano, havia audiências todos os dias da semana. Feita a leitura dos "bilhetes", seguiam-se os demais atos judiciais marcados para o dia.

Uma vez assisti no fórum a uma cena inédita para mim e meio constrangedora. O advogado Altino Serbeto de Barros, de Itabuna, dirigiu-se ao juiz, Dr. Perilo Benjamim, e reclamou contra certas custas a mais que, segundo alegava, lhe haviam sido contadas e pagas num determinado processo. Em resposta o Dr. Perilo disse ao Escrivão do feito mais ou menos estas palavras: "Sr. Escrivão, verifique imediatamente nos autos referidos pelo ilustre advogado o que me foi contado a mais, e devolva".

Naquele ano de 1938 ainda persistia a regra de, na conta final de custas processuais, serem algumas destas atribuídas ao juiz da causa, e a quantia respectiva era a ele enviada em cédulas que o Escrivão punha dentro dos autos que lhe fazia conclusos. Achei o incidente muito desagradável; depois soube que o dito advogado e o Dr. Perilo apenas se toleravam educadamente.

Mais tarde, bem mais tarde, contou-me o Dr. Ivan Americano que, numa cidade do interior baiano, ao referir-se jocosamente certo juiz aos argumentos com que o advogado havia defendido sua causa, declarara: "O argumento melhor foi o de fls. tais", isto é, a importância em dinheiro lá deixada à sua disposição pelo oficial do Cartório.

Fui um dia, pelo juiz da Vara Crime, Dr. José Conrado, designado defensor dativo de um rapaz que respondia a processo por ferimentos leves. De acordo com a lei processual penal baiana (os Códigos de Processo ainda eram estaduais), eu devia fazer defesa escrita e oral. Na defesa escrita usei a expressão *conversada* quando me referi à namorada do réu. Na hora da defesa oral perante o juiz e o promotor, este estranhou o termo. Informei, jovialmente, em resposta, que poderia ser encontrado em romances de Camilo Castelo Branco. Tinha me valido de leituras do tempo do Colégio Antônio Vieira.

Atendendo certa vez a um cliente, elaborei a minuta de um testamento público que poderia, com menores gastos, resolver-lhe o caso com sua avó. Mas, antes de levá-la a Cartório, pedi sobre ela a opinião do Dr. Salvador; ele a leu calmamente, e em seguida me disse: "Está certa, pode levar ao Tabelião". Cobrei pelo serviço 700$000 (setecentos mil réis), importância com que pude pagar conta de dentista e comprar artigos de uso na "Loja Glória", a melhor da cidade em artigos de modas masculinas, de propriedade de Alberto Storino, amigo e companheiro da AIB.

Um dia recebi telegrama de Mário Barros, advogado na Capital, também amigo e companheiro da AIB, desde 1934. Ao deixar a Bahia a caminho de Ilhéus, fui despedir-me dele, que morava então numa casinha simpática em Santo Antônio da Mouraria. Mário alertou-me para certos pormenores, entre os quais o da necessidade de ter sempre um livro-caixa (comprei tal livro, que viajou comigo por *ceca* e *meca* uns quarenta anos).

No telegrama, comunicava-me Mário a remessa de um substabelecimento de procuração numa determinada causa e um cheque de quinhentos mil réis, de honorários. Vencemos a causa, mas em vez de alegrar-me, fiquei muito triste. O perdedor era um pobre rapaz vítima de um acidente no pé, fora do local de trabalho, que ele queria converter em "acidente do trabalho", ao passo que a parte vitoriosa era a poderosa Anglo-Mexican Petroleum Company. Doeu-me o coração quando, na porta do Cartório, me encontrei com o pobre rapaz, que ali estava, sem mesmo talvez saber por quê. Confesso ter sentido então certo remorso por haver patrocinado a causa de uma poderosa multinacional contra um humilde trabalhador.

Dei-me bastante bem com as coisas e a gente daquela cidade tão bonita. Certa feita fui a Itabuna "torcer" pela vitória do time de advogados ilheenses contra o de advogados itabunenses. Freqüentava as festas do Clube Social, a praia, o cinema, a Igreja, tinha amigos para bons "papos", ao longo da Avenida Beira-Mar, hoje Soares Lopes, depois do expediente do escritório. Boas conversas principalmente com Lauro Sá e Renato Leite da Silveira, este, sujeito informadíssimo sobre comércio de cacau e política externa; aquele um jurista de elite e amante das boas letras profanas, irmão de Júlio Sá, do meu grupo de estudantes na Bahia (Lauro Sá não tinha sido da AIB, não ligava para política, era só advogado, e bom).

Certo dia Otávio Moura, redator-chefe do "Diário da Tarde", convidou-me para colaborar nas colunas do seu apreciado verspertino e eu, para satisfazê-lo, passei a escrever e publicar artigos sobre variada matéria. Com surpresa, recebi algumas cartas de leitoras que as mandavam aos cuidados do jornal, e Otávio Moura me fazia delas entrega, aparentemente satisfeito. Numa dessas cartas, a signatária se manifestava decepcionada, irremediavelmente decepcionada, depois que me conhecera ao vivo numa festa do Clube Social: "Eu não imaginava que você fosse tão jovem". Que fazer?

Mas um belo dia, ou melhor, uma bela noite de novembro de 1938, ausente a família do Dr. Salvador Araújo, achava-me sozinho em casa, a bater numa velha "Remington" um artigo sobre "Olhai os Lírios do Campo", romance de Érico Veríssimo que vinha fazendo enorme sucesso. Eram umas 22 horas. Batem palmas no corredor externo. Levanto-me, atendo. Um oficial da PM, em nome do Delegado Regional, "convida-me" a ir até a delegacia de polícia. "Um momento só, enquanto preparo umas coisas para levar", respondo. "Mas não há necessidade de levar coisa alguma, pois é só um convite", retruca o Tenente. "Eu sei, eu sei, conheço esses convites", e, dito isto, soquei numa pasta chinelo, pijama, saboneteira, escova e pasta de dentes, gilete de barbear (comecei a fazer barba em Ilhéus). O Delegado Regional me fez conduzir, cavalheirescamente, ao Quartel do Batalhão da PM, um sobradão antigo nas proximidades da Estação Ferroviária. Eram, mais ou menos, 23 horas. Quase todos os detidos — cerca de trinta, ou mais — dormiam. Estava acordado o ex-Prefeito Eusínio Lavigne, que, indignado por não me darem cama, fez questão que eu aceitasse um travesseiro e um cobertor seus para forrar o chão e dormir.

E assim passei a primeira noite de uma detenção ridícula, ordenada (só depois atinei com a coisa) em comemoração ao *primeiro aniversário da instauração do Estado Novo.*

É verdade: a polícia de Landulfo Alves mandara recolher ao quartel do Batalhão da PM todos quantos, em Ilhéus, Itabuna, Pirangi, Água-Preta, etc., ofereciam risco de se oporem ao levantamento de brinde à obra salvadora de Getúlio Vargas, que naquele dia 10 de novembro do ano anterior havia "redimido" a democracia brasileira, cravando os pilares de uma ditadura fadada a durar oito anos.

Nove décimos dos detidos eram ex-membros da AIB. Passados oito dias, já madrugada alta, me acordaram do melhor dos sonos para ir embora. Levado antes à delegacia, o mesmo Delegado Regional, cujo nome nem fiquei sabendo, me fez a clássica pergunta dos policiais das ditaduras: "Por que o Sr. foi preso?"

Nada disso, porém, interferiu na minha afeição a São Jorge dos Ilhéus.

Morando em frente ao mar, muitas vezes lhe freqüentei a extensa praia aos domingos. Havia quem viesse de Itabuna para o banho de mar ilheense. Um desses, o advogado provisionado Lorenz, homem mais para escuro que para moreno, mas com um sobrenome estrangeiro. Nos fins de semana ele ficava, solitário, longas horas de todos os dias, a amorenar-se ainda mais nas areias fronteiras a seu bangalô. Depois do banho de mar, participava do saboroso aperitivo preparado requintadamente pelo meu tio, o Dr. Salvador: sanduíches leves de patê, regados a "Madeira Izidro" legítimo (tinha ele uma adega sempre bem provida de bons vinhos franceses e portugueses). O seu vizinho e compadre, coronel Odilon Pompílio, cacauicultor de vinte mil arrobas líquidas, tinha também hábitos fidalgos. Em sua casa acompanhei a irradiação dos jogos do Brasil na 3.ª Copa do Mundo, aquelas partidas difíceis com a Tchecoslováquia, a Polônia e finalmente o jogo do pênalti de Domingos da Guia, que fez escapar de nossas mãos o título a benefício da seleção italiana. Nos dias desses jogos, coincidentes com o horário de almoço, comíamos com acompanhamento do melhor *Bordeaux*.

Com o Dr. Salvador e sua mulher, D. Edite, fiz excursões inesquecíveis pelas águas mansas do rio Cachoeira acima. Numa delas, para assistir a um casamento de pessoa a eles ligada por velha amizade. Viagem em larga canoa a remo. Ao desembarcarmos na fazenda de cacau, para a cerimônia, vi uma coisa linda e nova para os meus olhos de filho do semi-árido nordestino das caatingas: uma plantação de tangerinas. As árvores pareciam de brinquedo, carregadas de douradas frutas tão sumarentas quanto doces. Quem disse que a lavoura de cacau não tem beleza? Ainda faz poucos meses, visitando a fazenda de meu filho Cláudio, localizada a vinte minutos de Ilhéus, colhemos, aliás, admiramos mais do que colhemos, Gilka e eu, vistosos antúrios a brotar entre os cacaueiros.

De Ilhéus me ficaram outras reminiscências confortáveis, como a dos numerosos amigos. Além dos já citados, havia Reinaldo da Costa Paiva de Lafite, de quem anos depois fui advogado em litígio trabalhista dele com o seu ex-empregador, o empresário Hugo Kaufmann, aqui na Capital. Lafite fazia sucesso, imitando o comediante americano conhecido por Boca-Larga. Mesmo depois de seu casamento com a bela Risoleta, continuamos inseparáveis, até minha partida para o Sul.

Havia o carioca Armante Veloso, recém-chegado à Cidade, de onde aliás não mais se separaria até a morte, recentemente. Armante dançava muito bem, principalmente o "fox-blue", que pouco mais tarde iria eu encontrar como ritmo preferido nas *domingueiras* riopretanas a que adiante aludirei. Havia Juvêncio Peri de Lima, agrônomo, já meu conhecido de férias passadas em Bonfim, onde, certa feita, apaixonado por uma formosura morena, ele lhe mandou versos com esta dedicatória: "A Miranéia, flor de carne que viceja no sertão de minha terra". Havia Floriano Araújo Mendonça, meu primo em segundo grau pelo lado materno, depois meu compadre, pois Gilka e eu lhe batizamos a primeira filha, Maria de Lourdes. Floriano era também agrônomo, poeta de dois livros já então publicados: *Rumor de Passos* (1937) e *Folhas Dispersas* (1932). Neste último, Artur de Sales entreviu "versos sem torturas de rimas, sem modernismos vazios, mas cheios de alma, correntios, fluentes, de uma doce fragrância de coisa simples, de coisas leves e sãs". Além de poeta e latinista, do latim de Horácio, Tito Lívio, Virgílio, aprendido durante dez anos no Seminário de Santa Teresa, que abandonou quando estava prestes a ordenar-se, Floriano era diretor do

"Diário Oficial" do Município (Ilhéus, único município de todo o interior do Estado que se dava o luxo de ter imprensa própria).

Em fevereiro de 1939, todavia, decidi transferir-me para São Paulo. Era um antigo desejo que agora podia e devia satisfazer.

Tempos de São Paulo

Houve quem tentasse dissuadir-me de ir embora, lembrando-me a boa reputação já conquistada em Ilhéus. Por que desprezá-la, para começar tudo de novo fora da Bahia? Mas não cedi e na segunda quinzena do mês de fevereiro de 1939, passageiro novamente do transatlântico italiano "Oceania", rumei com destino final a São Paulo. Renato Mesquita, ao levar-lhe minhas despedidas a sua casa da rua Banco dos Ingleses, também quis reter-me. Propôs um meio-termo: ficar mais perto, no Rio: dar-me-ia uma recomendação para Demóstenes Madureira de Pinho. Excelente Renato, amigo até hoje. Tive afinal até um pequeno bota-fora, ao entardecer daquele domingo, 26 de fevereiro.

No Rio de Janeiro, reencontrei-me com Werner, que fora um mês antes para tratar do registro do diploma no MEC (na época, sem essa formalidade burocrática que costumava consumir meses, o bacharel formado não podia inscrever-se na OAB). Quatro dias depois pegamos um noturno da Central do Brasil, às 20 horas, e às seis horas da manhã seguinte desembarcávamos na Estação do Norte, mais tarde Estação Roosevelt.

Desde anos antes São Paulo era uma das minhas maiores admirações, por ter feito, sozinho, durante três meses, a revolução de 9 de julho de 1932, prova inequívoca de sua capacidade de organização.

Comprei alguns Códigos e livros na Livraria Acadêmica: uma tradução portuguesa de *Instituições de Direito Civil*, de Roberto de Ruggiero, 3 vols.; um volume do Código de Impostos e Taxas do Estado; os seis volumes encadernados da única edição, feita em 1932 pela Livraria Acadêmica, dos *Comentários à Constituição Federal*, de Rui Barbosa, coligidos, ordenados e prefaciados por Homero Pires, a 30$000 cada volume, hoje uma autêntica raridade; *Delitos Contra a Honra da Mulher*, de Viveiros de Castro; *Polícia e Justiça para o Amor*, interessantíssima obra acerca dos chamados "delitos passionais". Seu autor era o então famoso promotor de júri, Roberto Lira. Adquiri também *Comentários ao Código de Processo de São Paulo*, de Câmara Leal, por mera curiosidade intelectual, pois já se previa para o final de 1939, como de fato sucedeu, a promulgação do primeiro Código de Processo Civil Brasileiro; e, de Astolfo Rezende, *A Posse e sua Proteção* (2 volumes).

Pormenor digno de registro: ao ver-me escolhendo só livros jurídicos, o velho Saraiva, principal figura da Livraria Acadêmica, veio a mim e perguntou-me se eu era advogado. Sim, e vou advogar em Rio Preto, respondi. E o senhor Saraiva, com um semblante paternal: "Pode levar o que precisar e, se quiser, pague depois", gentileza de que não me servi.

Afinal, aquilo era São Paulo. Tratei logo de conhecer os jovens que eu já admirava de longe, pelo seu papel na extinta AIB: Goffredo Teles Junior, Francisco Luís de Almeida Sales, Lauro Escorel, Ângelo Simões de Arruda, Roland Corbisier. Andei pela Avenida Paulista a pé, a ver suas mansões do período áureo do café, e o *Trianon*, de onde se podia ter uma vista panorâmica da grande metrópole de sete mil indústrias (segundo pouco antes eu tinha lido). Admirei de perto o Edifício Martinelli, andei pelo famoso "Triângulo Paulista" (ruas São Bento, Direita e XV de Novembro), por onde (coisa nova para mim) as pessoas transitavam a passo acelerado e observando mão e contramão. Conheci a Casa Mappin, com o seu elegante "chá das cinco", no Largo do Patriarca.

Pela manhã do dia 8 de março embarcamos numa composição de aço da Companhia Paulista de Estradas de Ferro, puxada por uma imensa locomotiva que desenvolvia noventa quilômetros horários, em bitola larga. Eletrificada até Barretos, a cerca de setecentos quilômetros de São Paulo, essa modelar ferrovia figurava entre as melhores do mundo.

Para atingir Rio Preto fazia-se baldeação em Araraquara, para a Estrada de Ferro Araraquarense, ainda de bitola estreita e movida a carvão, mas também de muito boa qualidade.

As locomotivas da Paulista, de grande porte, em vez de números, tinham nomes de pessoas, de antigos engenheiros da Companhia, como, por exemplo, Francisco Monlevade.

Ferrovia particular, era, sem favor, tão boa quanto as melhores da Europa (conforme mais de vinte anos depois eu mesmo apurei). Dava prazer, e não pequeno, viajar nas suas excelentes composições, todas as quais ainda ofereciam, para maior conforto de quem pudesse gastar mais 20%, aproximadamente, sobre o preço da passagem, um vagão de luxo, o *Pullman*, dotado de grandes poltronas giratórias de espaldar alto. No restaurante, de sóbria decoração, cadeiras confortáveis, mesas providas de vasos de flores, comia-se bem, almoço completo, por 8$500 (oito mil e quinhentos réis), devendo o passageiro marcar com antecedência o horário exato em que preferia ser servido. Viajei um sem-número de vezes na Paulista, sem jamais verificar um atraso. A Araraquarense, por sua vez, ferrovia estadual, servia, com a máxima regularidade, toda a extensa e próspera região do Oeste de São Paulo.

Foi, assim, num dos impecáveis trens de aço da Paulista que tive o primeiro acesso ao civilizado interior daquele Estado. Para mim ia ser uma experiência de quatro anos, mas, para Werner, de toda a vida. Por isso mencionarei, a seguir, breves dados de sua saga pessoal; dos pormenores cuidará ele próprio, em suas reminiscências, quando e se as escrever um dia.

Formado um ano depois de mim, embora mais moço do que eu perto de três anos, ia estrear, literalmente, na profissão forense, e fixou-se em José Bonifácio, comarca instalada precisamente quando de sua chegada àquelas distantes plagas. Até assistimos, nós dois juntos, às festividades havidas pelo acontecimento, presente o Dr. César Vergueiro, Secretário de Justiça do governo Ademar de Barros.

Logo nos primeiros tempos de advocacia, passa a ter atuação mais freqüente em matéria penal, a que muito cedo se afeiçoa. Por ato do Juiz da Comarca — Euclides Custódio da Silveira — várias vezes serviu como Promotor Público, em ausências deste. Dois anos mais tarde casa com a também jovem professora do Grupo Escolar, Isa Machado, paulista de Taquaritinga, que, no ano seguinte, vindo à Bahia pela primeira vez, a todos encantou com a sua simplicidade, sua simpatia, sua bondade. Tornou-se depois madrinha de uma de nossas filhas e até hoje, cinqüenta anos passados, conservamos a mesma amizade iniciada nos idos de 1940. Em 1941 fez Werner o primeiro concurso para ingresso no Ministério Público, ao qual assisti, mas como poucas eram as vagas a preencher, não logra ser provido numa delas. Novo concurso em 1945, e dessa vez é nomeado, servindo, inicialmente, como substituto, em Rio Preto, comarca de terceira entrância. A seguir torna-se titular na recém-criada comarca de Mirassol, onde fica cerca de cinco anos, daí passando, com sucessivas promoções, sempre por merecimento, às de Catanduva e Jaú, de onde, já em 1953, atinge a comarca da Capital. Para um moço como ele, que, sem favoritismo político, iniciou a vida profissional no mais desenvolvido Estado da Federação, cumpria assim uma brilhante trajetória e em pouco tempo.

Em São Paulo inicia longa atuação no Tribunal do Júri, em processos que marcaram época, tendo como antagonistas advogados criminalistas da maior nomeada no Estado. É promovido, mais uma vez por merecimento, ao quadro de Procuradores da Justiça, final de carreira, e, em 1963, nomeado Procurador-Geral da Justiça. Durante a sua gestão, exerceu influência moderadora junto aos altos escalões da II Região Militar, em defesa de membros do Ministério Público muito visados durante a revolução de março de 1964. E quando sentiu que não mais poderia acomodar dignamente situações individuais sem se submeter às injunções da hora, pediu exoneração e voltou ao exercício do seu cargo efetivo de Procurador da Justiça. Neste, porém, foi buscá-lo mais adiante o Governador Laudo Natel, para exercer o cargo de Diretor-Geral dos Institutos Penais de São Paulo, em cujo desempenho desenvolveu consideravelmente, melhorando-a, a política dos presídios estaduais.

Em 1976, aos sessenta anos de idade e trinta e cinco de serviço público, aposentou-se voluntariamente, passando a residir em Rio Preto onde vive, feliz e confortavelmente, na companhia de Isa, da filha Marisa e do rei da casa, Stefano, o neto único, hoje (1994) com sete anos.

Um pólo regional

De certo modo surpreendeu-me a cidade de São José do Rio Preto, ou simplesmente Rio Preto, como habitualmente era e é chamada, porque, a quatrocentos e cinqüenta quilômetros a dentro do Estado de São Paulo, era talvez de imaginá-la uma cidade de rude aparência sertaneja. Vinha eu de Ilhéus, cidade atlântica, dotada de extensas e largas praias batidas de agitado mar; de uma fisionomia privilegiada, com a sua parte alta a lembrar a Bahia, e o Pontal ali ao lado, ameno e acolhedor, e mais a lindeza de dois rios a emoldurá-la, o Almada e o Cachoeira, espetáculo que eu só iria conhecer semelhante bem mais tarde, na cidade alemã de Passau, banhada por três rios: o Donau (Danúbio), o Inn e o Ilz, a confluência serena de cujas águas assistimos, minha mulher e eu, de bordo de um navio, em que fazíamos um passeio turístico com o nosso filho mais velho, Rubem Junior.

Em Rio Preto ouvi pela primeira vez falar João Mangabeira, convidado que fora por uma das entidades culturais da terra para uma palestra sobre Rui Barbosa. Ouvi também Josué de Castro, autor de livro então em grande voga: *Geografia da Fome;* e Monsenhor Dr.

Henrique de Magalhães, entre outros, o que refiro para ilustrar a informação de que eu me havia assentado profissionalmente numa cidade civilizada.

A propósito do Mons. Dr. Henrique de Magalhães ocorreu o episódio que vou relatar. A diocese tinha anunciado uma série de conferências do conhecido orador sacro, por sinal baiano de Santo Amaro da Purificação, todas a realizar-se na Catedral. A primeira seria sobre o seguinte tema: "O instinto sexual em face da Natureza e da Graça". Achei o assunto anunciado de uma grandeza sem par, e fui ouvi-lo. Catedral lotada, com predominância do elemento feminino e jovem. Monsenhor Henrique de Magalhães aparentava uns cinqüenta anos, homem de feição um pouco sangüínea e olhos claros, testa ampla, rala cabeleira, lembrava a figura do Padre Luís Gonzaga Cabral. No púlpito, situado ao meio da nave — como em geral os púlpitos das igrejas católicas de estilo tradicional — o experiente tribuno, numa linguagem acessível ao numeroso público eclético presente, discorreu didaticamente sobre o difícil tema, mostrando como era possível conciliar um dos mais poderosos instintos do ser humano, com os apelos de sua complexa natureza, e certas virtudes, inclusive a da castidade.

Fiquei de tal modo satisfeito, que resolvi escrever alguma coisa sobre a exposição feita e publicá-la em jornal diário da cidade. Não conservo o recorte desse artiguete, mas me lembro de haver considerado S. Exa. reverendíssima um revolucionário no bom sentido da palavra, e mais: que com uns poucos pregadores de sua estirpe o País poderia realizar as mudanças necessárias pelas quais ansiávamos. Isso foi dito em 1940, no auge do poderio incontrastável de Vargas. Mas não me incomodaram. Ao contrário, tive a agradável surpresa de ser citado pelo Mons. Dr. Henrique de Magalhães ao termo de seu ciclo de palestras, em plena Catedral (não fui lá nessa noite). Contaram-me ter ele declarado, em relação ao meu modesto pronunciamento, que fora a melhor homenagem recebida em Rio Preto.

Na Comarca havia três juizes e dois promotores públicos, com os quais atuavam trinta e dois advogados, entre estes dois professores de Direito, os Drs. Teotônio Monteiro de Barros e Luís Nunes Ferreira Filho. Embora as Comarcas vizinhas tivessem advogados residentes, era comum virem delas pessoas a Rio Preto para ajustar defensores, o que tornava a cidade um bom centro para a advocacia. Dava-se isso em relação também a médicos e outros profissionais liberais, e ao próprio comércio em geral, notadamente o de modas, que por isso mesmo era bastante desenvolvido, de excelente qualidade. Exercia assim Rio Preto, de certo modo, um papel de cidade-pólo. Não tinha, porém, apesar desta sua condição, um hotel como o Ilhéus Hotel, instalado então no mais bonito prédio da cidade. Ainda hoje, já vizinho de muitos edifícios de apartamentos, ele avulta com as linhas da sóbria beleza arquitetônica dos seus cinco andares. O Ilhéus Hotel é ainda uma novidade na paisagem da formosa terra que lhe dá o nome.

Dependendo unicamente dos rendimentos da advocacia, vivi em Rio Preto quatro anos, inclusive os meses de adaptação em Mirassol, distante quinze quilômetros, de onde vinha quase diariamente e era uma boa cidade, mas não Comarca. Montei inicialmente escritório no recém-inaugurado Edifício Caramuru, de seis andares.

Acerca da instalação do escritório há pormenor a contar. Pedi ao vigário da Catedral o obséquio de benzer a imagem do Cristo Crucificado que ali colocara. Ele aquiesceu e marcamos a ocasião para isso. No dia e hora aprazados, quem, surpreso, recebo à entrada do Edifício? O Bispo da Diocese, D. Lafaiete Libanio, paramentado e seguido do Vigário-Geral. Acompanhei-os ao elevador e na sala 7 do 2º andar houve a cerimônia solicitada. Mas, antes, D. Lafaiete entendeu de fazer uma pequena prática, pondo nas alturas aquilo de um jovem advogado querer o Cristo entronizado no seu posto de trabalho. Afirmou então o ilustre prelado que, morando em Rio Preto desde muitos anos, pela primeira vez presidia a um ato de tal natureza.

A imagem era a mesma que me fora oferecida no ano anterior, pelos meus tios Orlando Nogueira e sua mulher, Nevina Renucci Nogueira, que me acolheram afetuosamente na minha chegada a Mirassol.

Guardo de São José do Rio Preto gratíssimas lembranças, ainda muito vivas. Lá não cuidei senão da profissão de advogado. Sofri, entretanto, uma espécie de recidiva no jornalismo, como co-proprietário de "A Folha", um dos matutinos locais, no qual tive de assumir os principais encargos de redação. Quando Tristão de Ataíde fez, no auditório da "Gazeta", uma série de quatro conferências sobre Psicologia Literária, fui a São Paulo ouvi-las e de todas fazer resumos que mandava imediatamente para "A Folha".

Quando porém senti que a recaída no jornalismo ameaçava prejudicar-me o exercício regular da profissão forense, livrei-me da sociedade.

Entre os colegas advogados destacava-se o pernambucano Tavares de Almeida, homem de esquerda, cinco anos depois primeiro dirigente do PC em Rio Preto, mas com quem eu e outros do meu grupo convivíamos muito bem, embora ele com mais de vinte anos sobre a nossa idade. Seu apelido entre nós era Xavarel, por causa do corte transversal e não horizontal que ele dava na letra *tê* e a forma também como escrevia o *esse* final, mais parecido com um *éle*. Naquele ano estava Tavares a terminar um estudo sociológico da região, que editou dois anos depois sob o título *Oeste Paulista — A Experiência Etnográfica e Cultural.*

Em sua casa, onde ele tinha também escritório (em Rio Preto muitos advogados mantinham escritório nas próprias residências) ouvimos, em conjunto, a leitura de capítulos dessa obra, ainda datilografada, e discutíamos amigavelmente sobre um ou outro ponto. Muito pilhérico também, certo dia almoçávamos os três: ele, D. Dinah, sua mulher, bem mais jovem que ele, e eu. Lá às tantas disse D. Dinah que "estava cansada do quotidiano", e o Xavarel, na batata: "Pois, meu bem, não faça o quotidiano, faça o semanal". Hilaridade. Foi de Tavares de Almeida que por primeiro ouvi, em relação à Segunda Guerra Mundial, esta revelação, para a qual na hora não atentei, mas o futuro infelizmente confirmaria: "Seu Rubem, isso não é uma guerra, é uma revolução". Dito e feito: a vitória dos Aliados não acarretaria a divisão arbitrária do mundo em esferas predominantes de influência, sobretudo da União Soviética?

Outro colega muito chegado, Aloisio Nunes Ferreira. Aloisio, formado pela Faculdade de Direito do Largo de São Francisco, pertence à geração, entre outros notáveis, de Goffredo Teles Júnior, Almeida Sales, Roland Corbisier, Lauro Escorel, Alfredo Buzaid, Loureiro Júnior, Ernani da Silva Bruno, cuja vida acadêmica brilhante seguíamos, da Bahia, na década de trinta. Foi Almeida Sales que me apresentou a Aloisio Nunes Ferreira, quando cheguei a São Paulo a caminho de Rio Preto. Fora do expediente forense costumávamos papear principalmente sobre assuntos literários. Os poetas em evidência naqueles dias e que mais admirávamos eram Murilo Mendes, Adalgisa Neri e Vinicius de Morais. Companheiros de festas éramos também. Havia então em Rio Preto um uso muito agradável: o das "domingueiras", algo assemelhado aos "assustados" baianos: aos domingos, dançava-se das onze às doze horas no salão do Clube do Banco do Brasil (5.º andar do Edifício Caramuru), ao som de electrola; e das 20:30 às 22:30 no Automóvel Clube (o melhor dos três clubes sociais da cidade), ao som do *Jazz* "Para Todos". O divertimento principal, como em toda a parte, era ainda o cinema, dois dos quais novíssimos. A inauguração de ambos ocorreu na mesma semana e assim os seus donos se esmeraram na programação. Um exibiu o filme "... E o Vento Levou", acabado de sair do Metro paulistano, e o outro apresentou a apreciada Orquestra Sinfônica de Ribeirão Preto.

A economia riopretense, ao contrário da ilheense, que se baseava na produção de cacau, já entrara na fase de diversificação. O café ainda tinha grande peso, mas expandia-se a cultura de cereais, de algodão e arroz, além da pecuária e de uma indústria de carnes e laticínios.

Na esfera educacional rivalizava com Ilhéus. Possuía ginásio público estadual, estabelecimentos particulares de ensino profissional e de nível médio, colégio de religiosas Ursulinas pra meninas, além, está claro, da rede de ensino primário (hoje, São José do Rio Preto, com uma população de quatrocentos mil habitantes, tornou-se uma cidade verdadeiramente universitária, contando com Faculdades de Medicina, Direito, Engenharia e Arquitetura). Como Ilhéus, era sede de uma subseção da OAB, tendo também uma Associação Comercial, Industrial e Agrícola e uma entidade representativa dos médicos. A população urbana orçava pelos cinqüenta mil habitantes, além da flutuante, considerável, por isso mesmo que Rio Preto atuava como um centro econômico da região da Alta Araraquarense. Ainda não tinha entretanto — como Ilhéus — a vantagem do serviço de transportes aéreos, embora possuísse um Aero-Clube movimentado. Em compensação, funcionava muito bem o seu serviço urbano e interurbano de comunicações telefônicas. Uma rede de força e luz contínua e interligada a outros municípios nunca sofria interrupções, por diminutas que fossem. Em Ilhéus, aos domingos suspenso ficava por duas ou três horas, a partir do meio dia, o fornecimento geral de energia elétrica, que também durante a noite não era muito regular, ao ponto de haver quem a partir das 22 horas desligasse aparelhos eletrodomésticos para evitar danos derivados da instabilidade da corrente.

Visita à Bahia — Casamento

No segundo semestre de 1942 voltei à Bahia, onde não só alegrias tive em rever a família, a cidade do meu maior bem-querer e os amigos, mas também sofri o dissabor de encontrá-la numa atmosfera pesada de opressão e intolerância, nunca vista, contra os que cinco anos antes haviam pertencido à Ação Integralista Brasileira, assunto examinado em Capítulo específico.

A viagem, via rio São Francisco, teve uma demora inesperada. Alguém, dizendo-se bem informado, sugeriu-nos esse roteiro, garantindo ser de apenas três ou quatro dias, até Juazeiro. Gastamos dezoito, a partir de Pirapora, perdendo assim todas as festas que queríamos passar na Bahia: São João, São Pedro, Dois de Julho.

A navegabilidade do rio São Francisco no mês de junho, extremamente precária, sujeita a freqüentes encalhes em bancos de areia, alguns quase à flor das águas, obrigava o navio a ancorar durante as noites. Mal saído de Pirapora, ainda com a cidade à vista, ocorreu o primeiro encalhe, forçando parada longa, enquanto marinheiros afeitos àquele serviço rude removessem a embarcação de sobre a areia, à força de longas varas empurradas pelos seus peitos nus e fortes. E isto se repetiu tantas vezes que já nem ligávamos mais ao espetáculo, a princípio aliás digno de apreciado. Época de seca bravia.

A modéstia, para não dizer a pobreza, dos lugares ao longo do percurso era impressionante. Em Remanso deixamos de passar telegrama na Agência dos Correios e Telégrafos por falta de fórmulas oficiais. Em Pilão Arcado entramos numa pequena padaria para comprar pão fresco (o café da manhã no navio era acompanhado apenas de bolacha), e quando lhe pedimos que envolvesse os pães-vara em papel, a caixeirinha respondeu: "Não tem, amarre na cintura". Esse "amarre na cintura" foi motivo de gargalhadas intermitentes nossas o resto da viagem, e até chegarmos a Juazeiro, quando surgia ocasião de pedir proteção para alguma coisa, ouvia-se o: "amarre na cintura".

Atingimos por fim a Bahia, depois de quase vinte e quatro horas de empoeirado percurso de trem a partir de Juazeiro.

Esperava-nos um almoço supinamente baiano, incluindo o que não saboreávamos havia bastante tempo: laranjas do Cabula e gasosa de Fratelli Vita, grande novidade para a paulista Isa. Ao piano, Margarida, a caçula da família, com uma habilidade muito especial para executar, de ouvido, músicas dançantes, deliciava-nos com as novidades da hora, principalmente os sambas "Praça Onze" e "Tico-Tico no Fubá"!

Horas mais tarde, em contato com amigos de geração, e inteirando-me do que vinha sucedendo na Bahia, pude sentir a que extremos havia chegado a intolerância dos sectários do estalinismo. "Tenho comido os meus livros", ouvi do grande professor Herbert Fortes, de quem haviam arrancado tudo: direito de defesa, emprego conquistado por concurso público, presença da família em seu derredor, tranqüilidade pessoal.

Estivemos aqui até poucos dias após o meu casamento com Adalgisa, a moça que conheci no agitado dia da passagem de Gustavo Barroso pela Bahia, e de quem já antes falei. Embarcamos de volta a São Paulo pelo "Araranguá", do Loide Nacional, numa tarde de agosto, de céu coberto de nuvens escuras. Pegamos mar grosso logo depois do Farol da Barra. A poucas milhas da cidade, já noite, subitamente o navio levou um tranco violento, inclinando-se sensivelmente para um lado e outro, como se tivesse feito uma manobra errada e dando a impressão de que iria submergir, enquanto todas as luzes se apagavam. Cessado, entretanto, em segundos, o estremeção, restabeleceram-se as luzes e veio a informação de que iríamos retornar à Bahia, para deixar passageiros feridos com o acidente e para cujo atendimento imediato o médico de bordo declarara não ter recursos suficientes.

Veja-se como é volúvel o mar. Na manhãzinha seguinte retomamos a viagem em águas serenas o tempo todo até chegarmos ao Rio de Janeiro "em paz e salvamento".

No Rio, o casal Isa-Werner sem demora prosseguiu a rota de São Paulo e os recém-casados fomos conferir sem maior pressa os encantos da Cidade Maravilhosa.

No Cassino da Urca, durante o jantar, vimos variado show musical, com apresentação do cantor então no ápice da celebridade em terras brasileiras: Jean Sablon e sua mais bela canção *J'attendrai.*

A tarde de domingo daquela pequena temporada carioca foi para o Jockey Clube, na Gávea. Não morro de amores por corridas de cavalos (a primeira a que assisti foi aqui na Bahia, levado por papai, em 1925, na hipódromo de Dendezeiros, onde hoje é a Vila Militar). Mas no Rio elas constituíam sobretudo um espetáculo social, com o desfile das elegantes pela "pelouse", nos intervalos dos páreos.

Mas nenhum de nós poderia imaginar que aquilo iria durar pouco, muito pouco, menos de um ano, quase o tempo de duração das rosas dos versos imortais de François Malherbe, dedicados ao Senhor Du Terrier, quando lhe morreu, na flor da idade, a filha querida:

E rosa ela viveu o que vivem as rosas:
o espaço de uma manhã.

Encerra-se o ciclo paulista

Poucos meses passou Adalgisa na rota São Paulo-Rio Preto. Mostrei-lhe o que havia de mais característico na Paulicéia. Lá ainda voltamos por ocasião do 2.º Congresso Eucarístico Nacional, em setembro. Mas daí para a frente e até o amargo fim, as alegrias se lhe foram crescentemente reduzindo por obra de uma gestação penosa. E decidimos, no final do ano, voltar de vez para a Bahia.

Deixando São Paulo, tentei novo período ilheense, que teve curtíssima duração. Nem chegou a cinco meses, durante os quais, todavia, não só trabalhei intensamente, e de novo, ao lado do Dr. Salvador Araújo, mas escrevi uma série de artigos para o "Diário da Tarde", ainda aí a pedido de Otávio Moura. Essa colaboração só foi acerca da obra jurídica de Rui Barbosa que, havia três anos, eu vinha estudando sistematicamente. Possuía já então uma coleção, posso dizer completa, de suas monografias primitivas, seus grandes arrazoados, petições iniciais, do mais alto teor jurídico, pareceres e discursos de sustentação oral na tribuna do Supremo Tribunal Federal, todo um rico acervo que desde o tempo de estudante eu reunia para um dia usar devidamente. A esse material de valor inestimável acrescentei, em 1942, cento e vinte e dois volumes de "O Direito", a primeira revista de jurisprudência, doutrina e legislação regularmente editada no Brasil, sem interrupção, durante quarenta anos: de 1873 a 1913, quando deixou definitivamente de existir. Nessa preciosíssima coleção pude achar também trabalhos inéditos de Rui Barbosa e outros que, embora publicados por ele em vida, em edições limitadas, muito raramente se podiam obter, mesmo nos melhores sebos do Rio ou de São Paulo. E sem esses elementos à mão seria inviável estudar-lhe a fundo o pensamento jurídico.

Foi esse entretanto o estudo que apenas encetei no breve período de Ilhéus, em 1943. Período politicamente turbulento, a partir da entrada do Brasil na guerra contra o Eixo. Os membros ativos do PC clandestino vinham dominando sufocantemente a atmosfera baiana, conforme alguns deles mesmos vieram mais tarde a reconhecer.

Temos hoje sobre isso o testemunho insuspeito de Jorge Amado. Em *Navegação de Cabotagem,* livro sob vários títulos de muita beleza e arte, como já tive ocasião de dizer de viva voz ao próprio autor, que me pareceu tê-lo escutado com agrado, diz ele sobre a preponderância do comunismo na Bahia daquela época: "Só nós dois, ele" (refere-se ao líder comunista Giocondo Gerbasi Alves Dias) e eu, sabíamos por fora e por dentro e poderíamos contar a saga daqueles anos de guerra na Bahia, Giocondo colocou de pé e pôs a andar o maior movimento de massas pela democracia, contra o fascismo, até então visto no Brasil, o povo desfilou nas ruas conduzindo os retratos de Churchill, Roosevelt, Stálin, gritava viva Stálin, por mais que desejassem não foi possível impedir. Giocondo comandou do esconderijo, seu esconderijo era o meio da rua, o povo em torno" (p. 190).

Contudo, essa mesma guerra somente foi deflagrada por Adolf Hitler a 1.º de setembro de 1939, depois do Pacto de Não-Agressão e ajuda mútua subscrito pela Alemanha e a União Soviética a 23 de agosto do citado ano. Nos vinte e dois meses de duração do célebre acordo as duas potências se trataram como amigas e colaboradoras na guerra de destruição da Polônia e da Finlândia.

Esse comando sectário se estendeu também a Ilhéus. E um belo dia me intimaram verbalmente a comparecer à Delegacia Regional de Polícia. Inconformado com aquela falta de respeito às minhas prerrogativas de advogado, no primeiro momento resolvi não atender à irregular intimação. Mas fui contido pelo Dr. Salvador Araújo: "Vá", disse-me ele, "vá, que o Cajueiro já fez assim também comigo". Fui na hora marcada. Rui Cajueiro (este o nome da autoridade policial) recebeu-me de pé, sem casaco e de revólver na cinta. Não me pediu para sentar-me, indelicadeza contra que reagi, sentando-me, e isto levou-o a sentar-se também.

Ato contínuo desenrolou a história fantástica de uma viagem minha a Água-Preta (Uruçuca atual), onde, segundo lhe haviam contado, eu fora recebido por numeroso grupo de antigos companheiros, na estação da Estrada de Ferro, debaixo de clamorosas saudações integralistas, e, mais, que de noite havia eu conspirado em lugares suspeitos daquela cidade.

Tudo invencionice daquele Delegado, que por sinal apresentava uma face de estranha palidez. Corrigi-lhe a ridícula "história". Não acontecera nada daquilo. Tinha eu ido a Água-Preta, dias antes, com minha mulher, já em adiantada gravidez, para o aniversário de uma sobrinha. À tardinha do mesmo dia visitei um velho amigo e companheiro, o coletor Estadual Nelson Lima. E na manhã seguinte retornáramos a Ilhéus, eis tudo. Agarrado a um emprego medíocre da ditadura vigente, quis o delegado Cajueiro fingir de "democrata" comigo. Perdeu seu tempo, e guardo ainda hoje a impressão de que ele, ante minha serenidade, escabriou, pois nada mais disse nem lhe foi perguntado. Saí da delegacia como nela havia entrado: de cabeça erguida. E continuei a fazer na cidade as mesmas coisas que dantes fazia.

Passado um mês, ou pouco mais, aconteceu aquilo com que jamais imaginei defrontar-me um dia: a morte de minha mulher. Eram decorridos apenas sete dias do difícil nascimento de Cláudio. Domingo, 13 de junho de 1943. Às oito horas deixei em repouso a jovem mãe, com o filhinho ao lado, ambos passando bem, na expectativa da volta para casa naquele mesmo dia. Saí para a missa na velha Igreja Matriz. De volta, mal entrei no quarto, onde pouco antes deixara aqueles dois entes queridos na plenitude da vida, vejo a enfermeira sair alarmada do quarto de banho anexo, pedindo-me para ir depressa acudir "a moça" que tivera um desmaio em meio ao banho. Em segundos tirei-a da banheira e trouxe-a para a cama, desfalecida, olhos meio fechados e gemendo baixinho. Quando a deixei na cama, percebi que já não respirava. E eu, ali, sozinho, a olhá-la, sem acreditar no que estava acontecendo, quando realmente o pior já havia acabado de acontecer. Sem perceber quem os tinha chamado, chegavam os pais da pobre morta, e o médico, este a atirar-se sobre uma cadeira, a meter os dedos pelos cabelos, a exclamar palavras para mim confusas. Tudo em mim estava nebuloso. Como apreender imediatamente o sentido daquela cena extraordinária, mas que me parecia fantástica? Só a Providência Divina poderia socorrer-me. E socorreu. Três semanas depois deixava Ilhéus. Mais tarde, mãos amigas me faziam chegar à Capital livros, papéis, arquivos, máquina de escrever, com os quais teria de retomar, sozinho outra vez, o itinerário cruelmente interrompido. Dois meses depois Cláudio veio ter comigo.

Intervalo carioca

No fim de janeiro do ano seguinte, chegava à Capital da República, reencontrando-me com Oldegar Vieira, que lá exercia interinamente cargo federal de técnico de educação.

O companheiro e amigo Cotrim Neto convidou-me para integrar o seu escritório situado na rua do Ouvidor 111, 2.º andar, salas 210-212. Cotrim era livre-docente da Faculdade Nacional de Direito e Advogado da Companhia Nacional de Navegação Costeira, fundada por Henrique Lage. Éramos três no escritório: Cotrim, Jaime Madruga, também Inspetor do Banco do Brasil, e eu. Passei a receber recursos de Rio Preto e da Bahia para o Supremo Tribunal e mais adiante fui indicado para suceder ao professor Demóstenes Madureira de Pinho, como consultor jurídico de uma empresa exportadora de mica, "Cristais do Brasil S.A. — Cristab", cuja sede ficava na Av. Rodrigues Alves. Também fui conseguindo o patrocínio de causas no Fórum Criminal da rua D. Manuel e no Tribunal de Justiça. Para atender à consultoria da "Cristab" tinha de ir, pela manhã, com freqüência, ao Ministério da Agricultura (Praia Vermelha), onde funcionava o Departamento Nacional da Produção Mineral. Tempo de guerra, era intenso o comércio de minérios. Cabia-me acompanhar ali os processos do interesse da "Cristab". Ganhava um conto de réis mensalmente, para dar um expediente diário de duas horas. Para começar, eram honorários razoáveis. Consegui concretizar um grande sonho: ocupar um dia a tribuna do Supremo Tribunal Federal no desempenho de minha profissão. Foi em sessão de Turma, presidida pelo civilista baiano Eduardo Espínola, cujo *Sistema de Direito Civil Brasileiro,* em dois tomos, e os *Comentários ao Código de Processo Civil da Bahia,* obra também de sua lavra, eu já conhecia, bem como os primeiros volumes de seu *Tratado de Direito Civil Brasileiro,* escrito em colaboração com Eduardo Espínola Filho, comprados nos primeiros tempos de São Paulo. Falei para os Ministros presentes: Castro Nunes, Hahnemann Guimarães, Orozimbo Nonato, Filadelfo Azevedo e Goulart de Oliveira.

Tive a favor do meu argumento os votos de Filadelfo Azevedo e Hahnemann Guimarães. Orozimbo Nonato, embora considerando-o certo, votou contra por achar que de outro modo estaria suprimindo a instância recorrida, perante quem aquele argumento não fora posto. Tratava-se de recurso de *habeas corpus,* a mim confiado por Barachisio Lisboa.

Nas minhas andanças pela Secretaria do STF a ver autos, conheci figuras de projeção do passado político brasileiro que, levados pela instauração do regime ditatorial de Vargas, voltaram a exercer a advocacia, como, entre outros, Melo Viana, Vice-Presidente da República no quatriênio Washington Luís.

Escrevi um estudo da questão do Estado de Minas Gerais com o médico Américo Werneck, em torno da exploração das águas virtuosas de Lambari, em que Rui Barbosa funcionou como advogado de uma das partes. Tinha a pretensão de vê-lo publicado no "Jornal do Comércio" e para isso fui diretamente ao Dr. Elmano Cardim, o todo-poderoso diretor daquele tradicional matutino. Vinte e quatro horas após receber de minhas mãos o texto datilografado para exame, disse-me o Dr. Elmano: "A partir do próximo domingo aguarde a publicação que vai ser anunciada". De fato: a publicação, após anúncio de primeira página por duas vezes sucessivas, saiu em quase uma página interna e mais tarde foi inserta no volume periódico de colaborações que o "Jornal do Comércio" editava. Escrevi também, por sugestão de Adonias Filho, três artigos que ele fez publicar em "A Manhã", matutino dirigido pelo poeta Cassiano Ricardo. Esse modesto trabalho resultou de observações marginais minhas a um romance de Jorge Amado, que acabava de ser editado, e foi publicado em três edições sucessivas, com o título de "Notas de um Advogado ao *São Jorge dos Ilhéus*". Leitor antigo e constante de Jorge Amado, por isto mesmo me sentia à vontade para lhe apontar alguns equívocos e exageros. Entre estes o de um artificialíssimo Joaquim, motorista particular de uma das heroínas do romance, o qual se dizia leitor de Karl Marx, quando talvez nem o autor do romance jamais o houvera lido. Curioso: relendo, um dia desses, *A Nova Classe*, de Milovan Djilas (Ed. Agir, Rio, 1958), anoto esta informação que ele dá: Josef Stálin não tinha lido *O Capital*, nem os trabalhos mais importantes sobre o marxismo. Meu pensamento voltou-se para o motorista Joaquim, de *São Jorge dos Ilhéus*.

Os artigos mereceram comentário na então apreciada revista semanal *Carioca*, dirigida pelo erudito baiano Antônio Vieira de Melo.

Passam-se os tempos. Em 1990 sai a tradução brasileira de *Conversando com Jorge Amado*, da repórter francesa Alice Raillard. Lá às tantas, falando sobre personagens de *Terras do Sem Fim* e *São Jorge dos Ilhéus*, Jorge elogia-os em geral. Acha-os "melhores do que Joaquim, filho deles, continuador da luta no plano político. "Eu o acho um pouco falso, artificial" (liv. cit., p. 160). Pois é. Com outras palavras, foi essa a idéia que em 1944 eu dei de Joaquim aos leitores cariocas de "A Manhã".

Freqüentei também o acolhedor apartamento de Mário Monteiro de Almeida e sua bela esposa, D. Violeta, na Rua Monteiro de Carvalho, Catete. Mário Monteiro, advogado dos melhores que conheci em Ilhéus, era uma pessoa de boa cultura geral, conversador animado e inteligente. Muitas horas, em diferentes noites, no seu apartamento, discreteávamos, sobre assuntos vários com o concurso de D. Violeta, não raro após o jantar a que me convidavam. Mais adiante Mário Monteiro publicaria um notável livro que lhe custara dez anos de pesquisas: *Episódios Históricos da Formação Geográfica do Brasil — Fixação das Raias com o Uruguai e o Paraguai*, Irmãos Pongetti Editores, Rio, 1951.

E, por fim, os muitos contatos com os irmãos José Murta Ribeiro e Sílvio Ribeiro Jr., meus parentes, este maranhense, médico e professor de ensino secundário; aquele, baiano, Juiz de Direito da 5.ª Vara Crime, futuro presidente do Tribunal de Justiça do Rio de Janeiro, casados, respectivamente, com Lucy e Gelcy, irmãs e paulistas de Jaboticabal. Moravam em apartamentos vizinhos da Rua Santa Clara, onde sempre os visitava.

No Rio, meus contatos mais freqüentes eram com Herbert Fortes, Oldegar Vieira, Reginaldo Santana, Adonias Filho e Guerreiro Ramos, em almoços ou conversas. Reginaldo Santana estava estudando a fundo o alemão, do qual viria a traduzir *Das Kapital;* Guerreiro, formado em Direito na Bahia e em Sociologia na Universidade Nacional, especializava-se em estudos sociológicos; Oldegar, a convite de Joaquim Araújo Lima, em outubro tomava o rumo do Território do Guaporé, para exercer, durante cerca de dois anos, o cargo de Secretário da Educação do Governo local; e Adonias Filho, intelectual puro, cuidava exclusivamente de Literatura. O único envolvido com o Direito era eu.

Herbert Fortes, desde que chegara da Bahia, lecionava e escrevia para vários jornais, trabalhando duramente para viver. Em sua casa da Rua Real Grandeza (Botafogo) estive um sem número de vezes, desfrutando do prazer de ouvir-lhe a rica palavra de homem culto, brilhante, e de sua inteligente mulher, D. Dagmar.

Aos domingos, ouvia a missa das doze horas na igreja da Candelária, onde o Monsenhor Henrique de Magalhães, que eu conhecera em Rio Preto, pregava ao Evangelho, por exatos dez minutos, esparzindo lições de vida. E depois ia almoçar na Tijuca, com os primos Lalinha e Fernando Santos, na Rua da Gratidão, n.º 103, a sua habitual e farta feijoada semanal, na casa simpática de dois pavimentos por eles construída. Lalinha e Fernando, duas presenças inarredáveis de minha saudade, um casal extraordinário que depois de vitoriosa luta de trinta anos no Rio de Janeiro, para onde foram, sem nada, em 1927, de lá voltaram relativamente ricos, em 1958, para viver pacífica e confortavelmente o resto da vida na terra natal do Catu, o bem-querer de ambos, na grande casa que para isso lá ergueram com recursos próprios, como a do Rio de Janeiro. Os almoços da Tijuca me alimentavam mais do que os de toda a semana no Reis, no Petisco, ou na Leiteria Nevada, porque os da Tijuca tinham um ingrediente que faltava aos dos restaurantes do centro: a espiritualidade do ambiente e o afeto das pessoas.

Corriam relativamente animadoras as coisas do meu recomeço de vida profissional no Rio de Janeiro. A saúde mantinha-se normal, apesar da deficiência alimentar, pela qual respondia mais uma constante inapetência do que outra causa qualquer, salvo talvez o fumo, o cigarro, cerca de vinte por dia, e uma vaga melancolia, pois a viuvez pesava-me. Eis que no final de setembro, de repente, adoeço, com muita febre e aparentes sintomas de bronquite. Chegando à rua Leite Leal 21, Laranjeiras, onde morava sozinho, mal tive tempo de pedir que me chamassem o médico Dr. Sílvio Ribeiro Junior, residente em Copacabana. E, já dois dias depois, de nada tomava conhecimento, entrando em estado de coma que durou uma semana, ou mais, tempo no qual chegavam, da Bahia, papai, depois de tormentosa viagem aérea, e, de São Paulo, também via aérea, Isa e Werner. Um outro médico, que não o Dr. Sílvio Jr., desenganou-me. Imprevidente doutor, que não contava com as surpresas da natureza humana. Seu equívoco foi celebrado por meu irmão Moacir, que não me deixava um instante, e o cunhado Gilberto.

Tomei durante semanas milhões de unidades de penicilina, comprada com autorização do Exército, que tinha prioridade na distribuição da que era importada, e isto graças à interferência do juiz José Murta Ribeiro; dezenas de litros de soro fisiológico, pois cheguei a ficar totalmente desidratado, como me disse depois o Dr. Clementino Fraga Filho, também chamado para me atender; dezenas de injeções endovenosas de vinte centímetros, além do consumo de muitos torpedos de oxigênio, através de máscara. Afinal, em meados de outubro, fui transferido para o Hospital Gaffré-Guinle, onde fiquei quarenta e cinco dias, assistido pela enfermeira D. Arlete, filha da dona da casa de que era hóspede, Percila Carneiro. O Dr. Gessy Teixeira, nome em ascensão no mundo médico do Rio de Janeiro, operou-me da pleura duas vezes, com intervalo de trinta dias.

Tive alta no dia 3 de dezembro de 1944. A 22 de janeiro, concluídos os curativos de consultório, e a conselho dos médicos, num DC-3 da Cruzeiro, com passagem custosamente adquirida dado o racionamento de combustível naqueles últimos meses da guerra, embarquei para a Bahia. Cláudio, deixado com seis meses e agora com um ano e sete meses, viu em mim um estranho. Olhou-me indiferentemente, como achei natural. No dia 24 prossegui, de trem, viagem para a Serrinha, onde fiquei até 31 de maio de 1945, recuperando-me, aos cuidados de minha mãe, de meu pai e de minhas irmãs solteiras, Margarida e Maria de Lourdes.

XIII

Itinerário político e parlamentar

Sumário: Cai a ditadura do Estado Novo — Novos rumos — Em defesa do registro do PRP — Confortável coincidência — Campanha eleitoral — Repúdio a uma bravata comunista — Andorinha só... — Valioso depoimento — Do simples viver da Assembléia Legislativa — Iluminação elétrica para Tucano — Extinção dos mandatos dos deputados comunistas — Ginásios estaduais — Interlúdio sentimental — Organização da Polícia de Carreira — Dois apoios expressivos — Serviço telefônico — Plínio Salgado novamente na Bahia — Prestação de contas do deputado

Cai a ditadura do Estado Novo

Findo o primeiro semestre de 1945, ao invés de retornar ao Rio de Janeiro satisfiz a maioria da família e reinstalei na Bahia minha base profissional, com escritório que incluía o meu velho amigo Renato Mesquita e, correspondente na Capital da República, o Prof. Cotrim Neto.

Terminara a Segunda Guerra Mundial e restaurava-se, no País, à revelia da moribunda ditadura Vargas, a liberdade política em plenitude. O maior partido de oposição organizou-se com o nome de União Democrática Nacional (UDN) e em ascensão estava a liderança de Otávio Mangabeira, o maior adversário de Getúlio desde 1930 e que poucos meses antes, garantido por *habeas corpus* impetrado ao Supremo Tribunal Federal, retornara de um exílio de sete anos em França e nos Estados Unidos.

Os remanescentes do clientelismo estadonovista agruparam-se sob a legenda do Partido Social Democrático, com a ambígua proteção do próprio Getúlio Vargas, que por sua vez procurou sobreviver fundando o PTB, Partido Trabalhista Brasileiro. Além disso surgia ostensivamente o movimento comunista internacional (segundo a nomenclatura consagrada por Lenine no seu livro *A doença infantil do esquerdismo no Comunismo*) com a legenda também internacional da foice e do martelo.

Prestes estava preso desde março de 1936. Para isso utilizando fiéis escudeiros, inclusive um magistrado esquerdista, passou Getúlio, no princípio de 1945, a fazer contatos sigilosos com o prisioneiro, cuja mulher — Olga Benário —, então em estado de gravidez, o próprio Vargas, como se sabe, havia mandado entregar à ditadura nazista em 1936, uma crueldade sem tamanho. Das conversas clandestinas de Prestes com os emissários de Getúlio o primeiro fruto foi o estabelecimento de relações diplomáticas entre o Brasil e a URSS, saudado por Prestes em bombástico telegrama de congratulações a Vargas, no qual exaltava (o quê?) as "inclinações democráticas" do ditador e lhe pedia a "decretação imediata da anistia". Concedida a anistia a 18 de abril de 1945, Prestes é solto, e já no dia 26 de abril, em entrevista aos jornais do Rio de Janeiro *declara que Vargas deve continuar à testa do governo*. Vai mais adiante e afirma textualmente que "a única solução cabível do problema político brasileiro seria a legitimação dos órgãos governamentais por meio de um parlamento que deliberasse como constituinte". Era o que Vargas queria.

Daí em diante o Partido Comunista e os "queremistas" inundaram o País com o *slogan*: "Constituinte com Getúlio". Deste, porém, foi a desgraça.

Novos rumos

A aliança comuno-queremista produziu o resultado previsível: a queda do ditador, o fim de seu regime discricionário no dia 29 de outubro de 1945, com a entrega da Presidência da República ao Ministro José Linhares, presidente do STF (Supremo Tribunal Federal).

As eleições gerais marcadas para 2 de dezembro deram a vitória ao general Eurico Gaspar Dutra. Entre os partidos que o apoiaram estava o Partido de Representação Popular (PRP), a que me filiei. Sua chapa de candidatos à Câmara Federal — de que não quis fazer parte — não alcançou o quociente eleitoral, mas, tendo sido o PRP majoritário em Tucano, ficou com o direito de indicar o nome do novo prefeito a ser nomeado para aquele município, nos termos do acordo previamente celebrado entre as agremiações políticas sustentadoras da candidatura presidencial vitoriosa. O PSD tentou burlar esse acordo, mas o interventor general Cândido Caldas, alertado a tempo por uma representação que lhe endereçamos, nomeou o nosso candidato João Ferreira Filho, que exerceria o cargo até a eleição municipal de 17 de dezembro de 1947, quando venceu o candidato do PRP.

No decurso do ano de 1946 conseguimos estruturar nosso partido em diferentes regiões do interior, preparando-nos para o pleito de 19 de janeiro de 1947, que elegeria o governador do Estado e a Assembléia Legislativa, com função inicialmente constituinte. Para esse fim fiz várias viagens ao Sul, Sudoeste e Nordeste, sempre que possível em fins de semana, a fim de conciliar as exigências da política com as obrigações forenses, de cujos resultados econômicos vivia. O Partido Comunista exercia intensa atividade na Capital, e era preciso dar a maior atenção aos seus movimentos, aos seus comícios relâmpagos nos bairros, contra-atacando na medida do possível. A bancada comunista na Câmara Federal contava com quatorze deputados federais, um deles — Carlos Marighela — eleito pela Bahia, ao passo que o PRP tinha apenas um, o brilhante paulista Goffredo Teles Jr. (eleito em coligação com o PSD), cujos discursos sobre a problemática dos tributos necessários ao País eu, em particular, seguia interessadamente. Chegamos a editar o quinzenário "Palavra Livre" todo feito por mim e Euvaldo Caldas, companheiro do tempo do "Diário de Notícias". Esse jornal nós mesmos, do PRP, financiávamos, com uma ou outra ajuda de empresários inicialmente procurados para isso. Com Renato Mesquita e Alexandre Leal Costa fizemos comícios em Ilhéus e Pontal, Tucano e Serrinha, fora do período eleitoral, desejosos tão só de orientar politicamente as pessoas.

Promulgada a Constituição de 18 de setembro, organizamos uma bonita comemoração em nossa modesta sede da rua do Liceu, sob a presidência de Orlando Bahia Monteiro. Tenho o roteiro do discurso que então proferi, no qual procurei mostrar os valores de que a nova Lei Fundamental cogitava.

Em defesa do registro do PRP

Nessa mesma ocasião critiquei uma decisão do Superior Tribunal Eleitoral por fazer ao PRP certa exigência, aplicando-lhe entretanto dispositivo da nova Lei Eleitoral. Sobre o assunto falei através da Rádio Excelsior da Bahia, explicando aos rádio-ouvintes a inconstitucionalidade daquele julgado, já que o registro de meu Partido tinha sido feito em 1945, de acordo com a legislação vigente na época. Pretender que ele observasse regras legais posteriormente estabelecidas sob pena de não ter o seu registro convalidado, seria dar à Lei efeito retroativo e assim causar grave prejuízo ao PRP. Este havia participado nas eleições gerais de 2 de dezembro de 1945 e obtido então mais de cem mil votos em várias unidades da Federação. Era, pois, titular de uma situação jurídica definitivamente constituída que não podia ser alterada por lei posterior, conforme a tradição constitucional do Brasil.

"Essa decisão insere-se, com uma felicidade rara, na lógica das concepções antidemocráticas da era getuliana, de que é um fruto serôdio", concluí.

Um ou dois dias após, veio o decreto-lei nº 9.386, promulgado pelo Presidente Eurico Dutra e no seu art. 1º dizia que as disposições por mim criticadas não se aplicavam aos partidos políticos já registrados que tivessem representantes na Assembléia Constituinte ou obtido cinqüenta mil votos, ou mais, em cinco circunscrições eleitorais. A vitória do PRP nacional foi justamente festejada pelos seus integrantes na Bahia.

Confortadora coincidência

Quando a Assembléia Nacional Constituinte ainda discutia e votava os artigos do projeto de constituição, publiquei uma crítica ao disposto no Parágrafo 4.º do seu art. 159 que dizia: *Nenhuma violação de direito poderá ser excluída da apreciação do poder judiciário.*

"É uma garantia individual nova no sistema jurídico brasileiro" — dizia eu. "Nova e relevante, talvez a mais relevante dentre todas as enumeradas no Capítulo dos Direitos Individuais. A ausência dela, no passado, deu lugar a que numerosas situações do homem, individualmente tomado, ficassem desamparadas de toda proteção judicial, quando contra elas se projetava o arbítrio das razões de Estado. A injustiça, defluindo da atitude de omissão dos tribunais, em presença do conflito entre certas franquias constitucionais e a chamada 'questão política', era, então, um fato corriqueiro. Bastava que um Presidente da República, durante o estado de sítio, por exemplo, depois de prender um cidadão, sem observância das formalidades do processo — por conseguinte, com o desrespeito de uma vetusta garantia constitucional — ou de desterrá-lo para lugares inóspitos, ou demiti-lo de uma função vitalícia (como tanto tem sucedido no curso da história da República) invocasse, para justificar a brutalidade de seu ato, aquela mesma medida de exceção, bastava para que o Poder Judiciário logo se abrigasse numa 'incompetência' fundada em a *natureza política* da espécie, quando a vítima do arbítrio administrativo lhe exorava um *habeas corpus*. Entendia a magistratura togada ser-lhe defeso conhecer de matéria relacionada com as chamadas funções meramente políticas do poder executivo, atitude jurisprudencial que responde em grande parte pelo desenvolvimento dos abusos do presidencialismo entre nós".

Do meu ponto de vista a Constituinte devia aprovar o parágrafo 4.º do art. 159 do Projeto, como forma de eliminar uma vez para sempre o perigo da "incompetência" dos juízes fundada na natureza ou na origem do ato levado a seu julgamento.

Aconteceu o que eu pleiteava: a Constituição de 18 de setembro de 1946 converteu aquele Parágrafo 4º do art. 159 no Parágrafo 4.º do seu art. 141, *verbis:* "A lei não poderá excluir da apreciação do Poder Judiciário qualquer lesão de direito individual".

Campanha eleitoral

Iniciada a campanha eleitoral para a escolha de governador e de deputados estaduais, procedemos com a maior madureza, lançando legenda própria de deputados, mas com a certeza de que elegeríamos apenas um ou, no máximo, dois, pois apenas saíamos de seguidos anos de verdadeira guerra difamatória dirigida pelo Komintern, longa-mão do Partido Comunista da União Soviética, a cujo comando os comunistas brasileiros prestavam obediência incondicional. Senti de perto isso ao discursar em Santa Inês, quando, aparteado por um assistente, percebi estar ele orientado pela técnica soviética de propaganda. Criticava eu o apregoado avanço da organização governamental russa, quando o aparteante disse que, não obstante a minha exposição, não podia eu negar a inexistência, na URSS, de exploração do homem pelo homem. Respondi que lá havia coisa muito pior, que era a *exploração do homem pela máquina estatal totalitária,* e invoquei o depoimento de socialistas desencantados com a União Soviética depois do que viram lá com os próprios olhos, como fora o caso de André Gide no seu livro *De Volta da URSS,* tradução editada em 1937, e ainda me baseando em Fulton Sheen, bispo de New York, cujo livro *O Problema da Liberdade,* então publicado no Brasil, tinha respostas irrefutáveis para o engodo do "paraíso soviético".

Lembro esse episódio, porque ele ocorreu numa cidade onde eu não conhecia ninguém, mas depois do comício em recinto fechado fui levado até o hotel por uma considerável multidão. Também em Jaguaquara fui aparteado em praça pública. Dessa vez por alguém que estranhava estar o PRP apoiando para governador a Otávio Mangabeira, que na semana anterior tinha recebido a adesão de Luís Carlos Prestes. Devolvi a acusação, mostrando que Prestes é que tinha interesse em apoiar um homem, cujo pensamento político o Brasil todo conhecia e estava a muitos anos luz de distância da ideologia comunista. O aparteante silenciou, e eu vim a ter em Jaguaquara uma inesperada porção de votos, além de ficar, daí em diante, estreitamente vinculado ao destino político do município enquanto tive mandato parlamentar.

Repúdio a uma bravata comunista

Quando o PRP fez a sua 1.ª Convenção Estadual (fevereiro de 1946), a tropa de choque do PC encheu a cidade de ameaças de invasão e empastelamento da Associação dos Empregados do Comércio, onde se realizaria a solenidade de encerramento daquele ato político. E os comunistas infiltrados nos jornais logo noticiaram o fato a seu modo, ou seja, deturpando completamente a verdade. Sem perda de tempo, escrevi, assinei e fiz publicar, num dos jornais da Capital, com o título de "Carta Aberta ao Povo Baiano", cabal resposta aos nossos desleais adversários, desmentindo todas as suas invencionices. Dias depois, no Fórum da Rua da Misericórdia, um juiz de direito me cumprimentou por essa resposta, que terá concorrido para a votação que eu obteria na eleição de janeiro de 1947.

Andorinha só...

Eleito deputado estadual a 19 de janeiro de 1947, com 1.177 votos, na legenda do PRP, fiz o possível numa Câmara em que valia a força numérica das bancadas, sendo eu o único da minha.

Participei da elaboração do projeto de Constituição estadual e do Regimento Interno. Éramos quase todos novatos, inexperientes deputados de primeira legislatura, exceto quatro ou cinco colegas, salvo engano, que vinham da Constituinte de 1935 (Jaime Aires, Balbino, Elísio Medrado, Oscar Teixeira e Manuel Caetano). A bancada majoritária era a da UDN, com 28 deputados, sob a liderança de Nelson Sampaio; a do PSD, com 19, liderada por Antônio Balbino; a do PTB, com oito, tendo como líder o médico Osvaldo Deway, que depois da eleição suplementar perdeu o lugar, e a do PR, cujos três deputados tinham Umberto Alencar como líder. As duas menores bancadas eram a do PC, com Giocondo Dias e Jaime Maciel, e a do PRP, que eu representava.

Ao iniciar-se a primeira sessão ordinária da Assembléia Legislativa, submeti à apreciação do Plenário a seguinte proposição que, antes de enviar à Mesa para os devidos fins, pausadamente li da tribuna:

Requerimento

Requeiro que se coloquem, em lugar de honra, no recinto desta Assembléia Legislativa, a Bandeira Brasileira e uma imagem do Cristo Crucificado.

A Bandeira, como símbolo, que é, da nossa Pátria comum, para que desta tenhamos sempre bem viva a insuprível lembrança, em todos os instantes da atividade que a serviço do povo deveremos proficuamente desempenhar aqui.

A Bandeira Nacional fala-nos da União Federativa que, como vigorosamente afirmou o maior dos seus defensores entre nós, Rui Barbosa, "é a primeira condição rudimentar da nossa vida como nacionalidade".

Tendo-a neste magnífico recinto, onde nos empenharemos indefessamente pela maior grandeza da Bahia, não perderemos nunca de vista a necessidade de considerar sempre — nos capítulos do nosso comportamento parlamentar — a máxima projeção do Brasil, ou seja, a União Federal, pois esta, segundo ainda Rui, "é o meio, a base, a condição absoluta da existência dos Estados" (Discurso de 16.12.1890 ma Assembléia Constituinte).

O Cristo Crucificado servir-nos-á de permanente inspiração em tudo quanto tenhamos de praticar no exercício do honroso mandato popular que nos foi conferido.

Do Filho de Deus vivo, imolado pela redenção do gênero humano, ha-de, por certo, vir-nos, nesta hora de crise universal, a fortaleza moral para que, através das leis a serem elaboradas, possamos preservar aquelas virtudes e valores básicos: a fraternidade, a ajuda mútua, a decência, a justiça social, a liberdade, o respeito pela pessoa humana, os quais, como acentua Mannheim, são o alicerce do funcionamento pacífico de uma ordem social (Mannheim, *Diagnóstico de Nuestro Tiempo*).

Longa e tumultuosa foi a tramitação deste singelo requerimento. Mas enfim foram vencidas as resistências do preconceito e eu o vi vitorioso.

Sucederam-se agitadas sessões. A maioria dos contestadores guardava espírito prevenido em relação a mim, isto é, ao que supunham — sem conhecimento de causa — serem as minhas idéias. Resisti a tudo e a imagem foi entronizada, afinal, em Sessão Especial, com a presença do Governador Otávio Mangabeira e de D. Augusto Álvaro da Silva, Arcebispo da Bahia e Primaz do Brasil. Foi durante os debates que esse tema produziu, quase sempre por obra e graça do preconceito e da intolerância de alguns, que a Assembléia Legislativa teve galerias sempre superlotadas.

Em estudo sociológico posterior, intitulado *Diálogo Democrático na Bahia*, o professor de Teoria do Estado e ex-constituinte Nelson de Sousa Sampaio consigna, para honra minha: "Nos seus doze anos de funcionamento, o debate que provocou maior afluência de público e mais calor foi a entronização de Jesus Cristo na sala das sessões".

Certo dia, quando estava eu com a palavra respondendo a imputações caluniosas de um repórter dos "Diários Associados" contra a extinta Ação Integralista Brasileira, cruzaram-se apartes de várias bancadas a cogitar de autoridades brasileiras que na Segunda Guerra Mundial teriam alimentado ou externado sentimentos germanófilos. O líder da bancada comunista mencionou o General Eurico Dutra. "Os comunistas, até 22 de junho de 1941, também" — acrescentei. E Giocondo Dias: "V. Exa. está enganado." Ao que lhe retruquei: "V. Exa. sabe que a União Soviética assinou um pacto de não-agressão com a Alemanha em agosto de 1939. V. Exa. deve saber ainda que, quando as primeiras bombas nazistas estavam caindo sobre Moscou, em junho de 1941, a imprensa soviética ainda publicava, com todo o destaque e acompanhados de francos elogios, os comunicados de guerra do alto comando germânico. Isso está claramente dito no livro de Victor Kravchenko: *Escolhi a Liberdade*". E Giocondo Dias: "V. Exa. está citando um traidor." Repliquei-lhe: "Mas não um caluniador".

Aí Giocondo saiu-se com esta: "Intelectualmente V. Exa. estava ligado à Alemanha".

Devolvi o despropósito assim: "Ligado está V. Exa.! Sabe V. Exa. que eu seria incapaz de fazer uma acusação infundada. Temo-nos tratado muito bem nesta Casa. V. Exa. sabe que tenho evitado tratar aqui de assuntos pessoais. Não vejo necessidade nenhuma disso. Não vou, porém, fugir a certas respostas. V. Exa. como comunista, e invoco o testemunho dos intelectuais desta Casa, V. Exa. como comunista está ligado à concepção nazista do mundo, que era uma concepção materialista e racista. A ideologia que orienta a União

Soviética é o marxismo e V. Exa. sabe que a base do marxismo é o materialismo dialético e histórico, é a concepção materialista da vida que se traduziu em termos de uma ditadura de classe". "V. Exa. não pode negar que é metafísico" — foi só o que me treplicou o líder do PC na Assembléia Legislativa, quando aí virtualmente o provoquei para um debate de nível superior.

Valioso depoimento

Para encerrar a rememoração desses primeiros quatro meses de minha primeira legislatura nada melhor do que reproduzir palavras de um ilustre colega daquela jornada, o jornalista Jorge Calmon. Em artigo de 29 de novembro de 1988 estampado em "A Tarde" sob o título "A Constituinte de 47 e o segundo mandato", no qual recapitula o seu trabalho em conjunto, bastante razoável, então ali desempenhado, disse: "A colaboração mais ponderável partiu, inegavelmente, de Nelson de Souza Sampaio, Josaphat Marinho, Luís Rogério de Souza, Amarílio Benjamin, Rubem Nogueira e Antônio Balbino, este relator geral..."

Tendo quarenta anos depois rendido homenagem aos constituintes de 1947, em sessão especial, a presidência da Assembléia Legislativa da Bahia, exercida pelo então deputado Coriolano Sales, convidou-me para falar em nome dos homenageados.

Do simples viver da Assembléia

A Assembléia vivia franciscanamente. Dispunha de apenas dois carros, um para a Presidência e outro para a 1.ª Secretaria. Havia no Plenário três ou quatro taquígrafos, e de hora em hora servia-se cafezinho. O diretor-geral, Dr. Aloísio da Franca Rocha, experimentado burocrata, mantinha os serviços internos em ordem irrepreensível. Percebíamos sete mil e quinhentos cruzeiros mensais brutos, subsídios estes fixados pelo interventor general Cândido Caldas, nas proximidades da eleição de 19 de janeiro de 1947. Não raro, por simples economia, aos sábados de tarde, a Comissão Constitucional, de que fiz parte, reunia-se em casa do deputado Lafaiete Coutinho, na Barra Avenida. O dínamo da Assembléia — justiça seja feita — era o deputado Antônio Balbino, que lhe dava tempo integral, a partir das oito horas da manhã. O governador Mangabeira, além de reuniões extras, à noite, no Aclamação, com os deputados que lhe davam sustentação parlamentar, reuniões nas quais nos deleitava com a sua prosa a um tempo divertida e erudita, ele falando e nós quase sempre a escutá-lo, recebia-nos em audiência diretamente na sala de despachos, do Rio Branco, à vista de quem estivesse atendendo. Uma distinção que nunca mais vi nenhum outro governante fazer a deputados.

Somente cerca de dez anos mais tarde teve a Assembléia Legislativa modesto atendimento médico, uma Agência dos Correios e Telégrafos e uma pequena barbearia, cujos serviços eram no entanto pagos pelos deputados. O número de funcionários, pequeníssimo; de meu conhecimento ao menos, não havia mais de uma dúzia deles, além dos taquígrafos e redatores de debates. Impossível funcionar o órgão de um dos Três Poderes com mais simplicidade.

Iluminação elétrica para Tucano

Promulgada a Constituição em agosto de 1947, senti-me mais à vontade para atender a outros compromissos em favor dos Municípios que me haviam ajudado, a começar pelo de Tucano. Atendeu-me o governador Otávio Mangabeira no empenho para que o prefeito daquele Município pudesse dar à cidade o seu primeiro serviço de iluminação elétrica. Para tanto, dada a escassez de recursos financeiros locais, foi preciso levantar fundos na Caixa Econômica Federal, com a garantia de apólices da dívida pública estadual. Nessa época não havia bancos estatais nem facilidades de empréstimos externos. Tudo tinha de ser pago com os recursos exclusivos da receita orçamentária, que por seu turno era exígua. Lembro-me do ingente trabalho que Mangabeira teve em 1948 para conseguir uma ajuda de trinta ou quarenta milhões de cruzeiros, com o governo federal, para ampliação do parque energético da Bahia, cuja Capital quase diariamente, por volta das 20 horas, sofria longos colapsos de energia elétrica. A coisa chegou a tal ponto que o governador teve de ir ao Rio de Janeiro empenhar-se junto ao chefe do executivo federal para a obtenção dos recursos necessários àquele fim.

Antes do final do ano de 1947, tive o gosto de participar das alegrias da população tucanense causadas pela inauguração do serviço de produção de energia termoelétrica na cidade.

Ainda no segundo semestre de 1947, depois de promulgada a Constituição, fiz parte da comissão interpartidária encarregada de observar as condições sócio-econômicas de algumas comunidades da zona Sul do Estado que reivindicavam autonomia (Água Preta, Pirangi, Guaraci, Itatinga, Palestina, mais adiante emancipados com os nomes de Uruçuca, Itajuípe, Coaraci, Itapetinga, Ibicaraí).

Viajamos cerca de duas semanas, observando a vida local e coletando dados sobre a atividade econômica de cada lugar. Nenhum de nós recebeu para isso ajuda de custo. Em Palestina discursei, afirmando: "Em anos vividos no interior de São Paulo, não conheci lá nenhum distrito, com a vitalidade de Palestina, que já não fosse município". Foi essa uma excursão de real utilidade para todos nós que logo mais converteríamos em comunidades autônomas aqueles antigos e dinâmicos distritos da região do cacau.

Extinção dos mandatos dos deputados comunistas

Em maio de 1947, por provocação de órgão do governo da República, aconteceu fato da maior repercussão nacional: o Superior Tribunal Eleitoral, por maioria de votos, e após demorada tramitação do respectivo processo, no qual foi assegurada ampla defesa à parte interessada, decretou a extinção do Partido Comunista, por considerá-lo incompatível com o art. 141, parágrafo 13, da CF ("É vedada a organização, o registro ou o funcionamento de qualquer partido político ou associação, cujo programa ou ação contrarie o regime democrático, baseado na pluralidade dos partidos e na garantia dos direitos fundamentais do homem", dizia esse dispositivo).

Em decorrência, surgiu o problema jurídico de sobreviverem ou não à extinção do Partido os parlamentares por ele eleitos.

O PC determinou aos seus elementos de confiança o desencadeamento, em todo o País, de manifestações de protesto sob todas as formas, para isso aliciando também elementos extrapartidários.

Na Assembléia Legislativa os dois deputados comunistas apresentaram Moção na qual pretendiam uma definição de seus pares sobre a cassação dos mandatos do senador e dos deputados eleitos pelo PC.

Por considerar de delicada natureza jurídica, e não apenas política, o problema da cassação de mandatos, dei por escrito o meu voto contra a Moção.

De início entendia caber ao Supremo Tribunal conhecer da posição dos parlamentares eleitos sob a legenda de um Partido cujo registro fora cancelado pelo Superior Tribunal Eleitoral, em virtude de sua incompatibilidade com o art. 141, parágrafo 13, da Constituição de 1946.

Demais, achava eu não poder a lei criar nova hipótese de cassação de mandato além das previstas no art. 48. Contudo esse mesmo dispositivo consagrava a perda do mandato pelo senador ou deputado "cujo procedimento seja reputado, pelo voto de dois terços dos membros de sua Câmara, incompatível com o decoro parlamentar" (parágrafo 2.º do art. 48).

"Não seria mais correto", indagava eu, "que o Congresso aguardasse a violação desse parágrafo segundo do art. 48 para, depois, aplicar-lhe a sanção expressa?"

"Admitindo a motivação e a parte propriamente decisória do acórdão do Superior Tribunal Eleitoral a que atrás fizemos referência" (continuava eu), "representantes de um Partido cujo registro foi cassado, não poderiam mais propagar-lhe os ideais", pois isso importaria em infringir o art. 48, parágrafo 2.º, e, conseqüentemente, dar ao Congresso a oportunidade de declarar perdidos os mandatos dos que assim procedessem. A predicação do comunismo, liderada por cidadãos revestidos de imunidades, afrontaria um aresto irrecorrível que fixou a nocividade do único Partido que entre nós pretendia pôr em prática as reformas radicais e andidemocráticas desse mesmo comunismo, e assim restaria configurada a hipótese de conduta inconciliável com o decoro parlamentar.

Daí em diante meu voto escrito se deteve na análise crítica do conflito entre o regime democrático baseado na pluralidade dos partidos e na garantia dos direitos fundamentais do homem com as etapas do comunismo, a começar pela *necessidade de provocar a revolução internacional* e instalar, no país de seu triunfo, a *ditadura do proletariado.* Aludi ao "Manifesto do Partido Comunista", lançado por Karl Marx e Friedrich Engels em 1847, onde os comunistas *declaram abertamente que não podem atingir seus objetivos senão destruindo pela violência a antiga ordem social.*

Tal pronunciamento, em sua íntegra, foi publicado no Diário da Assembléia de 9 de dezembro de 1947.

Esse e outros argumentos meus nenhum aparte receberam da bancada comunista, presente e atenta.

No começo do ano seguinte promulgou-se a lei cassatória dos mandatos dos parlamentares comunistas. Os dois da Assembléia Legislativa, Giocondo Dias e Jaime Maciel, despediram-se no período da Seção Permanente, em sessão a que acidentalmente não compareci.

Ginásios estaduais

Em 1948 nenhuma cidade do interior da Bahia tinha ginásio público estadual. Na Capital funcionava o Ginásio da Bahia, único estabelecimento de ensino secundário mantido pelo governo do Estado.

Conhecedor das necessidades das regiões baianas no particular da prestação gratuita do ensino médio, e pondo em prática idéia alimentada na campanha eleitoral de 1946, elaborei um projeto de lei, criando os primeiros ginásios estaduais no interior, segundo um critério de localização regional. Assim, o do Nordeste situava-se em Serrinha, o do Sudoeste, em Jequié, os do Sul em Itabuna e Canavieiras e o do sertão, em Caetité.

O de Serrinha deveria funcionar no prédio da antiga Estação Experimental de Sericicultura, serviço que já não existia. As Comissões de Educação e Finanças apoiaram minha iniciativa que a seu ver "focalizou, em caracteres bem vivos e indeléveis, o triste quadro do problema educacional no interior da Bahia", e estenderam a fundação dos ginásios às cidades de Valença, Barreiras e Jacobina.

Três meses após, graças ao empenho que tive, no dia 14 de dezembro de 1948 o meu projeto era convertido na Lei nº 130, sancionada pelo Governador Otávio Mangabeira. Mas só em março de 1952 — no governo Regis Pacheco e vencidas algumas dificuldades burocráticas, o Ginásio de Serrinha, com a denominação de Ginásio Regional do Nordeste, foi o primeiro a instalar-se e funcionar.

Não percorri, entretanto, estrada suave até alcançar o objetivo colimado. Houve obstáculos, não da parte da Assembléia Legislativa. Lá, ao contrário, e ao que me conste, nunca — nem antes nem depois, houve proposição de relevância semelhante, ou mesmo análoga, que chegasse ao seu termo final de aprovação em tão exíguo tempo. Os obstáculos, que felizmente pude remover, provinham de setores da Administração estadual.

Explico-me. Secretário de Educação, era o Dr. Anísio Teixeira educador de notório mérito e de muito prestígio no governo. Eu já o sabia e me preparei para o diálogo com o famoso pedagogo. Ele só considerava a hipótese de *subvenção* do ensino posterior ao primário. Por isto, um dia me indagou: "Dr. Rubem, por que o Sr. não parte para a criação de cooperativas e com elas fazer ginásios?"

O Dr. Anísio Teixeira, apesar de baiano, também parecia não estar muito a par da realidade social no interior do Estado, tanto assim que se mostrou surpreso de me ver empenhado em levar o ensino secundário gratuito para Serrinha, "uma cidade de veraneio" — disse-me. Não, não era tal a minha terra, nunca o fora, aliás, sem embargo de lá aparecer, como aparece esporadicamente em qualquer lugar saudável, um veranista eventual. Depois, onde o *espírito associativo* suficiente, no interior da Bahia, para fundar cooperativas culturais, sem fins econômicos? A meu ver, impunha-se ao Estado *criar e manter* — não simplesmente "amparar", "subvencionar" — estabelecimentos de ensino médio. Foi nesse ponto que me firmei, encontrando, por fim, a compreensão do Dr. Anísio Teixeira. Dez anos mais tarde, durante o governo de Antônio Balbino, reencontramo-nos no Palácio de Ondina e ele veio, efusivamente, a mim com estas palavras: "Deputado Rubem Nogueira, hoje estou com a sua tese dos ginásios públicos". Vindo de um espírito pragmático como o de Anísio Teixeira, muito me confortou esta sua manifestação.

Quando expôs à Assembléia Legislativa (sessão especial de 17 de junho de 1947) o seu plano para o *governo da educação*, emitiu conceitos coincidentes com a minha forma de pensar, como, entre outros, este: "Democracia é um regime de saber e virtude. E saber e virtude não chegam conosco no berço, mas são aquisições lentas e penosas, por processos voluntários organizados". Anísio Teixeira sustentava uma educação formadora do *homem livre e sábio, do homem livre e virtuoso.*

Aproveito o ensejo para consignar um pormenor valioso. Em começo de 1949, graças à conversão em Lei do meu projeto criador dos primeiros ginásios públicos gratuitos do interior do Estado, o Dr. Anísio Teixeira pôde executar uma providência administrativa do maior alcance social, que foi a descentralização do ensino secundário oficial na Cidade do Salvador, onde se concentrava todo no tradicional Ginásio da Bahia. Com base na lei de minha iniciativa — e antes mesmo de se instalar o ginásio de Serrinha —, o governo Mangabeira, pelo decreto n.º 14. 307, de 4 de março de 1949, fez funcionar o curso ginasial nas Escolas normais de Caetité e Feira de Santana, e instalou os primeiros ginásios de bairros na Capital do Estado (Itapagipe, Nazaré e Liberdade). Mas no começo declarou-me o Dr. Anísio ser contrário a ginásios públicos. Tive de conversar muito com o combativo Secretário, em diferentes dias, até certificar-me de que ele não criaria empecilhos — como efetivamente não criou — ao livre trânsito de meu projeto.

Já o Secretário da Agricultura, o deputado Nestor Duarte, pessoa de minha antiga e especial admiração, não admitiu que o futuro ginásio de Serrinha viesse a ocupar — como estava no meu projeto de lei — o bem construído e amplo prédio de um serviço já então extinto praticamente: o de experimentação da cultura do bicho-da-seda. Nestor Duarte queria levar avante ali uma experiência de milho híbrido, que de fato tinha apenas iniciado e em pequena escala. Se eu não removesse do projeto a idéia de aproveitar o prédio da antiga Estação Experimental de Sericicultura para outro fim, Nestor assegurava que o veto do governador seria inevitável. Tal notícia me foi passada pelo líder da UDN, o deputado Nelson Sampaio. Estaria criado o impasse. Para afastá-lo a única providência seria emendar o projeto, o que imediatamente fiz, ficando embora sujeito às delongas burocráticas para a liberação dos recursos que inseri no Orçamento de 1949 para a construção de uma sede própria, destinada ao Ginásio de Serrinha.

Mais adiante, contudo, logo no início do Governo Regis Pacheco, sendo eu Procurador-Geral da Justiça, consegui a transferência do referido imóvel do patrimônio da Secretaria da Agricultura para o da Secretaria da Educação, e, ainda, que ele fosse destinado a servir ao Ginásio Estadual de minha terra. Saiu assim tudo como eu inicialmente planejara.

Em seguida, durante as férias forenses, fui, por minha exclusiva conta, ao Rio de Janeiro entender-me com o ministro Simões Filho, titular da pasta da Educação e amigo feito na campanha de sucessão de Otávio Mangabeira, em que o seu nome por pouco não foi o indicado para governador do Estado. Pretendia obter do Dr. Simões Filho todas as facilidades possíveis no sentido de realizar, no início ainda do ano letivo de 1952, o exame de admissão. Mas o ministro estava numa estação de águas, e assim tive de encaminhar todas as providências cabíveis com o seu substituto e os Diretores vinculados ao Ensino Médio. Deu tudo certo. O Inspetor Federal designado, o meu velho e caro amigo Dr. Jenner Barreto Bastos, estava fora da Capital, em férias, mas a meu pedido interrompeu-as, foi à Serrinha, onde os candidatos ao exame de admissão estavam a postos, e presidiu aos exames na data marcada, em que pese aos boatos derrotistas de adversários políticos. E o ginásio de minha terra começou no dia 30 de março de 1952 a sua benemérita trajetória. O primeiro instalado no interior da Bahia.

Quem era adulto em 1952, em Serrinha, e continuou vivendo lá de 1952 a esta parte, pode testemunhar sobre a mudança social e cultural que o ginásio público daquela cidade nela produziu. Não cabe a mim dar esse depoimento, pois correria o risco de ficar atingido, e talvez prejudicado, pela carga de emotividade que naturalmente o tema me transmite.

Nasci naquela cidade, de pequeníssimo número de famílias abonadas, cujos filhos puderam fazer na Bahia estudos acima do primário. Acredito tenham sido idênticas as circunstâncias dominantes noutras cidades do nosso interior, mas falo em particular de Serrinha pelo conhecimento pleno que tenho de sua realidade passada e presente. Poderia citar um número elevado de conterrâneos meus, todos eles jovens de muita inteligência e de gosto pelos livros, que teriam conquistado altas situações profissionais no campo do Direito, da Medicina, da Economia, das Letras, da Engenharia, se houvessem oportunamente encontrado à mão ensino médio gratuito. Todos eles, ao contrário, cedo tiveram de deixar a terra natal, apenas com a instrução primária lá recebida, para encetar a penosa conquista de um lugar ao sol na vida prática. Venceram, é certo, mas ao preço de um esforço muito maior do que aquele que despenderiam se tivessem contado com instrução de outros níveis.

Serrinha foi berço, por exemplo, de Joaquim Teófilo de Oliveira, Braulio Franco, Joaquim Hortélio Filho. O primeiro, simples aluno da professora Áurea Ribeiro Nogueira, fez bonita carreira na Administração pública até o seu mais alto cargo burocrático: Contador-Geral do Estado. Toda a complexa contabilidade pública a seu cargo era por ele manuscrita, com uma caligrafia que causava admiração. Hoje Joaquim Teófilo é nome de município: Teofilândia.

Joaquim Hortélio Filho, dotado também apenas do aprendizado elementar, cedo rumou para o Sudoeste pecuarista, onde prosperou e veio a eleger-se deputado à Assembléia Legislativa de 1947.

Braulio Franco, esse, nunca até hoje saiu de sua terra, mas nela tem realizado uma brilhante trajetória intelectual. Autodidata, escreve o nosso idioma com inspiração, bom humor e elegância, podendo figurar na lista, aliás pequena, dos autênticos cronistas brasileiros. Pouco depois de elaboradas as páginas deste capítulo, desaparecia o meu amigo Braulio. Nosso último encontro foi num comício pró candidatura de Claudionor Ferreira Filho a prefeito de Serrinha.

O ginásio deu aos jovens melhor preparo intelectual para uma atividade profissional de qualquer natureza, e isto em pouco tempo se concretizou, quando os vários bancos locais passaram a recrutar candidatos aos empregos que os seus concursos anunciavam. O ginásio foi enfim a semente benfazeja de democratização da educação, a verdadeira força propulsora do desenvolvimento daquela comunidade.

Interlúdio sentimental

1948 foi o afortunado ano da descoberta de Gilka. Isso mesmo: uma descoberta, numa certa manhã de janeiro, à saída de uma certa igreja, ao fim de uma certa missa gratulatória. E aconteceu quando eu menos esperava. Conheci-a, assim, de relance e imprevistamente, no seu "porte de rainha a um tempo meigo e ufano", como diz o poeta dos "Versos a Corina". Cena rápida, mal pude indagar quem era. "Moça educadíssima", confidenciou-me o companheiro vizinho, "filha do Dr. Argemiro de Mattos". Nome, afinal, de um amigo ilustre, de um bravo idealista que eu conhecera de perto nas circunstâncias angustiosas do fim do ano de 1937. Vejam só as coincidências insondáveis da vida, os imponderáveis sucessos com que as boas fadas amaciam o itinerário do ser humano. Onze anos antes, Argemiro de Mattos e o recém-formado bacharel encontraram-se na estação da Estrada de Ferro, em Alagoinhas, e os dois seguiram viagem em poeirenta estrada e sacolejante composição da Leste, por várias horas, a confabular sobre "o que fazer", pelo Brasil, naquela nebulosa conjuntura política, que tanto nos afligia. E agora eu tomava do telefone para uma ligação definitiva com uma filha sua. Ainda por outra coincidência: a própria moça de helênica beleza, em pessoa, me atendeu. E que mavioso falar o seu. Disse-lhe apenas que lhe queria agradecer a presença na missa daquela manhã, para a qual eu fizera publicar convite nos jornais. Bem haja o telefone, que nos faz presente uma distante voz na plenitude de sua suavidade. Macio e benfazejo diálogo aquele, que nos uniu até hoje. *Deo gratias.*

Casamos a 28 de outubro, na igreja de Nossa Senhora da Vitória. O celebrante, da comunidade capuchinha da Piedade — Frei Leão — dirigiu-nos palavras bem apreciadas. Entre os presentes, muitos colegas da Assembléia Legislativa, correligionários, parentes, amigos, o Dr. Ernesto Simões Filho e o Dr. Otávio Mangabeira, governador do Estado.

A ascendência materna da noiva sugere um registro, pela novidade. É que Antônio Felloni e Clementina Granelli, ele de vinte anos, ela na flor dos dezoito, ambos oriundos da formosa e culta Piacenza, medieval cidade do Norte da Itália, a uma hora de Milão, logo em seguida à cerimônia de casamento embarcaram em Gênova diretamente para a Bahia. Seduzia-os a aventura da vida num longínquo país da América do Sul, que vencia os anos finais do regime monárquico. E do porto da Bahia partiram para o destino irreversível de ambos: primeiro o Patrimônio, recente povoado surgido entre Alagoinhas e o Pedrão, e depois este, que ainda vivia os últimos tempos de uma certa grandeza vinda das lutas da Independência na Bahia. Pedrão, a terra do famoso Batalhão dos Encourados, uma pequena Vila, àquela época talvez mais importante socialmente do que hoje.

Quem terá sugerido tão distante pedaço do interior da Bahia ao romântico e bravo casal de adolescentes Granelli e Felloni? Enevoada crônica da experiência existencial de cada ser humano, que nem seus descendentes diretos jamais se preocuparam em desvendar. E no Pedrão viveram o tempo todo da vida comum, deixando prole de uma filha e seis varões. A viúva sobreviveu quase trinta anos ao jovem marido, na companhia da filha única, Maria Catharina, do genro, Argemiro Augusto de Mattos, e dos nove netos, dois homens e sete moças, uma das quais, Gilka, por sorte me coube — grande prêmio de minha vida.

Além do casamento, naquele ditoso ano de 1948, pude também entregar ao então Diretor da Casa de Rui Barbosa, Américo Jacobina Lacombe, o texto datilografado do meu livro de estréia nas letras profanas — *O Advogado Rui Barbosa* —, resultado de um longo processo de maturação intelectual. Nada nele surgiu de estalo. Duas palavras a tal respeito.

"Como terá esse moço conseguido fazer isso, na Bahia, se nós, aqui no Rio de Janeiro, dispondo dos arquivos da Casa de Rui Barbosa e do Supremo Tribunal Federal, ainda estamos nos volumes iniciais da obra jurídica de Rui?" "Pensei isto", disse-me o Dr. Lacombe, "ao ler a sua carta em que perguntava se eu podia recomendar-lhe uma editora para um trabalho seu com esse título".

Poderia eu ter respondido na ocasião (o que não fiz): valeu-me o paciente estudo direto das fontes, isto é, dos trabalhos de Rui, suas petições, seus arrazoados, seus discursos de sustentação oral de recursos no Supremo Tribunal Federal, seus pareceres, assim como trabalhos de adversários forenses e decisões judiciais dos litígios por ele patrocinados. Tudo isso formou a maré que me levou à composição daquele livro.

A Casa de Rui Barbosa responsabilizou-se pela sua edição que tive o gosto de receber, no ano seguinte, a tempo de concorrer a um prêmio instituído por lei estadual que o governador Otávio Mangabeira acabava de sancionar.

Na mesma ocasião, a Companhia Nacional de Seguros — Urbânia, anunciava pela revista carioca "O Cruzeiro" outro concurso, para premiar *a melhor biografia sintética de Rui Barbosa* escrita ou editada no ano do seu Centenário.

Era uma pena não poder habilitar-me, porque o meu livro não era nem biográfico nem sintético. "Neste caso, por que você não escreve uma biografia?" Eis a tranqüila pergunta que me fez minha tranqüila mulher, antes de vencida a lua-de-mel de nosso casamento. E desse irresistível desafio nascia, mais ou menos dois meses depois, a *História de Rui Barbosa* — de que a Livraria Progresso Editora pouco adiante lançaria duas sucessivas edições. Aos dois concursos apresentei esse livro datilografado (trabalho impecável de Gilka, com desenho de capa elaborado por sua irmã Regina) e sob pseudônimo, como de praxe.

Com esses dois livros obtive os primeiros e únicos prêmios outorgados pelo concurso instituído por lei baiana, no valor global de Cr$ 120.000,00 (valor histórico), que o Governador Otávio Mangabeira me entregou em solenidade especial no Palácio da Aclamação, a que, além de minha mulher, esteve presente a Comissão Julgadora, composta do Desembargador Salles Muniz (Presidente), da Acadêmica Edith Mendes da Gama Abreu (Relatora) e do advogado e professor de Filosofia Raimundo de Souza Brito.

A *História de Rui Barbosa* me fez ganhar ainda o prêmio concedido pela Urbânia-Companhia Nacional de Seguros, no valor de Cr$50.000,00.

Quando tais distinções me foram conferidas, no decurso de 1950, estava o nosso primeiro filho, Rubem Junior, com alguns meses de idade, o que me fez associar o seu nascimento à sorte que me bafejara no ano do Centenário de Rui Barbosa. Em verdade, daí em diante vi que a cada filha que Gilka dava à luz (e somente filhas depois teríamos) um feliz sucesso nos acontecia. Abençoada coisa a maternidade da mulher, principalmente da mulher amada.

Organização da Polícia de Carreira

Encerrada a luta parlamentar em prol dos primeiros ginásios públicos do interior da Bahia, encetei outra de não menor alcance social: a da criação de uma Polícia Civil de Carreira.

Nascido no interior do Estado, onde desenvolvi minha vida política desde o tempo de estudante, conhecia muito bem os defeitos de sua organização policial, toda ela controlada por interesses político-partidários e exercida, salvo raríssimas exceções, por pessoas despreparadas.

A polícia civil não era — nunca tinha sido entre nós, um organismo destinado a preservar a ordem pública, a garantir a supremacia da lei e dar a todos segurança pessoal e paz. Ao contrário, como apêndice das facções, e por elas manejada, cuidava principalmente de dar-lhes apoio e zelar pelas conveniências dos chefes políticos locais. Até ali o delegado de polícia, além de pessoa da confiança dos dirigentes partidários que o indicavam, era em regra um correligionário político leigo, sem condições para a função de instaurar inquérito, importante peça informativa no processo criminal.

Tudo indicava a necessidade de livrar o exercício dessa função pública da influência imediata e direta da política partidária, e o meio próprio para atingir tal objetivo, seria, a meu ver, a instituição de uma Polícia de Carreira, semelhante à Carreira dos Magistrados e dos Promotores Públicos, e cujos cargos só pudessem ser providos por bacharéis em Direito, mediante concurso público de provas e títulos. Nesse sentido, em fevereiro de 1950, apresentei o Projeto de Lei n.º 797, que dividia as delegacias em quatro classes, correspondentes às quatro entrâncias da organização judiciária do Estado.

Só o Delegado-Auxiliar, cargo isolado existente na Capital, seria nomeado livremente, contanto que escolhido entre bacharéis em Direito com pelo menos cinco anos de *comprovada prática forense.* Os delegados de polícia teriam vencimentos iguais aos dos promotores das comarcas a que correspondessem as respectivas classes; ficavam impedidos de exercer a advocacia, e só poderiam ser demitidos por justa causa devidamente apurada em processo administrativo. O projeto considerava também justa causa "a prisão, ou detenção, de quem quer que seja, executada ou mandada executar por delegado de polícia, fora dos casos constitucionais e com inobservância das normas do Código de Processo Penal". Só assim a polícia poderia desempenhar o seu verdadeiro papel de *órgão subsidiário da Justiça.*

Dois apoios expressivos

Por sorte, na Comissão de Constituição e Justiça o projeto teve como relator o deputado Nathan Coutinho, e, na de Finanças, o deputado Nelson Sampaio, dois dos mais dignos e competentes parlamentares daquela legislatura. Em parecer de 3 de maio de 1950, que toda a Comissão de Justiça aprovou, disse inicialmente o relator:

> *"O projeto do deputado Rubem Nogueira, sob o n.º 797, institui a polícia de carreira, procurando dar-lhe uma organização adequada e transformá-la no que ela deve ser — um órgão subsidiário da justiça. Com efeito, nosso Código de Processo Penal, mantendo o inquérito policial, que é efetivamente de grande importância na investigação dos atos delituosos, deu à autoridade que o preside uma função de relevante importância, equivalente até certo ponto à do chamado Juiz de Instrução, adotado pela legislação de outros países.*
>
> *Sob esse aspecto é de ressaltar-se o alto sentido do projeto, o seu elevado objetivo social, criando um organismo policial técnico, capaz de atender às suas complexas funções, livre, o quanto possível das injunções político-partidárias que, sobretudo no interior, tanto desvirtuam e deturpam as suas finalidades".*

Do parecer do deputado Nelson Sampaio destaco o seguinte trecho inicial:

> *"Os que conhecem o interior brasileiro e os seus problemas políticos não regatearão aplausos às intenções que inspiraram o deputado Rubem Nogueira a apresentar o presente projeto que institui, no nosso Estado, a polícia de carreira. Subscrevemos, por isso mesmo, os termos da justificação do projeto e do parecer da Comissão de Constituição e Justiça. Com efeito, os funcionários que têm maiores possibilidades de utilizar-se dos seus cargos para exercer pressão político-partidária são os delegados e os coletores, sobretudo, quando em exercício no interior do Estado".*

Consegui levar até a terceira e última discussão esse projeto, mas houve, por fim, interferências sutis de parte da representação pessedista, para que não fosse votado ao término da legislatura. E ainda hoje, lamentavelmente, a Bahia não tem, como devia ter, a sua polícia civil *organizada em carreira.*

Serviço telefônico

Também a partir de 1948 deflagrei na Assembléia Legislativa, pela primeira vez na Bahia, uma companha em favor da renovação dos serviços urbanos e interurbanos de telefonia que desde o fim da Segunda Guerra Mundial haviam ficado em péssimas condições. Inicialmente encaminhei pedido de cópias de todos os contratos de concessão até ali celebrados entre o Estado e a Companhia Telefônica. De posse desses elementos, estudei-os a fundo durante uma semana, no veraneio de Mar Grande, e quando se instalou a Seção Permanente (designação da parte da AL que, na forma da Constituição, funcionava no período do recesso parlamentar) fiz da sua tribuna exaustiva análise do contrato de concessão em vigor. Havia sido este celebrado originariamente em 1919, para vigorar até 1928. Pouco antes de expirar tal prazo, a concessionária conseguiu do governo uma renovação contratual por mais vinte anos, suprimindo entretanto do novo texto uma das cláusulas mais importantes da concessão anterior: aquela que assegurava, no fim do contrato, a *reversão gratuita dos bens da concessionária ao patrimônio do Estado.*

Meu pronunciamento causou funda impressão ao plenário da Seção Permanente. Ao concluí-lo, o deputado Nelson Sampaio veio abraçar-me, com estas textuais palavras: "É assim que se defende a democracia".

Apresentei a seguir projeto de lei submetendo a determinadas normas a revisão do contrato a findar, entre as quais figurava o restabelecimento da cláusula da *reversão imediata e gratuita* de todos os bens da Concessionária para o patrimônio público, quando findasse a Concessão.

Infelizmente, injunções políticas levaram o governo a obter que o projeto fosse emendado e de tal modo que a Concessionária logo obteve o que mais pleiteava (o aumento prévio de tarifas). E assim, depois de sancionada a lei, por muito tempo não mais se cogitou de exigir o reaparelhamento e a melhoria do nosso serviço telefônico urbano e interurbano.

Na legislatura seguinte, porém, o assunto voltou a ser considerado, dando nascimento à Tebasa (Telefones da Bahia S.A.), como veremos.

Plínio Salgado novamente na Bahia

1949 foi o ano das duas maiores celebrações baianas: a do IV Centenário da fundação da primeira Capital do Brasil, e a do 1.º Centenário do nascimento de Rui Barbosa.

Para assistir à primeira, o Diretório Estadual do PRP convidou o casal Plínio Salgado-Carmela Patti Salgado.

Com o convite queríamos homenagear não só o político, mas ainda o admirável escritor da língua portuguesa, autor de uma variada obra literária, quer no campo do romance social voltado para a interpretação da índole do povo e de seus problemas, quer no da sociologia política, de cujos recursos se vale para a interpretação dos elementos fundamentais da organização nacional brasileira.

No seu itinerário através do interior da Bahia, quando não se cuidava de eleição alguma, Plínio Salgado, também orador dotado de vigoroso poder de convencimento dos auditórios, discursou ao povo de Feira de Santana, Serrinha, Araci, Tucano, Ribeira do Pombal, Euclides da Cunha, Canudos, Uauá e Alagoinhas, regressando a tempo de assistir ao monumental desfile *Canto de Glória e Graça da Bahia*, expressivo dos celebrados quatro séculos da história da Cidade do Salvador.

Antes de tomarem o rumo do Sudoeste, que iriam percorrer também pela primeira vez, Plínio Salgado e D. Carmela jantaram conosco em nosso apartamento da rua Rockfeller, 13. Para esse encontro convidamos deputados das várias correntes político-partidárias representadas na Assembléia Legislativa, além do Presidente desta, deputado Jaime Aires, convites extensivos, é claro, às suas esposas.

Seria, como foi, ocasião para terem os homenageados uma impressão da sociedade baiana. Homem simples e modesto, mas de conversa erudita e aliciante, Plínio esteve no centro das atenções, diria mesmo, da curiosidade da maioria que talvez não imaginasse fosse ele um homem em tanta maneira comunicativo. Todos os deputados tiveram oportunidade de lhe falar e de ouvi-lo. Foi uma noite sumamente agradável e politicamente proveitosa, que entrou um pouco pela madrugada.

O cardápio do jantar, discretamente baiano e sem excluir pratos do paladar comum, ficou à altura da circunstância, da mesma forma que as sobremesas, os vinhos e licores. Para isso Gilka esmerou-se, como é do seu feitio, até porque presidia à primeira recepção de tom nitidamente político que dávamos depois de casados. Não posso omitir a carinhosa colaboração de suas irmãs, especialmente a gêmea Esther. Aconteceu tudo como desejávamos.

Prestação de contas do deputado

À IV Convenção Estadual do PRP, em 3 de julho de 1950, compareceu o presidente do Diretório Nacional, Plínio Salgado. Fiz então algo que, se não incorro em equívoco, até ali era novidade em nossa vida político-partidária. Refiro-me ao relatório escrito, que apresentei aos convencionais, da minha atuação parlamentar. Eram decorridos três anos e três meses de minha eleição como único deputado do PRP à Assembléia Legislativa, inicialmente constituinte, de 7 de abril de 1947. Contei tudo o que me fora possível empreender no exercício do mandato. Primeiro falei de minha assiduidade aos trabalhos do Plenário e das Comissões Técnicas. Permitam-me lembrar palavras a este respeito ditas: "Tendo-me educado politicamente, dos 20 aos 24 anos na escola severa da Ação Integralista Brasileira e impregnado o meu ser moral das altas concepções filosóficas e cívicas do Integralismo, eu me sentiria envergonhado de comparecer perante vós, se houvesse exercido o meu mandato com a displicência, o comodismo e a improdutividade que tanto caracterizam a vida parlamentar brasileira dos últimos tempos".

"Para mim o mandato político não tem sido nem fonte de renda, nem oportunidade para fazer vida social brilhante e estéril. Sempre o encarei como um instrumento de luta e trabalho sem tréguas. Nem férias pude ainda gozar, pois a Constituição de 2 de agosto instituiu a Seção Permanente, que funciona nos intervalos das sessões legislativas, e eu compareci religiosamente às permanentes de 1948, 1949 e 1950.

"Assim tenho procedido, porque considero imperioso exercer severamente a deputação, conseguir o maior rendimento para a nossa agremiação e conservar sempre viva e militante a sua presença entre os demais componentes do Poder Legislativo".

A seguir discorri sobre: 1. a minha atividade externa (ações junto aos órgãos governamentais para obter o deferimento de serviços variados; defesas judiciais de correligionários no interior; viagens a serviço do Partido pelas diferentes regiões do Estado, etc.); 2. as iniciativas na Assembléia Legislativa, desde a entronização da Imagem do Cristo até os projetos de lei criando ginásios públicos no interior do estado, instituindo a polícia de carreira e a revisão do contrato de concessão do serviço telefônico urbano e interurbano.

Acho que o Relatório agradou, a julgar pelas onze vezes em que fui interrompido por palmas prolongadas e ao fim pelos aplausos com que a Convenção, de pé, me honrou.

Depois de lido, entreguei o texto do relatório, ali mesmo, ao Presidente do Diretório Nacional que incontinenti nele consignou, para orgulho meu, as seguintes palavras:

> *Lido este relatório em minha presença, a minha impressão foi a de que o Partido de Representação Popular, pela ação de Rubem Nogueira na Assembléia Legislativa do Estado da Bahia, não somente cresceu em prestígio, mas deixou, na História da Vida Parlamentar do Estado, um traço luminoso, que deixa entrever o futuro que está destinado ao Brasil, quando o nosso partido tiver possibilidade mais ampla, pelo número de seus representantes no Legislativo e pela interferência no Executivo.*
>
> *Se Rubem Nogueira está de parabéns, ainda mais está o nosso partido, que o elegeu, e, principalmente, a Bahia e a Pátria Brasileira.*

XIV

Acontece o Ministério Público

Sumário: Acontece o Ministério Público — Motivos do Procurador-Geral — Congresso pioneiro — A indenização pelo quebra-bondes — O pedido de despejo do TCE — Um parecer oportuno — Atividades externas — Congresso Inter-Americano do Ministério Público — Aqui pra nós...

Acontece o Ministério Público

A sucessão do governo Otávio Mangabeira proporcionou-me uma inesperada experiência. Inesperada, frutuosa e inesquecível. Por injunções partidárias, e não por desejo próprio, em 1950 tive de concorrer à Câmara Federal, com outro candidato do PRP, o Eng.º Carlos Albuquerque, numa chapa de Coligação com o PSD e o PTB. Nenhum de nós dois se elegeu, embora individualmente obtivéssemos apreciável votação. Graças entretanto ao apoio do nosso partido fora eleito governador o deputado federal Regis Pacheco, no lugar do candidato Lauro Farani Pedreira de Freitas, tragicamente desaparecido em plena campanha.

Como era natural, o PRP participou na formação do novo governo, tendo eu sido convidado para o cargo de Procurador-Geral da Justiça. Em princípio aceitei o convite, porque a função me atraía e, sem falsa modéstia, me achava preparado para exercê-la. Pela Lei Orgânica do Ministério Público, de cuja Comissão elaboradora, na Assembléia Legislativa, por coincidência, fora eu o presidente, o Procurador-Geral da Justiça devia oficiar em quase todos os feitos encaminhados ao Tribunal de Justiça. Apenas a matéria fiscal e os recursos criminais escapavam à sua apreciação, exceto as revisões criminais e os pedidos de desaforamento de Júri, que se incluíam também entre os processos sujeitos a seu parecer. Cargo de muito trabalho, portanto.

Não só por minha condição de advogado militante, mas também porque gostava (e ainda gosto) de lidar com autos judiciais, na tarefa de dar parecer, de dizer a quem cabe o direito, de opinar, enfim, acerca de questões controversas, consigo realizar-me plenamente. Por isso, quando o líder da campanha vitoriosa de Regis Pacheco, jurista como eu, por primeiro me comunicou que eu seria convidado para aquele alto cargo, não me perturbei. Senti que poderia desempenhá-lo em sua plenitude, e com prazer.

Não obstante o convite formal a mim transmitido, em nome do governador, pelo recém-eleito deputado federal Antônio Balbino, pedi uma reunião do meu Partido para ele deliberar em definitivo sobre o assunto, pois tínhamos outros companheiros, bacharéis em Direito, cujos nomes poderiam ser considerados. O PRP entretanto, houve por bem, para honra minha, ratificar a escolha feita pelo governador.

❧

A Assembléia Legislativa aprovou por quarenta votos a Mensagem governamental indicativa do meu nome. Houve um voto em branco e onze contra, em votação nominal. Nenhum dos onze votos contrários se fundou em restrição de ordem moral ou intelectual ao candidato proposto, e isto é o que para mim tinha importância. As declarações de votos divergentes invocavam unicamente as minhas antigas origens partidárias. Fernando Jatobá, colega de Colégio e de Faculdade, mas político de esquerda, disse, da tribuna, estar-se defrontando, "de inopino, com sério problema de consciência". Que problema? Ele o confessou: "conhecia-me muito de perto e sabia que eu não era um ventoinha que facilmente muda de opinião". Diante de minha origem político-partidária, votava contra, "embora me sangre o coração, embora sinta amargura a minha emotividade".

Será que Fernando Jatobá imaginou pudesse eu, por ser, como ele próprio disse, homem que não muda facilmente de opinião, colocar pontos de vista ideológicos ou político-partidários acima dos valores do Direito e da Justiça? Neste caso, não me conhecia bem, como declarou.

Por Decreto de 13 de abril de 1951 fui nomeado Procurador-Geral da Justiça, assumindo o exercício no dia 16.

Com a bonita e negra veste talar, de uso especialmente em momentos solenes, como aquele, assumi o exercício da Procuradoria-Geral no Tribunal de Justiça. Tive então a alegria plena de posar para uma fotografia muito especial ao lado de minha mulher, que esplendia em sua beleza e graciosa elegância.

Era uma tarde castigada por chuvas e ventos que tornaram difícil o acesso ao Fórum Rui Barbosa, onde colegas, amigos, parentes, correligionários, compareceram para me abraçar, num gesto de compreensão e confiança que muito valorizei.

Recebi o alto cargo do 1.º Sub-Procurador-Geral, Boaventura Moreira Caldas, velho conhecido do tempo de minha advocacia na cidade de Ilhéus. No dia seguinte à tarde, tive a honra de estrear na alta função, sentando-me à direita do presidente da Corte, meu ex-professor de Direito Judiciário Penal, des. Demétrio Ciríaco Ferreira Tourinho, que, na primeira prova escrita de 1937 me conferira a nota máxima. Depois, servi também com outro presidente, o des. Manoel de Andrade Teixeira, filho do desembargador Paulo R. Teixeira, antigo Juiz de Direito de Serrinha, padrinho de batismo de meu irmão Werner, e pai do grande cirurgião Augusto Teixeira, que anos depois, muito jovem ainda, salvaria a vida de meu primogênito, Rubem Jr., vítima, em 1964, de gravíssimo acidente automobilístico.

Motivos do Procurador-Geral

Aceitei o cargo quando já contava cerca de quinze anos de convívio com os juízes e tribunais, quer no foro judicial de três Capitais (Rio, São Paulo e Bahia), quer em comarcas de grande movimento forense, como Ilhéus e São José do Rio Preto. Lidar com processos da mais variada natureza já fazia parte do meu dia-a-dia profissional, e estudar o Direito constituía talvez o meu hábito fundamental. Desde muito cedo pensara em ser só advogado.

Por outro lado, associando a vida política à vida forense, em nada reduzi o ângulo de visão dos problemas humanos e sociais com que uma e outra se ocupam. Ao contrário, nunca entendi mais nem melhor o Direito como regra insuprível da coexistência, do que no exercício da política, sabidamente ciência e arte do governo da coisa pública e também da convivência dos seres humanos. Por isso mesmo conciliei, durante vinte e cinco anos sucessivos de vida pública, essas duas atividades, tão coincidentes nos seus fins essenciais.

Anuí tranqüilamente em ser Procurador-Geral da Justiça, porque — desculpem a franqueza — estava pessoalmente seguro de ter as condições básicas para tanto.

Não faltou quem me confidenciasse: "Olha, Rubem, é bom ir à Assembléia Legislativa, conversar com alguns deputados". Recusei literalmente a amável sugestão. Jamais faria isso, não por tola vaidade, e sim por achar, simplesmente, que a cada qual cabe o seu dever. A Assembléia Legislativa, de onde eu acabava de sair após quarenta e seis meses de trabalho a ela consagrados, devia ter conhecimento completo de minha personalidade. Que cumprisse, pois, a parte que lhe tocava. Fiquei assim aquele fim de tarde em casa, na saudável companhia de minha mulher, a aguardar serenamente os acontecimentos. Ali pelas dezenove horas, quando ela e eu conversávamos sobre coisas nossas e da varanda do apartamento admirávamos a noite estrelada, chegou o velho amigo e deputado Renato Mesquita, com o resultado da votação. O mais seria dito pela minha atuação no exercício das funções de chefe do *órgão da lei e de sua fiel execução*, como na época era definido.

Seja-me permitido lembrar aqui um pormenor. Fui, ao que me consta, o primeiro Procurador-Geral da Justiça, na Bahia, a publicar, imediata e regularmente, no Diário Oficial, os pareceres emitidos nos processos judiciais sujeitos ao seu pronunciamento. Poderia haver maneira mais rigorosa de submeter alguém o seu trabalho técnico à censura dos interessados ou dos entendidos? No entanto, nunca recebi um simples reparo, fosse de quem fosse, incluindo nessa generalidade os órgãos da imprensa falada e escrita. Na Assembléia Legislativa, em tempo algum, da sua tribuna se ouviu um comentário desfavorável à minha conduta funcional. Ao contrário, por duas vezes e unanimemente ela aprovou Moção de congratulações pelo meu desempenho no cargo. Por sua vez, a Imprensa não raro deu destaque à minha atuação, como veremos.

Gostaria de também aqui consignar que nunca tive assessores nos trabalhos de Procurador-Geral da Justiça até porque inexistia ali cargo ou função dessa natureza. Anos adiante, quando nomeado para esse mesmo cargo, no governo Antônio Carlos, o Dr. Ivan Americano, antigo Promotor Público, no seu discurso de posse ante o Tribunal de Justiça, revelou ter sido eu, de seu conhecimento, o único Procurador-Geral da Justiça, na Bahia, que jamais assinou parecer elaborado por auxiliar de seu Gabinete ou qualquer outro membro do Ministério Público.

Diariamente me eram levados vários autos, os quais examinava e despachava com os respectivos pareceres quase sempre dentro da mesma semana. Fazia isso prazerosamente, era uma tarefa que não me fatigava, e por isso quando me despedi da PGJ não devolvi nenhum processo que comigo estivesse a esperar o meu pronunciamento. Além disso, estive sempre presente às sessões das Câmaras isoladas, das Câmaras Cíveis Reunidas e do Tribunal Pleno.

Por fim, devo dizer, em relação ao governo, que meu trato amistoso com o chefe do Executivo e seus Secretários nenhuma influência teve jamais sobre minha conduta funcional. Houve até ocasião de, em mandado de segurança, manifestar-me pela ilegitimidade do ato do governador, sem que este se melindrasse.

Nessa época era realmente trabalhoso o cargo de Procurador-Geral da Justiça. Aproximadamente oitenta por cento dos processos em curso no Tribunal de Justiça passavam pelo seu exame. Haja vista o número crescente de pareceres que emiti nos três primeiros anos. Somente de abril de 1951 a dezembro de 1953 foram eles 1.218. Além de pareceres escritos emiti numerosos outros orais em sustentação dos pontos de vista do MP, em assentadas de julgamento. Uma seleção de tais pareceres, feita a meu pedido pelo Dr. Ivan Americano, figura em volume editado pela Imprensa Oficial do Estado, para atender notadamente a sugestões de membros do Ministério Público, de Magistrados, Advogados e elementos da administração pública.

Congresso pioneiro

Em janeiro de 1954 promovi a organização do 1.º Congresso Estadual do Ministério Público, destinado ao estudo de problemas ligados ao Direito, à vida das instituições vigentes, da mecânica do Ministério Público, e a dar ao legislador e ao governante subsídios necessários às reformas da instituição, que fossem sugeridas. Inscreveram-se e compareceram setenta e três Promotores Públicos.

Houve uma semana de trabalhos no Fórum Rui Barbosa, com a apresentação e discussão de teses. Todos os debates foram taquigrafados. Na sessão solene de abertura, no salão nobre do Fórum Rui Barbosa, presentes o Governador do Estado, o Arcebispo Primaz e Cardeal da Silva, o ex-governador Otávio Mangabeira, o Presidente do Tribunal de Justiça e outras autoridades, salientei a posição dos órgãos do MP no quadro geral da vida baiana, e sua benéfica influência como porta-vozes da ordem jurídica, da legalidade ativa e militante. "É toda a psicologia social do sertão, do Nordeste, do Recôncavo, do Litoral, das barrancas do São Francisco que testemunha a penetração saudável do espírito do Ministério Público através da velha Bahia. Com a professora primária, o vigário e o juiz de direito, ele avulta no quadrilátero comarcão, desempenhando papel cultural e civilizador da maior conseqüência para uma crescente revitalização de nosso panorama municipal. Órgão da lei e de sua fiel execução, há de ser o Promotor Público o último dos homens a melindrar a lei. Pela irrepreensível moralidade de sua pauta de vida, e pelo equilíbrio no exercício de suas atribuições é que frutificará a sua ação pessoal. Moralidade vigilante e ativa, que o coloque eqüidistante dos grupos locais, livrando-o, inclusive, de *amizade íntima* com autoridades políticas, para que a justiça não deixe de ser feita no momento exato, por motivo de *suspeições* geradas no ventre infiel de tais intimidades", disse eu. E concluindo: "Posso assim falar aos meus amigos e subordinados, pois eles sabem o quanto me tenho consagrado ao ideal de bem servir ao Ministério Público, mantendo a mais estrita imparcialidade e isenção em todos os atos de comando e no terreno da opinião jurídica".

"Homem de notória procedência política, que ninguém pode ignorar e da qual sinto a maior honra, jamais, entretanto, permiti que as minhas convicções ideológicas e opiniões políticas interferissem, fosse de que maneira fosse, nas atividades do meu cargo, que para mim sempre significou uma grandiosa e fecunda magistratura".

Num volume de 597 páginas, editado três meses depois pela Tipografia Beneditina Ltda., graças também à colaboração do Reitor Edgard Santos da UFBA, já estavam à disposição dos interessados os *Anais* desse congresso pioneiro. "Agora, que o caminho está aberto" — disse eu em Nota Preliminar — "é pensar noutros Congressos, pois eles hão de ser tanto mais benéficos para o Ministério Público, quanto a importância deste avulta dia a dia no cenário administrativo, judiciário e social, exigindo reformas que lhe aperfeiçoem a estrutura legal".

De variadíssima natureza foram os casos por mim examinados ao longo de quatro anos do ofício de Procurador-Geral. Entre, porém, os de interesse predominantemente social e que por isso tiveram ressonância na opinião pública, darei uns poucos exemplos.

A indenização pelo quebra-bondes

Em 1930 tínhamos na Capital do Estado um serviço de transportes urbanos de ótima qualidade. A 4 de outubro, quando se iniciava o movimento político-militar que vinte dias após poria abaixo o governo constitucional de Washington Luís, grupos enfurecidos depredaram e incendiaram veículos e instalações da Companhia Linha Circular de Carris da Bahia, concessionária do serviço de bondes, elevadores e planos inclinados. Quando assumi a Procuradoria-Geral da Justiça a ação de indenização por aquela empresa ajuizada anos antes se achava em fase de liquidação de sentença. Havia oportunidade processual apenas para pleitear a redução das parcelas de *lucros cessantes* e de *honorários advocatícios.*

Tendo nos últimos anos testemunhado sucessivas reduções no valor real do meio circulante e da elevação contínua dos índices de inflação, quase que perdemos a noção do valor comparado da moeda. Quem fala hoje em vinte milhões não tem condições de imaginar o que representava realmente essa mesma cifra há quarenta ou cinqüenta anos. Era uma montanha de dinheiro.

A Circular obteve da sentença do primeiro grau, a título de *lucros cessantes*, a quantia de Cr$13.188.322,20, valor mantido em grau de apelação, contra um voto, o que ensejava o recurso ordinário final de embargos (a esse tempo um deputado estadual ganhava mensalmente quinze mil cruzeiros; um bom apartamento de três quartos em bairro da zona sul alugava-se por três mil cruzeiros mensais). O dólar valia vinte cruzeiros ou menos.

Os embargos ao acórdão, cujas razões sustentei em parecer oral, foram recebidos e os lucros cessantes caíram para menos da metade, ou exatamente cinco milhões e fração. A repercussão da vitória do Estado na sociedade baiana levou a Assembléia Legislativa a votar moção de congratulações, em cujo texto apontava o acórdão do TJ "como uma página gloriosa nas crônicas forenses do País e o coroamento dos tenazes e patrióticos esforços dos defensores do erário público e dos interesses coletivos".

A Companhia concessionária recorreu extraordinariamente, impugnei o recurso e o Supremo Tribunal Federal, em sessão de 22 de julho de 1954, dele não conheceu, sendo Relator o Ministro Orosimbo Nonato (Ver *Pareceres do Procurador-Geral da Justiça*, volume único, Imprensa Oficial da Bahia, 1954, p. 359-62).

A parcela de honorários advocatícios também sofreu substancial redução, no TJ, graças aos nossos esforços. A Companhia Linha Circular pedira 20% sobre o total da condenação do Estado; a sentença dera-lhe 10%, percentual este mantido pela maioria da Câmara Cível. Embarguei o acórdão, e ainda sustentei oralmente, no dia do julgamento, as razões do Estado, obtendo, por maioria de votos, a redução da verba de honorários advocatícios para 5%.

A Circular, inconformada, tentou mudar esse resultado em recurso extraordinário, mas o Supremo Tribunal, acolhendo o argumento de minhas contra-razões, não conheceu do recurso (Cf. *Pareceres*, cit., p. 177-80, 271-6).

Noutro caso, a Companhia Linha Circular impetrou mandado de segurança contra despacho do Juízo da Fazenda Municipal, para lhe ser reconhecido o direito de ficar como depositária de certa importância que lhe fora penhorada em executivo fiscal. Impugnei o pedido, preliminarmente, por não ser caso de mandado de segurança, dada a previsão de recurso ordinário para a hipótese, e, no mérito, pela improcedência da pretensão.

Sem discrepância de voto, o TJ acolheu o argumento da Procuradoria-Geral e indeferiu a segurança postulada. A Circular foi ao Supremo Tribunal, mas por decisão unânime o seu recurso não obteve provimento.

O pedido de despejo do TCE

Em 1952 o Tribunal de Contas estadual esteve sob ameaça de despejo por uma alegada impontualidade de aluguéis, episódio a um tempo inédito na história administrativa da Bahia e grotesco pelo mau exemplo que poderia significar ao primeiro exame o Estado como mau locatário. O juízo da Fazenda Pública havia decretado a desocupação imediata do prédio ocupado por aquele alto Órgão do governo, mas a sua sentença, em julgamento da apelação pela Câmara Cível isolada, fora reformada por maioria. Interpostos embargos pelo locador, invoquei a improcedência da ação, pois o pagamento de uma parte dos alugueres cobrados estava a depender do crédito especial pedido ao Legislativo antes de proposta a ação, mas ainda não concedido por lei. Só podendo o Estado pagar quando tem autorização legal para usar os dinheiros públicos, achava-se em face de uma *impossibilidade jurídica* de saldar aquela parte do seu débito. E quanto à outra parcela, tinha ela até ali ficado nos guichês do tesouro, à disposição do credor. Como dívida *quérable,* o embargante tinha de ir recebê-la. A mora existente era do locador.

Rejeitados os seus embargos, a Associação Patrimonial Braulio Xavier, proprietária do imóvel, interpôs recurso extraordinário, que impugnei e dele o Supremo Tribunal Federal não conheceu (Ac. da 2.ª Turma, de 2.VII.54, relator o Ministro Lafaiete de Andrada).

Um parecer oportuno

Por causa de um incidente processual do presidente do Tribunal do Júri, Dr. Mário Lins, com o Promotor Público, Josef Rapold Filho, em exercício junto à 1.ª Vara Crime, tive ocasião de emitir parecer de muita repercussão na sociedade, graças à publicidade que houve por bem lhe dar a Imprensa local. O "Diário da Bahia" publicou-o na íntegra, em três colunas compactas.

Depois de apoiar a Reclamação impetrada pelo Promotor Josef Rapold contra despacho daquele magistrado contrário à juntada de suas razões de apelação, critiquei outra parte do despacho recorrido que dizia o seguinte: "Nenhuma malquerença existe do reclamado para com o reclamante a quem sempre dispensou a devida consideração, *muito embora guardada a necessária distância da hierarquia*".

A resposta a essa parte do despacho foi mais longa que a relativa ao incidente propriamente processual, uma refutação fundamentada da pretensa subordinação dos representantes do Ministério Público aos juízes.

O "Diário da Bahia" divulgou-o com o seguinte título: "A função do Ministério Público e a Magistratura".

Os dois órgãos dos "Diários Associados" deram extensas notas sobre o caso. O "Estado da Bahia" a certa altura disse: "O julgamento teve, sem dúvida, características sensacionais e basta atentar-se para o fato de haver sido o único processo julgado, e iniciado o julgamento pouco depois das 13 horas, além das 17 horas ainda continuava o Tribunal decidindo. Falaram todos os Desembargadores e por vezes os eminentes Juízes usaram de calor e veemência na defesa dos seus votos. A nota impressionante do julgamento que durou mais de quatro horas ininterruptas foi a atuação destacada, soberba mesmo, do Dr. Rubem Nogueira, Procurador-Geral da Justiça, que, na defesa do seu Parecer, impressionou vivamente ao Tribunal e quantos advogados e juristas presentes, assistiam ao julgamento, sustentando admiráveis discussões com Desembargadores contrários aos seus argumentos".

Por seu lado, o "Diário de Notícias", concluindo longa nota em três colunas, intitulada *Um parecer oportuno*, assim opinou: "...Manda a verdade que se diga que o Procurador-Geral tem dado uma valiosíssima contribuição capaz de recolocar a Bahia no destaque a que tem direito para figurar nas páginas das publicações forenses de âmbito nacional"[1].

Por maioria de votos do Tribunal Pleno, a Reclamação foi deferida.

---

[1] O Parecer em causa está publicado na edição única dos *Pareceres do Procurador-Geral da Justiça*, pela Imprensa Oficial da Bahia (1954, p. 379-84).

Atividades externas

No período de exercício do cargo de Chefe do Ministério Público, fui convidado pelo Diretor da Faculdade de Direito da Bahia, professor Orlando Gomes, a integrar a Banca Examinadora do concurso a que se submeteram os Drs. Raimundo de Sousa Brito e Evandro Correia de Menezes, candidatos à Livre Docência de Direito Penal.

O Procurador-Geral da Justiça, em matéria penal, opinava apenas em processos de revisão e de desaforamento do júri. O mais cabia na competência do Sub-Procurador Geral. Contudo, aceitei o convite honroso, estudei acuradamente as duas teses apresentadas, e preenchi o tempo regimental de argüição de ambos os candidatos, um dos quais meu colega de Turma (o Dr. Evandro C. de Menezes).

❧

Para o 5 de novembro de 1953, dia do 104.º aniversário de Rui Barbosa, pediu-me o prof. Josaphat Marinho, presidente do Instituto dos Advogados da Bahia, uma palestra comemorativa, propondo-me o seguinte tema: *Rui Barbosa e a Técnica da Advocacia*.

Atendi ao convite, nos termos exatos da proposta. A Casa de Rui Barbosa publicou depois essa conferência numa separata com o título supra. (*Separata de conferências — III — da Casa de Rui Barbosa* — 1956) e a Editora José Aguilar Ltda. a incluiu em *Rui Barbosa — Escritos e Discursos Seletos* — Rio de Janeiro — 1960 — p. 491-508). Em 1995 saiu a 2.ª edição dessa obra, pela Editora Nova Aguilar S.A.

Congresso Interamericano do Ministério Público

Ainda em novembro de 1954, tomei parte no 1.º Congresso Interamericano do M.P. realizado em São Paulo, com a presença dos Procuradores-Gerais da Justiça de vários países das Américas, inclusive os Estados Unidos. Nesse conclave defendi a necessidade de separar-se a Procuradoria-Geral do Estado da Procuradoria-Geral da Justiça, atenta a diversidade de matérias atribuídas a cada um de tais órgãos, separação no entanto que, na Bahia, só uma década adiante veio a consumar-se. Além disso fui relator das seguintes teses: "Atribuciones del Ministero Publico en orden a la represion de 1.ª criminalidad", do chileno Francisco Ponte Domingues, e "Fundamentos de la misión fiscal del Promotor Fiscal", do Dr. Miguel Herrera Figueroa, argentino. Conclusões de ambas, aprovadas, em harmonia com o meu parecer.

As reuniões desse importante conclave internacional se deram no Pavilhão das Indústrias, no Parque Ibirapuera. Representando o Presidente Café Filho, o Ministro da Justiça Miguel Seabra Fagundes presidiu à solenidade inaugural. O encerramento solene ocorreu no auditório da Biblioteca Municipal de São Paulo, tendo havido por fim um banquete no Automóvel Clube, ao qual, bem como aos demais atos sociais programados, compareci em companhia de Gilka. A nós ambos o Secretário da Justiça, professor Loureiro Junior e esposa, Maria Amélia Salgado Loureiro, brindaram-nos com um jantar em sua residência do Jardim Europa.

Aqui pra nós...

Fui Procurador-Geral estranho à carreira e sem preferências por pessoas ou grupos. A todos, na medida das possibilidades efetivas, procurei dar o reconhecimento do mérito pessoal, pondo-me um pouco acima de preconceitos. Acho que só deixei amigos no Ministério Público baiano. Do governador do Estado mereci sempre consideração, respeito e apoio, sem interferência de espécie alguma nas atribuições próprias do meu cargo, e também lhe acomodei situações embaraçosas, usando minha experiência política. Livrei de injusto ostracismo promotores de real valor, trazendo-os do interior e atribuindo-lhes funções na Capital, onde mais positivamente poderiam desenvolver, e de fato desenvolveram, a sua capacidade técnica, como foi o caso do Dr. Ivan Americano. Outro, depois de vencer concurso de catedrático de Direito Internacional Público na Faculdade de Direito da Bahia, chegou a comunicar-me a contingência em que se via de exonerar-se por não poder conciliar sua atividade docente na Capital, com a de promotor efetivo da Comarca de Itambé. Era o Dr. Lafaiete Spínola. Resolvi-lhe imediatamente o problema, designando-o para fiscalizar a regularidade dos inquéritos relativos a crimes sujeitos ao julgamento do júri popular, na Capital do Estado. Por sua vez, o Dr. J. J. Calmon de Passos, também candidato à vida universitária — de que em breve viria a tornar-se expoente no campo do Direito

Processual Civil — estava em conflito com o magistrado da comarca de Santa Inês. O governador pediu-me uma solução, mas discretamente apontou para uma simples remoção que, entretanto, a meu ver, mantendo o representante do MP no interior e em comarca de igual entrância, passaria talvez a idéia de ter havido punição do Promotor Público. Designei-o, ao contrário, para também servir na Capital, em função compatível com o seu conhecimento da Ciência Jurídica, já comprovado em monografias sobre processo civil, todas de muito merecimento. Para mim foi um conforto moral poder dar solução legal rápida a um caso suscetível de complicada evolução política, como este último.

Houve também o caso do Promotor Interino de certa comarca nordestina que em apenas quarenta e oito horas tinha, num processo criminal, praticado atos sucessivos que regularmente exigiriam no mínimo algumas semanas para se executarem. Recebi queixa contra sua conduta e mandei apurar incontinenti os fatos objeto dela. Ficou confirmada a parcialidade do Promotor. Em conseqüência afastei-o da Comarca, designando-o para servir noutra região. Imediatamente interesses políticos mobilizaram-se, exigindo-lhe a volta para a mesma Comarca nordestina. O governador expôs-me a dificuldade política em que o problema o colocava. Precisava muito, na Câmara, confidenciou-me, do deputado federal, que lhe cobrava o desfazimento do ato. Pus então o cargo à sua disposição. Não havia alternativa, pois eu não podia deixar de manter o meu ato. Mas ainda assim contei ao governador o que havia sido apurado e só então mencionei o nome do Promotor em questão. Isto pôs fim à crise. O Dr. Regis sorriu e disse: "Compreendi tudo. Esse rapaz já chegou ao ponto de me denunciar ao Presidente da República, inventado coisas mirabolantes". E não se tratou mais do assunto.

Em fins de dezembro de 1954, definida minha eleição para o segundo mandato de deputado estadual, era o momento de dar por finda a experiência do Ministério Público, e pedi exoneração do cargo de Procurador-Geral da Justiça, do qual conservo as mais agradáveis recordações. Exercendo-o, estudei muito, colaborei o quanto em minhas forças esteve para o rendimento das atividades do Tribunal de Justiça e adquiri algum conhecimento, para mim novo, da máquina administrativa. Dentre as coisas boas que me aconteceram enquanto chefiava o Ministério Público da Bahia, uma, especialíssima, quero destacar — pela indizível alegria de que cumulou meu coração: o nascimento de Maria Patrícia, minha primeira filha, numa luminosa tarde de 13 de abril de 1953. Achava-me no Tribunal quando recebi a notícia, que me levou imediatamente à Maternidade Climério de Oliveira, onde já encontrei a recém-nascida de lacinho de fita cor-de-rosa no cabelo, vestidinho rosa, num bercinho também rosa, ao lado da formosa e feliz mamãe — um quadro inesquecível, que me encheu de felicidade.

XV

Na Assembléia Legislativa pela segunda vez

Sumário: Entre dois bons candidatos — Carreira do magistério primário — Professor de Direito — Defesa da Leste Brasileiro — Caso da efetivação de interinos — Regimento *versus* Constituição — Ainda serviço telefônico — Sugestões de reforma constitucional — No Tribunal de Justiça paulista — Trabalho em Comissões — Membro do Instituto dos Advogados da Bahia — Energia elétrica de Bananeiras — E o concurso... não houve

Entre dois bons candidatos

A sucessão governamental para o quatriênio 1955-1959 trouxe problema para o meu partido, dada a qualidade dos candidatos disputantes: Pedro Calmon e Antônio Balbino. Entre os dois as opiniões internas se dividiam, embora não houvesse discrepância quanto a estarem ambos à altura do cargo. Deputado estadual antes da revolução de 30 e deputado federal de 1934 a 1937; historiador famoso; professor catedrático da FND; membro da Academia Brasileira de Letras e Reitor da Universidade Nacional do Brasil, contava Pedro Calmon com inúmeros admiradores em nosso grêmio político, onde foi recebido como candidato e pronunciou belo discurso.

Balbino tinha menos títulos, mas era igualmente considerado entre os perrepistas. O problema porém não residia no merecimento pessoal dos dois candidatos e sim nas implicações políticas locais que a definição por um deles acarretaria. Para uma organização partidária de pequeno porte e ainda em fase de crescimento como a nossa, esse pormenor relevante tinha de ser bem examinado. Num município como Serrinha, por exemplo, onde nem remota possibilidade havia de entendimento com os pessedistas, cuja oligarquia ao contrário queríamos desmontar, como efetivamente desmontamos, seria condenar o PRP a um desastre político levá-lo oficialmente a apoiar a candidatura de Pedro Calmon. Situação semelhante verificava-se em Tucano e outras comunidades. A prudência, pois, recomendava-nos não atrelar o partido a um candidato único, e sim *abrir a questão das candidaturas a governador.* Cada secção municipal assumiria a responsabilidade de sustentar, entre os postulantes o que menos risco oferecesse de deterioração da força que até ali tínhamos organizado. Foi esta a fórmula política que da tribuna da

Convenção sustentei como a mais conveniente e que veio a ser tranqüilamente aprovada.

O resultado disso é que mantivemos em Tucano a condição de majoritário que tínhamos desde as eleições de 2 de dezembro de 1945, e em Serrinha derrubamos um situacionismo estéril, instalado desde 1921; o nosso candidato a prefeito obteve o dobro da votação do adversário pessedista e o candidato Antônio Balbino saiu vitorioso com uma considerável diferença de votos. Pormenor a registrar: Balbino não investiu um centavo no pleito serrinhense. Todos os gastos da campanha de 3 de outubro de 1954 foram lá cobertos com recursos partidários e contribuições solicitadas a conterrâneos amigos, residentes noutros lugares. Formamos uma Coligação de quatro legendas, mas o tom maior do movimento que empolgou o povo serrinhense foi reconhecidamente dado pelo PRP, sob o pálio da *Bandeira da Esperança,* cujo Manifesto redigi e se tornou a plataforma dos partidos coligados.

Eleito, também eu, com uma votação muito superior à de 1947, assumi o segundo mandato de deputado estadual a 7 de abril de 1955.

Nessa legislatura voltei a cuidar principalmente da melhoria da educação de nível médio no interior do Estado. Antes de completar um mês de empossado, apresentei o Projeto de Lei n.º 624, cujo art. 1.º dispunha: "O Poder Executivo instalará Escolas Normais e Técnico-Profissionais nas cidades onde foram criados Ginásios pelo art. 1.º da Lei n.º 130, de 14 de dezembro de 1948, e que ainda não possuam estabelecimento de ensino normal ou profissional mantido ou subvencionado pelo Governo do Estado".

O artigo seguinte determinava: "Anexo aos Ginásios estaduais já em funcionamento nas cidades de Serrinha, Jequié e Santo Amaro, o Governo deverá fazer funcionar o curso normal, no próximo ano letivo, tomando para isso as providências indicadas na legislação vigente".

Existiam então, na Bahia, Escolas Normais estaduais na Capital, em Feira de Santana e em Caetité. Havia-me comprometido a levar uma para a Serrinha e demais cidades contempladas com ginásios oficiais.

O Projeto de 7 de maio converteu-se, quatro meses depois, na Lei n.º 737, de 22 de setembro de 1955, sancionada pelo governador Antônio Balbino. Para tão rápido êxito, está claro, tive de desenvolver a máxima diligência, pois raramente uma proposição de vulto vence em poucos meses as etapas inevitáveis do Regimento Interno de uma Câmara Legislativa.

Tal como procedi com o projeto dos primeiros ginásios do Estado no interior, procurei evitar que surgissem emendas acrescentando número de Escolas Normais que o governo não tivesse condições financeiras de instalar. E estava empenhado em que pelo menos a de Serrinha começasse a funcionar no ano letivo de 1956, como efetivamente aconteceu.

Tendo ocorrido já em setembro de 1955 a sanção da lei criadora das Escolas Normais e Técnico-Profissionais, pude alcançar a elaboração da lei orçamentária para o ano seguinte, na qual fiz consignar recursos da ordem de cinco milhões de cruzeiros, nos termos precisos da previsão contida no meu projeto e que a Lei n.º 737/55 literalmente reproduziu, para acudir às despesas decorrentes de sua execução.

Tornou-se assim garantido o funcionamento da Escola Normal de Serrinha no ano letivo de 1956, com o que dava eu execução a um compromisso assumido na campanha do meu retorno à Assembléia Legislativa, e atendia a uma necessidade da região nordestina. A população de minha terra, como era natural, viveu horas de intenso júbilo ao ver começar a funcionar mais um estabelecimento de ensino médio destinado a exercer fecunda influência na expansão cultural da cidade e de cidades vizinhas. A primeira diretora foi Míriam Ramos dos Santos, licenciada pela Faculdade Católica de Letras da UFBA.

Carreira do magistério primário

Era antiga minha simpatia pelo magistério das primeiras letras, a meu ver o mais difícil e trabalhoso de todos, embora nem tanto considerado pelo Poder Público. Haja vista o ínfimo estipêndio que ainda hoje o remunera.

Logo depois de ver realizado o plano de implantação de uma Escola Normal nas cidades que anterior projeto de lei de minha iniciativa dotara de ginásios estaduais, fui designado relator, na Comissão de Constituição e Justiça, da Mensagem n.º 446, na qual o Governador do Estado propunha a reorganização e ampliação do Quadro Especial Permanente do Magistério Primário. Mas em realidade o seu projeto de lei cuidava tão só do professorado da Capital, que seria ampliado com a criação imediata de seiscentos cargos de professor primário. Pareceu-me que a solução certa seria executar o pensamento do constituinte de 1947, partindo para a implantação do Conselho de Educação e demais inovações ideadas por Anísio Teixeira. Ou, quando menos, instituir a *carreira do magistério primário* estadual, e não apenas contemplar, em particular e sem mudança alguma na antiquada estrutura vigente, o professorado da Capital. Impunha-se tornar o magistério primário — sabidamente serviço fundamental do Estado — uma *carreira*, análoga à da Magistratura e do Ministério Público. Nesse sentido elaborei um *projeto substitutivo*, estabelecendo a *classificação* das escolas primárias e a fixação de critério de graduação dos vencimentos do professor conforme a categoria da escola (1.ª, 2.ª, 3.ª e 4.ª), tornando obrigatória a investidura inicial em escola da primeira categoria (escola rural) e regulando por um critério objetivo o delicado problema das promoções por merecimento. O substitutivo assegurava, além do aumento de vencimento decorrente do acesso à escola de categoria superior, uma *gratificação de magistério*, por quinquênio de efetivo exercício, incorporável ao vencimento para todos os efeitos legais. Finalmente regulava a situação dos professores primários na Capital, estabelecendo normas para a sua movimentação. O que por essa época agravava demais a deficiência do ensino primário estadual é que podia um professor, após o concurso, ser designado para reger classe em qualquer cidade, inclusive na Capital, conforme o seu "pistolão" político, em prejuízo das escolas situadas em povoados, ou lugares desprovidos de condições normais de vida, ou muito distantes da Capital. O substitutivo punha fim a isso, tornando obrigatória a investidura inicial em escola de 1.ª categoria, ou *escola rural*.

O governador do Estado, contudo, não só deu todo o apoio à aprovação de seu projeto parcial, mas apelou a mim, por escrito, no sentido de manter a Mensagem, contribuindo assim para conservar inalterada a situação medíocre do ensino elementar estadual.

Professor de Direito

Em 1956 iniciei também uma experiência nova: o exercício da docência de nível superior. Fundara-se a Faculdade Católica de Direito, de cujo corpo docente inaugural passei a fazer parte. Resisti quanto me foi possível em aceitar o convite reiteradamente feito a partir de 1953, receoso de não poder conciliá-lo com os encargos que já tinha. A Procuradoria-Geral ocupava-me todas as horas da manhã, tempo destinado ao exame de autos e elaboração de pareceres. Como, simultaneamente, lecionar nesse mesmo horário?

Felizmente, quando se efetivou a instalação da Faculdade, já estava eu outra vez deputado.

A solenidade inaugural realizou-se a 8 de março no salão nobre da Academia de Letras da Bahia. *A propósito de um novo ordenamento jurídico* foi o tema da aula, que acabei de elaborar em meio às emoções pelo nascimento de Gilka Maria, feliz sucesso por mim associado aos dois acontecimentos daquele ano: a inauguração da Escola Normal de Serrinha e o começo de minha experiência docente que se alongaria até 1991, quando resolvi encerrá-la.

Defesa da Leste Brasileiro

Nas primeiras sessões ordinárias de 1955, foi aprovada *Indicação* de minha iniciativa, endereçada às bancadas da Bahia na Câmara e no Senado, em favor da Viação Férrea Federal Leste Brasileiro. A única forma de ajudá-la parecia-me ser essa, por se tratar de um órgão da administração pública sobre o qual só o Congresso Nacional poderia legislar.

Apesar dos dois mil e quinhentos quilômetros de extensão de suas linhas, a serviço de três Estados, a velha ferrovia estava em má situação, com um *déficit* imenso, pois a sua renda anual ia pouco além de oitenta milhões de cruzeiros, enquanto a despesa atingia a quatro vezes mais. Para atender à demanda de serviços, impunha-se-lhe o reaparelhamento geral: locomotivas e vagões de carga, recuperação de linhas, composições de passageiros, etc. Seu patrimônio material enfim era mais ou menos o mesmo do começo do século, em prejuízo da economia baiana e do progresso das regiões servidas.

A meu ver — e aí estava o motivo da *Indicação* — tornava-se necessário inicialmente emancipar a Leste da burocracia ministerial, dar-lhe autonomia administrativa e financeira, torná-la uma organização flexível, capaz de empreender as reformas materiais próprias à realização de seus fins. Mas nada foi concretizado.

Cinco anos mais tarde, na Câmara Federal, como veremos, eu mesmo viria a obter um substancial reforço do seu parque ferroviário, em cujo favor o governo federal nenhuma providência eficaz adotara até ali.

Caso da efetivação de interinos

Durante algumas sessões comuns daquela 3.ª Legislatura, a oposição deu combate ao decreto do governador Antônio Balbino revogatório de atos do governo anterior pelos quais se efetivaram servidores públicos interinos, quer em cargos cujo preenchimento dependia de concurso, quer noutros não *vagos*, pois tinham titulares que deles se achavam apenas afastados. A oposição sustentava não ser *técnico* o cargo de Consultor Jurídico, ao passo que eu, divergindo de sua interpretação da lei estatutária aplicável ao caso, defendia opinião contrária. Os debates mantiveram-se porém em limites próprios dos estilos parlamentares, e serviram para aliviar a atmosfera política dos choques iniciais da bancada do governo com a sua aguerrida oposição. Sustentei o acerto da revogação dos atos nomeatórios editados à revelia das normas estatutárias, uma exigindo concurso para a primeira investidura em cargos técnicos, outras que impossibilitavam a efetivação de interinos na ausência de vagas propriamente ditas, pois os cargos em questão tinham titulares, que se achavam regularmente afastados.

Regimento versus *Constituição*

Outra oportunidade para debates de bom nível foi suscitada pela questão de poder, ou não, deputado ocupante de cargo da Mesa Diretora da Assembléia Legislativa ter ao mesmo tempo lugar em duas Comissões técnicas. A resposta fácil e superficial, dada mediante interpretação acanhada do regimento Interno, seria negativa. A meu ver porém inexistia o impedimento em causa, porque o problema não era de natureza simplesmente regimental e sim eminentemente constitucional. Tenho ainda hoje, passados tantos anos sobre o interessante episódio, a impressão de haver surpreendido os meus antagonistas com o argumento que desenvolvi. Venceu afinal o mero interesse de facção, com sacrifício do direito constitucional positivo, como tantas vezes acontece, infelizmente, em plenários políticos.

Para a solução do problema tinha de prevalecer, segundo a posição por mim adotada, o disposto no Parágrafo único do art. 40 da Constituição de 1946, *verbis*:

Na constituição das comissões, assegurar-se-á, tanto quanto possível, a representação proporcional dos partidos nacionais que participam da respectiva câmara.

O que estava em questão não era se podia figurar um deputado em duas ou mais Comissões, mas *a participação de um Partido Nacional nas Comissões que se devem compor proporcionalmente com a participação das correntes existentes na Assembléia*. Este era o tema, inteiramente novo na Assembléia.

Firmado em exegese constitucional rigorosa, salientei que o texto constitucional não dispunha que assim seria "se possível" nem "quanto possível", mas o equivalente de *tanto quanto possível*. Sustentei ainda que o direito de cada Partido de figurar nas Comissões pelo critério da proporcionalidade era um *direito público subjetivo*, um *direito constitucional* impostergável. A exemplificação dada por Pontes de Miranda espancava quaisquer dúvidas. Dizia ele: Se a Comissão tem *sete* membros e *oito* são os Partidos; ou se a Comissão é de *três* membros e *quatro* são os Partidos, a representação de sete ou de três foi "tanto quanto possível". E tirava eu daí a conclusão necessária: Se, por conseguinte, a Comissão de Justiça tem *doze* membros e a Assembléia Legislativa só conta com *nove* Partidos, não terá havido proporcionalidade se o meu Partido não figurar nela. Do mesmo modo, compondo-se a Comissão de Finanças de *doze* membros e somente *nove* Partidos tendo assento nesta Casa, *teremos violado o texto da Constituição Federal se o Partido de Representação Popular para ela não der um representante, já que dentro da proporção é o que lhe poderá caber.*

Ante pois a vontade da Constituição, haveria necessariamente de ceder a lei interna da Câmara. Peremptoriamente assim se expressava a tal respeito Carlos Maximiliano: *Não pode o Regimento Interno violar direitos fundamentais, nem transpor os limites da lei básica.*

Possível proporção — lembrava eu — *não significa, é claro, ausência de um Partido na Comissão que o comporte proporcionalmente. O meu Partido, portanto, só não tem direito de entrar, de acordo com o texto da Constituição Federal, naquelas Comissões de* menos de nove membros, *mas, em todas as Comissões compostas de mais membros do que o número dos partidos,* ele terá que entrar, proporcionalmente, *sob pena de atentado à Carta Magna.*

Considerava assim irrelevante que dispusesse o Regimento Interno não poder um Deputado pertencer a mais de duas Comissões permanentes. E quanto à minha permanência na Comissão Executiva, ou Mesa Diretora da Assembléia Legislativa, não havia, para contrariá-la, nem impedimento legal nem tampouco regimental, até porque a Comissão Executiva não era, como as demais, de natureza técnica, mas meramente administrativa e não se compunha necessariamente pelo critério interpartidário ou proporcional. Tanto procediam tais argumentos que, em legislatura anterior, fora eu membro das Comissões de Constituição e Justiça e de Finanças, sem prejuízo de haver ocupado também a 3.ª Secretaria da Mesa Diretora. Este último argumento devia prevalecer sobre qualquer outro.

Mas numa corporação eminentemente política jamais se resolve pela razão jurídica um assunto de interesse imediato das forças partidárias que a compõem. Mesmo assim, vale a pena, às vezes, discutir num plenário parlamentar temas como esse. Por isso levei a discussão enquanto foi viável. O meu partido merecia que eu assim procedesse e foi isto que quis deixar bem entendido.

Ainda serviço telefônico

A prestação do serviço telefônico urbano e intermunicipal pela Concessionária, a Companhia de Energia Elétrica da Bahia, vinha piorando crescentemente desde o começo da Segunda Guerra, conforme tive oportunidade de examinar em 1948 na Assembléia Legislativa. O deputado Orlando Moscozo tinha agora apresentado projeto de lei autorizativo do cancelamento da concessão em vigor e da organização de uma sociedade de economia mista para explorar aquele serviço. Como relator da proposição, voltei a criticar o contrato vigente, sustentando ser até desnecessário autorizar o governo a rescindi-lo, uma vez que a Concessionária de longa data se mantinha numa situação de inquestionável inadimplemento. De fato, a cláusula sexta da concessão dispunha:

> *Seja pelo sistema atual seja pelo automático ou qualquer outro a Companhia se obriga a manter e ampliar suas instalações de modo a assegurar o bom funcionamento do serviço telefônico e a construir as linhas particulares externas e internas solicitadas pelos assinantes, correndo por conta da Companhia as respectivas despesas.*

Fazia anos que a Concessionária desrespeitava essa cláusula, prestando um serviço a cada dia pior. O meu parecer concluía pela necessidade de o governo promover a organização de uma sociedade de economia mista, nos termos do substitutivo que propus.

Os dias da Companhia de Energia Elétrica da Bahia como prestadora de serviço de comunicações telefônicas ficavam assim bem próximos do fim. Mas para o encaminhamento da solução vitoriosa em 1958 foi inegavelmente decisiva a campanha encetada por mim na Assembléia Legislativa, dez anos antes. O povo baiano, graças a ela, ficou sabendo a verdade sobre os contratos reguladores de todas as concessões até ali outorgadas pelo Poder Executivo, desde a primeira, que datava da última década do governo monárquico.

Sugestões de reforma constitucional

Convidada a participar do 1.º Congresso das Assembléias Legislativas, em São Paulo, de 15 a 18 de novembro de 1956, a Assembléia Legislativa da Bahia organizou a sua representação e designou-me para integrá-la. Os demais componentes da delegação eram os deputados Cícero Dantas, Orlando Spínola, Antônio Carlos Magalhães, Djalma Bessa, Antônio Brito e Oldack Neves.

Com a devida antecedência mandei ao Congresso duas Comunicações ou teses que envolviam propostas de emendas constitucionais, uma sobre *Greve e Serviço Público* e outra intitulada *Pela Reforma do Art. 217, § 1.º, da Constituição Federal*. Esta última, seja dito de passagem, não se referia ao processo regulador das emendas constitucionais, cuja inalterabilidade mais tarde sustentei em sessão do Congresso Nacional, mas tão só postulava uma alteração no número suficiente de assembléias legislativas estaduais para propor emenda. Como estava concebido o parágrafo primeiro do artigo 217 parecia-me que por esse meio jamais as Assembléias Legislativas poderiam emendar a Constituição Federal, como de fato nunca a emendaram.

A outra tese versava matéria explosiva, qual a da vedação, ali proposta, de greve no campo do serviço público, fosse este prestado diretamente por órgãos governamentais ou mediante empresas concessionárias de serviço público. Por isso mesmo foi o tema que acabou atraindo as maiores atenções do Congresso e dando causa aos mais demorados debates. Tive de ir à tribuna sustentar todos os pontos doutrinários em que fundava minha proposta. Enfrentei a braveza da esquerda marxista, e acabei tendo o apoio, primeiramente, de todos os companheiros de delegação, e, depois, da maioria do Congresso, incluindo nesta — o que muito me confortou — a maioria da própria representação de São Paulo. Se me não engano foi a única tese afinal aprovada, porque outras, embora discutidas, não tiveram como chegar ao termo final das votações.

A repercussão de tal resultado, que excedeu minha própria expectativa, terá talvez respondido pelo convite que recebi para tomar parte em programa de TV dos Diários Associados, o primeiro canal de televisão de São Paulo, cujo assunto principal foi a aprovação da minha tese contrária à paralisação coletiva do trabalho em serviço público.

Convém não esquecer que a Constituição de 1946 reconhecia o direito de greve no Capítulo da Ordem Econômica e Social. Isso autorizava a inteligência de que a Constituição não estendia aos serviços públicos, mas exclusivamente a empregados de empresas privadas, o direito de paralisação coletiva e voluntária do trabalho. Não obstante essa razoável interpretação, vinham ocorrendo greves no setor público, como a dos médicos servidores de hospitais públicos. No meu modesto trabalho dava os fundamentos para uma regulação melhor de tão delicada matéria, mediante reforma do art. 158 da Constituição Federal, onde ela se achava prevista. O programa da TV paulista durou cerca de trinta minutos.

No Tribunal de Justiça paulista

Depois da sessão vespertina de encerramento do Congresso, a delegação baiana foi recepcionada solenemente em sessão especial do Tribunal de Justiça do Estado de São Paulo, presentes todos os seus desembargadores, revestidos das respectivas togas.

Já no momento de nos dirigirmos ao Tribunal, o Presidente da delegação surpreendeu-me com a incumbência de saudar o mais alto órgão do Poder Judiciário paulista em nome dos representantes da Bahia. Fiz ver ao Deputado Orlando Spínola que um encargo de tanta responsabilidade não se podia dar daquela maneira, à última hora. Tive medo de um fiasco. Mas não pude escusar-me. Confesso que fiquei fortemente emocionado quando me vi na tribuna do salão nobre daquele Tribunal, diante de seus ilustres juízes. Evoquei o grande feito da Revolução Constitucionalista de 1932; o dinâmico e civilizado interior paulista com que eu, jovem advogado, me encontrara anos antes; a expressão nacional dos juristas, dos professores universitários, dos juízes daquele poderoso Estado, especialmente Pedro Lessa, o filósofo do Direito que deixara no Supremo Tribunal Federal a marca inextinguível do seu sacerdócio, e concluí, como não podia deixar de ser, com o elogio daquele Tribunal. De volta à Bahia, um dos componentes de sua delegação, o Deputado Djalma Bessa, declarou ao Plenário da Assembléia, com manifesto exagero, ter sido o meu improviso na sessão especial do Tribunal de São Paulo "o ponto alto" do Congresso de Assembléias Legislativas.

A parte social do Congresso teve também muita categoria. Ofereceu-nos um coquetel em sua residência dos Campos Elísios o Prefeito da Capital, Dr. Manuel de Figueiredo Ferraz.

No mais renomado restaurante paulista, o Terraço Itália, outras entidades ofereceram-nos um jantar, e finalmente o Governo do Estado deu-nos uma recepção no Automóvel Clube. Houve aí uma presença marcante, a do Presidente Juscelino Kubitschek que, convidado, quis, num gesto cavalheiresco, comparecer pessoalmente, rendendo simpática homenagem a parlamentares de todo o Brasil.

Trabalho em Comissões

Como integrante efetivo das Comissões de Finanças e de Constituição e Justiça, em ambas tive oportunidade de relatar projetos de importância social, como o da criação da Companhia de Eletricidade da Bahia, futura Coelba, e o que implantou as bases da sociedade anônima que deveria explorar os serviços telefônicos urbanos e intermunicipais até então a cargo da Companhia de Energia Elétrica da Bahia. Este último resultou de projeto do Deputado Orlando Moscozo. O substitutivo por mim oferecido, as emendas de plenário e os debates finais na Comissão de Finanças em 14 de novembro de 1957 produziram o texto finalmente aprovado nos seguintes termos:

> *Art. 1.º. Fica o Poder Executivo autorizado a promover a organização de uma Sociedade Anônima, destinada a explorar o serviço telefônico urbano e intermunicipal, outorgando-lhe concessão pelo prazo de sessenta anos.*

A propósito do trabalho nas Comissões, lembre-se que elas não dispunham de nenhum serviço de apoio. O seu pessoal burocrático reduzia-se a um funcionário para a elaboração de atas, mais nada. Assessoramento jurídico nenhum, nem tampouco livros para consultas eventuais. A biblioteca da Casa começada a organizar em 1956, era muito deficiente. Meus pareceres ou votos em separado levava-os sempre, de casa, impecavelmente datilografados por minha mulher, colaboradora estimulante e insubstituível.

De um modo geral, aliás, impressionava a modéstia de recursos materiais da Assembléia Legislativa, ao menos nas duas legislaturas de que fiz parte. Apenas dois ou três deputados possuíam automóvel particular. O nosso transporte comum de ida e volta às sessões diárias era o bonde, cuja linha passava em frente ao edifício da Assembléia.

Membro do Instituto dos Advogados da Bahia

Em 1957 ocorreu meu ingresso no Instituto dos Advogados da Bahia. Seu presidente, meu colega Josaphat Marinho, não só me animou a isso — em que nem sequer pensava eu — mas ainda me sugeriu que apresentasse, como tese exigida estatutariamente, um dos dois trabalhos inéditos levados para o Congresso de São Paulo: Greve e Serviço Público.

O relator designado — o antigo Procurador da Justiça do Trabalho Pinho Pedreira — levou a sério a argüição, a que dei as respostas indispensáveis. Seguiram-se debates, e no fim veio a aprovação do novo membro do IAB, cujas reuniões ordinárias noturnas quase sempre se prolongavam demasiadamente, consumindo-se não raro muito tempo com assuntos rotineiros.

Numa madrugada de 30 de setembro de 1957, quando por sinal me achava ausente da cidade, em trabalhos políticos, nascia Maria Rosário, com todo o róseo encanto que a Natureza lhe deu. Completava-se com essa dádiva da Providência a felicidade daquele ano para mim.

Energia elétrica de Bananeiras

Em 1958 havia eu encaminhado as primeiras providências para levar até Serrinha a ligação da energia elétrica de Bananeiras, obtendo do governo Antônio Balbino, a quem dava pleno apoio na Assembléia Legislativa, que ordenasse *prioridade aos estudos para o levantamento da linha Feira de Santana — Serrinha*. Tais estudos ficaram a cargo de uma empresa técnica contratada pela Secretaria de Viação e a seguir o Departamento de Energia em poucos meses realizou o levantamento global da linha, *sem custar um centavo à Prefeitura serrinhense*, que não tinha nem meios técnicos nem dinheiro para tão complexo serviço. Realizada essa etapa, imprescindível à construção da futura linha de transmissão, e com apoio no processo administrativo a ela referente, pôde o prefeito assinar convênio com o Ministério da Agricultura para receber a primeira dotação orçamentária destinada à ligação da energia do sistema de Bananeiras com a cidade de Serrinha, obtida pelo deputado Manuel Novais. Para o acabamento dessa linha de transmissão, já na Câmara Federal, fiz emenda ao Plano Diretor da Sudene, elevando os recursos ali consignados para o Sistema Sisal, abrangente dessa ligação, inaugurada afinal às vésperas da eleição de outubro de 1962.

E o concurso... não houve

Nas eleições de 1958, pela minha vontade teria concorrido ao terceiro mandato estadual, em vez de tentar o voto para a Câmara federal. Mas as razões por mim apresentadas nesse sentido, em reunião especial do Diretório partidário, não o convenceram e, assim, unicamente para satisfazê-lo, tive de sair candidato a deputado federal, em chapa de coligação, na qual vim a ficar como segundo suplente. Para o meu lugar na Assembléia Legislativa fiz candidatar-se o companheiro Wilde Lima, então Promotor Público em Itabuna, que assim obteve o seu primeiro mandato.

Antes de ser convocado para preenchimento de vaga, o que ocorreria em fevereiro de 1961, inscrevi-me em concurso aberto na Faculdade de Ciências Econômicas da Universidade Federal da Bahia, para a disciplina Instituições de Direito Privado. A tese por mim apresentada intitulava-se: *Condição Jurídica das Riquezas Minerais do Subsolo* (1960).

Submetida ela a exame prévio a fim de apurar se o tema escolhido se ajustava às exigências estatutárias, obteve imediato parecer favorável do Prof. Orlando Gomes. Estava lançada a sorte, para o ingresso no magistério superior federal.

Causou-me todavia surpresa — senão pasmo — a informação obtida na Secretaria da Faculdade de Ciências Econômicas, ao termo final do prazo de inscrição, que havendo apenas dois candidatos ao concurso, somente eu havia apresentado tese. Mas então como poderia o outro ter-se inscrito, se a apresentação da tese funcionava como *conditio sine qua non* de inscrição válida?

Nada fiz, nem pedi certidão do estranho fato da inexistência de tese do outro candidato, em consideração especial à sua pessoa, com quem mantinha eu as melhores relações de amizade. E o concurso acabou não acontecendo. Tive de pedir de volta a documentação em pura perda oferecida, inclusive a monografia apresentada, que em 1960 foi editada, num bem acabado volume de 116 páginas, pela Livraria Progresso Editora. Dediquei-o à minha mãe, "que me ensinou as primeiras letras", e a meu pai.

Pouco tempo depois tive o conforto de ver esse meu modesto estudo citado reiteradamente em obras de escritores especializados no assunto. Também sobre ele se manifestou o Prof. Wagner Barreira, catedrático de Direito Civil na Faculdade de Direito da Universidade do Ceará, que o considerou *trabalho de leitura obrigatória em torno do tema*, "versado de resto (conclui o eminente mestre) com mais amplitude, por chegar até quase os nossos dias" (*in* Revista da Faculdade de Direito da Universidade do Ceará, segunda fase, volume XX, 1966, p. 127, nota 17).

Afortunada coincidência: no ano da edição de *Riquezas Minerais do Subsolo*, condensado livro cujas pesquisas em breve tempo muito me custaram, aconteceu o nascimento de mais uma baianinha (sempre desejei que todos os meus filhos tivessem como berço a Cidade da Bahia), a vivíssima moreninha Maria Clara, futura bacharela pela faculdade de Direito da UFBA.

XVI

Na Câmara Federal

Sumário — Pingos nos ii — No Planalto Central — Jânio acusa levianamente — Ajuda à *Leste Brasileiro* — Sisal, Algaroba e Palma — Água para Serrinha — Viagem a África e Europa — Defesa da Constituição — Serviço de água para Serrinha — Batalha naval do Riachuelo — Intervalo literário — Novo mandato — Ligação asfáltica Santa Bárbara-Serrinha — Ajuda a Lafaiete Coutinho — Desvios de rota da CEPLAC — Minifúndio pecuário

Pingos nos ii

No prélio eleitoral de 1958 dediquei-me muito mais à campanha da sucessão do governo estadual do que à minha própria eleição. Novamente, sem entusiasmo, tive de sujeitar-me ao interesse maior do meu Partido, empenhado em obter uma vaga na Câmara Federal, e o candidato a seu ver mais viável para isso seria eu. Em longa reunião com os dirigentes estaduais — como já disse —, ponderei-lhes os riscos possíveis, senão prováveis, daquela mudança de rumo, quando me parecia melhor pleitear uma renovação de mandato para a Assembléia Legislativa. Este era também o desejo de alguns dos municípios nordestinos a que me achava mais estreitamente vinculado, os quais até ali me vinham dando crescente apoio eleitoral Para eles não seria igualmente segura a votação para a Câmara dos Deputados, em virtude de certas circunstâncias minhas conhecidas. Meu partido não era dono de eleitorado, como outros, mais antigos e — pormenor muito a considerar — com meios financeiros maiores, bem maiores. Dependíamos de eleitores esclarecidos, mais accssíveis a campanha baseada em idéias, programas, do que a influências de outro nível. Horas difíceis, aquelas, para um político do meu tipo. Argumentei como pude para continuar mais quatro anos onde estava. Mas ao cabo lá me fui empenhar na luta, em legenda de coligação, por uma cadeira na Câmara Federal.

Sucedeu ainda o meu maior envolvimento na campanha do nosso candidato ao governo: José Pedreira de Freitas. Esse moço, que eu conhecera criança em Serrinha, no meu tempo de escola primária, era filho de um antigo antagonista político de minha família e por causa de quem surgira o grave problema da questão judicial entre meu pai e a Prefeitura de Serrinha, a que me refiro em certa parte destas memórias.

Balbino, a meu ver temerariamente, decidira-se, sem ouvir ninguém, por esse candidato, neófito em política e, pois, difícil de apresentar a um eleitorado requestado por candidatos da têmpera de Juraci Magalhães e Tarcilo Vieira de Melo, o que tornava cheia de apreensões a nossa campanha.

Deputado amigo de Balbino e, juntamente com o meu Partido, atrelado à sorte do seu candidato, senti-me no dever, apesar de todas essas circunstâncias, de dar a maior assistência política a José Pedreira de Freitas, acompanhando-o em suas viagens, durante as quais não me era dado quase nada fazer em meu próprio benefício.

O resultado final é que fiquei na segunda suplência da legenda da coligação, e só em fevereiro de 1961 ocorreu a imprevista vaga que me permitiria exercer, em plenitude, o primeiro mandato de deputado federal.

No Planalto Central

Cheguei a Brasília, com minha mulher, durante a convocação extraordinária do Congresso, e prestei o compromisso legal perante Ranieri Mazzilli, um presidente de forte personalidade.

Na primeira semana hospedamo-nos no Brasília Palace Hotel, muito bom mas distante da Câmara. Naqueles dias iniciais valeu-nos a amável prestimosidade do deputado Waldir Pires, ex-colega da Assembléia Legislativa, amizade que vinha do tempo do governo Régis Pacheco, ele chefe da Casa Civil e eu Procurador-Geral da Justiça. Logo que recebi as chaves do apartamento funcional a mim destinado, mesmo parcialmente desguarnecido, para lá nos transferimos. Ainda em meados de março a família já estava na nova Capital da República, exceto Rubem Junior que, anteriormente matriculado no Colégio Marista, lá permaneceria até o fim do ano seguinte.

O sistema escolar de Brasília já funcionava então satisfatoriamente. Só a Universidade Nacional, criada no fim daquele ano, é que começaria a funcionar um pouco mais adiante. O ensino primário, dividido em Escolas Classe e Escola Parque, segundo o plano implantado na Bahia por Anísio Teixeira, foi muito elogiado, desde logo, por minha mulher, que não encontrou dificuldade para as matrículas de Maria Rosário, Gilka Maria e Maria Patrícia.

A superquadra (108-Sul) em que morávamos, por ter sido a primeira inaugurada, dispunha dos mais completos serviços gerais (supermercados, bancos, "clube de unidade e vizinhança", escolas, comércio, Igreja — famosa esta pelo bizarro estilo arquitetônico, ao ponto de dar nome à única rua de Brasília, a *Rua da Igrejinha*). Nela vivia-se, pois, confortavelmente, apesar de uma certa solidão que os amplos espaços urbanos concorriam para agravar. Cidade sem ruas, sem esquinas, sem praças, salvo a dos Três Poderes, dominada pela beleza plástica dos palácios do Planalto, do Supremo Tribunal Federal e do Congresso Nacional, tendo ao fundo o grande Lago Paranoá.

A saída melhor para enfrentar o silêncio imenso da Nova Capital, naqueles tempos em que ela sequer havia completado o primeiro aniversário, era ter ocupações. Gilka identificou-se logo, e muito bem, com as mulheres dos deputados que tinham residência efetiva em Brasília (poucos, é verdade) e outras senhoras casadas com funcionários do Legislativo e do Executivo, passando a dedicar quase todas as tardes aos serviços assistenciais prestados pela *Casa do Candango.*

Candango era o cognome do trabalhador que, desde fins de 1956, de várias partes do território nacional havia acorrido a Brasília para obter vaga nas obras de sua construção. Esse numeroso contingente de patrícios, entretanto, uma vez inaugurada a Nova Capital, havia ficado quase todo sem trabalho. O Congresso Nacional tentou ampará-lo, mediante a aprovação de um projeto de lei regulador de sua estabilidade no emprego, mas Jânio Quadros vetou essa proposição.

Eu já estava no exercício do mandato federal quando o Congresso apreciou esse e mais cerca de trinta outros vetos presidenciais. Se não me engano, somente um foi rejeitado: o do projeto que amparava os trabalhadores da NOVACAP, a entidade autárquica instituída para administrar a construção de Brasília. Todos os outros vetos foram mantidos — o que constituiu uma prova inequívoca de implícito apoio ao Presidente da República. Contudo, logo mais ele se queixaria de não poder contar com o Congresso — o que era falso.

No dia em que mantivemos o projeto favorável aos *Candangos*, uma multidão destes lotava as galerias da Câmara dos Deputados. Como não reconhecer a justiça contida naquela proposição? Impossível condenar aquela humilde gente à miséria ou a um problemático regresso às suas terras de origem. Impunha-se a rejeição do veto como medida de alta sã política. Foi o que o Congresso Nacional fez. A reação, contudo, do temperamental Jânio Quadros não tardou. No dia seguinte ordenava à NOVACAP a dispensa imediata de toda a massa de beneficiados pelo projeto assim convertido em lei que deveria ser apenas promulgada. Um gesto de desenganada inamistosidade com o Poder Legislativo, além de injusto para com humildes colaboradores da construção de Brasília.

Precisamente para dar constante e completa assistência material a estes e suas famílias foi que D. Carmela Patti Salgado e outras senhoras de parlamentares, por ela coordenadas para esse fim, resolveram fundar uma associação civil beneficente, com a denominação de *Casa do Candango*. Nos primeiros tempos manteve-se esta com as contribuições das senhoras associadas; mais adiante recursos provenientes de doações passaram a reforçar suas receitas. Mas as senhoras da *Casa do Candango* não só contribuíam pecuniariamente todos os meses, como também cooperavam com o seu trabalho artesanal para a realização dos fins assistenciais da Associação, e realizavam promoções externas com vistas à obtenção de recursos financeiros extraordinários. A principal de tais promoções era a chamada *Festa dos Estados*, anualmente, durante três dias, no mês de junho. A fim de evitar quaisquer gastos, as senhoras dos parlamentares cuidavam, em suas próprias casas, da preparação das iguarias típicas e faziam vir dos seus Estados, com a colaboração dos respectivos governadores, artigos de artesanato regional e outros. Todas essas coisas eram vendidas nas barracas correspondentes a cada Estado. A primeira *Feira* já se realizou em 1961, produzindo animadora renda. Desse esforço comum beneficiou-se por largo tempo a *Casa do Candango*, a quem Brasília deve memoráveis serviços.

Jânio acusa levianamente

Mal iniciava o seu período de governo, Jânio Quadros fez enorme alarido acerca de irregularidades atribuídas a Juscelino Kubitschek e João Goulart, que já teriam sido sumariamente investigados em vários inquéritos ou sindicâncias, não se sabia bem — cujos autos se achavam no Palácio do Planalto à disposição de quem quisesse examiná-los. Solicitado por colegas de bancada partidária, fui verificar o que se dizia investigado, a fim de emitir opinião jurídica.

No Planalto, o que vi, de imediato, me causou má impressão: sobre uma grande mesa havia um sem-número de autos, em torno dos quais repórteres se debruçavam, folheando-os sofregamente e tomando notas apressadas. Por duas ou três manhãs voltei para conferir as ditas infrações escandalosas do governo Juscelino. Examinei o maior número possível de volumes. Abundavam neles depoimentos testemunhais. Não havia provas de outra natureza. Mas as testemunhas sabiam dos fatos ventilados simplesmente *por ouvir dizer,* e, se bem me lembro, ninguém havia procurado saber de qualquer delas *onde, quando* e *de quem* ouvira as informações prestadas.

Juridicamente falando aquilo não tinha valor, nada provava, e foi esta, em síntese, a opinião que transmiti aos colegas de bancada.

A seguir o governo Jânio não viria a instaurar nenhum procedimento administrativo ou judicial regular contra Juscelino e Jango, com base naquela enxurrada de inexpressivos depoimentos. Passou a cuidar de seus decretos proibitivos de brigas de galos, uso de biquínis, de lança-perfume, e outras quinquilharias que, aliás, mesmo como bagatelas, ele não podia regular por meio de decretos, à vista da garantia constitucional, então vigente, de que "ninguém pode ser obrigado a fazer ou deixar de fazer alguma coisa senão em virtude de lei".

A tal propósito lembro que um seu antigo líder parlamentar, passada a era de Jânio, certo dia da tribuna da Câmara recordava-lhe os feitos, e em dado momento afirmou que ninguém lhe apontaria a prática de uma inconstitucionalidade naquele governo. Solicitei um aparte e apontei, como exemplos típicos de atos violadores da Constituição, aquelas proibições mediante decretos. O honrado ex-líder de Jânio passou adiante, sem me responder.

Outras coisas do tempo de Jânio quero aqui recordar. No gabinete de um dos seus auxiliares imediatos — até há pouco embaixador do Brasil em Portugal, Sr. José Aparecido de Oliveira — vi uma *vassoura* de uns três metros de comprimento, encostada a um canto da parede, como troféu. E depois da renúncia de Jânio, quando o Palácio da Alvorada foi, aos domingos, aberto à visitação pública, levei lá, para conhecer o interior da residência presidencial, uma família baiana de nossas relações de amizade. Qual não foi nosso espanto ao verificarmos que as chaves de portas e armários dos quartos habitados pelo ex-presidente, tinham, todas, a forma de *vassouras.* Parece que o célebre símbolo de suas campanhas eleitorais estava se tornando uma perigosa idéia fixa, ou, pior ainda, uma exaltada mania. E o uso oficial do "slack" indiano? Jânio compareceu envergando esse trajo leve de verão até em audiências formais no Palácio do

Planalto. Houve quem desconfiasse que um dia ele converteria aquela roupa esporte em uniforme nacional obrigatório. Certo é que uma indústria brasileira de grande porte — sem contar possivelmente com o brusco e definitivo colapso do período Jânio, mas, quem sabe, esperando a decretação do uso compulsório do "slack" — fabricou-o em larga escala, e acabou distribuindo-o gratuitamente após a renúncia. Eu mesmo recebi dois, pelo Correio, iguaizinhos aos do modelo Jânio, e sem indicação do remetente.

Ajuda à Leste Brasileiro

Com a ascensão de Jânio Quadros ao poder, começou a melancólica decadência do sistema ferroviário brasileiro, não obstante ter chegado a ser o melhor e mais extenso da América Latina, nele figurando, diga-se, de passagem, a mais bem organizada ferrovia do continente e uma das melhores do mundo, a Companhia Paulista de Estradas de Ferro, orgulho nacional.

Conheci a Paulista em 1939, ainda no auge de sua grandeza, viajei muito nas suas famosas composições de aço que desenvolviam velocidade de quase cem quilômetros horários, e sentado confortavelmente em suas classes ou em seus *Pullmans* luxuosos. Era notória a exatidão dos horários de seus trens. Fundaram-na no século passado (1867) capitalistas de São Paulo, fazendeiros de café subscritores, alguns deles, de centenas de contos de réis para a formação da sociedade pioneira. Mas em 1961, quando já vivíamos agitados por constantes greves nos vários setores da atividade econômica, a Paulista entrou em dificuldades, apelou para Jânio e ele lhe recusou todo e qualquer apoio. Pouco tempo depois o Estado desapropriou-a, e hoje ela não passa de uma apagada sombra do que foi.

Originário de uma região que por muitas décadas dependeu totalmente de uma estrada de ferro para sobreviver, talvez por isso desde menino sou um entusiasta dos caminhos de ferro. Em 1876, quando pela primeira e única vez viajou pelos Estados Unidos, o Imperador Pedro II conta ter percorrido de trem toda a região Leste/Oeste daquela poderosa república. Cem anos mais tarde, o Brasil não chegou a ter uma ferrovia desse porte, e ainda assistiu, indiferente, ao desmoronamento das que a duras penas um dia possuiu.

Eu já chegava à Câmara com atraso de dois anos, não podia portanto perder tempo, e por isso comecei imediatamente uma campanha em prol do soerguimento da Viação Férrea Federal Leste Brasileiro. Para tanto muito me ajudou o fato de surpreender a Rede Ferroviária Federal S.A. em flagrante de grave erro de gestão administrativa. De fato, realizara ela algum tempo antes uma operação financeira, com o aval do Tesouro Nacional, junto ao Banco de Importação e Exportação dos Estados Unidos (*Eximbank*), no valor de quatrocentos milhões de dólares. O empréstimo era *destinado ao reaparelhamento das ferrovias federais brasileiras.*

Qual não foi a minha surpresa ao verificar que parte desse dinheiro a Rede havia repassado ao governo do Estado de São Paulo para este investir em melhoramentos de suas próprias estradas de ferro (Sorocabana, Mogiana, Araraquarense). Evidenciei o despropósito de tal desvio de recursos em benefício da unidade da Federação mais bem servida de ferrovias, enquanto as da própria Rede, como a Viação Férrea Federal Leste Brasileiro, viviam à míngua de recursos para o atendimento de suas gritantes necessidades.

Vários deputados da bancada paulista acompanharam, junto à tribuna, o desenrolar dos meus argumentos, mas nenhum deles me aparteou. Implicitamente reconheciam a procedência de minhas alegações. Jânio Quadros, segundo por telefone me comunicou o subchefe da Casa Civil, Juraci Magalhães Junior, emitira um dos seus "bilhetes" ao presidente da RFFSA, dando-lhe prazo para apresentar um plano de recuperação de suas estradas, e que a isso fora levado em face das denúncias por mim feitas. Na Câmara houve boa repercussão do que eu vinha fazendo em benefício especialmente do parque ferroviário da Bahia. O deputado San Tiago Dantas no dia seguinte cumprimentou-me por esse discurso, de que — disse-me — tivera notícia.

Naquele mesmo ano fiz a Viação Férrea Federal Leste Brasileiro figurar no Orçamento para 1962, com uma robusta verba de *quatrocentos milhões de cruzeiros* para a primeira etapa de seu reaparelhamento, o que muito agradou à RFFSA, até porque anteriormente a Leste nunca havia sido contemplada na Lei de Meios. Por sorte, com a instauração do parlamentarismo, em certo período de seu governo exerceu o Ministério da Fazenda o prof. Miguel Calmon Sobrinho, de quem obtive fosse feito o pagamento integral daquela dotação orçamentária diretamente à Rede Ferroviária Federal. Com esse dinheiro a Rede adquiriu e entregou à Leste mais de cem vagões de ferro para o transporte de mercadorias, os quais foram trazidos para a Bahia em princípio de outubro de 1962 (depois das eleições). Na plataforma da estação de Calçada foram eles declarados dali em diante em operação, pelo diretor da Leste, Eng.º Osvaldo César Rios. Para essa cerimônia e a seu convite, na qualidade de parlamentar responsável pela aquisição de tais unidades, estive presente.

Nessa mesma ocasião a Leste inaugurou uma composição elétrica, adquirida nos Estados Unidos pela Rede com os recursos também da sobredita dotação orçamentária, para o transporte suburbano de passageiros.

Infelizmente não houve continuidade nesse esforço pela recuperação de nossos caminhos de ferro. Pelo contrário, dali a pouco mais de um ano, com o advento dos governos militares, iniciou-se, através do GEIPOT, uma irracional e desastrosa política de priorização do sistema rodoviário de transportes, com a absurda preterição das estradas de ferro do país, que daí em diante se foram acabando.

Quinze anos mais tarde, em viagem pela Alemanha, tive oportunidade de fazer excursões confortáveis, em grandes navios, pelas águas do Reno. No percurso apreciava o tráfego simultâneo, em estradas marginais, ora de longas composições ferroviárias, ora de caminhões, ônibus ou automóveis, sem falar no próprio tráfego do rio Reno, que era intenso. Quando retomamos em Bonn a composição de mais de vinte vagões que nos levaria de volta a Munique, fomos informados, por um quadro exposto na estação, de que por ali passavam, diariamente, *trezentos* trens de carga e de passageiros. Isso acontecia num país que trinta e sete anos antes saíra arrasado da Segunda Guerra Mundial. Enquanto lá era assim, no Brasil arrancavam-se os trilhos de ferrovias úteis, bem que desaparelhadas, ou deixavam-se outras sem os meios materiais necessários ao desempenho de seus fins, tudo em nome de uma "política rodoviária", que bem poderia conviver com o sistema de transporte ferroviário já implantado. E hoje sentimos falta de rodovias e de ferrovias por todo o País.

Sisal, Algaroba e Palma

Em minha região de origem parecia-me fundamental amparar a lavoura adequada ao clima seco, ao seu regime de escassas chuvas, pelo menos enquanto não se lhe garantisse o aproveitamento com outras culturas melhores, mediante um plano geral de irrigação das esquecidas terras do nordeste.

O sisal já vinha de certo tempo sendo plantado, mas em exígua medida, por motivo principalmente da inexistência de crédito. O Banco do Brasil, ainda semi-oficial, por sua Carteira delegada de Crédito Agrícola estava indicado para democratizar esse crédito, mas sua exigência básica de terreno destocado e hipoteca do imóvel inviabilizava os empréstimos. Isto porque: 1.º) tal destocamento só se podia fazer com o auxílio de trator, máquina caríssima, que em 1962 nenhum lavrador da região possuía; e 2.º) porque raros lavradores eram titulares do domínio de suas terras. Comumente tinham a *posse* delas, e assim não poderiam registrá-las, o que impedia a outorga de garantia hipotecária. O Banco do Brasil parecia desconhecer tais coisas.

Travei contatos diretos com o Chefe do Governo parlamentarista, Tancredo Neves, a quem expus a realidade a que me referi acima, para conseguir o seguinte: que o Banco do Brasil pusesse de lado a imposição do destocamento do terreno e de hipoteca e estabelecesse um longo prazo contratual, com juros baixos e a indispensável carência, pois o sisal levava, no mínimo, três anos para ficar em condições de dar o primeiro corte. Era de esperar a resistência inicial do Banco, mas a minha obstinação a excedeu, e o desenlace da campanha foi feliz. No primeiro semestre de 1962 a agência do Banco do Brasil, em Serrinha, por exemplo, emprestou, sob as condições por mim postuladas, quantia acima de *trezentos milhões de cruzeiros* (valor da época). Ao tempo era esta uma elevada soma que podia ajudar substancialmente o desenvolvimento da lavoura sisaleira. O crédito do Banco do Brasil que postulei estendia-se à expansão do plantio da palma, uma espécie forrageira muito comum na região das caatingas, capaz de suprir a carência de pastagens verdes. Era, além disso, uma planta resistente às secas, fornecedora de boa alimentação para o gado e tanto mais valiosa quanto aliviava a falta de água nas grandes estiagens ou secas propriamente ditas. Também a algaroba era por mim indicada entre as plantas destinadas ao semi-árido nordestino. Ela produzia folha e fruto que alimentavam o gado.

Água para Serrinha

O problema número um de minha cidade natal era o abastecimento de água. Enquanto estive na Assembléia Legislativa nada a seu favor pude fazer, por ausência absoluta do elemento primordial: o manancial. Num raio de oitenta quilômetros em sua volta não havia nenhuma fonte perene de onde se pudesse captar água para a população serrinhense.

O mandato parlamentar federal deu-me a oportunidade de concretizar a solução dessa necessidade primária de minha terra.

No final do ano de 1961 lavrava lá uma das secas periódicas da região. Choveram sobre mim, em Brasília, as notícias telegráficas daquele drama tão meu conhecido. Meu irmão Renato, sempre atento aos ventos tutelares de minha vida pública, ele próprio o meu grande aliado, pediu-me providências imediatas.

Procurei a Petrobrás, então superintendida na Bahia por um engenheiro notável, o Dr. Ivan Barreto de Carvalho, e lhe pedi uma perfuração do subsolo urbano serrinhense, depois de lhe expor a gravidade da situação em causa. Não tardou o embarque para o local de um especialista no assunto, o americano Josef Spencer, com todo o equipamento adequado. Foram feitas várias perfurações, encontrava-se água, mas pouca. A vazão controlada não atenderia ao projeto (lembrei-me dos meus tempos de menino, em que alguns moradores da cidade tentavam obter água de cisternas cavadas em seus quintais e escassamente encontrada, embora potável). Mapa aberto diante de nós, desalento do geólogo Spencer, angústia minha, silêncio do Superintendente. Que fazer? Qual não foi a minha emoção quando o Dr. Ivan disse: "Há um poço em Beritingas que pode resolver o caso de Serrinha. A Petrobrás o abriu à procura de petróleo, e achou, a grande profundidade, um lençol d'água." Bastou isso. De meu apelo nesse sentido surgiu a idéia de a Petrobrás doar ao Município de Serrinha esse grande poço, situado numa área freática onde outros poderiam ser abertos por ela própria ou por diferente órgão técnico federal.

Encaminhado à direção da Petrobrás, no Rio de Janeiro, o expediente da doação, não tardou a efetivar-se e já em março de 1962 eu mesmo entregava ao Prefeito de Serrinha a comunicação formal daquela Empresa, passando ao domínio municipal o poço de Beritingas. Ficava assim coroada de êxito a primeira e decisiva etapa da solução definitiva do problema do abastecimento de água potável de minha cidade.

A segunda etapa consistiria na montagem do serviço de captação e adução através de cerca de vinte quilômetros — distância de Beritingas —, investimento financeiro e este impossível de caber na minguada receita do Município e muitíssimo problemático de realizar-se sob o patrocínio do Estado. Este, no mínimo, "cozinharia" o projeto por indefinido tempo, além de provavelmente me cobrar um preço político insuportável.

Ainda no curso de 1962 entretive entendimento com o Dr. Celso Furtado, Superintendente da SUDENE, obtendo dele o compromisso de mandar à Serrinha técnicos incumbidos de estudar a viabilidade de novas prospecções e da construção de um elevatório em Beritingas. Os engenheiros da SUDENE lá estiveram, mas as coisas estavam nesse pé, quando findou o meu primeiro mandato. Adiante relatarei brevemente como retomei e venci essa — modéstia à parte — marcante luta de minha experiência parlamentar, no plano federal.

Viagem a África e Europa

Entre março e abril de 1962 o governo português convidou o Congresso Nacional a designar representantes seus como observadores da situação em que se achavam as chamadas províncias ultramarinas de Angola e Moçambique após os sangrentos acontecimentos ali havidos no ano anterior. O Senado e a Câmara organizaram as suas delegações, tendo eu integrado a de deputados federais. Na manhã de sábado 21 de abril de 1962, chegávamos, por um jato da Panair do Brasil, ao aeroporto lisboeta de Portela de Sacavém, onde nos esperava um jovem diplomata, em nome do Ministro dos Estrangeiros, prof. Alberto Franco Nogueira. Este nos recebeu na 2.ª feira 23, para uma conversa informativa acerca da política de Portugal em África. Diplomata e professor de direito, a exposição do ministro dos Estrangeiros deixou-nos boa impressão. Ele sugeriu que permanecêssemos em Angola e Moçambique o tempo que considerássemos suficiente para as nossas observações. Na tarde de 25 de abril, a bordo de um avião da linha comercial Lisboa-Luanda-Lourenço Marques, os deputados Nicolau Tuma (UDN-SP) e Moacir Azevedo (PSD-RJ) levaram, cada um, uma filha, e eu estava acompanhado de Gilka; os outros três deputados da delegação viajaram solteiros. O avião — um DC-7 a hélice — estava lotado. A primeira etapa do vôo, até a Ilha do Sal, durou sete horas e meia. Ali, depois do jantar no restaurante do aeroporto, prosseguimos até São Tomé — mais sete horas de vôo. Em São Tomé fomos recebidos pelo governador da Ilha que nos ofereceu em sua casa um café bem brasileiro: cuscuz, mingau, banana frita, beijus, queijos, sucos de frutas e café com leite. Às oito horas reembarcamos para a última etapa da viagem, vencendo mais sete horas de vôo até São Paulo de Luanda, capital da província de Angola. Havia passado a fase do terrorismo, muitas de cujas cenas nos foram narradas, entre as quais esta: antigos empregados negros, já afeiçoados às famílias para quem trabalhavam havia anos, eram substituídos subitamente por outros, desconhecidos dos patrões, a fim de a estes poderem sacrificar sem remorso. Centenas de mortes foram assim consumadas em poucos dias.

Visitamos o lugar onde tivera início o movimento sanguinário contra os portugueses e suas famílias: a Fazenda Tentativa, perto da cidade de Carmona, de onde até lá fomos de *jeep*. A invasão obedecera a um comando político-ideológico sediado no antigo Congo-Belga, limítrofe com Angola. Segundo nos contaram pessoas das tribos indígenas ali fixadas desde muitos anos, nada teria acontecido não fora o controle da situação por lideranças marxistas oriundas do Congo. Quando se deu a explosão do movimento com toda a sua sangrenta violência inicial, os portugueses radicados em Luanda e arredores foram apanhados de surpresa, se achavam desarmados e não tiveram nenhum socorro imediato. Os socorros da Metrópole chegaram tarde, passados dias, quando o grande morticínio já se havia consumado. Um jornalista cuja descendência era toda nascida e criada em Angola disse-nos que ele próprio tivera de fazer desesperado apelo pelo rádio às autoridades de Lisboa, cuja inércia até ali ninguém estava entendendo. O governo português, em suma, nada fizera para provocar a onda de extrema violência que rapidamente havia dominado o país, e tardou em sufocá-la.

Na Fazenda Tentativa receberam-nos festivamente. Fomos saudados por um jovem africano, professor de escola primária ali existente, que nos leu um discurso amável. Num jogo de futebol entre adolescentes, a figura principal em campo chamava-se Pelé. As canções populares executadas por um conjunto musical eram brasileiras, como, v.g., "Chiquita Bacana". Trataram-nos, enfim, com familiaridade, como se já nos conhecêssemos desde muito tempo.

Em Luanda entramos em contato com órgãos e serviços públicos, colégios, hospitais, estações de rádio, redação de jornais, mercados públicos, bairros residenciais, comércio, indústrias, etc. Fui, por iniciativa própria, à Assembléia Legislativa, quando se realizava uma sessão ordinária, a que assisti das galerias.

A capital de Angola aparentava haver recuperado sua existência normal. Muitas pessoas lá radicadas achavam que se os nativos um dia viessem a forçar a retirada da população e do governo portugueses, iriam mergulhar, eles mesmos, em intermináveis lutas entre as suas numerosas tribos rivais, — o que de fato aconteceu. Tivemos contatos com secretarias do governo provincial, inteirando-nos das atividades por elas desempenhadas no dia-a-dia. Em Carmona, cidade a duas horas de Luanda, em viagem aérea, passamos um dia. Lá também encontramos em funcionamento regular o comércio, a administração provincial, os serviços públicos, a vida escolar, etc. Visitei um juiz de comarca, conversamos sobre aspectos da vida jurídica local e ele também me fez perguntas análogas acerca do Brasil.

A 30 de abril chegamos a Lourenço Marques, capital de Moçambique. No aeroporto esperavam-nos, entre outros, os representantes de Moçambique na Assembléia Nacional portuguesa, os deputados Dr. Videira Pires e a doutora Costódia Lopes. Nesse mesmo dia estivemos na Câmara Municipal de Lourenço Marques, em cujo Livro de Honra lavramos e subscrevemos a seguinte declaração: "Integrando a primeira comissão que visita em caráter oficial Moçambique, representando a Câmara Federal dos Deputados do Brasil, queremos deixar aqui nossa manifestação de amizade fraterna ao Senhor Presidente da Câmara e seus nobres Vereadores, ainda sob a emoção do primeiro contato com este marco da civilização portuguesa, plantado junto ao Índico".

A Câmara Municipal de Lourenço Marques tinha seis vereadores, eleitos por quatro anos. O mandato era gratuito, e semanais as sessões. Sua sede era um belo edifício, velho de dois séculos.

Ficamos hospedados no Hotel Polana, um enorme e bonito prédio, cuja construção datava de mais de cem anos. À noite visitamos o Liceu Salazar, a Casa de Educação da Munuhana, a Escola Comercial e a Rádio Clube, dotada de dezesseis estúdios, com transmissões em várias línguas. Nos dias seguintes conhecemos o Hospital Miguel Bombarda e o Liceu Antônio Enes, a Sociedade de Refinação de Petróleo (SONAREP), com uma capacidade operativa de quinhentas mil toneladas anuais, sendo o petróleo oriundo do Irã; e as instalações fabris da Companhia Industrial de Matola, onde almoçamos. O salário mínimo do indígena era de 580 escudos, e o do branco, 2.500 escudos. A diferença — explicaram-nos — baseava-se na técnica, visto que o trabalhador branco tinha uma determinada profissão, ao contrário do indígena, que entrava apenas com a força braçal. Visitamos o porto e suas instalações, bem como o sistema ferroviário, cujas linhas se estendem também até a África do Sul. Tanto Luanda como Lourenço Marques, esta à margem do Oceano Índico e aquela, do Atlântico, eram então dotadas de amplos serviços portuários, recebendo ambas transatlânticos de várias bandeiras.

Levaram-nos a conhecer o *habitat* dos hipopótamos, no rio Incomage, em local próximo à Vila Luíza, a 33 quilômetros de Lourenço Marques, um lugar de rara beleza plástica, com suas casas alvíssimas, suas ruas que pareciam lavadas e floridas para nos receberem. Ali embarcamos numa lancha-motor, e aproximadamente uns trinta minutos depois a lancha parou no meio do rio, desligaram-lhe o motor e pediram-nos silêncio. Sem isso, nada aconteceria. Feito total silêncio, dali a poucos instantes começaram a emergir das águas tranqüilas enormes animais, um, dois, três, cinco, dezenas, enfim, de hipopótamos, — alguns a uma pequena distância do nosso barco, talvez cinco ou dez metros apenas, a mergulhar e voltar à superfície das águas, enormes bocas escancaradas, não poucos seguidos de filhotes. Aquilo durou um bom tempo. Parecia um espetáculo ensaiado para o prazer visual dos curiosos visitantes. Mais além, parados na areia da praia, imensos e sonolentos jacarés. A certa altura, os hipopótamos mergulharam e não mais vieram à tona. Estava findo o *show*. Podíamos regressar à encantadora Vila Luíza, e de lá embarcarmos de volta a Lourenço Marques. Houve ainda uma visita de cumprimentos ao Governo-Geral que nos brindou com um *beberete* (coquetel), presentes figuras da política, das letras e da sociedade da Capital moçambicana, entre as quais inúmeras pessoas de cor preta. A visita à província findou na Cidade da Beira, o seu maior porto, onde na noite de três de maio embarcamos com destino a Lisboa, via Luanda, depois de requintado banquete oferecido pelo governador local.

Entre esta cidade e a de Cano (Nigéria) passamos sobre o Zaire, o segundo rio do mundo, e, durante três horas, sobrevoamos o Saara.

Em Lisboa a delegação parlamentar foi recebida por Salazar. Compareci acompanhado de Gilka. Uma boa conversa de quase uma hora, no Palácio de São Bento. Bem vestido, afável, muitíssimo informado de tudo quanto se relacionasse com o Brasil, o Chefe do Governo português, cercado pelos deputados brasileiros, proseou à vontade conosco. No dia seguinte minha mulher recebeu, no Hotel Tivoli — onde estávamos hospedados — acompanhada do cartão de Oliveira Salazar, uma enorme e belíssima corbelha de flores, que pouco depois depositou aos pés do altar de Nossa Senhora, numa Igreja próxima.

Cumprido o programa de ver de perto a realidade de Angola e Moçambique (de que dei notícia à Câmara em discurso escrito) viajamos também pelo Douro e o Minho, chegando até Viana do Castelo. Pormenor digno de registro. Em Viana do Castelo, depois das visitas de praxe ao que havia de mais expressivo da bela cidade sobre o rio Minho, adquirimos umas peças de sua famosa prataria, mas só o fizemos pela gentileza do negociante: "Vossa excelência compra o que quiser e manda o pagamento do Brasil". Isenta a compra do imposto respectivo por se tratar de mercadoria que iria sair do país, a fiscalização fazendária lembrou que teríamos de comprovar o fato da saída. Na madrugada do nosso embarque de volta ao Brasil, lá estava no aeroporto de Portela de Sacavém o funcionário fiscal à nossa espera, para verificar se levávamos na bagagem (que lhe foi aberta e mostrada) os objetos de prata comprados com a dispensa do imposto sobre o valor acrescido. Assim era o Portugal do tempo austero de Salazar. Em seguida, aproveitando a oportunidade, Gilka e eu estendemos a viagem, por nossa conta, à França e à Itália. Em Roma, pelos bons ofícios do embaixador do Brasil, participamos de uma demorada audiência especial do Papa João XXIII. Em Paris, entre outros pontos de conhecimento obrigatório, visitamos calmamente Versalhes e o Louvre.

Defesa da Constituição

Simultaneamente com o empenho na defesa de reivindicações materiais das populações trabalhadoras da zona rural do Nordeste baiano, na campanha pelo reaparelhamento da principal estrada de ferro do Estado da Bahia, e pelo encaminhamento do problema da água para Serrinha, prestei solidariedade ao movimento parlamentar de defesa da Constituição Federal.

Instaurado o governo parlamentarista, embora incompletamente, por força das circunstâncias que o tornaram urgente, não tardou a reação conservadora a lutar pela sua extinção, mediante a antecipação da data do plebiscito, estabelecida no texto constitucional com a Emenda nº 4, de 2 de setembro de 1961.

A manobra pessedista permitiu que, mediante lei complementar, se antecipasse para janeiro de 1963 o plebiscito que, segundo o texto constitucional, deveria ser em abril de 1965, a fim de decidir se permanecia o parlamentarismo ou retornaríamos ao regime presidencialista.

Dada a natureza hierárquica das normas integrantes do nosso ordenamento jurídico, tornava-se impossível juridicamente que uma norma infraconstitucional, como era e continua sendo a lei complementar, pudesse alterar o disposto na Lei Fundamental.

Mas um artifício realizou essa façanha, que só mesmo a força do número de votos levaria a cabo. Vale lembrado o resumo do lastimável episódio de desrespeito formal à Constituição brasileira. O art. 22 da Emenda Constitucional n.º 4/61 (Ato Adicional) autorizava "complementar a organização do sistema parlamentar de governo" por ela instituído, "mediante leis votadas, nas duas Casas do Congresso Nacional, pela maioria absoluta dos seus membros". E o art. 25 estatuía assim:

> "Art. 25 — A lei votada nos termos do art. 22 poderá dispor sobre a realização do plebiscito que decida da manutenção do sistema parlamentar ou volta ao sistema presidencial, *devendo, em tal hipótese, fazer-se a consulta plebiscitária nove meses antes do termo do atual período presidencial*". (Grifei)

Esse termo do "período presidencial" era 31 de janeiro de 1966, conforme o art. 21 da EC n.º 4, *verbis:* "Art. 21. O Vice-Presidente da República, eleito a 3 de outubro de 1960, exercerá o cargo de Presidente da República, nos termos deste Ato Adicional, até 31 de janeiro de 1966", etc..

Nove meses antes desse termo do período presidencial, isto é, nove meses antes de 31 de janeiro de 1966 coincidia com o dia *30 de abril de 1965.*

Conseqüentemente, a vontade concreta da Constituição era que fosse *30 de abril de 1965 a data da realização da consulta plebiscitária.*

A Constituição permitia, como vimos, a complementação da organização do sistema parlamentar de governo por meio de leis votadas, nas duas casas do Congresso Nacional, pela maioria absoluta de seus membros" (foi aí que surgiu, por sinal, a nova espécie legislativa chamada *lei complementar).* Contudo, logo adiante prescrevia:

> *".... devendo, em tal hipótese, fazer-se a consulta plebiscitária nove meses antes do termo do atual período presidencial".*

Logo, havia já *data certa* para o plebiscito, data esta fixada no texto constitucional, que nenhuma lei, mesmo complementar, podia modificar.

Pois foi essa alteração anômala da Constituição de 1946 que o PSD e o PDT, pelo peso do número de votantes, lograram efetuar na dramática madrugada de 13 de setembro de 1962. Violou-se a Constituição, alterando-a não mediante emenda constitucional, mas por meio de norma infraconstitucional.

Para mim e muitos outros parlamentares o plebiscito teria de ser realizado *nos termos da Constituição,* da qual fazia parte o texto da Emenda Constitucional nº 4 (Ato Adicional). Na madrugada de 13 de setembro fui à tribuna da Câmara precisamente quando acabava de deixá-la o Primeiro Ministro renunciatário, Sr. Brochado da Rocha, segundo cujas previsões catastróficas seria impossível governar o País sem a antecipação da data da consulta plebiscitária. Ou ela ou o caos — imaginava Brochado.

"Pela primeira vez na história das instituições deste País" — disse eu inicialmente — "é o Governo que preconiza a desordem. (*Palmas)* Antes eram os demagogos que o faziam; antes esse papel ingrato cabia aos patrioteiros e aos demagogos; antes o governo servia, mesmo nas horas de dificuldade, para aplacar, apaziguar, harmonizar. Mas esse Gabinete que se instituiu há dois meses não faz outra coisa senão anunciar gravíssimas circunstâncias, ameaçar a Nação com crises e mais de uma vez dizer que ou dávamos aquilo que ele pretendia, ou então cruzaria os braços e a nação cairia na catástrofe. Este o papel infeliz desempenhado pelo Gabinete e pelo homem que acaba de deixar esta tribuna".

Combati a seguir a antecipação da consulta plebiscitária mediante simples lei complementar, visto que o plebiscito tinha data prefixada no texto constitucional. Dei ao Plenário conhecimento do parecer a meu pedido elaborado dias antes pelo professor Nelson de Sousa Sampaio acerca da imodificabilidade do artigo da Constituição regulador do processo de sua própria reforma, parecer este cujo texto ficou constando do meu discurso publicado no Diário do Congresso Nacional do dia 14 de setembro. Critiquei o parecer do relator da Emenda ao art. 217 da CF, deputado Pedro Aleixo, segundo quem as constituições *rígidas,* como a nossa, estavam em minoria. O inverso disso é que se verificava naquele momento, disse eu, quando a maioria das Constituições se alinhava entre as de mais complexo processo de reforma, constituições *rígidas.*

Infelizmente o argumento *ad terrorem* levou a melhor, e o plebiscito veio a realizar-se em janeiro de 1963, quando devia ser no dia 30 de abril de 1965, nove meses antes do termo do período presidencial então em curso, — como determinava o art. 25 da Emenda Constitucional n.º 4 (Ato Adicional).

Após esse pronunciamento parlamentar na madrugada de 13 de setembro de 1962, recebi um telegrama assinado por trinta senhoras paulistas, de apoio e enaltecimento à posição por mim assumida, o que deveras me honrou.

Mas, em contrapartida, devido sem dúvida às interrupções ocorridas na campanha de minha reeleição a fim de acudir à crise política daquele mês em Brasília, por pequena diferença de votos vim afinal a ficar na primeira suplência da legenda da Coligação em que figurava, na legislatura de 1963 a 1967.

Até ali vinha sendo comum em situações políticas análogas o governador eleito por coligação partidária convidar deputados federais para a composição do seu secretariado e assim abrir oportunidade à convocação de suplentes vinculados a partido ou partidos diversos do seu. Otávio Mangabeira, p. ex., convidou nada menos de quatro (Nestor Duarte, Albérico Fraga, Dantas Junior e Oliveira Brito), dando assim oportunidade aos suplentes Nelson Carneiro, Gilberto Valente e outros, os quais, convocados, puderam exercer o mandato de abril de 1947 a junho de 1950. Em seguida, Regis Pacheco, Antônio Balbino e Juraci Magalhães, também assim procederam.

Lomanto Junior, todavia, contrariando essa tradição política, e sem embargo do apoio que lhe deram os vários Partidos componentes da Coligação que o elegeu, entre os quais o PRP, não convidou nenhum deputado federal para compor o seu Secretariado, apesar de haver alguns que o desejassem. Por esse motivo teria eu passado toda uma legislatura como primeiro suplente, fato inédito, salvo engano, na vida político-parlamentar baiana, não fossem algumas convocações decorrentes de licenciamentos. Uma destas, a mais longa, veio-me sem que eu sequer a esperasse, ocupado que voltara a estar com a minha banca de advogado, o cargo de Procurador do Município da Capital e a cátedra na Faculdade Católica de Direito. O deputado Gastão Pedreira, encontrando-me certo dia do ano de 1965, surpreendeu-me amistosamente com esta declaração: "Vou licenciar-me por quatro meses, para que você tenha uma oportunidade". A surpresa foi tanto maior quanto Gastão Pedreira tinha, desde o seu tempo de estudante, uma posição ideológica essencialmente oposta à minha. Aceitei e agradeci. E nesse período pude obter valiosos serviços para alguns Municípios, como resumidamente a seguir passo a expor.

Serviço de água para Serrinha

Imediatamente pedi uma audiência ao Presidente Castelo Branco, por intermédio do general Ernesto Geisel, Chefe da Casa Militar. Essa audiência, marcada para as 11:30 coincidiu com o final de uma turbulenta sessão da Câmara, a qual entrara pela noite e a madrugada, terminando às 9:30 da manhã. Assim, mal pude, em casa, tomar um café e, com Gilka ao volante, partir para o Palácio do Planalto (Gilka ficou comigo em Brasília, sem vir à Bahia, todo o período de minha convocação, e tinha passado a noite anterior e a madrugada na Câmara, acompanhando a discussão do projeto de lei regulador das inelegibilidades). Cheguei em cima da hora e Castelo Branco recebeu-me no exato momento. Mas nem parecia um governante militar. Tratou-me afavelmente, interessadíssimo em saber pormenores da sessão acabada naquela manhã, como se tinham conduzido o deputado Doutel de Andrade, líder trabalhista e outros — curiosamente citando nomes só de oposicionistas. Depois de lhe contentar a simpática bisbilhotice política, entrei no assunto da audiência: o serviço de água de Serrinha.

Pus nas mãos do Presidente da República a documentação comprobatória das providências anteriormente adotadas a instâncias minhas pela Petrobrás no sentido de extrair água potável do subsolo urbano serrinhense, bem como da doação feita ao município de Serrinha do Poço n.º 1, situado em Beritingas, para solucionar definitivamente o problema do abastecimento daquela Cidade. E em breve exposição apontei a SUDENE como o órgão governamental capaz de assumir a responsabilidade técnica e financeira da grande obra que pleiteava. "Presidente, — indaguei por fim — "que poderei dizer à população de minha terra?" "Diga-lhe" — respondeu-me Castelo Branco — "que o Presidente vai *diligenciar*" (expressão sua). E em minha presença assim despachou o expediente que eu lhe apresentara e que recebeu o n.º CGC-3919: *"Dr. Luiz Viana. Temos que resolver este assunto com urgência. Qual o meio?* ass. *Castelo"*.

Como pedi, o expediente foi encaminhado à SUDENE, pela Presidência da República "para providenciar solução", conforme comunicação por mim recebida do Ministro Extraordinário para assuntos do Gabinete Civil. Poucos meses depois findava a legislatura, mas antes disso o DNOCS perfurou novos poços em Beritingas, em decorrência de minha postulação.

A campanha ficaria aí interrompida, sem mais nenhuma gestão

até março de 1967, quando, reeleito, retornei a Brasília, com novo mandato, para voltar a patrociná-la, sozinho, até a inauguração do grande serviço, em janeiro de 1970. Pormenores da luta final se acham noutro local deste livro.

Ainda nesse período de convocação, consegui com o ministro Mauro Thibau, titular das Minas e Energia, tudo o que era necessário para a montagem de um novo serviço de energia elétrica em Tucano. Já relatei o que foi lá instalado em 1947, quando do meu primeiro mandato estadual. Em 1965 era preciso levar-lhe energia elétrica produzida pela COELBA, energia contínua, para o progresso do Município. Foram os meios materiais de tão importante melhoramento que tive a sorte de obter do ministro das Minas e Energia, graças à compreensão do seu ilustre titular, dr. Mario Thibau. Por coincidência o novo serviço foi inaugurado quando já eu estava de volta à Câmara, com mandato novo e por inteiro.

❧

Para o interior de alguns Municípios, naqueles quatro meses do segundo mandato, obtive prédios escolares rurais, dos quais dois para Tucano e um para Santo Estevão.

Batalha naval do Riachuelo

Não devo encerrar o relato sumário desse período na Câmara dos Deputados sem o registro da sessão solene do Congresso Nacional de 10 de junho de 1965, comemorativa da histórica batalha naval do Riachuelo. Vi então algo para mim inédito: membros da Câmara e do Senado reunidos, de pé, aplaudirem demoradamente o orador ao findar o seu empolgante improviso de cerca de uma hora. Mais ainda: vi parlamentares a chorar de emoção. Depois da sessão o deputado João Mendes teve a gentileza de levar-me no seu carro até a Quadra de minha residência. Sentado ao meu lado, com as mãos na cabeça e os braços apoiados nos joelhos, aquele meu eminente colega, mais tarde Ministro do Superior Tribunal Militar, exclamava repetidamente: "Mas como é que pode ser! Tudo num só!" Explicou-me o sentido de tais exclamações: tinha por cerca de vinte anos ouvido Otávio Mangabeira falar, e pensou esse tempo todo que Mangabeira fosse o máximo tribuno. Mas agora acabava de ouvir a eloqüência, a forma literária, o sentimento cívico, a emoção, tudo enfim reunido num só discurso. Aquele inesperado testemunho de um homem independente, de um político superior, de um patriota e democrata me comoveu. A oração do orador oficial realmente causou uma sensação extraordinária, fez o Congresso Nacional viver um dos seus maiores dias. Os *Anais* registram as seguintes palavras no encerramento do texto desse discurso: "*Muito bem; muito bem. Palmas. O Plenário, as autoridades civis e militares presentes e as galerias aplaudem, de pé, demoradamente e com raro entusiasmo, o orador*".

O texto completo do discurso do Deputado Plínio Salgado — pois não foi outro, senão ele, o orador único da sessão solene do Congresso Nacional de 10 de junho de 1965, está publicado no volume *Perfis Parlamentares 18 — Plínio Salgado,* Discursos Parlamentares, Câmara dos Deputados, Brasília, 1982, 981 páginas, volume este organizado e prefaciado por Gumercindo Rocha Dorea que, em nossos dias, também publicou elegante plaquete da citada oração.

Na peroração o orador disse o seguinte:

> "*Neste momento em que o Congresso Nacional rende homenagens à nossa Marinha de Guerra, o meu sentimento, transformado em emoção, faz-me ver na longa noite da História, como que esbatidas ao luar da permanente recordação, as nossas façanhas marítimas. Elas têm raízes! Elas têm tradição! Elas são castiças! Elas vêm desde os tempos das batalhas dos holandeses. Elas vêm dos tempos em que os brigues e as canhoneiras francesas e ingleses empreendiam a invasão e o domínio de nossa terra. Como que vejo ao luar dessa recordação as figuras de Duguay-Trouin, de Cavendish, de Duclerc, de Mem de Sá, de Estácio de Sá; como que vejo nos nossos mares austrais percorrerem nossos navios, desde o tempo da Colônia e depois no Império, afirmando a soberania da Pátria, afirmando o ardor dos brasileiros em defender a sua terra e os seus princípios. Ah! naquele tempo! Naquele tempo éramos grandes, respeitados. Nossas esquadras desciam para o sul para impor ordem no rio da Prata. Não havia ninguém que discursasse em nome de princípios falsos que só existem na boca de demagogos. Havia um sentido realista no cumprimento do dever decorrente da consciência pan-americana, a sustentar a integridade do novo mundo e dos princípios democráticos*".

E fazia o seguinte apelo aos brasileiros:

> "*Ó marinheiros do Brasil! Soldados do mar! Quando estive, por motivos políticos, preso na Fortaleza de Santa Cruz, eu escutava o*

vosso, o nosso mar bater nas pedras e entrar pelas casamatas com ribombos oceânicos; e escrevi um poema, o Poema da Fortaleza de Santa Cruz, em que procurei reviver toda a glória militar do Brasil, a vossa glória, marinheiros da Pátria (palmas), *a glória de vossos irmãos de terra e já agora de vossos irmãos do ar.*

O Conde de Lippe, nos fins do Século XVIII, introduziu, com a reforma do Exército português, um costume altamente significativo. Ali, naquela fortaleza, de hora em hora, um sentinela gritava: 'Sentinela, alerta!' E outro, nas sombras da noite, com a cabeça coroada pelas estrelas, respondia: 'Alerta estou!'

E, então, nesse poema eu disse:

'Grita, sentinela! Grita bem alto, repetidamente, para despertar nossa Pátria! Que teu grito vá além de nossas montanhas, de nossas cordilheiras, de nossos rios, a dizer que Caxias está vivo, que Tamandaré, Barroso estão vivos (palmas) *está vivo o Brasil, como os seus heróis do passado, na consciência dos militares de nosso País e na consciência da grande Nação'.*

Sejam estas palavras a minha suprema homenagem, no centenário da Batalha do Riachuelo, à nossa Marinha de Guerra, para que gritando 'Sentinela, alerta!' cada brasileiro, em cada rincão de nossa Pátria se sinta, pela defesa da liberdade, da democracia, da soberania, da honra e da dignidade do Brasil, com a responsabilidade de responder: 'Alerta estou!'."

Intervalo literário

Em meio à campanha pela reeleição à Câmara dos Deputados, em 1966, chega-me convite a que não podia faltar, do Reitor da Universidade Federal da Bahia, Prof. Miguel Calmon Sobrinho.

Organizava ele um Curso de Extensão denominado *Presença de Rui Barbosa na Vida Brasileira,* que queria fosse ministrado por um grupo de conhecedores dos vários ângulos do tema, como Américo Lacombe, Thiers Martins Moreira e Nelson Sampaio, cabendo a mim falar sobre *a presença de Rui Barbosa no Direito.*

Seria assim comemorado o 20.º aniversário da Universidade Federal da Bahia.

Felizmente pude harmonizar a delicada obrigação assumida com os compromissos das muitas viagens que tinha de fazer, na só companhia de minha mulher, através do interior, ainda de acesso bastante difícil, em razão da deficiência de nossas ligações rodoviárias.

Além disso, cumpria, após o pleito, acompanhar as apurações. Não podia assim ter vindo em mais imprópria ocasião o honroso convite, mas no dia 9 de novembro daquele ano cumpri a minha parte e ainda pude ouvir as preciosas lições dos demais convidados, no Salão Nobre da Reitoria. A Universidade editou num volume as conferências pronunciadas e a cada um dos seus autores ofereceu um certo número de separatas.

Novo mandato

Em março de 1967 voltei à Câmara dos Deputados, reeleito, para a legislatura 1967 a 1971.

Antes, porém, de embarcar na Bahia em fevereiro de 1967, com destino a Brasília, fui a Beritingas para ver a situação dos poços existentes e obtive do Departamento de Engenharia Sanitária do Estado da Bahia (DESEB), transformado depois em SESEB, dados reveladores de sua capacidade técnica para executar o serviço de captação e adução da água de Beritingas para Serrinha.

Estávamos sob novo Presidente da República (Costa e Silva) e novo governador do Estado (Luiz Viana Filho). A 24 de abril de 1967, em audiência com o Presidente da República, tive de refazer um breve histórico do problema do abastecimento de água da população serrinhense. Por sorte, o Presidente Costa e Silva, tal como Castelo Branco, simpatizou com o problema, muito seu conhecido, pois em sua terra de nascimento, no Rio Grande do Sul — disse-me —, a população sofria da falta de mananciais de água potável, tendo necessidade, como a nossa, de colher água de chuva, mediante bicas ou calhas, para depósitos de emergência.

A execução do serviço de Serrinha — adiantei-lhe em exposição escrita — "deverá ficar a cargo do Departamento Sanitário do Estado da Bahia (DESEB), que já fez serviços análogos noutros municípios baianos", mas "o financiamento terá de caber à Sudene, que dispõe para isso, no orçamento vigente, dos seguintes recursos globais (em Cr$1.000,00): *Verba 4.03.00* — 10.02.1.0314 — Construção e Ampliação de Sistemas de Abastecimento d'água — 13.165.000 — 18.02.1.0332 — Pesquisa e aproveitamento d'água subterrâneas — 2.720.000".

O presidente assim despachou os meus papéis:

"1. À consideração do Exmo. Sr. Ministro do Interior.

2. Entendo que deve ser ouvido o Sr. Deputado Rubem Nogueira, que apresentou, pessoalmente, o presente documento.

Em 24.4.67.

a) A. Costa e Silva".

Apesar de já ter então Brasília sete anos de inaugurada, os Ministros de Estado, em geral, não permaneciam nela mais que dois ou, no máximo, três dias. Lá chegavam às terças-feiras e já na 5.ª à tarde embarcavam para o Rio de Janeiro.

Do gabinete presidencial fui diretamente ao do Ministro Albuquerque Lima, que encontrei prestes a sair a caminho do aeroporto. Mas ainda assim pude fazer S. Exa. tomar conhecimento da importância social do assunto que levava à sua presença. Meu maior receio era que a tradicional inércia da burocracia viesse a emperrar o andamento do processo. Para evitar que isto acontecesse, não obstante a responsabilidade expressamente assumida por dois Presidentes da República, fiz o que pude, quer em contatos pessoais diretos, quer mediante telex, telefone e cartas. Não dei sossego aos que deviam cuidar do assunto. Fui, por minha exclusiva conta, ao Recife entender-me diretamente com o setor competente da SUDENE e felizmente achei em toda a parte compreensão e respeito pela minha causa. Devo aliás lembrar que em 1962 me encontrei um dia, na Câmara, com o Superintendente da SUDENE — Celso Furtado. Pedi-lhe que me escutasse alguns minutos sobre a necessidade de construir uma adutora da água do antigo Poço n.º 1 da Petrobrás, em Beritingas, para a minha cidade — distante cerca de vinte quilômetros. A reação de Celso Furtado foi supreendente: "A Sudene construirá, de imediato, o elevatório". Mas ficou apenas na palavra.

Valeu muito a viagem ao Recife. De um dos diretores da SUDENE, o Eng.º Domingos Lavigne, obtive a segurança de que os estudos dos mananciais destinados ao abastecimento de Serrinha sem demora seriam iniciados, o que efetivamente ocorreu a partir de fevereiro de 1968.

Daí em diante os trabalhos foram-se sucedendo, sempre por iniciativa e sob a responsabilidade financeira de órgãos federais (SUDENE, DNOS), embora, como era natural e eu próprio por escrito lembrei ao Presidente Costa e Silva, a execução ficasse a cargo também da SESEB. A Sudene tinha incluído o abastecimento d'água de Serrinha no seu Plano Diretor para o triênio 1968-1970, com recursos globais da ordem de NCR$1.500.000,00 que adicionados aos do

DNOS, consignados no Orçamento da União para 1969, asseguravam a continuidade das obras programadas até seu termo final. De fato, em janeiro de 1970 estive presente à inauguração delas. Ficava, assim, alcançado um dos meus objetivos capitais naquela legislatura.

Ligação asfáltica Santa Bárbara-Serrinha

Também nesse período prolongou-se o asfaltamento da rodovia transnordestina, que de longa data havia parado em Santa Bárbara. Eram trinta e quatro quilômetros de estrada em permanente abandono que na gestão do ministro Mário Andreazza se converteram num dos melhores trechos asfaltados do interior da Bahia. Devo esclarecer que na semana mesmo da posse do Ministro dos Transportes levei-lhe essa reivindicação justa dos serrinhenses. Foi a minha sorte, porque, logo mais, com o AI-5, os caminhos dos parlamentares na Administração Federal ficaram bloqueados. E cobrava freqüentemente a execução da obra, cuja inauguração se deu no começo de 1969, com a presença do ministro Andreazza a meu pedido. O governador Luiz Viana Filho também esteve presente à festa, mas nenhuma influência ele teve na realização daquele asfaltamento.

Quem hoje faz o percurso Feira-Serrinha em apenas cinqüenta minutos, não imagina sequer o suplício que era vencê-lo, antes do asfalto. Se o tempo era de chuva podiam-se consumir até oito horas de viagem. Um belo dia a camada asfáltica chegou até Santa Bárbara, e daí não saia. "Sabe que lá estacionou faz quatro anos, sr. ministro?" "E mais anos ficará", — eis a pergunta que fiz e a resposta que me deu o ministro Juarez Távora em julho de 1965, ao se reunir com a bancada baiana na Câmara dos Deputados. Quis eu saber: "Por quê, Ministro?" E Juarez: "Porque essa BR não faz parte do Plano Rodoviário Nacional". Pasmei com a resposta, mas não tendo elementos, na hora, para contestá-la, — embora não pudesse admitir que a única rodovia de ligação Norte-Sul não figurasse naquela Plano, pedi de imediato uma informação ao deputado Vasco Neto, ali presente, engenheiro presumivelmente apto para esclarecer o equívoco do ministro, mas o colega, com ainda maior surpresa minha, confirmou a desenganada resposta do general Juarez Távora.

Não me conformei. Devia haver engano naquela informação. Fui à biblioteca da Câmara, solicitei um levantamento urgente de toda a legislação em vigor do Plano Rodoviário Nacional. Horas depois, ao examiná-la, pude apurar o engano do ilustre titular do ainda chamado Ministério da Viação e Obras Públicas. A antiga rodovia transnordestina, iniciada por José Américo em 1933, terminada antes da Segunda Guerra Mundial e posteriormente denominada BR-116, com a extensão do seu traçado até o Rio Grande do Sul (Jaguarão), era efetivamente parte daquele Plano. Da tribuna da Câmara dirigi-me então ao ministro Juarez Távora, para esclarecê-lo e pedir a retomada da pavimentação asfáltica entre Santa Bárbara e Serrinha (34 Km). Desnecessário comentar a inutilidade do apelo, enquanto durou o governo Castelo Branco.

Mas em março de 1967, sem perda de tempo, levei o caso ao ministro Mário Andreazza, de quem obtive o compromisso formal de asfaltar aquele trecho com a possível urgência. E, como era de meu estilo quando reivindicava serviço público essencial, não mais perdi de vista o Ministro dos Transportes até a conclusão do asfaltamento prometido, incluindo o acesso rodoviário à cidade.

Na data da inauguração da obra pedi a presença do ministro Andreazza em Serrinha, onde esperei a sua chegada em companhia do governador do Estado, após o que regressamos, no mesmo carro, até a Capital.

Ajuda a Lafaiete Coutinho

Pela cidade de Lafaiete Coutinho também fiz, nesse mesmo ano, o que estava a meu alcance no sentido de dotá-la de serviço de abastecimento de água.

A razão de meu empenho por essa cidade do Sudoeste baiano vinha de me haverem apoiado lá com um bom número de votos e em atenção também a pedido de velho e querido amigo de Jequié: Nelson Ribeiro. Eu não a conhecia. Em dezembro de 1967, aproveitando o recesso parlamentar, viajamos, eu e minha mulher, via Vitória da Conquista, para conhecê-la. Atingimos Lafaiete Coutinho, a uns vinte quilômetros de Jequié, acompanhados do casal Nelson Ribeiro. Paramos o carro no meio de uma pequena praça deserta. Buzinamos repetidas vezes, até que nos apareceu, simploriamente trajado, o prefeito municipal, que nos convidou a passar alguns momentos em sua casa. Disse-lhe que estava ali para agradecer os votos que me haviam sido dados e colocar-me à disposição do município. Fiquei então sabendo que o seu problema número um era o abastecimento d'água, agravado por inúmeros casos de esquistossomose.

Como havia eu tido muito boa impressão do ministro da Saúde, Dr. Leonel Miranda, considerei oportuno pleitear do seu Ministério as providências cabíveis para aquele Município, tanto no tocante ao tratamento da doença que lhe assolava a população, como para o serviço local de abastecimento e tratamento da água. Em breve, por ordem do ministro, o Departamento Nacional de Endemias Rurais saiu a campo e elaborou os estudos respectivos. No curso de 1968 o Projeto de abastecimento d'água foi elaborado pelo DNERU e entregue pessoalmente por mim, no Rio de Janeiro, ao ministro Leonel Miranda. A execução do serviço ficou de ser financiada pela Caixa Econômica Federal com recursos reservados por lei, no exercício de 1968, para empreendimentos daquela natureza. Até aí foi minha participação no caso, do que dei notícia ao prefeito de Lafaiete Coutinho.

Também tive ocasião de enviar para aquela cidade caixas de medicamentos, obtidos no Ministério da Saúde. Isso mais de uma vez.

Em Itagibá, também no Sudoeste, obtive a instalação de uma agência dos Correios, inaugurada com a minha presença e a do Diretor da EBCT na Bahia. Era esse serviço o que de imediato mais desejavam então os habitantes daquela Cidade, como de muitos deles ouvi.

Desvios de Rota da CEPLAC

Uma das boas iniciativas do governo de Juscelino Kubitschek foi a criação da *Comissão Executiva do Plano de Recuperação Econômico-Rural da Lavoura Cacaueira* (CEPLAC).

Embora os seus objetivos essenciais estivessem designados pelo próprio nome do novo órgão, o Decreto n.º 40.987, de 20 de fevereiro de 1957, que o criara, explicitava-os desenganadamente nas duas alíneas do art. 1.º. A CEPLAC devia providenciar:

> *"a) a execução das medidas necessárias à restauração da lavoura, ampliação, melhoria e racionalização, nas fazendas, nos centros regionais, das condições de colheita, armazenagem, preparo, beneficiamento e criação de meios para o combate às pragas e doenças e assistência técnica através de trato cultural a extensão agrícola, visando ao au-*

mento da produtividade de cacau pela redução dos custos de sua produção e elevação da produção unitária".

Pela outra alínea a CEPLAC tinha de cuidar da *assistência aos cacauicultores,* de tal modo que nada lhe caberia fazer senão em benefício *do cacau e dos cacauicultores* como tais. Outros Decretos vieram depois, mas nenhum objetivo novo lhe instituíram.

Viajando no entanto pela zona cacaueira, verifiquei que a CEPLAC vinha investindo largamente em *obras urbanas,* como, por exemplo, abastecimento de água, mediante convênios celebrados com o governo do Estado, pelos quais a este cabia fazer a obra e à CEPLAC ficava o ônus de financiá-la. Estaria também esse órgão federal financiando a construção de rodovias *não* destinadas a servir à lavoura cacaueira nem à *redução dos seus custos de produção.*

O Diário do Congresso de 4 de outubro de 1968 publicou uma *Comunicação* por mim feita, na sessão da véspera, acerca da má política praticada pela Secretaria Geral da CEPLAC, que vinha fazendo pouco *do que devia* e muito *do que não devia.* "Na Bahia já terá consumido talvez alguns bilhões de cruzeiros antigos em obras que escapam aos *objetivos essenciais* para que foi criada. Pouco importa que tais obras e serviços hajam beneficiado parcelas da comunidade ou mesmo comunidades inteiras, inclusive da própria zona cacaueira. Porque em verdade a CEPLAC não foi instituída exatamente para fazer benefícios à zona produtora de cacau, mas para cuidar de tudo quanto diz respeito à *lavoura cacaueira* tão somente, o que é muito diverso. (...) A CEPLAC, numa palavra, é para o cacau, a lavoura cacaueira e os cacauicultores, sem nenhuma finalidade de natureza *urbana.* O Fundo que a alimenta se destina inexoravelmente a isso. Impossível desviar recursos para quaisquer outras aplicações, ainda que de benefício direto a comunidades urbanas da zona produtora de cacau".

Certo é que convênios ou acordos a CEPLAC tinha sido autorizada a fazer a partir de 1962, mas com a expressa nota de serem "*para cumprimento de seus objetivos e de suas estações experimentais e para possibilitar o seu normal funcionamento*". Apenas para isto e nada mais. Mais tarde dois Decretos (n.os 53.772, de 20/3/1962, e 62.478, de 29/3/64) autorizaram o Ministro da Fazenda a assinar convênios entre a CEPLAC e o Instituto Interamericano de Ciências Agrícolas da OEA e aditivos a esse mesmo convênio.

Era, pois, o caso de convidar o Secretário Geral da CEPLAC a dizer em que norma jurídica se fundara ao assinar convênios com o governo ou com Prefeituras Municipais do Estado da Bahia para financiar obras públicas não compreendidas nos seus objetivos fundamentais. O problema era de competência. Ou sua senhoria tinha a atribuição de distribuir benefícios de água canalizada a populações urbanas e financiar o asfaltamento de rodovias não destinadas a ligar centros rurais de produção cacaueira a pontos de embarque, ou não tinha, e neste caso estaria praticando *desvio de poder* merecedor de severa e imediata punição.

Os recursos legais que então alimentavam o *Fundo* do Plano de Recuperação Econômico Rural da Lavoura Cacaueira provinham da *retenção* de quinze por cento sobre o valor em dólares da exportação de cacau em amêndoa e de cinco por cento sobre a exportação de derivados.

Essa retenção, de que muito se queixavam os lavradores do sul baiano, pois lhes subtraíra parcela substancial de seu lucro, então diminuído pelo alto custo de produção por arroba, vinha recebendo o apelido de *confisco*. Tomando por base o orçamento para 1968 o montante dos recursos expressos pelas retenções de 15% e 5% em favor da CEPLAC era da ordem de NCr$27.500.000,00, ou US$10.246.500,00 pela taxa do dólar anterior à última alta.

Não obstante a sua excelente situação financeira, a CEPLAC não dera ouvidos ao pedido de Mutuípe, município do Sudoeste da Bahia, que numa área de aproximadamente seiscentos hectares aplicados na cultura cacaueira, havia produzido, no triênio anterior, dezoito mil, setecentos e cinqüenta sacos de cacau. Falando em nome do Município de maior produção daquela zona, o prefeito mutuipense pleiteou a inclusão no programa da CEPLAC para 1968 da rodovia Mutuípe a Riachão do Vinhático, a saber, a ligação da área de maior produção cacaueira local à sede do Município. Até aquele momento, como alegava o Prefeito mutuipense, o transporte de cacau até a sede municipal fazia-se pelo secular processo de tropas de muares.

A CEPLAC deixava assim de lado o financiamento de serviços essenciais, ligados aos seus fins próprios, para perseguir resultados estranhos aos objetivos para que fora criada.

Por último apontei o projeto do Porto do Malhado como merecedor de um tratamento especial por parte daquele órgão. "O país sabe o que são as vicissitudes do embarque de cacau para o exterior, desde que o antigo porto de Ilhéus deixou de ter condições, pelas dificuldades insuperáveis de sua barra, para atender à demanda, e fez nascer a dispendiosíssima indústria da alvarengagem. Por outro lado, o porto da Cidade do Salvador se tornou uma solução igualmente antieconômica. Daí a necessidade de se construir o porto do Malhado, em Ilhéus, obra gigantesca em que se empenha a administração fecunda do Ministro Mário Andreazza e que, depois de concluída, facilitará extraordinariamente as condições de escoamento de toda a produção regional". Foi assim que entendi defender os interesses de uma região por mim muito apreciada.

Minifúndio pecuário

Ao presidente do Banco do Brasil, Nestor Jost, ex-colega de Câmara, na legislatura finda em 1963, levei uma idéia que muito o sensibilizou, como ele próprio o disse, meses depois, em Ilhéus, durante uma reunião com os gerentes do Banco do Brasil em serviço no Sul da Bahia. Falei-lhe então da dificuldade de pequenos proprietários, ou mesmo de simples titulares de posses legítimas, em dar começo a um criatório de gado, por falta do capital para isso necessário. Muitas vezes o homem do campo tinha terra e pastagem próprias, mas faltavam-lhe os meios financeiros para a aquisição do pequeno rebanho inicial. A meu ver o Banco do Brasil podia instituir em favor do rurícola em tais condições, um empréstimo para que ele fundasse o seu *minifúndio pecuário.* Nestor Jost gostou da locução, e pediume que lhe desse aquilo por escrito, o que de imediato satisfiz. No final do ano de nossa conversa, indo eu a Ilhéus e ao fazer uma visita à nova e bonita sede da agência do Banco do Brasil, o seu gerente me contou o que o presidente Nestor Jost poucos dias antes havia ali declarado perante gerentes regionais do banco. O seu chefe contara a todos a sugestão do *minifúndio pecuário,* referindo-se ao deputado de quem a recebera, e a sua resolução de pô-la em prática sem demora.

A tal propósito houve antes outra ocasião em que o Banco do Brasil adotou política econômica nova, em atendimento a reivindicação minha. Foi em 1961-1962, quando no governo parlamentarista, defendi o financiamento do plantio da palma, da algaroba e do sisal *a longo prazo, juros baixos, período de carência e independentemente de garantia hipotecária ou do destocamento prévio do terreno.* Esta última exigência, para cuja satisfação o lavrador precisava de usar trator — equipamento caro, que ainda nenhum deles possuía, — vinha tornando absolutamente inacessível o crédito previsto numa das Carteiras delegadas do Banco do Brasil. Era seu presidente ao tempo o Dr. Samuel Duarte, que no Relatório de 1962 declarou literalmente haver o Banco do Brasil, *em atendimento a uma reivindicação do deputado Rubem Nogueira,* deliberado conceder aquele financiamento tal como eu o havia postulado. Tive em mãos uma cópia autêntica desse documento assinado pelo Dr. Samuel Duarte que assim me ajudou a prestar mais um bom serviço ao nordeste baiano das caatingas.

XVII

Viagens à Europa e aos Estados Unidos. Crise institucional.

Sumário: 5.º Centenário de Pedro Álvares Cabral — Pequeno giro pela Europa — Em Roma — Em Zurique — Na capital da Holanda — Em Londres e Paris — Ato Institucional n.º 5 — Minha posição — Encontro com o Presidente — Reabertura do Congresso — Trabalho técnico — Lei de inelegibilidades

5.º Centenário de Pedro Álvares Cabral

A 21 de junho de 1968, o deputado José Bonifácio, Presidente da Câmara, oficiou-me comunicando haver-me designado para integrar a delegação parlamentar que participaria das solenidades comemorativas do 5.º Centenário de Pedro Álvares Cabral, com realização prevista, em Portugal, para o período de 28 daquele mês a 5 de julho. A despesa de passagens, acrescentou, correria por conta do Ministério das Relações Exteriores. A decisão do Presidente da Câmara resultava do desejo manifestado pelo ministro Magalhães Pinto, das Relações Exteriores, de que quatro deputados fossem designados para acompanhar a delegação presidida por ele e integrada de representantes de vários setores da vida nacional.

Não me foi possível, nem aos outros três deputados indicados, embarcar no dia 27 de junho, quando seguiu a maioria da delegação brasileira. Só no domingo, 30, chegamos a Lisboa, ainda a tempo de atingir a cidade de Santarém, onde uma parte do programa estava sendo cumprida, mas não de ouvir o discurso de Pedro Calmon, que Américo Jacobina Lacombe foi logo me dizendo ter sido de rara beleza. Tinha já havido uma sessão do Conselho Municipal, o descerramento do marco oferecido pelo Governo brasileiro, momento da oração de Pedro Calmon, e a Missa na Igreja da Graça. Findava o almoço oferecido pelo presidente da Comissão Cabralina no Campo da Feira de Santarém quando chegamos após uns trinta minutos de viagem de automóvel. Contudo assistimos aos números de danças típicas executados por moças e rapazes com os trajos característicos da região. E aí tive pena de Gilka estar ausente. Ela preferiu ir do aeroporto para o hotel, com Rubem Junior e Maria Patrícia, para repousar um pouco da trabalheira da véspera da viagem e do cansaço das nove horas de vôo, do Galeão a Portela de Sacavém. Mais tarde, por volta das 21 horas, em companhia do casal de filhos que fazia sua primeira viagem à Europa, comparecíamos ao ato final do programa do dia: uma promoção da revista "Manchete" no Hotel Estoril Sol. Linda festa, por sinal, em que, após o jantar, Eliana Pitman e outros astros da música popular brasileira nos encantaram com o seu brilhante repertório.

O dia seguinte destinou-se a conversações, pela manhã, com o Ministro dos Negócios Estrangeiros de Portugal, o professor Alberto Franco Nogueira, e, de tarde, à instalação da Comissão Mista Luso-Brasileira, atos estes a ambos os quais compareci, com os meus colegas de delegação da Câmara.

Na noite de 2 de julho a delegação compareceu a outro ato das comemorações, no Palácio das Necessidades: um belíssimo jantar seguido de recepção.

Na quarta-feira, 3, o programa desenrolou-se na cidade do Porto, para onde às 8 horas viajamos em avião da TAP — a representação brasileira e autoridades civis e militares portuguesas. Houve recepção na Bolsa Municipal; às 13 horas almoço na Câmara Municipal, onde, pela representação do Brasil, discursou o Acadêmico Josué Montelo. Às 18 horas, na sede do Consulado Geral do Brasil, o Cônsul Fernando Ronald de Carvalho ofereceu uma recepção.

No almoço da Câmara Municipal coube-me um lugar ao lado do Cônsul Geral que então fiquei sabendo ser filho de Ronald de Carvalho, poeta e escritor de minha maior admiração, o que tornou o nosso diálogo sumamente agradável. Foi com a *Pequena História da Literatura Brasileira,* de Ronald de Carvalho, que me achei, às vésperas do vestibular de Direito. Mais adiante adquiri outros livros seus e pude apreciar-lhe ainda mais as virtudes de primoroso escritor e poeta. Quando morreu tragicamente, em fevereiro de 1935, num acidente de automóvel a caminho do Palácio do Catete onde exercia o cargo de Secretário da Presidência da República, Ronald de Carvalho era diplomata de carreira, tinha, salvo engano, uns quarenta anos de idade e deixou uma obra literária do mais elevado nível. Girou em torno disso a nossa conversação durante o almoço. No dia seguinte Fernando Ronald de Carvalho teve para comigo um gesto que sobremodo me sensibilizou, levando-me ao Hotel Ritz, onde o governo de Portugal hospedara a delegação brasileira, uma lembrança tipicamente portuguesa.

No dia do encerramento das comemorações (4 de julho), a delegação parlamentar brasileira participou do segundo turno das conversações com o Ministro dos Negócios Estrangeiros, ato este a que se seguiu a Assinatura de Comunicado final. E à noite o Presidente da Comissão Cabralina brasileira ofereceu, no Palácio de Queluz, um jantar seguido de recepção.

Compareci em companhia de Gilka e Maria Patrícia. Em nossa mesa sentou-se também Pedro Calmon. Enquanto jantávamos, o autor de *O Rei Cavaleiro* elegantemente nos passou interessantes dados da crônica do Palácio de Queluz, onde o Príncipe D. Pedro viveu os primeiros dez anos de sua existência.

Pequeno giro pela Europa

Findo o compromisso com as comemorações do quinto centenário de nascimento do descobridor do Brasil, alongamos por conta própria a viagem a Madri, Roma, Zurique, Amsterdã, Londres e Paris, durante cerca de vinte dias, sem plano previamente feito para essa excursão que foi, entretanto, uma das mais agradáveis viagens que fizemos ao Velho Continente.

Em Madri hospedamo-nos em plena Gran Via, a maior avenida madrilenha e, como era natural, visitamos o Palácio e Mosteiro do Escorial, onde viveu espartanamente o poderoso rei Felipe II, cujos vínculos históricos conosco vêm de ter sido ele, enquanto Felipe I de Portugal, ao tempo da dominação espanhola, quem promulgou as "Ordenações Filipinas", legislação vigente no Brasil até o advento do Código Civil de 1917. O Escorial, construído por ordem de Felipe II, que nele viveu os últimos anos de sua vida, é um quadrilátero de imensos prédios, situado a uns cinqüenta quilômetros de Madri, distância que se vence por uma rodovia asfaltada, sem acostamento.

Visitamos também por algumas horas o Museu do Prado, o Valle de Los Caídos, Toledo, e... vimos uma corrida de touros. A esta não mais voltei, quando em posterior visita a Madri, apesar de ter apreciado bastante o espetáculo colorido da *plaza* lotada e as cenas emocionantes da perigosa luta espanhola, em que o homem deve sobreviver, se tudo correr bem, mas o animal tem de morrer ali.

Houve momentos nos quais a arena pareceu um palco imenso de dança ritmada, em que o toureiro, com a sua capa vermelha, fazia de dançarino com leveza, coragem e arte, provocando o touro ensangüentado mas ainda furioso. Até que a multidão de roupas coloridas entrou em silêncio total, enquanto o animal a sangrar e exausto, crivado de bandarilhas pendentes do dorso negro, parou diante do seu matador, como se por ele fascinado, e recebeu o último golpe, que o fez dobrar os joelhos, enquanto a multidão explodia numa ovação veemente e o toureiro se voltava para um certo camarote a cumprimentar o seu ocupante.

Tudo muito bonito, mas para a minha sensibilidade não é espetáculo para se ver mais de uma vez. Maria Patrícia, então com 15 anos, teve durante ele uma crise forte de choro e não quis olhar a parte final daquela cena sangrenta. Gilka, entretanto, quando novamente em Madri, voltou à Praça de Touros e há três anos, em Sevilha, mal estacionamos o carro no hotel, numa tarde de junho, tocou-se com Joca para rever uma tourada, enquanto eu e Gilka Maria preferimos sair andando a pé pela simpática cidade banhada pelo Guadalquivir. Nesse deambular gratuito mas atento é que encontramos inesperadamente, numa pequena livraria, todos os volumes da obra filosófica de Ortega y Gasset, editada pela Revista de Occidente, que Maria Patrícia me havia encomendado. Curioso: os meus filhos, todos, gostam de ler Ortega. Há alguns anos ofereci a Rubem Junior quatro volumes encadernados da segunda edição (1951) das Obras Completas do filósofo espanhol, e veio talvez daí a atração de suas irmãs pelo pensamento de Ortega. Maria Patrícia tinha alguns volumes da edição de menor porte, lançada também pela Revista de Occidente, mas ainda lhe faltavam dez ou doze, os quais precisamente encontrei, quando menos esperava, numa modesta livraria de Sevilha. A propósito de tal preferência, vale registrar aqui estas palavras de Montaigne, extraídas de seus *Ensaios* (Livro I da tradução de Sérgio Milliet, Editora Globo, Porto Alegre): "Os estudos filosóficos alegram e satisfazem quem os empreende, e não o entristecem nem o põem carrancudo. A alma em que se aloja a filosofia faz com que o corpo participe de sua saúde. Leva ao exterior o brilho de seu repouso e de sua serenidade; modela o aspecto do corpo e o reveste de graciosa segurança, dá-lhe um aspecto ativo e alegre, um ar de satisfação e bonomia. O mais visível sinal de sabedoria é uma alegria constante. O sábio é sempre sereno. (...) Mas o ofício da filosofia é serenar as tempestades da alma e ensinar a rir da fome e da febre, não mediante um epiciclo imaginário qualquer, mas por meio de razões naturais e sólidas".

Em Roma

Mas estamos em Roma, vinte e três anos antes da visita a Sevilha. E na Cidade Eterna, com os filhos adolescentes, era preciso "maneirar", pois nem tudo nela podia encantá-los. Na Basílica de São Pedro, aconteceu o imprevisto: mulheres não podiam entrar usando saias acima dos joelhos... Tivemos de lá voltar outra vez, para que Maria Patrícia, vestida conforme a circunstância, pudesse conhecer o interior do mais famoso templo católico do mundo. Vimos por dentro o Coliseu, ou "grande anfiteatro" do primeiro século da era cristã, obra começada a erigir por Vespasiano e concluída por seu filho e sucessor Tito, "no espaço em que se abria o lago artificial do palácio neroniano", segundo informa Afonso Arinos. Acrescenta este escritor que a denominação de Coliseu veio da estátua de Nero por ele mesmo mandada erigir, e conhecida como "o Colosso", cuja cabeça, depois de sua morte, foi decepada e removida do local pela força de vinte e quatro elefantes.[1] Outros pontos monumentais foram apreciados calmamente, e com agrado dos filhos, como, por exemplo, o Fórum de Trajano, o Arco de Constantino, a Via Apia, a *Piazza di Spagna*, as Termas de Caracala, a *Fontana di Trevi*.

Estar em Roma, por pouco que seja o tempo a ela destinado, é, afinal, estar na Cidade "rainha do mundo no seu tempo, mãe até hoje da cultura latina".

Em Zurique

De Roma a Zurique sobrevoamos os Alpes nevados, paisagem inesquecível para um brasileiro. Ao chegarmos ao Hotel Neue Schloss, tive de dar uma cédula que me pareceu de valor elevado, para pagar o taxi, mas o motorista tranqüilamente abriu duas ou três das pequenas bolsas que trazia presas ao cinto e de lá tirou as várias moedas do troco a passar (isso me fez lembrar os condutores de bondes da Light, no Rio de Janeiro, que estavam sempre com uma das mãos cheias de moedas de níquel, além de cédulas de um e dois mil réis enfiadas entre os dedos, para dar troco aos passageiros). Troco, no Brasil, não é fácil de encontrar quem passe de imediato.

---

1 Cf. Afonso Arinos de Melo Franco, *Amor a Roma*, Editora Nova Fronteira, 1982.

Viajamos pelo lago (*Zürichsee*), durante algumas horas, para ter uma visão panorâmica das partes residenciais da Cidade, com as suas casas floridas e quase sempre ajardinadas que pareciam debruçadas sobre o imenso espelho azul do *Zürichsee*.

Depois andamos pelas ruas e avenidas, onde o tráfego predominante era de bondes. E novamente aí lembrávamos a incompreensível rapidez (ou insensatez?) com que todas as capitais brasileiras, num estranho sincronismo, acabaram com esse tipo de transporte coletivo, barato, seguro, não-poluente e de manutenção sabidamente mais econômica do que a de ônibus. Na Bahia chegou-se ao extremo mau gosto de pôr fim a uma autêntica relíquia, os últimos *bondes de burro* do Brasil (e talvez do mundo), que davam à cidade de Santo Amaro da Purificação, com os seus sobrados-monumentos, uma tonalidade folclórica de rara beleza.

Na capital da Holanda

Em Amsterdã hospedamo-nos na *Casa 400*. Tratava-se de um hotel temporário, cujo funcionamento durava somente o período de férias universitárias, pois fora daí era habitação de estudantes. Assim, não tinha serviçais, cabendo aos próprios hóspedes manter em ordem os seus aposentos. No mais, oferecia o conforto de um bom hotel, com um variado café pela manhã, incluído na diária. Foi-nos indicado, em Zurique, pelo agente da Varig.

Amsterdã é uma cidade inconfundível, com os seus canais movimentados, a sua vetusta arquitetura, a sua floricultura, a calma dos pedestres pelas ruas, e também pela quantidade de pessoas — homens, mulheres, jovens, anciãos — a pedalar bicicletas. Houve momentos em que, ao longo de certas ruas, cheguei a pensar houvesse alguma competição, tal o número de bicicletas em movimento.

Num carrinho conduzido pela mãe, o garotinho louro (tive a impressão de ser criança de menos de um ano de idade) abria a boca para receber pequenas porções de peixe cru que a mãe lhe dava. Numa praça ajardinada, crianças nuas nadavam nas águas de uma piscina redonda, alimentada por um repuxo, a uma temperatura de quinze graus; e um velho holandês, empurrando enorme caixa de música sobre rodas, cobrava uma moeda em troca da audição de algo que nos fazia recordar a sonoridade de antigos realejos. Não me lembro de ter visto arranha-céus em Amsterdã, apesar de sua condição de capital econômica da Holanda, onde todos os serviços funcionam com uma regularidade respeitável. Lá o progresso não atropelou a história. Esta convive muito dignamente com o desenvolvimento, o estimulante valor do passado está na consciência comum, integra o patrimônio moral do povo. Por tudo isso foram sumamente reconfortantes os nossos dias de Amsterdã.

A caminho do aeroporto ainda tivemos o gosto de ver sinais do seu casario rural, de seu gado famoso, de seus cataventos e moinhos dispostos aqui e ali, como se destinados a enfeitar a paisagem.

Em Londres e Paris

Em Londres conseguimos cruzar na Regent Street com um inglês típico: de terno escuro, chapéu côco, guarda-chuva fechado, pendente do braço, um certo ar de superioridade. Rubem Junior filmou a cena, que já vai ficando rara, mas o inglês nem percebeu, e, se percebeu, não ligou a mínima. Em Hide Park voltamos a encontrar outro, igualmente sereno, majestoso, indiferente aos passantes como se estivesse num dia da era vitoriana. Tornamos a filmar o cidadão-acontecimento. Piccadily Circus, ao contrário, estava cheio de turbulentos cabeludos de calças *jeans*, como em outras partes. Com os dois filhos quisemos rever a grande metrópole, andando pelas ruas, viajando pelo metrô, indo aos bairros e parques, passeando nos ônibus vermelhos de dois andares, e também conhecendo seus museus.

Daí passamos a Paris, cuja vida noturna ficou conhecida num *tour* abrangente dos mais típicos cabarés e também do Moulin Rouge e do Lido. Depois de uma visita ao Louvre, revimos também Versalhes. O embaixador Bilac Pinto, ex-colega de duas legislaturas na Câmara dos Deputados, convidou-nos a jantar na Embaixada.

De regresso, ainda passamos um dia e parte da noite em Lisboa, jantando e ouvindo fados na Severa até pouco antes do embarque em Portela de Sacavém, para o Rio de Janeiro.

Ato Institucional n.º 5

Em dezembro, com Gilka, fui aos Estados Unidos, como participante da delegação representativa da Câmara ao Centenário de New Orleans, a graciosa cidade de origem francesa, situada à margem esquerda do Mississipi. A situação política brasileira agravara-se entretanto a partir da votação favorável, pela Comissão de Constituição e Justiça, do pedido de licença para o processo de perda do mandato do deputado Márcio Alves.

Quando nos ausentamos, havia a expectativa de voto negativo daquela Comissão técnica. Minha posição, no caso, já era conhecida. O escurecimento da atmosfera política de Brasília tinha começado quando o deputado Márcio Alves fez um discurso no Pequeno Expediente de 2 de setembro de 1968, concitando toda a gente a não participar das comemorações do 7 de setembro. Esse discurso realmente infeliz mas sem nenhuma repercussão, quer na Câmara, quer fora dela (tomei conhecimento dele através de uma xerocópia deixada no meu escaninho) foi considerado, pelos Ministros Militares, injurioso "aos brios e à dignidade das Forças Armadas".

Minha posição

Entrou então em funesta ação de idas e venidas à Câmara dos Deputados o Ministro Gama e Silva, da Justiça, e daí surgiu o pedido formulado pelo Procurador-Geral da República ao Supremo Tribunal Federal de enquadramento do deputado no art. 151 da Constituição por "uso abusivo do direito de livre manifestação do pensamento e injúria e difamação das forças armadas", com a conseqüente cassação do seu mandato. No Grande Expediente da sessão de 28 de outubro pronunciei discurso escrito, emitindo, por antecipação, o meu voto no grave problema. Inicialmente afirmei repelir todas as proposições contidas na fala do parlamentar acusado, por considerá-las, em bloco, ofensivas e, algumas, injuriosas aos militares brasileiros em geral, cujo sentimento de indignação me parecia compreensível. "O episódio é tanto mais deplorável quanto é certo que a Nação Brasileira não esqueceu ainda os idos perigosos de 1963 e 1964 e se conserva reconhecida aos que a livraram das calamidades a que esteve exposta naqueles dias". E aí afirmei logo: "Mas repugna à minha consciência jurídica a idéia de enquadrar o autor desse desastrado pronunciamento na moldura do art. 151 e parágrafo único da Constituição Federal vigente. E vou dizer por que, em breves e despretensiosas considerações, a que me conduziram a reflexão e o estudo da matéria".

Contrariando o ponto de vista do Ministério da Justiça e do Procurador-Geral da República, disse a seguir: "Prevalece entre nós, há muito tempo, o princípio tutelar da atividade parlamentar, segundo o qual o membro de qualquer das Casas do Congresso está subtraído a toda ação punitiva da Justiça, em qualquer tempo, pelas opiniões, palavras e votos que emita, *no desempenho de suas funções*. O assento legal disso, que é, nas palavras de Rui Barbosa, um privilégio em favor do povo, em favor da lei, em favor da Constituição, entre nós atravessou já um século, é hoje o mesmo que era em 1824,e quase com as mesmas palavras de outras nossas passadas Cartas Políticas, consta do art. 34, *caput*, da Constituição de 15 de março de 1967, que diz: 'Art. 34 — Os deputados e senadores são invioláveis no exercício do mandato, por suas opiniões, palavras e votos'."

A *imunidade parlamentar* aí definida, dizia eu, desdobra-se na *irresponsabilidade* e na *inviolabilidade*, ambas de universal conceito uniforme. A *irresponsabilidade*, compreendida na regra do art. 34, protegia os membros da Câmara e do Senado relativamente *ao que só eles podem fazer* e a outras quaisquer pessoas não é dado fazer. "Ao praticarem tais atos, ou seja, *quando no exercício do mandato se encontram*, sobre os parlamentares não incide *nenhuma regra de direito penal*. Este é o nosso direito positivo e também o da maioria dos regimes representativos contemporâneos". Salientei que os cinco parágrafos do art. 34 regulavam a imunidade processual, contendo normas protetivas da atividade dos deputados e senadores *fora do exercício do mandato*, quando quer que cometam ilícitos penais ou abuso de determinados direitos, hipótese substancialmente diversa. "A Constituição de 1967 reuniu, assim, num só artigo e seus parágrafos, figuras distintas, incorrendo no que já foi classificado de erro doutrinário e falta de técnica legislativa". Detive-me um pouco no exame dos caracteres diferenciais da *irresponsabilidade* e da *imunidade processual*, pois estava em causa aquela e não esta. Entre os constitucionalistas cuja opinião em favor de minha posição invoquei, estavam Gastone Baschieri, Luigi Bianchi D'Espinosa e Carlo Gianastaso, em *La Costituzione Italiana — Commento Analitico*, Florença, 1949. Citei deles esta passagem, em vernáculo, do comentário ao art. 68, ajustável ao caso Márcio Moreira Alves:

> *"A exclusão da responsabilidade deve entender-se estendida quer à responsabilidade penal, quer à civil, quer à disciplinar; de modo que o Deputado, ou o Senador, que, num discurso parlamentar, pratique um fato que noutra circunstância constituiria crime (pense-se, por exemplo, nas hipóteses mais freqüentes de ultraje ou injúria) não pode*

ser submetido a processo criminal, visto que, por esse fato, não é imputável. " (Grifo do original)

Insisti no ponto fundamental da questão: a irresponsabilidade assegurada pelo *caput* do art. 34:

> "O conceito atual de *irresponsabilidade* legal do parlamentar, no exercício do mandato, por seus discursos e votos, não se afasta, pois, dessa linha. Envolve a idéia de *plenitude* (é absoluta) e *perpetuidade* (prevalece ainda depois de findo o mandato). Aqui não cabe falar em *impunidade* (esta está, antes, vinculada à circunstância da recusa, ou demora, da Câmara em decidir, sobre licença solicitada para processo criminal, nos casos em que este tem cabimento e que são os dos parágrafos do art. 34 e os do art. 151 da Constituição de 1967). Aqui, porém, o que acontece é uma coisa tecnicamente diversa — é a *inimputabilidade*, pela não incidência de norma objetiva de direito penal."

Era enfim precisamente esse o meu ponto de apoio básico na questão levantada pela Procuradoria-Geral da República. "Em conseqüência da enunciação de votos, palavras e opiniões, *desde que no exercício do mandato*, o parlamentar não fica sujeito a licença da Câmara, ou do Senado, para ser processado, porque, no exercício do mandato, ao opinar, falar, votar, ele estará sempre acima de todas as categorias penais. Não comete crime nunca — enquanto se trate apenas de opiniões, palavras e votos emitidos no desempenho da função. Se esse mesmo voto ou essas opiniões e palavras forem reproduzidos fora do exercício do mandato, digamos: na imprensa, no rádio ou na televisão a título de propaganda ou como reiteração de posições adotadas pelo parlamentar, já aí poderá ele responder judicialmente por qualquer delito ou abuso de direito acaso compreendido no seu pronunciamento feito antes perante sua Câmara. Nesta segunda hipótese não há mais irresponsabilidade, porque não ocorreu vinculação direta e necessária entre a repetição dos termos do voto ou do discurso e o exercício do mandato ".

A opinião dominante na Comissão de Constituição e Justiça, de que era eu membro efetivo, não admitia a pretendida licença para o processo do deputado Moreira Alves. Tinha-se como certo que ela votaria contra a licença, que, entretanto, pelo voto político do Plenário, talvez fosse concedida.

Encontro com o Presidente

Em fins de novembro eu e os deputados Djalma Marinho e Francelino Pereira fomos chamados ao Rio pela Casa Militar do Presidente Costa e Silva, para um encontro com este no Palácio das Laranjeiras. Embora não me tivessem dado a passagem, como parecia ser o caso, compareci. Antes marquei um encontro no restaurante do aeroporto Santos-Dumont com o meu amigo e então Ministro do Superior Tribunal Militar João Mendes da Costa Filho, pois cheguei a pensar que aquele chamado ao Rio tivesse relação com a posição que eu já havia assumido na Câmara acerca da questão Márcio Moreira Alves. O Ministro João Mendes ficou sabendo que, se para tratar disso fosse a audiência dali a pouco com o Presidente da República, eu não cederia em nada, e concordou plenamente comigo.

Dali saímos juntos, ficando João Mendes no Superior Tribunal Militar e indo eu para o Palácio das Laranjeiras, onde me reuni a Djalma e Francelino. O Ministro Magalhães Pinto, enquanto o Presidente era esperado, deu-nos uma impressão pessoal de como se achava naquele momento a temperatura da crise política. Afinal começou a audiência.

O Presidente Costa e Silva mostrava preocupação principalmente com os que preconizavam dureza na solução da crise, pois com isto, a seu ver, faziam o jogo de Carlos Lacerda e outros oposicionistas. E a certa altura, segurando os braços da poltrona onde estava sentado, disse que dali não sairia *como um ditador*. Queixou-se das críticas à situação, e qual não foi a minha surpresa quando declarou que "opiniões, como a do deputado Rubem Nogueira contra o pedido de licença, os militares têm de respeitar, por ter sido uma opinião jurídica fundamentada". Diante de tão inesperada afirmativa do Presidente Costa e Silva a meu respeito, saí do Palácio das Laranjeiras ainda mais sem atinar com o motivo pelo qual nos teria S. Exa. convocado.

Logo após esse encontro recebi convite para a viagem a New Orleans, que aceitei por não ver inconveniente em ausentar-me de Brasília naquela ocasião, eis que já me comprometera publicamente com a rejeição do pedido de licença para processar o deputado Márcio Moreira Alves. E embarcamos a dois ou três de dezembro. Na minha ausência, a liderança arenista removeu da Comissão de Constituição e Justiça os nove ou dez membros dela, sabidamente favoráveis à preservação das imunidades parlamentares, e designou para substituí-los até deputados não formados em Direito. O resultado disso foi desastroso: a Comissão de Justiça, passando por cima do Direito, concedeu a licença para o processo, em reunião do dia onze. A seguir, porém, veio a reação do Plenário, rejeitando o pedido de licença, fato que provocou a edição imediata do AI-5. Esse desenlace foi o inverso do esperado.

Quando tivemos notícia do agravamento da crise política, regressamos a Brasília, chegando ao Galeão ao amanhecer de 13 de dezembro, data da publicação do Ato Institucional n.º 5, que entre outras medidas, autorizava o Presidente da República a decretar o recesso do Congresso Nacional, das Assembléias Legislativas e das Câmaras de Vereadores, mediante Ato Complementar, no mesmo dia também publicado.

Seguiram-se dez meses de regime plenamente ditatorial. Com a doença que deixou inválido o Presidente Costa e Silva, os três ministros militares erigidos em Junta Militar, assumiram a regência do governo. Reassumi a docência de Introdução ao Estudo do Direito na Faculdade Católica de Direito, embora isto importasse num ônus que os honorários dela recebidos não compensavam, pois tive de fazer por minha conta as despesas das passagens de avião. Sabe-se que durante o recesso parlamentar compulsório a Câmara creditava na conta bancária dos congressistas apenas a parte fixa dos subsídios (na época, um mil cruzeiros brutos).

Reabertura do Congresso

A 14 de outubro de 1969 os Ministros Militares editaram o Ato Institucional n.º 16, pelo qual foi declarada a vacância do cargo de Presidente da República, em face da inabilitação do seu titular para exercê-la, por causa da enfermidade que o acometera, e designando o dia 25 daquele mês para a eleição do Presidente e do Vice-Presidente da República pelos membros do Congresso Nacional, em sessão pública e votação nominal. Eram candidatos o general Emílio Garrastazu Medici, ex-Chefe do SNI, e o Almirante Augusto Rademaker, um dos três ministros militares componentes da chefia do Poder Executivo.

A eleição indireta se efetivou tal como programada.

No dia 30 de outubro de 1969 entrou em vigor a Emenda Constitucional n.º 1, alterando a Constituição de 15 de março de 1967 de tal maneira que o Supremo Tribunal Federal chegou, mais tarde, a dizer que ela estava revogada. O evidente exagero de tal opinião do órgão de cúpula do Poder Judiciário foi objeto de apreciação minha, em trabalho publicado numa das revistas jurídicas do sul do País.

Trabalho técnico

De março de 1967 a dezembro de 1970 fui um dos mais assíduos membros efetivos da comissão de Constituição e Justiça, onde relatei bom número de proposições.

Alguns de seus componentes vinham precedidos de certa notoriedade, como, por exemplo, o ex-ministro da Justiça do governo Jânio Quadros, o paulista Oscar Pedroso Horta. Não poucos temas chegaram a produzir lá debates de bom nível, entre os quais o do pedido de licença para processar o deputado Márcio Moreira Alves.

A Comissão desde a primeira hora tinha-se inclinado a rejeitar o pedido pela sua inconstitucionalidade, uma vez que se acusava um parlamentar por opinião emitida na tribuna da Câmara, circunstância que o colocava sob a proteção do art. 34 da Constituição, concebido nos seguintes termos: "Art. 34 — Os Deputados e senadores são invioláveis no exercício do mandato por suas opiniões, palavras e votos".

Isso posto, a meu ver nenhuma regra de direito penal poderia incidir sobre o dito parlamentar.

Também tivemos animada controvérsia quando o deputado Osmar Cunha, do Paraná, ofereceu projeto de lei regulador de certos comportamentos das empresas públicas e sociedades de economia mista, cuja atividade vinha até ali se desenvolvendo sem nenhum freio. Chegavam elas ao absurdo de distribuir, entre os seus diretores, lucros alcançados anualmente, não obstante constituídas todas de recursos públicos.

O projeto em causa impedia que continuasse a acontecer tamanho desprezo pelos interesses gerais do Estado.

Escolhido como seu relator, o deputado Pedroso Horta emitiu extenso parecer escrito, considerando a pretendida regulação daquelas pessoas jurídicas incompatível com o art. 163 da Constituição de 1967, que num de seus parágrafos estatuía o seguinte: "Na exploração, pelo Estado, da atividade econômica, as empresas públicas, as autarquias e sociedades de economia mista reger-se-ão pelas normas aplicáveis às empresas privadas, inclusive quanto ao direito do trabalho e das obrigações".

A suposta inconstitucionalidade do projeto eqüivalia a uma visão demasiado privatista da matéria regulada. Após a leitura do parecer pelo relator, pedi vista do processo. O estudo que fiz da matéria, como voto divergente, está, com ligeiras adaptações, publicado na *Revista de Direito Administrativo* (vol. 99, p. 33 e segs.), que pouco depois vi citado por especialistas em livros e artigos de doutrina.

Parece, contudo, não ter havido mudança alguma na conduta desses entes que em 1967 ainda não eram muitos, mas atualmente cresceram de tal modo que nem o próprio governo lhes conhece bem o número.

Segundo notícia recente (escrevo esta nota a 16 de março de 1995), o presidente Fernando Henrique Cardoso anuncia que não admitirá fiquem as empresas estatais contra o governo no que respeita ao programa das privatizações. O governo queixa-se de que elas lhe sonegam informações, dividem entre os seus dirigentes lucros anuais e assumem compromissos financeiros no Exterior, que não honram, obrigando o Tesouro Nacional, como avalista, a pagá-los.

Como se vê, estamos em 1995 na mesma situação de 1967, a qual se poderia ter corrigido com o projeto afoitamente inquinado de inconstitucional. A lei tem papel insuprível na vida dessas entidades que só ela pode criar.

Uma entidade jurídica cuja existência depende de uma lei especial que a crie, em nome de que princípio jurídico passaria daí em diante a ficar isenta de controle de legalidade?

Outro voto divergente que tive o ensejo de dar foi em projeto de autoria da deputada Julia Steinbruck, anterior à Emenda n.º 1, de outubro de 1969, que tornava obrigatória a educação sexual em todas as escolas de nível primário e secundário do território nacional. Vi no projeto o defeito insanável de inconstitucionalidade, por criar aumento da despesa pública, matéria da competência exclusiva do Presidente da República.

Entendi também que o projeto entrava em choque com a Lei de Diretrizes e Bases da Educação e atropelava a competência do Conselho Federal de Educação, a quem cabia estabelecer quais e quantas seriam as disciplinas do currículo dos ciclos do ensino médio, o que também acarretava ofensa à Constituição. E encerrava assim minhas breves considerações acerca do mérito da proposição: "Negamos aliás que o ensino da sexologia seja mais importante que o da religião. O oposto disto é que talvez esteja na consciência de todos. Entretanto a Constituição Federal, ao incluir o ensino religioso entre as disciplinas dos horários normais das escolas oficiais de grau primário e médio, teve o cuidado louvável de tornar *facultativa* a matrícula neles.

Indo um pouco adiante em matéria não vedada, a Lei de Diretrizes e Bases diz que esse ensino voluntário será ministrado "sem ônus para os cofres públicos" e "de acordo com a confissão religiosa do aluno, manifestada por ele, se for capaz, ou pelo seu representante legal ou responsável".

O projeto faz tábua rasa de todas essas cautelas e delicadezas. Simplesmente decreta a compulsoriedade da educação sexual em todas as escolas de nível primário e secundário do território nacional.

Se o Estado não se sente autorizado a forçar o ensino da religião, da qual tanto depende a formação da personalidade humana, em que se fundaria a legitimidade de seu poder de impor o ensino das coisas do sexo?

A educação sexual, sem embargo de sua utilidade, não faz parte daquela educação nacional, cujas diretrizes e bases competem à União firmar. "A educação nacional, de que se trata, é no sentido largo de educação intelectual (científica, literária, moral, artística), física e de costumes, inclusive esportiva, profissional, política, etc.", escreve Pontes de Miranda (*Comentários à Constituição de 1967*, Tomo II, p. 159, Ed. Revista dos Tribunais, São Paulo, 1967).

Fora daí é com a família a responsabilidade da formação do homem, não com o Estado. Na ordem dos elementos responsáveis pela educação, que é direito de todos, a Constituição coloca, primeiramente, o lar, depois a escola (Art. 168). Deixemos então que a família se incumba também de ministrar, quando lhe pareça oportuno e conveniente, os ensinamentos que tanto preocupam a ilustre autora do Projeto.

Gênios, santos e heróis já surgiram no mundo antes que o Estado tomasse a iniciativa de suprir, em certos assuntos, a palavra de pais e mães. Não vemos por que somente agora se venha reputar indispensável, essencial ao progresso humano a escolaridade compulsória de conhecimentos relativos ao sexo. Sob este aspecto o Projeto, a meu despretensioso juízo, não consulta sequer os interesses fundamentais da Nação Brasileira".

Lei de inelegibilidades

No curso do ano final da legislatura, sem embargo do notório desprestígio da tribuna parlamentar na vigência do AI-5, fiz alguns discursos sobre assuntos de interesse geral, como, por exemplo, *o problema das inelegibilidades decorrentes de parentesco*, substancialmente alterado com o advento da Emenda n.º 1/69 à Constituição de 1967. Desta haviam desaparecido três artigos (146, 147 e 148), surgindo em seu lugar o art. 151 que dava tratamento novo e mais severo a toda a matéria ligada à proibição de pleitear cargos e funções eletivos.

Mostrei que o perfil das *regras fundamentais* das inelegibilidades tinha sido delineado com maior precisão do que antes. O art. 151 mandava a lei complementar estabelecer os casos de inelegibilidade e os prazos em que esta devia cessar, mas com a obrigação de que determinadas regras exaustivamente enumeradas no parágrafo único, *e desde já em vigor*, fossem observadas na futura lei.

Nesse elenco de normas *desde já em vigor* é que o constituinte da reforma constitucional havia alterado profundamente a disciplina até ali vigente no campo das inelegibilidades.

Assunto um tanto complicado e monótono, contudo de muita importância prática, que estudei detidamente em discurso escrito, publicado no Diário do Congresso Nacional (Secção I) de 4 de abril de 1970.

Nesse campo de inelegibilidades decorrentes de parentesco acontecem casos de difícil solução. Faz pouco tempo (escrevo em 1995) o Supremo Tribunal Federal, em Sessão Plenária, julgou um deles, em recurso extraordinário, cujo acórdão se estende por nada menos de oito páginas da *Revista Trimestral de Jurisprudência.* Tratava-se de saber se *a irmã da concubina do Prefeito* tinha impedimento para se eleger, à vista do parágrafo 7.º do art. 14 da Constituição de 1988, segundo o qual:

> São inelegíveis, no território de jurisdição do titular, o cônjuge e os parentes consangüíneos ou afins, até o segundo grau ou por adoção, do Presidente da República, de Governador de Estado e do Distrito Federal, de Prefeito ou de quem os haja substituído dentro dos seis meses anteriores ao pleito, salvo se já titular de mandato eletivo e candidato à reeleição.

O caso, originário de Pernambuco, tinha sido julgado pelo TRE e TSE. Para ambos, *a irmã da concubina do prefeito guarda parentesco afim no segundo grau com este último e, por isso, é inelegível no território da jurisdição do titular da Prefeitura,* nos termos do Parágrafo 7.º do art. 14 da Constituição Federal.

Por maioria de votos, o STF reformou esse acórdão de 1992 do TSE e, mantendo anterior decisão, deu pela *elegibilidade* da irmã da concubina do Prefeito. Ficou entendido não ser parenta afim do Prefeito a irmã de sua concubina. (Cf. RTJ, 148/634).

O art. 151, Parágrafo 1.º, alínea *d* da Constituição de 1967 c/a Emenda n.º 1 de 1969, por mim apreciado na Câmara em 1970, continha norma proibitiva idêntica à do Parágrafo 7.º do art. 14 da CF de 1988.

Ao concluir, recebi aparte do deputado Tabosa de Almeida (PE), cujas observações revelaram a atenção dada ao meu discurso. Outro colega, da Bahia, me aparteou longamente. Pela minha resposta, que a seguir transcrevo, percebe-se sem esforço o mérito de sua intervenção:

> *"Lamento sinceramente não poder voltar ao assunto"* — disse-lhe. *"O aparte de V. Exa., que muito me desvaneceu, ficará incorporado ao meu discurso. Os leitores de um e outro verão pelo menos a impossibilidade de extrair de tudo o que disse qualquer verossimilhança com o conteúdo de seu aparte. Nada há, no meu discurso, que possa levar alguém a confundir irreelegibilidade com inelegibilidade. São coisas inteiramente distintas".*

Minhas condições políticas da época me habilitavam a pleitear a renovação do mandato, com as maiores probabilidades de êxito. Para com as regiões da Bahia que ao longo de vinte e cinco anos de vida pública e quase vinte de atividade parlamentar me haviam dado significativo apoio eleitoral, acho que fui sempre solidário. Lutei muito pelos seus interesses legítimos, do que poderia oferecer provas mais numerosas do que as que menciono nessas páginas. Mas a atmosfera política dominante a partir do Ato Institucional n.º 5, tanto no Congresso Nacional como fora dele, me tiraram o antigo desejo de continuar a atividade parlamentar.

Contudo, compareci à convenção de julho de 1970 da ARENA baiana, de crachá na lapela, e lá estive até o fim, cumprimentado por todos como "deputado reeleito". Mas não compareci, no dia seguinte, para cumprimento de formalidade legal indispensável: a da inscrição como candidato à renovação do mandato federal. O jornal "A Tarde" registrou o episódio no seu noticiário político, assinalando haver causado a maior surpresa o fato de não me haver eu inscrito.

Antes assim. Na política brasileira toda a gente acha que pode entrar. Pede-se currículo até para admitir um porteiro de edifício, mas nada se exige, senão o título eleitoral, ao pretendente a um cargo eletivo, seja qual for. Entrar na carreira política é dado a todos. Mas o que mais importa não é mesmo ingressar, e, sim, sair bem dela.

Foi o que eu penso ter feito. E retomei a direção do meu escritório de advocacia, porque as atividades do magistério superior só no biênio 1967-1968 haviam ficado interrompidas, reassumindo também as funções do meu cargo de Procurador do Município.

Não guardava a ilusão de encontrar os clientes todos de anos anteriores, que aliás aqui na Bahia não chegaram a ser muitos, pois mal reencetei em 1945 a vida profissional após alguns profundos golpes emocionais sofridos, me deixei envolver pela política e logo me elegi deputado. Clientela de advogado-político não cresce, além de ser economicamente pouco ou nada produtiva, e o que não cresce míngua, como tantas outras coisas da vida humana. Pouco mais tarde — três ou quatro anos se muito — a Rua Rui Barbosa, onde tinha meu confortável escritório, entrou em ritmo acelerado de degradação. Por isso vendi-o e passei a atender a meus constituintes no amplo gabinete de minha casa da Rua Plínio Moscozo.

XVIII

Conto sem ponto

Sumário: Estranho mandato — Otávio Mangabeira — Juraci Magalhães — Antônio Balbino — Lomanto Júnior — Regis Pacheco

Estranho mandato

Ao longo de minha experiência político-parlamentar (1945-1971), em que ingressei, como tantos outros, após a ditadura do Estado Novo, tive a oportunidade de tratar direta e pessoalmente com quatro chefes do Poder Executivo federal: Tancredo Neves, no breve período do *parlamentarismo brasileiro* (alcunha que lhe cravou adequadamente o professor Miguel Reale, o primeiro cientista político a analisá-lo numa série de estudos componentes de livro hoje raro); Humberto de Alencar Castelo Branco, Costa e Silva, Emílio Garrastazu Medici, dos quais já falei noutras partes deste livro; e seis governadores do Estado da Bahia: Otávio Mangabeira, Regis Pacheco, Antônio Balbino, Luís Viana Filho, Lomanto Júnior e Juraci Magalhães. Destes o mais excêntrico foi Luís Viana Filho, talvez pela condição pessoal de único eleito indiretamente sob a influência invencível do Palácio do Planalto, e ainda pela singular exigência inicial feita, de corpo presente, a toda a Bancada da ARENA para isso convocada, como indicarei adiante.

Começo assim por ele, a resenha sumária de alguns fatos políticos quem sabe pitorescos ou ao menos expressivos de peculiaridades de uma época.

Logo no primeiro mês do seu quatriênio, convocou para um encontro no palácio de despachos de Ondina todos os membros da bancada federal baiana, eleitos pela Aliança Renovadora Nacional (ARENA) — legenda composta de remanescentes da UDN, PR, PSD e PRP, partidos extintos pelo AI-2, de 27.10.65. E nessa reunião surpreendeu-nos, com a maior simplicidade, como se estivesse pondo em causa matéria política elementar, enunciando a proposição de caber, dali por diante, só a ele, governador, a tarefa de falar em nome da Bahia aos órgãos do governo da República. Principalmente, deixou bem claro, quando estivesse em causa a indicação de nomes para o preenchimento de cargos federais de confiança no Estado. Os parlamentares — sublinhou com a sua habitual afabilidade — poderiam cuidar de assuntos outros, como, por exemplo, a obtenção de recursos para obras do interesse de suas regiões. Citou até o caso do meu empenho em garantir a efetivação do abastecimento de água potável para a Serrinha. Tudo mais seria, pessoalmente, tratado por ele.

A mim pareceu irreal o que escutava ante o silêncio da bancada, que aliás já estaria antecipadamente avisada daquilo. Ao chegar, encontrei quase todo assinado pelos presentes o instrumento onde se consignava a singular deliberação oficial. A meu ver Luís Viana Filho simplesmente estava levando a bancada a abrir mão de um papel que em todos os tempos lhe coubera no regime presidencialista. Sempre tive para mim que senador ou deputado, onde quer que esteja no exercício do mandato, representa a unidade federada que o elegeu, tanto quanto o governador. Se fica sem legitimidade ativa para pleitear o provimento de cargos federais no seu Estado — por ser isso suposta prerrogativa do Chefe do Executivo estadual —, não creio que tenha essa mesma legitimidade para defender quaisquer outras reivindicações estaduais relativas ao território de sua representação. Mas, nesse caso, mais simples seria tornar menos numerosa e cara a bancada baiana, reduzindo-a à metade, segundo aliás foi pensamento de Rui Barbosa, em relação às duas Casas do Congresso Nacional.

Infelizmente o poder de fato no Brasil, o poder sem-cerimoniosamente invasor e raramente ou nunca conformado com os limites constitucionais de suas atribuições, tem historicamente sido o Executivo. Como se ainda estivéssemos na Monarquia, o marechal-presidente da República, Deodoro da Fonseca, um belo dia *dissolveu* o Congresso Nacional. Pouco adiante o seu sucessor expediu um agressivo ofício ao Supremo Tribunal *censurando-o* por lhe ter desconstituído um ato político violento e arbitrário mediante acórdão a seu ver "*não fundamentado apesar de envolver graves questões de ordem pública*" (textual).

Se Floriano tivesse dito isso nos autos do processo, por intermédio do Procurador-Geral da República, esse episódio não me serviria aqui de mau exemplo, pois as partes não se injuriam pelo que em juízo dizem na defesa de sua causa. Mas o Presidente da República agrediu, *sem direito e sem razão,* o mais alto órgão do Poder Judiciário, num mero ofício administrativo, consumando um desrespeito colossal. Nos dias atuais o Presidente Fernando Henrique Cardoso, usando de público a TV, manda recado ao Congresso Nacional para que *vote já* a Emenda Constitucional de sua reeleição.

Jânio Quadros, como toda gente sabe, proibiu o uso de biquínis, de lança-perfume, de brigas de galo, por meio de decretos, passando por cima, flagrantemente, do Congresso — que só ele tinha o poder de disciplinar tais assuntos e através de *lei*, por força de um dos mais antigos *princípios* constitucionais limitadores da atividade das pessoas em geral, o da *legalidade*.

E, para terminar, vemos hoje o escândalo inqualificável das *medidas provisórias*, previstas constitucionalmente para os casos (por sua natureza mesma raríssimos) de *relevância e urgência*. O Presidente da República, como se inexistisse o Poder Legislativo, como se ele próprio já não fosse, normalmente, o mais poderoso legislador que a República já teve em toda a sua história, e como se o Brasil fosse um oceano de fatos relevantes e urgentes e não pudesse esperar a elaboração das leis, mesmo feitas em processo de urgência — edita mais medidas provisórias que decretos administrativos e delas cuida somente de matérias que não são nem urgentes nem relevantes.

❧

Mas voltemos às minhas ligações políticas com o governador Luís Viana Filho. É certo que, no início da legislatura, falando em seu nome, o deputado Luís Viana Neto pediu-me a indicação de alguns nomes para oportuno aproveitamento em cargos da administração estadual. Em prazo razoável atendi, indicando três jovens recém-formados em Administração e em Economia, possuidores de boas qualificações. Poucos meses adiante, um deles — Paulo Dantas Gaudenzi — veio a ser nomeado para uma função em área econômica do governo. E ficamos aí, não obstante a cordialidade sempre mantida entre mim e o governador Luís Viana Filho. Pleiteei, com ênfase e comprovando a necessidade alegada, uma reforma no edifício onde desde março de 1952 funciona em Serrinha o Ginásio do Estado. O uso regular do imóvel, como era natural, vinha produzindo deteriorações merecedoras de restauração, mesmo porque o prédio de muita beleza arquitetônica, construído caprichosamente em 1936 pelo eng.º Orlando Gonçalves Teixeira a fim de nele funcionar uma Estação (pioneira na Bahia) Experimental de Sericicultura, pedia também e urgentemente um anexo que atendesse ao crescimento da população discente. Tratei pessoalmente com o governador, retomei a justa reivindicação também na Secretaria de Educação, onde aliás senti, pelo assunto, não obstante o trato delicado do titular da pasta, uma gélida incompreensão da necessidade de acudir ao primeiro ginásio público fundado no interior da Bahia. O espírito burocrático parecia ser mesmo uma das nossas mazelas. Nada obtive.

Otávio Mangabeira

Pena que a Constituição de 1946 (como se dava com as duas primeiras da República) proibisse a um governante em exercício candidatar-se a novo mandato, porque para a renovação política da Bahia teria sido ótimo um segundo período do governo Otávio Mangabeira. Nunca as coisas em geral, em nosso Estado, se passaram tão frutuosamente como no quatriênio de 1947 a 1951. Foi um breve período de luxo de nossa existência político-democrática.

Parlamentar desde os vinte e um anos de idade, e por toda a vida, o Dr. Otávio Mangabeira chegou ao exercício do governo depois de longos anos de Câmara (Municipal e Federal), de Ministério e de dois demorados exílios, com uma experiência riquíssima, portanto, das vicissitudes da vida pública, de seus desenganos, de suas dificuldades, e também da ocasião de fazer o bem. Sua integridade moral servia de exemplo, criando em volta uma atmosfera de vivo respeito pelo social e pela coisa pública. Nos seus quatro anos de governo, ninguém teve a oportunidade de ir a palácio procurar apoio para o que não fosse lícito, correto. A Bahia civilizou-se politicamente como nunca dantes, nem depois.

Mangabeira contudo deve ter vivido horas difíceis quando estava prestes a consumar-se o prazo legal de desincompatibilização para pleitear um lugar no Senado, como talvez quisessem alguns dos seus mais próximos amigos e correligionários. Foi a impressão que me deixou, nessa fase, certa manhã em que me recebeu no Aclamação. Como já contei noutro lugar, fui compulsivamente levado a retirar do meu projeto de lei criador dos primeiros ginásios públicos no interior da Bahia o dispositivo segundo o qual o de Serrinha deveria funcionar no edifício da antiga Estação Experimental de Sericicultura, sob pena de o secretário Nestor Duarte obter o veto parcial do projeto aprovado. Política — tinha eu aprendido com Rui Barbosa — é a arte do tudo gradualmente, e não do tudo ou nada. Atendi por isso ao meu amigo Nestor Duarte e no momento próprio fiz constar do Orçamento para o ano de 1950 dotação destinada à construção da sede do ginásio de minha terra. No começo do exercício de 1950 o Dr. Otávio mandou pagar uma parcela da verba, com a qual se iniciaram as obras. Em fins de maio ou começo de junho, voltei à sua presença para lhe pedir a liberação de outra parcela. O Aclamação estava em silêncio. O assistente de gabinete me disse: o governador acha-se reunido com políticos, para resolver delicadíssimo assunto, e vai haver demora. Mas eu lhe pedi o obséquio de informar o Dr. Otávio de que eu ficaria ali à espera. Menos de dez minutos eram passados e eis que o governador me deu a confortadora honra de vir me atender. Contou-me em resumo o objeto da reunião ainda em curso: experientes amigos políticos queriam que ele se desincompatibilizasse, para disputar uma vaga no Senado. Não me disse se estava em dúvida ou não de atendê-los. E, de repente, para mim. "Que acha você?" — Respondi: "Dr. Otávio, sinceramente eu acho que o Brasil precisa de sua liderança, que o Congresso Nacional espera por um líder com a sua experiência e o seu valor". E era disso mesmo que naquela circunstância estava eu convicto. O Dr. Otávio entretanto não adiantou mais nada acerca de tal assunto, e perguntou-me o que eu desejava. Falei-lhe da necessidade de não interromper as obras do prédio para o ginásio de Serrinha, o que certamente aconteceria se não fosse imediatamente liberada outra parcela da dotação orçamentária. O dinheiro saiu sem tardança; o Dr. Otávio Mangabeira só deixou o governo no termo final do quatriênio, e presidiu às eleições mais limpas que naqueles tempos eu vi na Bahia. Juraci Magalhães lutou como um leão, no fim estava afônico, e perdeu para um candidato de última hora, escolhido após o trágico desaparecimento do engenheiro Lauro Farani Pedreira de Freitas, em plena campanha, a menos de um mês do pleito. Mas não se queixou da neutralidade, realmente impecável, guardada pelo governador Otávio Mangabeira.

❧

Ainda uns rápidos registros dos tempos bons do governo Mangabeira. O Dr. Otávio não foi de viajar pelo interior do Estado, talvez por economia de saúde, pois a sua parece que já não era de muita confiança, haja vista o enfarto sofrido a meio do caminho. Mas na Cidade do Salvador ele trabalhava bastante, sem esquecer as demoradas audiências que às quintas-feiras dava à população humilde, ouvindo pacientemente as centenas de pessoas desamparadas que diante dele desfilavam lentamente no seu gabinete do Palácio Rio Branco. Aos parlamentares fazia-os entrar imediatamente ao amplo gabinete onde despachava, sem que tivessem de aguardar vez em sala anexa. E à noite, depois da ceia, recebia também no Aclamação, principalmente aqueles a quem o ligavam relações de amizade anteriores ao seu governo. Mas aí era somente para conversar amenidades, gênero em que dificilmente encontraria quem o superasse no comentário bem humorado ou na ironia oportuna. De pé ou sentado, ficava sempre cercado dos visitantes ansiosos de ouvi-lo prosear. Sua conversa fascinava. Certa noite, a pedido de José Mariani, reproduziu, em síntese, um dos mais apreciados contos de Machado de Assis, a todos transmitindo, como se estivesse a lê-la, a história de um infeliz rapaz que namorava por correspondência. Disse-me uma vez que estava lendo o meu livro sobre Rui Barbosa, pouco antes premiado num concurso. Tendo melhorado as condições gerais do Hospital Santa Terezinha, convidou um grupo de parlamentares para conhecê-lo de perto. Estive lá no dia marcado. O próprio governador saiu conosco a mostrar-nos as novas instalações já em funcionamento, e eis senão quando, num corredor, vem na direção do grupo uma servidora com uma bandeja repleta de copos com leite, destinados aos visitantes. Otávio Mangabeira foi o primeiro a servir-se, sorvendo todo o leite do copo, com um comentário mais ou menos assim: "Em hospital público para tuberculosos, devemos dar prova de confiança nos serviços". Eu fui dos poucos — ou talvez o único — a não me servir, só porque não gosto de leite puro, mas achei a cena memorável. Mangabeira tinha tempo também para os jornais. Alguns dias antes do meu casamento, ao fim de uma tarde, fui ao Aclamação — aonde ele pouco antes tinha chegado do Rio Branco — para entregar-lhe um convite e reiterar o contentamento que teria com a sua presença ao ato religioso. Recordo tal fato apenas para ressaltar o seguinte: Otávio Mangabeira estava tranqüilamente sentado numa poltrona de vime, à beira do jardim do fundo do palácio, sozinho, lendo jornais. Aí mesmo atendeu-me, depois veio comigo para o saguão, conversamos algumas generalidades, agradeceu-me o convite, e no dia e hora designados, lá estava, para satisfação dos noivos, a esperá-los na Igreja da Vitória.

❧

Algum tempo após deixar o governo, assistia ele a missa na Igreja da Piedade, com sua mulher, D. Ester, ambos de pé. O templo estava lotado e as cadeiras avulsas, todas ocupadas. De parte, Gilka notou a cena e cedeu a D. Ester a cadeira em que estava acomodada. Findo o ofício e enquanto a multidão de fiéis deixava a nave, o Dr. Otávio veio ao nosso encontro para agradecer a minha mulher a delicadeza que tivera para com D. Ester.

O pior é que não pude comparecer, mais adiante, ao seu funeral, por achar-me acamado. A última vez em que vi o Dr. Otávio Mangabeira foi no sepultamento de José Antônio do Prado Valadares, meu velho e muito caro amigo desde os tempos do Colégio Antônio Vieira, quando muitas vezes estudávamos em sua casa da Rua dos Democratas.

Juraci Magalhães

Com Juraci Magalhães não cheguei a encaminhar nenhum assunto político-administrativo. Mas ao assumir, em fevereiro de 1961, o mandato de deputado federal em Brasília, cumprimentei-o telegraficamente, manifestando-lhe o desejo de colaborar, na esfera parlamentar, com o seu governo em tudo quando respeitasse ao interesse da Bahia. Ele me agradeceu. Dias depois, fiz-lhe uma visita de cortesia no Palácio Rio Branco, em horário de audiências. Ao receber-me, levantou-se e acompanhou-me até um conjunto de sofá e poltronas no fundo do salão, onde por alguns instantes conversamos sobre generalidades, como é comum em tais ocasiões.

A impressão que Juraci me deixou foi a de simpatia pessoal. Fala mansa, pausada, em boa linguagem, não terá, pois, sido por acaso (pensava eu, enquanto brevemente discreteamos) que em pouco tempo, nos anos iniciais de sua vida política, chegou a reunir à sua volta homens de valor, como Clemente Mariani, Medeiros Neto e Aliomar Baleeiro, para mencionar apenas três personalidades de valor próprio. Juraci pôde enfim não só ter na Bahia sólido prestígio político mas também transferi-lo a filhos e netos, fato sabidamente raro na biografia dos homens públicos.

De perto, era a terceira vez que o encarava. A primeira datava de dezembro de 1947. Achava-se em campanha eleitoral, em Serrinha, falando ao povo. De parentes meus o Dr. Samuel Nogueira, meu tio, e vários primos, filiados à UDN, eram seus fiéis correligionários e lhe vinham dando votação cerrada desde a primeira eleição após a queda do Estado Novo. Juraci discursava, como dizia eu. Meses antes, na Constituinte, fizera ele ao senador Luís Carlos Prestes uma interpelação que ficou famosa: "Numa guerra do Brasil com a União Soviética, de que lado ficaria V. Exa.?" E Prestes, como incondicional defensor de Stalin e da Rússia que foi até morrer, não vacilou: "Da União Soviética", respondeu. Mas logo veio a contrapartida da máquina difamatória do Partido Comunista. Juraci passou a ser tachado de "vendido ao capitalismo americano". Aproveitei então a oportunidade, e do meio da pequena multidão que o escutava, pedi um aparte que Juraci me concedeu (ele não me conhecia) e lhe falei mais ou menos assim: "Pela sua histórica interpelação a Prestes, na Constituinte, tem sido V. Exa. caluniosamente acusado do que nunca foi nem é. Não esqueça V. Exa. que os que hoje ainda procuram manchar a sua honra são aqueles mesmos que durante a Segunda Guerra Mundial tentaram desonrar os antigos integralistas, qualificando-os do que eles também nunca foram — nazistas e quinta-colunas".

Finda a reunião popular, Juraci foi levado pelo meu tio Samuel até ao sobrado residencial de meus pais, onde o reencontrei e cumprimentei-o, tendo ele feito então compreensiva referência ao meu aparte.

A segunda vez que vi Juraci Magalhães de perto foi no Clube Bahiano de Tênis, à noite, na segunda-feira do Carnaval de 1948. O primeiro time da política estadual estava presente, sentado em volta da pista, a começar do governador Otávio Mangabeira. Também eu me achava em posição igual, acompanhado de uma deslumbrante morena, fantasiada de cigana. Com ela tecia os fios de um romance nascente que para sorte minha nos levaria ao casamento em outubro daquele mesmo ano. Nas breves pausas de nosso inesquecível colóquio, prestávamos um pouco de atenção aos animados carnavalescos, muitos de paletó e gravata — entre os quais o deputado Juraci Magalhães — que na pista rolavam a sua alegria, compondo cordão a cantar uma linda marchinha em grande voga, a qual dizia assim: *Um dia, encontrei Rosa Maria/Na beira da praia a soluçar/ E eu perguntei: o que aconteceu?/ Rosa Maria me respondeu/ O nosso amor morreu / O nosso amor morreu*. Admirou-me o aparente contentamento do deputado folião no centro do grupo mais vibrante daquela noite a cantar a marchinha carnavalesca. Aquele pobre amor fenecido de Rosa Maria contrastava com o meu a deitar raízes no coração da que era o meu par na festa.

Finalmente, a terceira vez em que estive bem próximo de Juraci Magalhães foi novamente em Serrinha. Éramos em fevereiro de 1962, se não me engano. Inauguravam-se melhoramentos da administração municipal, inclusive um parque infantil com o nome do primogênito do então prefeito, prematuramente desaparecido poucos dias depois da vitória eleitoral de 1958.

Juraci presente, com o seu secretário da Fazenda Josaphat Marinho. À tarde programaram uma homenagem ao governador no Ginásio Estadual. Estudantes e povo superlotaram o auditório do estabelecimento. A certa altura levantou-se a prof.ª Astrogilda Paiva Guimarães e tirando da bolsa algumas folhas de papel, pediu a palavra ao diretor da Casa, que presidia aos trabalhos, com o homenageado à sua direita. Depois de algumas considerações gerais no seu estilo delicado e castiço, dirigiu-se ao governador, frisando que o fazia em nome de todos os professores e alunos do estabelecimento, e lhe pediu que desse ao ginásio de Serrinha, oficialmente, o meu nome. Não sei, ainda agora, passados tantos anos, como exprimir o misto de surpresa e emoção que naquele instante senti ao ouvir a voz meiga, delicada, suave, de minha antiga mestra da *Escola Ruy Barbosa.* Se tivesse partido de outra pessoa aquela súplica, eu acho que teria de alguma forma manifestado ali, imediatamente, o meu desagrado, pois aquele ginásio público foi um sonho da juventude que Deus me ajudou a realizar principalmente a benefício das famílias humildes de minha terra que não teriam jamais condições de mandar seus filhos receber instrução secundária fora dos limites do município serrinhense. Da mesma forma como fiz com a Escola Normal. Se a esta eu tivesse dado algum nome, seria o de minha mãe, a primeira serrinhense diplomada a lecionar em sua própria terra, e somente nela, durante vinte e sete anos. Mas comigo, não. Eu era então um homem público, cujo dever precípuo consistia em trabalhar pelo bem de sua gente, sem expectativa de homenagens. Quando muito poderia contar com uma retribuição em votos, para que pudesse prosseguir como titular de um mandato que me permitisse realizar pelo povo as idéias que tinha na cabeça. Mas como embargar a palavra generosa a uma antiga e querida mestra que naquela hora era só coração? Tive de ficar calado. Ao fim da festiva sessão, o governador, que pela autoridade de que estava investido poderia falar sentado, cavalheirescamente levantou-se e assim se dirigiu a todos os presentes: "Senhores professores e alunos do Ginásio Estadual Rubem Nogueira".

Na semana seguinte o Secretário da Educação, Wilson Lins, formalizava em ato administrativo a nova designação dada ao ginásio de Serrinha.

Antônio Balbino

Com Antônio Balbino minhas ligações pessoais vinham do tempo do seu primeiro mandato legislativo (1935-1937). Freqüentando eu a Constituinte baiana de 1935 depois convertida em Assembléia Legislativa, como repórter do "Diário de Notícias", muitas ocasiões tivemos de conversar. Certa feita deu-me a ler o seu discurso de orador oficial da turma de bacharéis da Faculdade de Direito do Rio de Janeiro (1932), onde discorria sobre *Sindicalismo,* tema então em voga, não ignorando ele que meu partido propunha uma organização nacional de base sindical. Já o conhecia aliás desde o tempo do meu internato no Colégio Antônio Vieira (1928), ano em que ele concluiu ali o curso ginasial.

O seu segundo mandato parlamentar coincidiu com o de minha estréia como deputado, em 1947. Um mês antes, Renato Mesquita e eu, estando ambos no Rio de Janeiro, fomos convidados a um jantar no apartamento dele em Copacabana. Pude nesse encontro sentir o propósito de Balbino de orientar a elaboração da futura Carta Política da Bahia. De sua mulher cheguei mesmo a ouvir esta imodesta revelação: "Antoninho vai fazer a Constituição da Bahia!" Não teria ali tamanha dimensão o seu papel, mas foi considerável e o maior de todos. Balbino levava sobre outros valores pessoais da recém-eleita Assembléia Legislativa a grande vantagem de sua anterior experiência de constituinte. Ainda hoje tenho para mim haver sido sua vocação política antes para a vida parlamentar, que para a do poder executivo. A meu ver saiu-se bem melhor como deputado que como governador. Apoiei-o contudo até a última fase de seu governo, aliás melancólica, sem dúvida pelo erro cometido de fixar-se irredutivelmente, para sua sucessão, num candidato sem nenhum passado político, e desconhecido da maioria, conquanto dotado de qualidades para governar o Estado. Não se contesta a necessidade de ser um chefe de governo pessoa intelectualmente preparada. Mas isto não dispensa algum conhecimento pessoal da política, que é uma grande mestra da vida pública. Sua derrota deve ter-lhe servido de lição contra a tendência malsã e antidemocrática do governante brasileiro em geral de comandar o processo de escolha de quem deva sucedê-lo, preterindo o próprio partido, a quem a tarefa da escolha de candidatos deve caber.

Numa sociedade politicamente madura, civilizada, essa preterição arbitrária não acontece, mas entre nós chegou-se à requintada anomalia de valorizar-se o governante que consegue, mesmo usando a influência do cargo, assegurar a vitória do seu candidato ostensivo. Balbino, não obstante possuir capacidade de liderança suficiente para assegurar-lhe uma longa sobrevida pública, parece ter começado a diminuir de tamanho político a partir da escolha, exageradamente pessoal, exclusiva, de seu sucessor. Por que ao menos não se inclinou por um dos correligionários que aparentemente mais afinavam com as suas maneiras de encarar fatos ou pessoas do mundo político? Parece haver certa feita autorizado algum desses a fazer sondagens, mas logo o preferido esfriava, por notar que "aquilo" não era para valer. Não poucas vezes, entre os mais próximos dele, ouvíamos a indagação: "Afinal, quem é mesmo o candidato de Balbino? Ladislau Cavalcanti? Waldir Pires?" De tanto tergiversar, supondo-se senhor imbatível das tendências políticas da hora, o que obteve foi fazer surgir naturalmente a candidatura Juraci Magalhães e o "racha" do próprio PSD com um segundo candidato: Tarcilo Vieira de Melo, para um embate que Balbino não poderia vencer com uma candidatura de última hora. Chegou depois a senador e outra vez a Ministro de Estado no medíocre período Jango Goulart, mas daí em diante perdeu altura política, e não mais influiu na vida pública do seu Estado, quando em verdade possuía qualidades suficientes para nele exercer uma longa liderança.

Lomanto Júnior

Com Lomanto Júnior, que conheci quando ele integrava a Câmara de Vereadores de Jequié, e depois foi meu colega na legislatura estadual de 1955-1959, tive um único e breve despacho ao fim do seu governo, no Palácio Rio Branco. Achava-me prestes a embarcar para Brasília, com o diploma do terceiro mandato federal. Como anteriormente narrei, desde 1961 vinha desenvolvendo esforços no sentido de resolver definitivamente o difícil problema do abastecimento de água potável de Serrinha. As coisas estavam seguindo rumo certo, já figurando como parte do patrimônio da Prefeitura serrinhense o grande poço de Beritingas, doado pela Petrobrás — fonte fundamental do abastecimento futuro de minha cidade. Faltavam poucos dias para Lomanto deixar o poder. Levei a Beritingas o seu secretário Julival Rebouças (meu colega e amigo de colégio e de turma da Faculdade de Direito), para ver a realidade do manancial subterrâneo de onde haveríamos de levar para a Serrinha a límpida, virtuosa e inesgotável água encontrada ali pela Petrobrás ao pesquisar petróleo. Julival tudo viu e mesmo sendo homem nascido e criado às margens afortunadas do Rio Jiquiriçá, participou também de minha emoção.

Julival aproximou-me do eng.º Israel Mendonça, que estava deixando o Departamento Estadual de Saneamento. Técnico de senso prático e conhecedor do *metier*, forneceu-me o Dr. Israel o mapeamento que me faltava para completar o processo destinado à realização concreta da obra que eu perseguia obstinadamente, até vê-la, como graças a Deus vi, inaugurada dali a vinte meses. O serviço importante que o Dr. Israel Mendonça durante quatro anos tinha eficazmente superintendido, veio no governo seguinte a ampliar-se e a ser, como esperado, o órgão executor do empreendimento benemérito.

Régis Pacheco

Do governador Régis Pacheco, em cujo período fui Procurador-Geral da Justiça, recebi apoio para a instalação do Ginásio Estadual de Serrinha.

Algumas providências administrativas dependiam de encaminhamento no Rio de Janeiro, aonde fui para isso em fevereiro de 1952, às minhas exclusivas expensas, a fim de vencer possíveis resistências burocráticas.[1] O exame de admissão efetuou-se no prazo regulamentar. Curioso é que, a poucas horas das provas, o prefeito de Serrinha (segundo testemunho a mim dado por pessoas idôneas), plantado na sua farmácia, difundia o boato de que não haveria exame de admissão algum; os candidatos inscritos podiam voltar para suas casas. E de fato alguns, residentes fora da cidade, dando crédito ao prefeito, perderam o exame.

Narro tal minúcia apenas para dar uma idéia de como funcionava o desgosto político do retrógrado situacionismo serrinhense pela

[1] O Diretor do Departamento Nacional de Ensino, com jurisdição no caso, queria que o prédio-sede do ginásio fosse provido de água corrente e de ligação com a rede urbana de esgotos sanitários. Expliquei-lhe que uma das melhores residências da Cidade, a de meus pais, não possuía água corrente, e na própria Cidade sede do ginásio não havia sistema de esgotos. O Diretor ficou admiradíssimo com essa informação, e a partir daí não fez mais nenhuma exigência.

inauguração do *ensino secundário* que transformaria, a breve prazo, a fisionomia sócio-cultural daquela cidade.

Contudo, esse mesmo caciquismo, quando sentiu a inevitabilidade da nova instituição, pleiteou a diretoria e os demais cargos públicos a ela vinculados. E foi então que atuou com firmeza o governador. Estávamos presentes, no Aclamação, ele, o deputado André Negreiros (líder da bancada situacionista na Assembléia Legislativa) e eu, na qualidade de responsável pela lei criadora do ginásio. O deputado André Negreiros, considerando-se dono de tudo, já havia indicado a mulher de seu cunhado, prefeito municipal, para diretora, e queria mais o resto. O Dr. Régis Pacheco, entretanto, pondo água na fervura, decidiu que a metade do corpo de servidores caberia a mim designar. Para secretário indiquei a pessoa mais culta de Serrinha, culta, além de plenamente à altura da função: Braulio de Lima Franco. "Não aceito. Esse moço escreveu contra mim", resmungou o deputado. Diante de tão insólita resistência, e depois de contar a Braulio a cena ridícula, achamos prudente, ele e eu, para não retardar o funcionamento do ginásio, fazer a substituição. A bem da memória de Braulio Franco esclareço que até ali ele ignorava o meu propósito de convocá-lo para dar ao ginásio de Serrinha sua esclarecida colaboração administrativa.

No dia 30 de março houve a inauguração, presente o governador em atendimento ao convite que lhe fizera eu. Não passei recibo das mesquinharias da politiquice local, e visitei o governador na casa do prefeito, meu adversário político. Ao chegar estava lá reunido todo o grupo principal em volta do Dr. Régis. Apertei a mão de um por um. Horas depois, o Dr. Regis Pacheco foi à casa de meus pais, onde me achava com minha mulher, para retribuir-me os cumprimentos.

Compareci à solenidade da inauguração, com minha família, cercado de amigos e companheiros. Compuseram a mesa, com o governador ao centro, como tinha de ser. E me deixaram onde estava, de pé, entre os meus acompanhantes e o público. Genuíno comportamento de política de campanário. Não que eu me considerasse ali com direito fosse ao que fosse. Mas naquela circunstância, era necessário a oligarquia serrinhense revestir-se da maior paixão para ignorar a minha presença. Além do mais, havia ainda o motivo de ser eu, então, Procurador-Geral da Justiça, autoridade de nível estadual que os dirigentes municipais deviam respeitar. O público notou a rata dos adversários locais. Coube ao próprio governador dar-lhes uma breve lição de educação política. Foi sua voz que ecoou no salão superlotado, chamando-me, pelo nome e pelo cargo, para compor a mesa, gesto recebido com palmas calorosas da assistência.

Para aquela solenidade — sem que eu o soubesse — Braulio Franco tinha escrito um discurso, que pretendia ler se franqueassem a palavra aos presentes. Não só não a franquearam como até tentaram atingir-me, tratando-me como a um estranho no ninho. Somente horas depois, pelo serviço de alto-falante da cidade, Braulio surpreendeu-me, lendo suas primorosas palavras que muito me comoveram. Como tem relevo literário a produção da pena privilegiada do meu inesquecível amigo e leal companheiro[2], transcrevo aqui alguns trechos de sua formosa oração:

Meus patrícios:

A nossa Serrinha, velha localidade duas vezes centenária, está vivendo, hoje, um dos maiores dias de toda a sua história.

As suas ruas, hoje, deviam estar engalanadas, com arcos de triunfo erguidos em cada esquina, com palmas e bandeirolas pendentes de cada poste e do fuste de cada árvore.

As portas e janelas de seus lares, dos mais ricos aos mais humildes, deviam estar abertas, de par em par, ostentando coloridos ornamentos florais, como sinal de íntimas alegrias familiares.

Os seus muros deviam estar caiados de novo; polidas as pedras das calçadas.

No ar, deviam estar percutindo sonoridades de sinos, em repiques festivos, e de charangas, batendo marchas triunfais.

E para o céu, em conjunto com as nossas preces de agradecimentos, a subir, ininterruptamente, a oblata sonora e tradicionalíssima dos rojões.

E nos lábios de cada serrinhense devia pairar um sorriso mais claro e jovial; e em cada coração, uma pulsação mais forte; e em cada olhar, uma centelha mais viva de esperança.

Tudo, serrinhenses, devia estar assim, como reflexo de um estado de alma coletivo, que devia ser, hoje, de plenitude sentimental, de transbordamento afetivo, assim como de quem acaba de receber uma graça.

E se tudo não está precisamente assim é porque nós, serrinhenses, aliás, como todos os brasileiros, vivemos curtidos por tantos desen-

---

[2] Braulio Franco, nascido em novembro de 1910, faleceu a 8 de junho de 1994.

ganos, amargurados por tantas desilusões, que já não temos capacidade emocional para as nobres e sadias demonstrações de contentamento popular, dessas que se derramam, pelas ruas, em sorrisos, em palmas e vivas, nem mesmo quando contemplados com uma dádiva, do tamanho e da significação da que hoje nos tocou, consubstanciada na inauguração do Ginásio Estadual do Nordeste, em nossa cidade.

Sim, meus patrícios, enorme, sem dúvida, é o nosso regozijo, como bem o demonstra o alvoroço popular com que marcamos este grande dia. Parece-me, contudo, insignificante e pálido, ante a magnitude do ato que ainda há pouco celebramos.

Nós testemunhamos, hoje, o acontecimento mais sério, mais importante, mais significativo da vida de nossa comunidade!

A solenidade de hoje, à tarde, teve um sentido muito mais empolgante e profundo do que, realmente, aparentou. Não foi um simples ato inaugural de instituição pública, com as mesmas características dos muitos que se realizam a todo instante: foi uma alvorada! Radiosa alvorada, plena de promessas e de fagueiras esperanças!

Foi como se estivéssemos presenciando à ascensão de um sol!

Os meus ouvintes, com certeza, já tiveram a ventura de experimentar a euforia, a sensação quase de êxtase que nos invade a alma, quando assistimos ao maravilhoso espetáculo do alvorecer.

A primeira luz que se irradia do sol nascente, quando ele se alevanta no horizonte, para bater as últimas sombras da noite e anunciar um novo dia, derramando sobre todas as coisas as bênçãos fecundantes do seu calor e claridade, tem sobre o nosso ser um efeito mágico transfigurador.

Ao seu influxo, renovam-se as nossas energias e nos sentimos envoltos como numa aura confortadora de vitalidade e de esperança. E somos tomados de um caricioso sentimento de libertação, de doçura, de bem-estar, de quase bem-aventurança, que nos reconcilia integralmente com a existência, despertando-nos, no íntimo, anseios novos e insofreáveis de luta, de ação, de vida.

Tal, senhores, é a impressão que nos causa o espetáculo das alvoradas. E tal, mutatis mutandis, *foi o que sentimos, quando, após a longa noite do passado, festejamos o amanhecer de um novo dia, ante os clarões do sol da instrução, que hoje se ergueu em nossa terra, para iluminar a jornada de nossos filhos, em demanda do porvir.*

(...) O velho sonho do acadêmico de Direito Rubem Nogueira, tantas vezes acalentado nas nossas palestras, em torno da banquinha da redação de O Serrinhense, *na casa n.º 10 da Rua 2 de Julho, transformou-se, afinal, em promissora realidade.*

❧

Conhecido provérbio diz que *quem conta um conto acrescenta um ponto.*

A despeito da incontestada sabedoria aí contida, asseguro que a esta breve crônica do meu trato com alguns governadores baianos não acrescentei nada além do efetivamente ocorrido. Aí fica, pois, um brevíssimo *conto sem ponto.*

XIX

De volta ao Planalto

Sumário: Consultor Jurídico — Inconstitucionalidade de leis em tese — Missão no exterior

Consultor jurídico

Em abril de 1979 veio-me o convite para o cargo de Consultor Jurídico do Ministério da Justiça, que exerci por dois anos.

Amigo e admirador do advogado Rafael Felloni de Mattos, com quem convivera durante os primeiros tempos de vida forense no Rio de Janeiro, dele se lembrara logo o ministro Petrônio Portela para ocupar aquele cargo. Rafael, entretanto, mais identificado com o direito privado, especialmente o trabalhista, do que com o direito público, incontinenti desviou para mim o convite, que ficou formalizado por telegrama do Ministro.

Homem de boa cultura geral, inclusive jurídica, e raciocínio pronto, sedutora conversação e grande experiência política era o ministro Petrônio Portela. Demo-nos muito bem enquanto durou a sua gestão, infelizmente interrompida para sempre, quando o brilhante e hábil político piauiense apenas começava a cumprir o seu ambicioso plano de trabalho.

Dentre as tarefas urgentes, de que me incumbiu, a de maior relevo foi o embasamento jurídico da anistia afinal editada pela Lei n.º 6.683, de 28 de agosto de 1979. O presidente da Ordem dos Advogados do Brasil, Raimundo Faoro, em declarações a "O Globo", fizera a esse respeito comentários que preocuparam o ministro Petrônio Portela. Dando-me a ler tais comentários, pediu-me parecer conclusivo para dali a quatro horas. No prazo entreguei-lhe em mãos o texto de minha opinião jurídica, e foi com apoio nela que Petrônio Portela elaborou o projeto concessivo de anistia enviado pelo Presidente da República ao Congresso Nacional.

Talvez por estar o País ainda sob alguns residuais controles do sistema autoritário, o Ministério da Justiça foi, à época, assediado por vários pedidos de apreensão de livros. Um destes, *Genocí-*

dio americano — A guerra do Paraguai, de Júlio José Chiavenatto.

O cantor Roberto Carlos Braga, por sua vez, pleiteava o arresto do livro intitulado *O rei e eu,* escrito por seu secretário Nichollas Mariano, sob alegação de conter, "além de ofensas e lesões à sua honra pessoal e à de várias outras pessoas", "graves lesões à moral pública e aos bons costumes". Para o advogado Boris Nicolaevsk, devia apreender-se a obra de autoria de Farid Sawan, intitulada *Menahem Begin — História de um terrorista.*

Emiti pareceres contrários a todas essas pretensões, os quais foram, sem restrições, acolhidos. Estavam todos os pedidos a meu ver em desarmonia com a Constituição. Curiosidade: a apreensão do livro de J. J. Chiavenatto (revelou-me depois o próprio ministro) fora-lhe expressamente recomendada por ilustre historiador, membro do Conselho Federal de Educação.

Caso relevante, que teve desenlace no Supremo Tribunal Federal, foi o do Procurador da Justiça Militar, Benedito Felipe Rauen, meu conhecido da Bahia, onde havia anos antes exercido a promotoria da Justiça.

Em processo administrativo disciplinar havia-lhe aplicado o Procurador-Geral pena de suspensão por dez dias. Aparentemente simples o caso, mas os autos, volumosos. O Dr. Benedito Rauen interpôs recurso hierárquico para o ministro da Justiça e este manteve a decisão do Procurador-Geral da Justiça Militar. Inconformado, o Dr. Rauen entrou com um pedido de reconsideração.

Achava-se o processo administrativo nesse ponto, quando assumi a Consultoria Jurídica do Ministério, e os autos vieram-me para exame e parecer.

Desde o começo da carreira jurídica tive gosto em ler autos, de esmerilhá-los, para descobrir a verdade. Não é agradável coisa fazê-lo, mas o resultado sempre compensa. Achava-me ainda sem apartamento, residindo provisoriamente no Hotel Nacional, no aposento que me fora reservado pelo Ministério. Foi lá que, durante longas horas, começando pela madrugada, examinei a controvérsia, cujo ponto essencial não havia sido observado: a ausência de prova do fato determinante da punição. Em face do que, concluí pelo provimento da reconsideração pleiteada. A meu ver o ministro não teria outra saída, senão rever o despacho final e absolver o recorrente.

Mas ao que parece, embora anexado aos autos, meu parecer não havia chegado ao conhecimento do ministro Petrônio Portela. Certas circunstâncias posteriormente vindas a meu conhecimento, me fizeram admitir que já lhe levaram pronto o despacho de indeferimento que ele, sem dúvida em confiança, assinou. O Procurador punido ainda recorreu ao Presidente da República, mas, não tendo êxito, foi ao Judiciário, encontrando no Supremo Tribunal Federal plena satisfação do seu direito. O mandado de segurança impetrado (n.º 20.273-4-DF) teve como relator o ministro Cunha Peixoto e em sessão plenária de 13 de maio de 1981, contrariando o parecer do Procurador-Geral da República, foi concedido *por unanimidade.*

Depois de considerar cabível, na espécie, o mandado de segurança e dele conhecer, entrou o ministro relator na apreciação do mérito, e aí declarou que para isso "nada melhor do que transcrever o parecer do Consultor Jurídico do Ministério da Justiça que opinou pela improcedência da penalidade". Dito isto, transpôs para o seu voto o seguinte trecho do meu pronunciamento:

> "Constitui princípio universal de Direito, informativo de todos os regimes jurídicos de índole democrática, que o acusado é *inocente até prova em contrário.* Ninguém, portanto, pode ser condenado, enquanto não convencido de sua culpa, pelos meios juridicamente hábeis.
>
> "Assim sendo, quem imputa a outrem uma falta deve prová-la suficientemente, sob pena de absolvição do acusado, cuja *inocência* se presume.
>
> "Culpa, ou se demonstra, ou não existe. E sem culpabilidade, ou culpa *lato sensu,* compreensiva quer da culpa propriamente dita quer do dolo, pena alguma se comina a alguém.
>
> "Em matéria criminal a lei é taxativa: a condenação só se autoriza *se ficar provada a existência da infração penal, na sua materialidade, bem como a autoria,* e, faltando essa prova, *a absolvição é de ser pronunciada,* conforme o magistério de um dos grandes mestres do processo penal brasileiro (Eduardo Espínola Filho, comentando o art. 385 do CPP).
>
> "A simples *alegação* da parte interessada, do acusador, não basta, pois, para incriminar uma pessoa. Isto nem precisa ser dito por uma norma específica, porque está subentendido, é uma decorrência necessária do sistema penal vigorante.
>
> "Mesmo que a pessoa, contra quem uma simples acusação é feita, não a conteste, nem por isso fica o acusador desobrigado do dever jurídico de prová-la. Não é o fato negativo que obrigatoriamente se prova, sob pena de não ser admitido como verdadeiro, mas o fato positivo.
>
> "Ao acusado não se impõe o ônus de provar que *não prati-*

cou a ação a ele imputada por outrem, pois se presume a sua inocência, mas este é que tem de comprovar a sua alegação.

"Não apenas na esfera do Direito Privado e sim também no campo do Direito Público, domina a regra de que *a prova incumbe a quem alega*. Prescreve imperativamente o Código de Processo Penal: "Art. 156 — *A prova da alegação incumbirá a quem a fizer*".

"Ora, o recorrente foi acusado (e por isso punido) de ter tentado beijar a ascensorista do elevador privativo dos ministros do STM, quando dentro dele estavam *a sós*, entre o subsolo e o sétimo andar. Ninguém mais se encontrava dentro do ascensor. Do que neste ocorreu não houve testemunha nenhuma. Por outro lado, o recorrente negou o fato argüido, do qual prova alguma fez a acusadora, limitando-se a alegá-lo. Contudo, o acusado foi punido.

"Mas, assim sendo, a punição não se fundou em nada, foi injusta, sem qualquer base legal. *Puniu-se um inocente.* Logo, *o recurso* interposto para invalidá-la *deve ser provido*" (fls. 62/63).

"6 — Não se está examinando nem revendo a prova, mas a *falta de base legal do ato administrativo*, vez que a própria administração, que puniu o impetrante, assegura tê-lo feito apenas com fundamento na palavra da denunciante. Evidente que um ato de tal natureza não tem *consistência jurídica e deve ser desfeito.*

"7 — Por estes motivos, conheço do mandado de segurança e concedo-o para anular o ato que suspendeu o impetrante e, conseqüentemente, o seu cancelamento em sua fé de ofício".

Inconstitucionalidade de leis em tese

Outrossim emiti pareceres que deram base à Procuradoria-Geral da República para pleitear a declaração de inconstitucionalidade de leis em tese, leis estaduais que proibiam a saída de madeira em toros, em estado bruto, do território do Estado para qualquer parte do País. Governadores, como por exemplo o do Amapá, insurgiram-se, pedindo providências ao ministro da Justiça, que incontinenti me encaminhava os processos.

Minha opinião foi, em tais casos, que os Estados não tinham competência nem mesmo supletiva para legislar sobre o seu comércio recíproco, pois toda ela cabia à União, o que importava a inconstitucionalidade das normas denunciadas pelos reclamantes. O Território do Amapá fundava-se precisamente no parecer por mim emitido, conforme salientou o ministro Cordeiro Guerra, relator da Representação n.º 1.019-PA, oferecida pelo Procurador-Geral da República, que pedia a declaração de inconstitucionalidade, em tese, da lei paraense n.º 4.866, de 31 de outubro de 1979.

O Supremo Tribunal Federal deu provimento à Representação por unanimidade de votos, conforme está no Acórdão de 17 de abril de 1980, que a "Revista Trimestral de Jurisprudência" publicou (vol. 94, p. 496).

Pormenor assinalável: esse Acórdão foi citado, *como precedente*, no julgamento da Representação n.º 1.095, de Rondônia e da mesma natureza da anterior, igualmente acolhida pelo Supremo Tribunal Federal, segundo pode verificar-se na "Revista de Direito Administrativo" (vol. 149, p. 229), relator o min. Décio Miranda, bem como na Representação n.º 1.111-MS, de que foi relator o min. Cordeiro Guerra, cujo Acórdão é de 9 de junho de 1982 (publicado na RTJ, vol. 105, p. 14), e na Representação n.º 1.495, contra a Lei n.º 2.953, de 17.IX.1971, do Estado da Bahia. Esta última foi também julgada procedente por unanimidade, oficiando como relator o min. Moreira Alves (RDA, vol. 175, p. 131).

Esse caso da Bahia ainda mais grave era, visto como a lei do Amapá vedava a saída da madeira em estado bruto, ao passo que a lei baiana nº 2.953/71 proibia o transporte, para fora do Estado, de madeira beneficiada, isto é, em toros, roliços ou não, pranchas para laminação em peças serradas, em esquadrias e peças aplainadas ou cepilhadas. Pelo voto vitorioso ficou entendido que a competência para legislar sobre comércio interestadual era da União exclusivamente. Tal como me manifestei no Parecer n.º 272, de 26 de novembro de 1979, que dei ao Ministro Petrônio Portela, no *leading case* do Amapá.

Missão no exterior

Honrou-me o ministro Petrônio Portela com a indicação, que decreto do Presidente da República homologou, para chefiar a delegação brasileira encarregada de concluir, em Paris, as Convenções bilaterais sobre extradição e os acordos brasileiro-franceses de cooperação judiciária em matéria Civil, Administrativa, Comercial, Trabalhista e Penal.

Os demais membros de nossa delegação eram a dra. Mirtô Fraga, assessora jurídica do ministro da Justiça, e o diplomata conselheiro Luís Dilermand de Castello Cruz, representando o Departamento Consular e Jurídico do Ministério das Relações Exteriores. O Ministério da Justiça comunicou formalmente ao Itamarati que eu viajaria acompanhado de minha mulher.

Semanas antes da viagem eu, a dra. Mirtô e peritos do Ministério das Relações Exteriores havíamos estudado toda a variada e complexa matéria das negociações a serem posteriormente concluídas em Paris.

Viajamos com uma escala de dez horas em Lisboa, onde fomos homenageados pelo embaixador Dario Castro Alves e sua mulher, a escritora Dinah Silveira de Queiroz, com um almoço na nova sede da Embaixada brasileira à Avenida das Descobertas, e reiniciamos o vôo à meia noite, chegando ao aeroporto Charles De Gaulle às primeiras horas da madrugada, sob uma temperatura surpreendentemente muito baixa, pois já era primeiro de julho, começo de verão. O aeroporto estava quase deserto; tivemos dificuldade de achar transporte direto ao hotel.

Os trabalhos da missão de que me achava incumbido tiveram início pela manhã de 2 de julho e se prolongaram até o dia 6. A delegação francesa, bem mais numerosa que a nossa, era presidida por M. Jean-Dominique Paolini, chefe do Serviço de Convenções do Ministério dos Negócios Estrangeiros, acompanhado dos diplomatas M. Jacques Bigay, Melle Christie Chanet, Mme. Therin, Mme. Régis de Gouttes, M. Jacques Meudic e Melle. Jeanne Saint-Pastou.

As reuniões de trabalho iam das 10 às 17 h, com intervalo para almoço, e realizavam-se todas no Centro de Convenções do Ministério dos Negócios Estrangeiros. À disposição do chefe da delegação brasileira o governo francês pôs um carro com motorista. Minúcia a tal respeito merecedora de registro: certo dia encontrei o motorista a meu serviço, um simpático senhor de meia-idade, a ler um volume encadernado. Indaguei-lhe que autor lhe estava interessando, e ele mostrou-me: Jean Racine e seu teatro do século dezessete.

❧

O programa social constou de um almoço oferecido à delegação brasileira pelo presidente da delegação francesa, M. Jean-Dominique Paolini, na Casa da América Latina, 217 Boulevard Saint Germain, e de um coquetel, na Chancelaria do Ministério da Justiça, 13 Place Vendôme, oferecido pelo ministro M. Alain Peyrefitte.

Até o encerramento dos trabalhos toda a matéria em pauta foi discutida e assinada, inclusive determinados dispositivos do projeto de Convenção que haviam ficado sob reserva quando das negociações iniciais de novembro de 1978 em Brasília. Ao processo bilingüe foram incorporados definitivamente tais artigos.

❧

No curso das atividades técnicas das duas delegações, Gilka e a mulher do conselheiro Dilermando Cruz organizaram à parte o seu programa de rever Paris, o qual contou com a presença jovial de Heloísa Helena Caiado de Castro, funcionária graduada do Ministério da Justiça, então em férias pela Europa.

❧

No sábado 7 de julho, as despedidas dos membros da delegação brasileira ocorreram durante o almoço que Gilka e eu lhes oferecemos num dos restaurantes dos Champs Elysées, onde a atmosfera romântica do ambiente emanava das muitas e sugestivas fotografias da *belle époque* que lhe ornamentavam as paredes vetustas.

❧

Terminada a reunião de Paris alongamos a excursão até a Itália, por nossa conta. Lá visitamos parentes de Gilka em Piacenza e a seguir passamos alguns dias em Roma. Ai reencontramo-nos com um velho amigo dos Felloni de Mattos, o brasileiro naturalizado Renato Cirell Czerna, professor de Filosofia do Direito em duas Universidades: a de São Paulo e a de Roma. Poliglota e erudito, Renato Cirell é um apaixonado do folclore da Bahia, que conhece como poucos. No seu apartamento do Trastevere, com a sua tia Vitta, Gilka e eu almoçamos e estivemos durante horas inesquecíveis, em que o mestre Renato falou o tempo todo de sua distante terra natal, de cujas delicadezas está impregnada a sua personalidade. Depois da refeição tipicamente peninsular, saiu Renato conosco pela Cidade Eterna que ele conhece melhor do que a Bahia, onde viveu durante muitos anos. Os seus lugares mais celebrados ele nos fez rever, com explicações de pormenores de conhecimento necessário — a começar da Via Appia Antica. Um cicerone enfim do mais elevado nível cultural.

XX

De novo, no batente

Sumário: Atividade profissional — Atividade universitária — Kelsen — Contatos universitários — Ponto final

Atividade Profissional

Encerrado um relativamente longo ciclo político-parlamentar, reassumi o meu cargo de Procurador do Município. O de professor titular na Faculdade de Direito, a unidade de maior peso da Universidade Católica da Bahia, só deixei de exercer de 1961 a 1963 e nos dois primeiros anos da última legislatura, e da advocacia em tempo algum me afastei.

A volta à Procuradoria levou-me a novos estudos de Direito Administrativo e Direito Constitucional, ramos jurídicos com os quais havia passado a ter mais contatos desde os quatro anos de chefia da Procuradoria-Geral da Justiça.

A vários Congressos Jurídicos compareci, com algumas contribuições oportunas. Ao primeiro deles, realizado em São Paulo, levei dois estudos: um sobre Processo Legislativo Municipal, matéria comumente mal conduzida no âmbito das Câmaras de Vereadores. E outro, produzido à luz da doutrina de Rui Barbosa, acerca do controle de constitucionalidade das desapropriações por utilidade pública. Refiro-me ao problema de caber, *no processo expropriatório,* a apreciação dos motivos invocados pelo poder expropriante. No regime jurídico anterior a 1930 já eram os tribunais hostis a esse exame da inexistência das condições da expropriação. Desde a carta autoritária do Estado Novo, o decreto-lei n.º 3.365, de 21.6.41, manda para a *ação direta* a decisão de "qualquer outra questão" estranha a "vício do processo judicial" ou à "impugnação do preço", estatuindo ainda peremptoriamente não caber ao Poder Judiciário "decidir se se verificam ou não os casos de utilidade pública". Isso só se permite fora do processo de desapropriação e por ação autônoma.

Rui Barbosa considera que sendo a utilidade ou a necessidade pública *pressupostos constitucionais* da desapropriação, não pode a lei comum impedir que a inexistência deles seja evidenciada *dentro, e não fora,* do processo expropriatório.

Pontes de Miranda, com a sua autoridade reconhecida, diz que Rui Barbosa *revelou aí o direito nacional.* E o autor do decreto-lei n.º 3.365/41 — o jurista Francisco Campos — ele próprio, em estudo posteriormente editado, afirma ser inconstitucional a proibição contida no art. 9.º daquele diploma legal ainda hoje vigente.

Mas o STF até o momento, ao que me conste, não se deteve ainda na investigação da inconstitucionalidade do artigo 9.º do decreto-lei da era getuliana. O que não significa a eliminação do problema no campo doutrinário.

Ao 3.º Encontro Nacional de Procuradores Municipais fiz uma Comunicação acerca da Aplicação do Princípio da Ampla Defesa no Procedimento Administrativo Disciplinar. A legislação estatutária que vigorava no âmbito territorial da União, dos Estados, do Distrito Federal, e dos Municípios, não reconhecia o direito ao contraditório pleno ao servidor público no processo administrativo disciplinar. A jurisprudência do STF estava formada no sentido de que o princípio da ampla defesa só dizia respeito ao acusado em matéria *penal.* Somente a partir do ano judiciário de 1977 (posterior ao da apresentação do meu trabalho ao congresso de Blumenau) o Plenário do Supremo Tribunal Federal ampliou um pouco o entendimento desse problema jurídico, admitindo estender-se também ao processo *fiscal* a referida proteção constitucional (Acórdão de 23.3.1977, do Plenário do STF, no RE n.º 79.307 — SP).

Já no regime legal posterior à Constituição de 1988 é que o Pleno do STF assentou ficar o inquérito administrativo, parte nuclear do processo disciplinar, *desde o início, regido pelo contraditório.* (*In* MS n.º 21.726 — ac. unânime de 2 de fevereiro de 1994, relator o ministro Sepúlveda Pertence, *in* RDA 196/95 e segs.).

Nove anos antes preocupava-me com esse tema, sustentando a doutrina que veio a ser consagrada na Constituição e no Supremo Tribunal Federal.

Quando do II Congresso Nacional de Direito Administrativo, reunido no Rio de Janeiro em julho de 1975, estive presente, apresentando um estudo sobre a inconstitucionalidade da criação de sociedades de economia mista pelos Estados-membros e os Municípios. Ignorava eu que, àquela altura, a Constituição estadual do Rio de Janeiro estava sendo impugnada, mediante Representação do Procurador-Geral da República, por conter disposições conflitantes com a Constituição Federal, uma das quais autorizava o legislador ordinário a estabelecer normas de "atuação de uma entidade comercial constituída sob a forma de sociedade de economia mista".

Ao ser julgada em março de 1977 essa representação, que teve como relator o ministro Moreira Alves, o STF unanimemente decidiu que as normas aplicáveis às sociedades de economia mista *não se encontram na esfera de competência dos Estados-membros.* (Cf. Representação n.º 939 — RJ — *in* RTJ 88/13).

A lição emanada desse julgamento é, portanto, que lei estadual não pode criar sociedade de economia mista — tal como sustentei na tese de julho de 1975, levada ao II Congresso Nacional de Direito Administrativo.

Sobre esse conclave resta ainda prestar outras informações. Na sessão de abertura, após a saudação feita pelo Prof. Cotrim Neto aos congressistas, em nome destes fui incumbido de agradecer. O auditório do Hotel Glória estava inteiramente ocupado por várias delegações estaduais, convidados e autoridades. Tomei como assunto um discreto elogio do Direito Administrativo, como veremos em dois ou três tópicos a seguir.

"Na verdade e embora possa ser considerado o benjamim do direito público interno, no seu pouco mais de um século de existência autônoma no Brasil, o Direito Administrativo revela hoje a maior pujança e vai crescendo mais celeremente que qualquer outro ramo jurídico. Da modesta contribuição, por exemplo, de Veiga Cabral e do já excelente *Ensaio Sobre o Direito Administrativo,* do Visconde do Uruguai, até nossos dias, o avanço foi realmente enorme. Também muito depois desses precursores é que se verificou a entrada em cena do novo protagonista que alterou substancialmente a tranqüila rotina social, a saber, o Estado-intervencionista, o Estado crescentemente invasor dos mais variados setores da vida das pessoas e da comunidade. Com pouco, já estávamos diante do seu gigantismo. Chegou-se, sem demora, ao ponto de raras serem as esferas de relações jurídicas, nas quais já não surja uma dimensão administrativa". (...) "Num Direito em pleno processo de crescimento, Congressos como este tendem inevitavelmente a exercer influência excepcional. O seu papel básico é o do de quem rasga veredas ou aponta horizontes novos. Não será muito pretender por isso mesmo que nele seja admitido o acesso até mesmo às contribuições aparentemente heterodoxas. Quem sabe serão estas o levedo de possíveis soluções doutrinárias que de futuro irão alargar o âmbito de visão do legislador? Lembremo-nos de que talvez tenham surgido de modo análogo os dogmas católicos. Nos concílios medievais não tiveram as heresias o seu papel construtivo, ou pelo menos provocador de aberturas benfazejas? Não era neles que a Igreja, discernindo entre a massa de opiniões divergentes, escolhia e promulgava as que mais condiziam com o espírito de sua doutrina e melhor garantiam a permanência de suas tradições mentais? Assim também, do entrechoque de opiniões e idéias que possa haver nessa reunião de doutos, não escassos nem insignificantes hão de ser os frutos para um Direito que nas últimas décadas vem acelerando o seu processo de composição". Aludindo à missão do Direito Administrativo, disse:

"Com a *metafísica da mobilidade pura,* entrevista por Maritain no pensamento de Heráclito, o filósofo pré-socrático das mutações, não deixa talvez de ter alguma afinidade o Direito Administrativo dos nossos dias, no seu contínuo vir-a-ser. A administração não pára, no seu afã de conquistar metas novas, empenhada sempre em novos desígnios, sugerindo por isso mesmo a criação de categorias jurídicas que possibilitam também um controle ou uma definição desses avanços incessantes do poder governativo, sem o que não se alcançará aquela unidade harmônica e diferenciada dos interesses públicos e privados que Miguel Reale justamente considera necessária". (...) "Estamos assim nos alcantis do Direito Público, naqueles píncaros para onde teríamos de subir partindo do direito privado, para lembrar aqui a idéia de Von Ihering. Dessas cumeadas, mas sem absorver o direito privado, cumpre dar respostas dogmáticas justas aos problemas propostos pelas realidades sociais e econômicas da hora". (...) "A tarefa do estudioso do Direito Administrativo é decifrar todos os enigmas propostos pela esfinge, elaborando os meios lógico-instrumentais solicitados pela crescente vocação empresarial do Poder Público que se coloca diante da fragilidade dos homens repetindo a cada instante o 'decifra-me ou devoro-te' da tragédia grega".

❧

Uma das mais notáveis sessões plenárias desse congresso foi a da conferência do professor Marcelo Caetano, ex-Primeiro Ministro de Portugal, então exilado no Rio de Janeiro.

De improviso, durante cerca de uma hora, o ilustre catedrático da Universidade de Lisboa discorreu sobre o Contencioso Administrativo português e a eficácia dos julgados dos seus tribunais, que, como salientou, não sofriam nenhuma pressão política, oriunda do governo. Como presidente do Conselho de Ministros, disse nunca ter interferido na jurisdição do Supremo Tribunal Administrativo, que ao contrário mais de uma vez dera provimento a recursos, desconstituindo atos do Chefe do Governo.

❧

O último Encontro Nacional de Procuradores Municipais a que compareci foi o de janeiro de 1979, em Manaus, tendo-lhe apresentado uma Comunicação sobre "A responsabilidade do prefeito pela não promulgação das leis".

O relator designado para lhe dar parecer provocou até um pitoresco incidente. No seu ingênuo ponto de vista, havia insubordinação minha contra o prefeito da Cidade do Salvador, meu superior hierárquico, com o trabalho apresentado. Achava-me na Mesa diretora da sessão, quando o parecer do relator foi lido. mas nem precisei ir à tribuna, porque juristas da representação de São Paulo, como Geraldo Ataliba e Celso Antônio, espontânea e imediatamente se encarregaram de mostrar a improcedência daquela tola objeção. O meu trabalho foi aprovado por todo o plenário.[1]

Atividade universitária

Encerrado o longo ciclo político-parlamentar retomei, sem descontinuidade, os encargos da profissão de advogado, o cargo de procurador do Município e a cátedra universitária.

Logo mais convidava-me o prof. Batista Neves, diretor da Faculdade de Filosofia e Letras da UFBA, para compor, ao lado de Nelson Sampaio e Lourival Vilanova, a Comissão Examinadora de concursos para provimento de cargos de professores de Ciência Política e de Sociologia, cujos candidatos, os Drs. Ari Guimarães e Zaidée Machado Neto, foram aprovados.

Mais adiante, o desembargador Aderbal Gonçalves convidou-me para integrar a banca examinadora do prof. Antônio Luís Machado Neto, candidato único ao preenchimento da cadeira de Introdução à Ciência do Direito, que já vinha, havia certo tempo, exercendo como Livre Docente.

---

[1] Publicou-o a "Revista de Direito Administrativo", vol. 136, abril-junho de 1979. Os demais estudos para Congressos Jurídicos foram publicados também pela "Revista de Direito Público" (SP) e a "Revista de Informação Legislativa" (Senado Federal, Brasília, D.F.).

Nesse prélio ocorreram alguns fatos merecedores de registro.

Dentre os examinadores, penso ter sido o único a justificar expressamente, uma a uma, as notas atribuídas ao candidato: 10 em títulos; 9 em didática e 8 em defesa de tese. Esta última, que eu não esperava dar, deveu-se a terem ficado sem resposta duas das indagações por mim formuladas.

Ao tempo já vigorava o regime da *argüição escrita,* a que o candidato tinha seis horas para responder, também por escrito.

Do meu desempenho nessa Comissão Examinadora, de que faziam ainda parte os professores Lourival Vilanova, da UF de Pernambuco, e Silvio Santos Farias, da UF da Bahia, sob a presidência do prof. Orlando Gomes, teve a minha Faculdade de Direito notícia através de ofício de agradecimento que lhe expediu o Diretor da Faculdade de Direito da UFBA.

O candidato, já meu conhecido por trabalhos de real merecimento, deu sinais de não ter gostado de algumas notas que lhe conferi. Cingi-me, em verdade, a julgar-lhe o trabalho apresentado, noutras palavras, julguei o candidato pelo que fez, ao contrário de outro examinador que me disse: "julguei-o pelo que ele é, não pelo que fez".

Sua tese intitulava-se *Fundamentação Egológica da Teoria Geral do Direito,* volume de tamanho grande, com 161 páginas datilografadas.

Li-a e reli-a, com todo o cuidado. Apreciei calma, minuciosa e imparcialmente os capítulos em que se desenvolvia. Precisamente por ser a concepção egológica visão não menos positiva do direito que a da *Teoria Pura do Direito,* de Kelsen, que Cossio pretende ter corrigido, na análise da tese em exame tomei as devidas cautelas para que minhas convicções jusnaturalistas não interferissem nos meus juízos de valor. E isto ainda hoje estou certo de haver conseguido numa argüição escrita de vinte laudas datilografadas.

Cumpria-me avaliar, não o candidato em si, nem a sua variada obra, mas capitalmente a tese apresentada e sua defesa, os títulos e a prova de aula. No exame da tese fiz lealmente indagações pertinentes, apontei proposições temerárias, como a de pretender a teoria geral do direito dar um conceito universal do direito, por ser isso tarefa da Filosofia do Direito, segundo opinião generalizada dos doutores. Ainda faz pouco encontrei em Luís Recaséns Siches este confortador apoio: "... Nenhuma ciência é capaz, sozinha e por si mesma, de dar conta e razão dos conceitos, do fundamento prévio sobre o qual se apoia, nem da definição essencial de seu próprio objeto. Para atender a essas necessidades, é peremptoriamente indispensável que recorra à Filosofia. Isso ocorre com a Matemática, a Física, a História, em suma, com todas as ciências". (Luís Recaséns Siches, "Comentário a uma obra póstuma de Ortega", *Apud* José Ortega y Gasset, *O Homem e a Gente* (*Intercomunicação humana*)", 2.ª ed., 1973, Livraria Ibero-Americana Ltda, Rio de Janeiro, p. 18).

Manifestei-me, por outro lado, convencido da verdade de certa afirmativa de Miguel Reale, segundo a qual a adaptação, sugerida por Cossio, do pensamento de Kelsen a uma concepção da ciência do Direito como ciência do direito vivido, do direito como conduta humana, como liberdade fenomenalizada, *é o ponto fraco da concepção egológica do Direito* (Miguel Reale, *Horizontes do Direito e da História*, p. 322, Edição Saraiva, São Paulo, 1956).

Sobretudo, acho que o candidato não guardou a serenidade, que eu tinha o direito de dele esperar, quando lhe indaguei como situava, na sua teoria, o problema do Direito Natural. Não só não respondeu coisa alguma, mas reagiu como se eu o tivesse agravado ou proferido uma heresia.

No entanto, para o jusfilósofo Miguel Reale — que não é jusnaturalista — o Direito Natural é *"um problema inarredável dos domínios da cognição jurídica"*,

> *"o direito natural é algo de objetivo, que banha, por assim dizer, as matrizes da positividade, serve de fundamento, de coordenada e de supletivo à ordem jurídica, dá dinamismo ao sistema das leis, aquecendo-o com o calor vivo das realidades sociais que perenemente se renovam".*

Ainda para o mestre paulista o Direito Natural

> *"preserva o que deve ser mantido intacto e acelera a substituição das peças legais que os fatos tornaram gastas e precárias; põe em contato permanente a lei e o seu 'substractum' sociológico, mostrando que o bem comum exige a plenitude lógica da ordem jurídica, ou seja, da lei 'in acto' e não a plenitude lógica das regras em si mesmas".*

E, por fim, afirma que o direito natural "justifica a obediência às leis injustas, mas não condena a resistência que se torna necessária à própria conservação do bem público; é, pois, *uma realidade assente sobre valores que dão fisionomia própria às diferentes culturas e sobre valores comuns a todas as culturas*". (Miguel Reale, *Fundamentos do Di-*

reito — Contribuição ao Estudo da Formação da Natureza e da Validade da Ordem Jurídica Positiva, 1940, Empresa Gráfica da Revista dos Tribunais, São Paulo, p. 319).

Mais de quarenta anos após haver escrito a página supra, extraída do livro-tese com que conquistou honrosamente a cátedra de Filosofia do Direito da tradicional Faculdade de Direito do Largo de São Francisco, voltou o prof. Miguel Reale a este grande tema, no livro intitulado *Direito Natural / Direito Positivo*, 1984, Editora Saraiva, onde, entre outras reflexões, deixa esta:

> *"O que desejo dizer, em suma, é que, aceite-se ou não o Direito Natural, o seu* problema *(a começar pelo da sua existência ou validade) continua sempre na ordem do dia, dando origem a uma série de questões quanto à 'natureza' do Direito Natural, às suas notas essenciais constitutivas, ou à sua pragmaticidade, isto é, ao seu significado no plano da práxis jurídica, quer no plano legislativo, quer no doutrinário ou jurisprudencial".*

Mais recentemente, no livro *Nova Fase do Direito Moderno* (S. Paulo, 1990), o admirado jurista e pensador, no capítulo intitulado "Historicismo e Direito Natural", faz as seguintes ponderações:

> *"Nem se diga que a problemática do Direito Natural tenha se tornado irrelevante no plano do Direito Positivo, por terem as suas reivindicações básicas se convertido em* truísmos *(Herbert Hart) ou em* trivialidades *(Niklas Luhman) já consagradas por normas constitucionais.*
>
> *Penso, ao contrário, que o fato das Constituições acolherem determinados princípios de Direito Natural é mais uma razão do estudo deste para compreender-se, em sua plenitude, o sentido das disposições constitucionais. Quando mais não fosse, tal indagação desempenharia essencial função hermenêutica, superando-se as limitações próprias do empirismo jurídico".*

Ao incluir, portanto, na apreciação crítica da tese positivista do candidato, indagações relativas ao Direito Natural, eu ficava fiel ao espírito do meu tempo, às suas constantes preocupações culturais, e podia manifestar o desejo de saber — como o fiz — em nome de que idéia deixar o Direito Natural de lado, ou tachá-lo de mera "hipótese metafísica", quando se pretende obter "a visão global do direito"?

Também ficou sem resposta outra indagação minha ao candidato, acerca de um longo trecho de seu trabalho, com dezessete linhas. "Peço licença ao ilustre candidato (escrevi) para dizer que não aprendi bem o seu pensamento nesta passagem da tese, que estimaria ver explicado". E a seguir transcrevi o trecho, que era o seguinte:

> *"Se temos em vista a fundamentação ontológica da ciência jurídica que é empreendida, com base fenomenológica, pela concepção egológica do direito, sua confirmação da teoria pura como lógica jurídica formal, a revolução copernicana empreendida em matéria de lógica transcendental e, pois, de hermenêutica jurídica, com a tese de que não é a norma, mas a conduta — mediante da (sic) — que se há de interpretar juridicamente, a descoberta dos valores bilaterais de conduta como peculiares valores jurídicos armados num também peculiar plexo axiológico, as precauções antiideológicas como atitude superada de toda ingenuidade em face da cientificidade do direito, a harmoniosa colocação da ciência jurídica — como ciência de realidades culturais elaborada à base da lógica do dever ser — entre as diversas ciências sócio culturais, então veremos as razões que militam em favor de uma* fundamentação egológica da teoria geral do direito".

Nada me respondeu. Minha nota à defesa de sua tese não podia deixar de ter em conta tais circunstâncias.

Noutra ocasião e a convite do professor Nelson Sampaio, proferi uma aula, em curso de Mestrado da UFBA, acerca do tema proposto: *Advocacia.* Acho que não decepcionei o ilustre autor do convite, nem os colegas bacharéis em Direito, que me escutaram.

Kelsen

Acredito que muitos cultores da ciência jurídica estimariam poder um dia recordar terem tido com Hans Kelsen um encontro pessoal, entretanto jamais realizado. Considero-me incluído nesse número. Quando porém um dia isto me foi possível, indiretamente embora, tratei de consegui-lo. Foi quando, em 1971, meu filho e xará, tendo obtido uma bolsa de estudos na Universidade da Califórnia, concedida, após prestação de provas, pelo Departamento de Estado americano, passou uma temporada em Los Angeles.

Pedi-lhe que reservasse uma fração do seu tempo livre para uma visita ao criador da Teoria Pura do Direito, com a incumbência também de lhe fazer uma certa pergunta. Explico-me. Anos antes houvera em Salzburgo, Áustria, um congresso científico acerca do Direito Natural na Teoria Política, no qual Hans Kelsen apresentou uma tese intitulada "O Fundamento da Teoria do Direito Natural". Posteriormente, um frade franciscano, meu colega do corpo docente da Faculdade Católica de Direito, conhecedor do meu interesse pela visão moderna do Direito Natural clássico, convidou-me para um encontro no Convento de São Francisco, onde leu e traduziu para mim certa parte de uma das várias contribuições levadas àquele congresso, salvo engano a de Giorgio del Vecchio sobre "A Lei natural como Base para uma Teoria de uma Sociedade Internacional". E em certo momento dos textos traduzidos, em passagem de um deles, Kelsen se referia à lei natural, enquanto locução equivalente ao Direito Natural, como algo merecedor de atenção. O frade e eu consideramos bastante significativa essa maneira de opinar, vinda de um expoente do positivismo jurídico, e ainda porque, no Congresso de Salzburgo, os debates deveriam cingir-se *à verdade e nada mais que a verdade*.

Em face das palavras de Kelsen, encarreguei Rubem Nogueira Junior de obter um encontro com o egrégio jusfilósofo e dele saber se confirmava aquele modo de encarar a lei natural.

Exilado nos Estados Unidos desde que teve de abandonar a Áustria sob a perseguição nazista contra os judeus, Hans Kelsen tornou-se professor da Universidade da Califórnia e lá produziu importante obra no campo de sua especialidade, inclusive uma em que já espelha a influência que sobre ele exerceu o sistema jurídico dos Estados Unidos (refiro-me à sua *Teoria Geral do Direito e do Estado*).

Quando telefonava a Hans Kelsen para marcar dia e hora de sua visita, um estudante paranaense, seu companheiro de viagem e acadêmico de Medicina (hoje insigne especialista em cirurgia cardíaca — Dr. Randas José Vilela Batista) pediu-lhe para acompanhá-lo. Ao chegarem à residência do velho jusfilósofo, nas cercanias do *campus* de Berkeley, já este esperava o amigo brasileiro, à porta do seu modesto bangalô, trajado de terno e colete, e portando uma condecoração na lapela, para abraçá-lo visivelmente emocionado. Conversaram, em inglês e alemão, por cerca de uma hora. Kelsen quis saber por que a curiosidade do meu filho em conhecê-lo [um velho]. Estudante de Direito, respondeu-lhe, sempre tivera grande atração por sua obra, especialmente a Teoria Pura do Direito, sua criação capital. Informado da tradução portuguesa dessa obra feita em 1962, declarou: "É a única que ainda não conheço".

Dessa visita guarda meu filho a fotografia, feita pelo amigo paranaense, que aqui vai estampada, e chegando de volta à Bahia, ofereceu a Hans Kelsen os dois volumes da edição coimbrã da *Teoria Pura do Direito.* Em resposta, escreveu-lhe o preclaro jurisconsulto:

Dear Mr. Nogueira:

Many thanks for sending me the Portuguese edition Teoria Pura do Direito.
I highly appreciate your thoughtfulness.
With the best wishes for your future, I am
Sincerely yours,
a) Hans Kelsen.

No verso da sobrecarta escreveu do próprio punho seu nome e endereço. E em 1973 faleceu aos noventa e dois anos de idade.

Hans Kelsen respondeu à minha indagação dizendo que "não se lembrava" de ter dito o que lhe fora atribuído. Mas não negou que tivesse dado a resposta de que me falara o frade franciscano.

Fiquei satisfeito, até porque tenho bem presente certo trecho de sua *Teoria Geral do Direito e do Estado,* "bem pouco lembrada", como registra o Prof. Miguel Reale[2], "onde o grande crítico do jusnaturalismo escreve textualmente: *'A norma fundamental (Grundnorm) foi aqui descrita como o essencial pressuposto de qualquer conhecimento jurídico positivo. Se alguém quiser considerá-la como um elemento de uma doutrina do Direito Natural, a despeito de sua rejeição de todo e qualquer elemento de justiça material, bem pequena objeção poderá ser oposta.'*" (Grifei)

Contatos universitários

Conheci de perto, em minha última legislatura, a Universidade de Caruaru, obra ingente devida à iniciativa e à tenacidade do deputado Tabosa de Almeida. Convidara-me ele para visitá-la e proferir uma palestra numa de suas unidades, a Faculdade de Direito, onde abordei o tema *A Propósito da Obrigatoriedade do Direito*, título

---

2 *In* Miguel Reale, *Direito Natural e Direito Positivo*, 1984, Ed. Saraiva, São Paulo.

do estudo em seguida publicado pela revista "Scientia Iuridica", da cidade portuguesa de Braga.

Outras vezes voltei à Universidade de Caruaru, a última das quais em dezembro de 1994, quando convidado a saudar novas turmas de bacharéis em Direito e de cirurgiões-dentistas, numa belíssima solenidade no *campus* daquela admirável instituição, que muito tem colaborado para o desenvolvimento da região do agreste pernambucano. Presidiu à dupla e concorridíssima formatura o professor Pinto Ferreira, catedrático da Faculdade de Direito do Recife e diretor da de Caruaru. Na ocasião, como de justiça, foi rendida significativa homenagem ao criador da Universidade, filho da terra e parlamentar que muito fez por Pernambuco na Câmara dos Deputados. A mim foi oferecida uma bela placa de prata engastada em jacarandá, com expressiva dedicatória, lembrança dos diplomandos.

❧

Outra universidade que me distinguiu com um convite para falar aos seus alunos foi a de Santa Cruz, cujo *campus* fica privilegiadamente situado entre Ilhéus e Itabuna. Propuseram-me o assunto: *O Estudante Rui Barbosa*. Os corpos docente e discente da Instituição compareceram em número muito significativo, o que particularmente me sensibilizou. Presidiu à reunião o Reitor da Universidade, professor Soane Nazaré. Acho que satisfiz a expectativa dos estudantes, pelo avultado número de indagações que ao fim da leitura do meu trabalho me dirigiram por escrito. Antes do início da palestra fui consultado se concordaria em abrir diálogo com a assistência. É claro que tive prazer em concordar, solicitando entretanto que as perguntas me fossem encaminhadas por escrito. Fizeram-me nada menos de vinte e uma, as quais ainda conservo anexadas ao texto da palestra. Em geral, as indagações mostraram não só que o auditório havia bem acompanhado o desenrolar de minha dissertação, mas também que se interessava pelo assunto Rui Barbosa, ao contrário da opinião derrotista de alguns escritores, que se supõem muito populares, e segundo quem não há nada na vida e na obra de Rui que possa ainda atrair a mocidade de hoje. Desde que o expositor conheça realmente a matéria em causa e a explique de forma acessível, sem o mínimo dano da verdade, o auditório reage favoravelmente, tanto quanto o leitor após a leitura. Tenho disso, por sinal, recente demonstração.

Ao sair a quarta edição do meu livro *O Advogado Rui Barbosa*, em julho de 1996, um crítico literário de geração bem posterior à minha, o Sr. Cid Seixas, na sua secção semanal de *A Tarde* (Cidade do Salvador), fez um comentário que muito me agradou pela acuidade revelada no exame da matéria reeditada, quase toda da seara jurídica. Seus juízos de valor acerca do texto elaborado mostram que o espírito da geração atual está apto a assimilar o pensamento de Rui Barbosa, como o de outros escritores de sua época, a depender apenas da forma de expô-lo.

A propósito de Rui, dele tratei ainda em palestra feita em Vitória da Conquista, acudindo a convite recebido da diretoria do Centro Cultural José de Sá Nunes, daquela cidade. Como Sá Nunes foi notável gramático de vitoriosa carreira profissional no Sul do Brasil, vali-me do ensejo de sua vida para recordar a de outros cultores da língua portuguesa, como Ernesto Carneiro Ribeiro e o próprio Rui Barbosa. De sua *Réplica* forneci algumas informações, pois este livro teve em seu tempo uma influência extraordinária. Entretanto sua elaboração propriamente dita não lhe custou mais de trinta dias úteis, tendo sido facilitada pelas notas que o autor desde o tempo de estudante veio sistematicamente acumulando, como resultado de suas leituras. Essa paixão sua pelas normas do bem falar e escrever, esse seu zelo, enfim, pelo idioma do povo brasileiro permitiu-lhe elaborar em poucas semanas aquele livro, que surpreendeu os leitores do começo do século, quando editado, e causa admiração aos de hoje.

Ponto final

Para finalizar o recenseamento de reminiscências que me pareceram suscetíveis de despertar a curiosidade de um eventual leitor, peço licença para reproduzir aqui as palavras finais com que agradeci à Academia de Letras da Bahia a homenagem que houve por bem prestar-me quando do transcurso dos meus oitenta anos de idade. Ei-las:

"Encerro assim o singelo resumo de uma já longa vida, não de todo ociosa. Por má sorte, fatiguei-os e, o que é pior, tive de falar só na primeira pessoa, algo um tanto adverso à minha conduta habitual, além de contundentemente desarmônico com a impessoalidade triunfante da cibernética,

da informática, do computador, da tecnologia de ponta, dos robôs, da leitura dinâmica.

Contudo peço licença para dizer que as turbulências da política me ajudaram também a encontrar a plena felicidade pessoal. Bacharelando imberbe, num agitado dia de muitas homenagens partidárias a um preclaro companheiro, por sinal membro da Academia Brasileira de Letras, em trânsito pela Bahia, conheci a que alguns anos mais tarde levei ao altar, mas os desígnios da Providência fizeram que logo se fosse, deixando órfão o filho Cláudio, do qual hoje tenho uma querida neta — Claudinha, ilheense, como a avó, tão cedo levada desta vida, e, como ela, graciosa e meiga.

Seguiram-se sombrios tempos. Mas, Deus sabe a hora de dissipar a desventura das pessoas. Voltei a viver na Bahia, quando ruía a ditadura do Estado Novo. Restabelecido o sistema democrático, fundaram-se partidos nacionais. Elegi-me deputado estadual por um deles — o PRP —, o mais próximo das idéias fundamentais de minha juventude.

Por coincidência: novamente em dia de festa a outro insigne líder partidário, os bons fados me propiciaram a sorte do encontro definitivo da alma gêmea que comigo comporia, daí em diante, aquela unidade fundamental dos seres humanos, que só o amor gera e consolida, daquela a quem, bem depois do nascimento de nosso primeiro filho, tranqüilamente um dia chamei, e hoje, de todo coração, continuo a ter como a 'metade verdadeiramente cara e essencial de minha vida'.

Infelizmente, não tenho — nasci sem a veia poética —, mas muito gostaria de agora poder traduzir em versos — a meu ver a prima forma expressional dos profundos sentimentos humanos — e depositá-los, Gilka, em suas mãos, para exprimir o que lhe deve a minha modesta vida pública. Como esquecer os resultados de sua presença em cinco campanhas eleitorais, após o nosso casamento? E os milhares de quilômetros então rodados, a bordo de uma frágil Kombi, por você sempre dirigida, de dia ou de noite, através do vasto interior baiano? E as oportunidades a mim propiciadas, as simpatias que me cercavam, os favores colhidos, as alianças promovidas, tudo graças principalmente ao benefício de sua assistência discreta, tranqüila, afetuosa e estimulante, a alertar o marido tantas vezes desligado, a ajudá-lo a pensar e a decidir? Tudo isso foi muito bonito, compõe a nossa vida. Valeram a pena, Gilka, as suas não poucas renúncias a favor do afortunado desempenho das difíceis campanhas políticas do seu marido. Tudo isso está bem gravado na minha memória, aquece o nosso simples viver, tornando a saudade dos tempos idos sempre bem-vinda e confortadora.

Igualmente felizes fomos pelos filhos que tivemos. O primogênito, Rubem Junior, cuja vida profissional, exercida sempre com dignidade, modés-

tia e alta competência, nos afaga a humana vaidade. As filhas, que tanto nos querem, desde a por todos querida caçulinha, Paula, "rosa, rosa de amor", "portadora dos perfumes", aurora iluminante do nosso inverno existencial, até as outras quatro lindas Marias. Maria Clara, Maria Rosário, Gilka Maria, Maria Patrícia. E os netos? Como omiti-los? Carlos Colavolpe, esse já aprendeu, sozinho, a ler e escrever as primeiras palavras antes dos seis anos de idade. O paulistano Guilherme, aos três anos, vai no mesmo embalo do primo, já se orienta bem, quando conosco sai, pelas ruas de sua complicada megalópole. E as netas? Pela ordem de chegada ao mundo: Mariana, amiga fervorosa das boas-letras, firmeza nas apreciações críticas, o gosto da conversa sobre o que lê e absorve bem; Julia, recatada, sonhadora, dotada de certa veia poética; Renata, frágil, de pouco falar, dando a impressão de pássaro esvoaçante, donde talvez o seu pendor para a dança clássica; Clarinha, a vivacidade a pedir passagem, farta cabeleira negra, o gosto da vida em movimento".

Assim, deixo aqui o que posso para, ao menos nalguns pontos, ajudar a construir a memória do meu tempo.

Algumas opiniões sobre a obra de Rubem Nogueira

"Entre os livros que se publicaram neste centenário do nascimento de Ruy Barbosa, inéditos alguns e reeditados outros, nenhum me impressionou tanto, sobretudo pelo seu tema original, como *O advogado Ruy Barbosa*, de autoria do deputado baiano Rubem Nogueira.

"(...) Como tema em debate ou como tese em ensaio, dir-se-ia do assunto Ruy Barbosa — em verdade um assunto como Joaquim Nabuco, Farias Brito ou Alberto Torres — ser um assunto esgotado. Viram-no os estudiosos, em todos os aspectos.

"(...) a extraordinária pesquisa realizada pelo autor de *O advogado Ruy Barbosa*. Não se perdeu um detalhe. Não se poupou um processo. Não se recusou a divulgação de um arrazoado. E quando a leitura se conclui, o que fica precisamente é uma imagem admirável, não de um advogado discursando para impor o direito, mas de um advogado que reformou por inteiro a estrutura jurídica de um país. Neste particular, a arquitetura do livro é perfeita."

Adonias Filho

"Embora, ao escrevê-lo, não tenha alimentado a pretensão de produzir uma obra biográfica, Rubem Nogueira acaba de prestar às letras do País um inestimável serviço de ordem literária e jurídica."

Paulo da Silveira

"Neste forte livro de análise da ação forense do príncipe dos advogados do Brasil, o autor se revela, além do fino jurista e do intérprete erudito dessa rutilante aventura judiciária, um escritor à altura do assunto. Sentiu-o com louvável emoção." Pedro Calmon

"Da obra monumental de Ruy, advogado, ninguém tratou como você no Brasil. A nação lhe deve eterno agradecimento." *Alfredo Buzaid*

"*O advogado Ruy Barbosa: momentos culminantes de sua vida profissional* é uma biografia do celebrado jurista baiano feita por um outro jurista, o Professor Rubem Nogueira.

"A biografia profissional de Ruy Barbosa confunde-se com uma parte significativa da história política do País nas páginas deste livro de Rubem Nogueira. E este é um mérito do trabalho, que desta forma torna-se leitura útil não apenas aos advogados, que encontram aí lições indispensáveis, mas a todo cidadão interessado em compreender os limites impostos ao exercício da sua cidadania.

O advogado Ruy Barbosa: momentos culminantes de sua vida profissional é um livro que pode ser lido e discutido por todo leitor interessado em situar o baiano Ruy Barbosa no contexto político nacional. Rubem Nogueira, o autor, nos conduz ao atrelamento deste contexto político à ordem jurídica." Cid Seixas

pabx (011) 418-0522 *fax* R: 30